2판

인간발달 이해와 기독교 상담

Theories of Human Development & Christian Counseling

| 임경수 저 |

학지사

2판 머리말

2004년 책이 처음 발간된 후 기독교 상담을 사랑하는 분들에게 관심을 받은 책이라 생각되어 이번 기회에 2판을 마련하였다.

2판에서는 발달심리학 부분에서 에릭슨과 밀접한 연관을 가지고 있는 프로이트의 전반적인 심리학의 경향과 그것에 관한 기독교 상담심리의 관점을 서술하여 기독교 상담을 전공하고, 기독교와 심리학의 접목에 관심이 많은 분들의 통찰을 제공하려고 하였다.

심리학과 기독교는 각각 보편성과 특수성의 성격을 가진 분야다. 어느 쪽이 한쪽을 비판하거나, 일방적이어서는 안 되는 입장이다. 심리학과 기독교의 관계만이 아니라, 세상을 살아가는 것이 보편성과 특수성을 양쪽 관점을 견지하면서 살아야 한다. 그래서 2판에서는 심리학이라는 보편성과 객관성의 가치를 중요시하는 학문과 기독교라는 특수성을 가진 신앙의 분야가 어떻게 상호 보완적으로 협력할 수 있는지에 대한 가능성을 살펴보았다. 아무쪼록 책의 내용이 기독교 상담에 관심 있는 분들에게 도움이 되길 바란다.

2013. 2.

저자 임경수

1판 머리말

모든 생명체의 성장에는 발달의 과정이 있다. 그리고 이 발달 과정은 정확한 순서와 법칙에 의해서 움직인다. 사람도 예외는 아니다. 인간은 오장육부가 형성되어 사람으로서 활동을 하게 된다. 그리고 사람은 생명체로서 성장하면서 어떤 동물보다 더 많은 세월을 부모에게 의존하고, 보이지 않게 사회의 영향을 받으면서 살아간다.

발달심리학자 에릭 에릭슨(Erik Erikson)은 이러한 입장에서 인간성장 발달의 8단계를 제시했고, 그 이론이 오늘날까지 발달심리학의 기초가 되었다. 그의 이론은 인간의 8단계 발달 과정에서 각 단계가 가지는 정신적인 특성을 말하고 있는데, 그 정신적인 특성은 양극성을 가지고 각각 긍정적 또는 부정적인 성향으로 표출된다는 것이다. 필자는 에릭슨이 제시하는 8단계의 발달 과정이 현대인들에게 호소할 수 있는 많은 공감적인 내용이라는 점에서, 발달심리학적 입장에서 보는 인간 이해를 선호한다.

이 책은 인간이 가진 근본적인 심리 성향과 기독교 신앙과의 관계, 그리고 에릭슨이 말하는 8단계의 인간정신발달의 양극성을 기독교 신앙의 발달 과정과 비교한 것이다. 인간정신발달과 신앙발달의 관계는 서로 밀접한 연관을 형성하고 있기 때문에 발달심리학의 8단계의 완성 과정의 특징들을 세세하게 짚어 가면서 어떠한 긍정적인 영향과 부정적인 영향이 있는지를 살펴보고, 그러한 특징들의 장단점을 분석하고, 그 특성들이 기독교 신앙에서는 어떠한 유형으로 나타나게 되는지를 고찰하였다. 또한 각 성장단계의 심리적 특징을 지적하고, 그러한 특성들을 기독교 상담과정에서 어떻게 적용하고 사용할 수 있는지를 살펴보았다. 이러한 점에서 이 책은 크게 두 가지 특성을 지니고 있다. 첫째는 발달심리학 입장에서 나타난 심리정서적인 문제들을 상담학적인 입장에서 살펴보았으며, 둘째는 이러한 심리적인 특성들을 어떻게 기독교적 상담에서 이해하고 상담할 것인가를 제시한 점이다. 이러한 모든 내용이 상담과 심리에 관심 있는 사람들에게 공감될 수 있도록 그동안의 상담 사례와 시사적인 문제들을 취급했다.

이 책의 내용들이 인간발달에 대한 관심을 가지고 있는 모든 사람을 비롯하여, 상담과 신앙에 관심이 있는 분들에게 조금이나마 도움이 되길 바란다. 끝으로 이 책이 출판되기까지 여러 모로 협조해 준 가족과 출판을 흔쾌히 허락하고 편집에 수고해 주신 학지사 관계자들에게 고마움을 전한다.

2004. 1.

계명대학교 교수연구실 영암관에서 저자

차 례

2판 머리말 3
1판 머리말 4

제1장 인간 기본심리의 이해 11

1. 돌봄과 성취의 본능 13
   1) 돌 봄 15
   2) 성공과 성취: 자기실현의 욕구 18
2. 일관성과 책임감 20
   1) 일관성 21
   2) 책임감 24
3. 미래지향적인 인간 28
   1) 실현욕구 28
   2) 과거에서 미래로 31
4. 사회망과 인간심리 34

제2장 인간발달의 기본 원리 41

1. 일정한 방향과 질서가 있는 발달 45

2. 서로 차이가 있는 발달 50

3. 연관이 되어 있는 발달 55

4. 초기 단계의 중요성 59

5. 개인과 사회적 환경의 연관 62

6. 비례하지 않는 성장과 성숙의 발달 관계 67

7. 발달은 장기적이고 점차적이며 지속적이다 69

제3장 심리학과 기독교 상담 71

1. 심리학과 기독교의 관계 73

2. 상담과 공감 78

3. 공감과 하나님의 형상 82

4. 거룩한 들음과 상담 86

5. 인간관계성과 기독교 90

1) 자기중심의 인간 91

2) 관계 속의 인간 98

3) 영원한 너 101

제4장프로이트 심리성적이론과 기독교 상담 107

1. 프로이트의 심리성적이론 110
1) 프로이트의 생애 110
2) 프로이트의 인간 이해 116

2. 프로이트의 심리학과 기독교 상담 147
1) 무의식의 중요성과 기독교 신앙 150
2) 환영(illusion)인 종교와 기독교 상담 159
3) 초자아와 본능 이해를 통한 기독교 상담 163
4) 성과 기독교 신앙 166
5) 프로이트의 심리학과 기독교 신앙 172
6) 프로이트의 종교 비판에 대한 기독교 상담의 신학적 반론 177

제5장 에릭슨의 심리사회적 발달 이론과 기독교 상담 185

1. 에릭 에릭슨의 생애와 이론적 배경 188

2. 에릭슨의 인간 이해 191
1) 세대의 순환 192
2) 연대기적 질서 195
3) 양극성과 위기 198

3. 발달심리 이해와 기독교 상담 200
1) 유아기의 발달심리와 상담 201
2) 초기 아동기의 발달심리와 상담 224
3) 놀이기의 발달심리와 상담 232
4) 학령기의 발달심리와 상담 243
5) 청소년기의 발달심리와 상담 256
6) 청년기의 발달심리와 상담 273
7) 중년기의 발달심리와 상담 284
8) 노년기의 발달심리와 상담 295

제6장 심리학과 기독교 상담 309

미주 317
참고문헌 339
찾아보기 344

제1장

인간 기본 심리의 이해

제1장

인간 기본 심리의 이해

1. 돌봄과 성취의 본능

사람의 마음 안에는 무엇이 있을까? 그리고 그 마음은 어떠한 성장 과정을 통하여 형성되며, 또 어떠한 특징이 있을까? 이러한 질문은 우리 사회의 1인당 국민소득이 10,000불이 넘어가면서 사람들이 서서히 자신과 타인의 심리에 관심을 가지며 흔히 질문하는 내용들이다. 이 책은 이러한 궁금증을 해결하기 위해 인간의 각 발달 단계에 따른 심리사회적 특징을 살펴보고, 각 단계를 어떻게 이해하고 기독교적 상담에 임할 수 있는가를 살펴보는 것을 목적으로 한다.

모든 사람이 각기 다양한 체험을 하고 있음에도 불구하고 공통적으로 경험하는 마음의 구조가 있다. 그래서 사람들은 다양한 언어와 문화에도 불구하고 서로에게 공감할 수 있으며, 또한 애증을 체험하게 되는 것이다. 사람이라면 어린아이나 어른 할 것 없이 모두가 관심받기를 원하고, 평생 살아가면서 어느 정도 성취(성공)를 맛보며 살아가길 원한다. 이것이 인간이 가진 기본적인 심리 구조다. 알프레드 아들러(Alfred Adler)는 인간이 가진 세 가지의 심리적 욕구에 대하여 언급하였는데, 그 세 가지 요소는 힘, 안전, 그리고 완전이다.[1] 사람은 외부적인 요인으로부터 자신을 보호하고 안전을 추구하려는 욕구를 가지고 있다. 프로이트는 인간이 가진 공통점 중의 하나로 자신에 대한 방어(self-defense)를 지적한다. 사람은 원시시대부터 자연과 동물의 위협으로부터 자신을 보호해야 했으며, 죽음과 질병, 그리고 외부인으로부터 자기방어를 해야 했다.[2] 이처럼 인간이 안전을 추구하는 것은 예나 지금이나 마찬가지이며, 지극히 본능적인 것이다. 힘은 타인과 비교하였을 때 능력을 입증할 수 있는 것이며, 완전이라는 것은 힘의 차원에서 더 나아가 완벽하고 완전하게 자신을 실현하려는 욕구다.

인간의 기본적인 심리를 이해하기 위하여 어린이들이 즐기는 게임을 하나 소개하고자 한다. 1990년대 중반 미국 대륙에 상륙하여 어린이들의 마음을 사로잡은 게임과 만화영화가 있다. 바로 일본의 중소기업체인 닌텐도(Nintendo)가 내놓은 포켓몬스터(Pocket Monster) 게임이다. 한동안 이 게임을 주제로 한 만화영화와 카드놀이는 한국을 비롯하여 전 세계 아동들에게 선풍적인 인기였다. 포켓몬 장난감과 게임을 사기 위해서 미리 주문을 해야 할 정도였다. 서방세계만이 아니라 회교권 문화에서도 이것이 선풍적인 인기를 가져오자, 교리에 위배된다는 이유로 사용금지 조치를 취하기도 하였다.

일본의 닌텐도라는 중소기업체가 만든 이 게임과 장난감은 1999년 한 해 동안 순수익이 무려 7조 3,000억 원이었다. 중소기업체의 이러한 수익은 당연히 전 세계인들의 주목을 받게 되었다. 도대체 포켓몬스터가 어떤 것이기에 전 세계 어린이들의 마음을 사로잡은 것일까? 장난감을 만들어 낼 때 아동심리를 자극하기 위해 아동심리학자가 제작에 참여한다는 것은 널리 알려진 사실이다. 아동들은 장난감과 게임을 즐길 때 자신들이 가지고 있는 본능적인 심리적 구조와 일치하기 때문에 정신없이 그것에 빨려 들어가고 애착을 느끼게 된다. 급기야 1998년 1월 뉴욕 타임스는 포켓몬스터에 대한 심리적 해부를 하였다. 이것은 포켓몬스터가 미치는 영향의 중대성을 시사하는 것이기도 하다.

그 기사는 두 가지 요소가 아이들의 심리를 자극한다고 보았다. 돌봄(caring)과 성장(growth)이 바로 그것이다. 필자는 이 두 가지 요소를 인간에게 가장 기본적인 본능으로 보고 있으며, 이 두 가지는 아동들에게만 해당되는 심리가 아니라 모든 연령층에게 공통적으로 해당되는 요소라고 생각한다. 그리고 이 두 가지 요소는 앞서 아들러가 지적한 인간의 기본적인 심리욕구인 힘, 안전, 그리고 완전과 매우 흡사하다는 결론에 이른다.

1) 돌 봄

돌봄(caring)이란 어떤 것일까? 아동들이 포켓몬스터가 나오기 이전에 열광적으로 좋아하던 다마고찌 게임을 이해하면 포켓몬스터에 스며 있는 돌봄의 요소를 이해하기 쉽다. 게임을 하는 방법은 알에서 부화하여 성장하면서 활동할 때까지 먹는 것, 노는 것, 대소변을 가리는 것, 그리고 자는 시간까지 아동들이 관심을 가지고 지속적으로 돌보아야 하는 게임이다. 이렇게 돌봄을 제공함으로써 이 생명체가 알에서 깨어나 성장할 수 있는 것이다.

이 돌봄의 요소가 아동들의 심리를 자극해서 포켓몬에서 눈을 떼지 못하도록 하는 것이다. 지상의 동물 중 사람만큼 돌봄을 필요로 하는 피조물은 없다. 모태에서 10개월의 기간을 보내야 하고, 출생 이후에도 자신의 정체성을 가지기 전까지 수십 년의 세월 동안 부모로부터 돌봄을 받아야 한다. 그래서 사람에게 '돌봄'은 후천적 인격 형성에 필수적인 것이다.

아동이든지 성인이든지 본인이 누군가로부터, 특별히 가까이 있는 사람들로부터 사랑과 관심을 받고 있다고 느끼는 사람은 잠재력이 훨씬 향상되고, 본인이 알고 있는 이상의 실력을 발휘하고 있다는 사실을 느낀다.[3] 우선 사람은 주된 돌봄자(the primary care-givers)인 부모나 보호자의 돌봄을 받아야 한다. 특히 아동기에는 더욱 필요하다. 성인이 되어서는 돌봄을 받는 것도 중요하지만, 돌봄을 필요로 하는 사람들에게 줄 수 있어야 한다. 그 대상은 자신의 자녀일 수도 있고 이웃일 수도 있다. 중요한 것은 돌봄의 순환 과정을 통하여 의미 있는 인생의 발달 단계를 밟게 된다는 것이다.

사람은 평생 부모와의 관계 속에서 살아가지만, 유아기에는 특히 부모의 관심을 많이 받아야 한다. 학생 때에는 가장 비중을 많이 차지하는 교사의 관심을 받아야 하고, 청년이 되어서는 친구와 이성의 관심이 필요하며, 중년 이후에는 가족과 이웃의 관심을 받으면서 살아가야 한다. 이러한 관심을 받으면서 살아가는 것은 사람의 발달 과정에서 자신의 정체성을 확립하는 데 매우 중요한 역할을 한다.[4] 왜냐하면 사람은 관계성에서 태어나서 관계성 가운데 생을 마감하기 때문이다. 성장하면서 어떠한 종류의 돌봄을 받았는가는 그 사람이 어떤 관계성을 맺으면서 살아가는가에 중요한 역할을 한다.

오랜 기간 동안 물을 연구한 일본인 에모토 마사루는 물에 대한 책을 발간해 전 세계 각처에서 큰 반향을 일으키고 있다. 그는 수년간의 실험을 통해 물이 사람의 언어, 행동, 사고, 기도, 그리고 음악에 의해서 다양한 반응을 나타내고 있다는 사실을 밝혀내었다. 그리고 그 실험을 통해서 밝혀진 증거로서 다양한 물의 결정체를 사진으로 제시하고 있다.[5]

얼음과 눈이 각각 고유의 결정체를 가지고 있는 것과 같이 물도 그러한 결정체를 가지고 있는데, 대부분의 물은 육각형 모양이며 그 생김새가 다양했다. 대표적인 실험은 물에게 '사랑한다, 고맙다'라는 말이나 문자를 보여 주고 그 물이 어떻게 변화하는지를 특수촬영을 하였다. 그 결과, 이러한 관심 있는 말을 했을 때 물은 가장 뚜렷하고 선명하며 아름다운 결정체를 보여 주었다. 그러나 반대로 물의 결정체가 형체를 가지지 못하고 깨지고 무질서하게 흩어지는 것은 물에게 '이 바보야' 혹은 '미워한다'는 식의 저주가 섞인 말을 했을 경우였다.[6)]

다양한 실험을 통해서 그가 내린 결론은 유아 인체의 90%가, 그리고 성인은 65~70%가 물로 구성되어 있기 때문에 어떠한 관심을 받느냐에 따라 인체 내에서 반응하는 물의 변화가 부정적 또는 긍정적으로 변화될 수 있으며, 이것은 직접적으로 사람이 사고하고 행동하는 데 많은 영향을 미친다는 것이다. 이 사실은 '언어' 사용의 중요성을 상기시킨다. '언어'는 사용자의 인격이 묻어 있는 것이기에 거기에는 '돌봄'이 실려 있으며, 이 돌봄으로 인해 상대에게 위로가 될 수도 있고, 때로는 부정적으로 사람을 실축시킬 수도 있다.

특히 인생의 초기에는 돌봄에 대해 질적으로 바른 체험을 하여야 한다. 부모의 돌봄을 받아야 하고, 주변 이웃의 관심을 받아야 하며, 학창시절에는 교사의 관심을 받아야 하고, 무형적으로 형성되어 있는 사회 문화의 돌봄을 받아야 한다. 어머니를 사랑하는 아버지의 모습을 보고 자란 자녀가 성장 후에 아내를 사랑하고 어떻게 돌봐야 하는지 방법을 아는 것과 같은 논리다. 인생의 초반에 적합하게 돌봄을 받으면 자신이 받은 것을 인생의 후반에 이르러 돌려줄 줄 아는 사람이 된다. 적어도 중년 때부터 사람은 '돌봄'을 이웃과 사회에 환원시켜 줌으로써 건강한 인생의 후반을 살 수 있다. 자연 속에 일정한 법칙이 있듯이, 이러한 법칙은 또한 인간의 심리적 원칙과 연관이 되어 있는 것이며, 인간이 가진 원칙을 알게 될 때 자연에 대한 순리도 알게 된다.[7)]

2) 성공과 성취: 자기실현의 욕구

포켓몬스터에 들어 있는 둘째 요소는 성공과 성취의 요소다. 아동들이 포켓몬스터 게임을 함으로써 자신의 성공을 체험하면서 매료된다는 것이다. 이 게임은 한 생명체가 처음에는 약하고 왜소해 보이지만, 성장하면서 강력해지고 외관도 화려해지는 특징이 있다. 소위 돌봄을 통해서 생명체가 성장하고 힘과 능력이 예전보다 더 커지는 것이다. 이러한 성장에 아동들이 매료된다는 것이다.

사람은 요람에서 시작하여 무덤에 들어가기까지 자신이 하는 일에서 성공의 체험을 하여야 한다. 자신이 종사하는 일에서 정신적이고 실질적인 성공을 체험하고, 가정과 주위 사람과 사회의 인정받기를 원한다. 이러한 인정을 받을 때 개인은 심리적으로 건강한 삶을 살 수 있다. 아들러는 다음과 같이 인간심리에 나타나 있는 성공(성취)을 표현한다.

> 나는 모든 심리적인 현상에서 우월성(Superiority)을 가지려고 애쓰는 것을 분명히 본다. 이것은 신체적 발달과 균형을 가지고 진행하고 있으며, 생명 그 자체의 선천적인 필요성이다. …… 인간의 모든 기관은 바로 이 우월을 향하여 움직인다. 각 기관들은 좋은 방향이든 잘못된 방향이든 정복하고, 안정되고, 강해지려고 분투한다.[8)]

이러한 관점에서 아들러는 심리학자들이나 철학자들이 개인의 주관에 따라 주장하는 학설, 가령, 쾌락원칙, 자기보존(self-preservation)의 학설을 말하는 것 자체가 인간 내부에 있는 우월현상을 발휘하려는 본능적인 움직임이라고 지적한다. 이 우월성을 가지려는 것이나 성공을 체험하려는 것은 다른 말로 자아실현(self-actualization)이라고 할 수 있다.[9)] 자아실현은 평생 계속되고 체험되어야 하는 핵심적 요소다.

성공 또는 힘이라는 자기실현의 욕구는 중년기부터는 이타성의 성공 개념이 되어야 한다. 그래서 성공이란 남을 위하여(for others), 그리고 남들과 함께(with others)라는 개념을 가지고 질주할 때 더 큰 의미가 있는 것이다. 건전한 성공의 개념은 사회적 관심과 이타성에 대한 것이 될 때 그 성공을 추구하는 개인이 정신적으로 건강한 사람이 될 수 있는 것이며, 만일 성공이 개인적인 욕망으로만 쓰인다면 그는 정신적으로 불안정한 사람이 되는 것이다.10) 성공과 성취는 사랑과 돌봄이라는 이타적 관계성을 가지고 개발하고 배워야 한다. 성공에 대한 욕구가 강하더라도 이러한 요소가 없으면 정신적 문제를 겪게 된다. 그래서 아들러는 "사람은 서로 함께하고 협조를 위한 깊은 욕구를 반드시 가져야 한다."11)고 역설하였다.

"혼자만 잘 살면 무슨 재미가 있느냐?"라는 말이 있듯이, 능력이 되어 성공하고, 개인적 욕망 차원에서 부와 사회적 지위를 챙겼지만 참다운 인간관계를 갖지 못한다면 가시적 성공을 뛰어넘지 못하기 때문이다. 사람은 가시적인 성공의 단계에만 머무르는 것이 아니라, 그 가시적인 성공을 뛰어넘는 자기실현이 필요하다. 아마 우리 시대의 큰 위기는 이 성공의 차원을 가시적 차원에만 머무르게 하는 사회적 분위기, 학교교육, 가정교육일 것이다. 교육이나 의식주에 대한 문제가 점차 향상되고, 많은 사회적 안락함이 있지만 사회적 범죄로 인해 인간의 잔인함과 비정함을 느끼는 것은 자기중심적 성공, 이기적 성취에 몰입해 있기 때문이다.12)

앞에서 언급한 포켓몬스터에 대한 예화에서 우리는 인간이 가진 근본적인 심리적 욕구인 관심과 성취에 대해 알아보았다. 이 두 가지 요소에 대한 매우 공감적인 학문적 해설로 내담자 중심의 상담을 주장한 칼 로저스(Carl Rogers)는 다음과 같이 사람의 특성을 설명한다.

> 생물체는 선천적으로 자신을 안정시키거나 발달시키는 방향으로 자신의 모든 능력을 이용한다. 생물체는 에이브러햄 매슬로(Abrahma

Maslow)가 말하는 '부족함을 채우려' 하는 경향을 가지고 있을 뿐만 아니라 기능과 조직의 분화, 성장에 의한 신장, 그리고 성장에 필요한 도구를 사용함으로써 효과적인 신장과 재생산으로 발전과 분화의 발달을 도모한다. 또한 생물체는 타율성이나 외부적 힘에 의한 조정을 멀리하고 자율성(autonomy)을 향하여 발전한다. 바로 앙날(Angyal)의 설명이 이 생물체에 대한 유사한 설명이 될 수 있다. "살아간다는 것은 환경과 생명체 사이에 발생하는 자율적인 일이다. 살아가는 과정은 단순히 생명을 보존하는 것만이 아니라, 생명체의 일시적인 상태를 항상 증대시키는 사건의 영역에 자신의 자율적 결정을 놓고 연속적으로 확장하는 것이다."[13)]

우리가 앞서 언급한 포켓몬스터에 숨겨져 있는 돌봄과 성공이라는 요소를 칼 로저스의 이론을 빌려 설명 · 비교한다면, 이 두 요소는 살아 움직이는 모든 생명체 내에 자리 잡고 있는 근본이라는 사실이다. 모든 생명체와 특히 인간은 성장과 성공을 향하여 움직이고 있으며, 인간이 살아간다는 것은 단순히 목숨을 유지하는 것만이 아니라 정신적 안정과 성취를 위해서 계속적으로 발달한다는 의미다.

2. 일관성과 책임감

돌봄과 성장이라는 심리적 원칙은 과거에 비해 고등교육을 받은 사람들이 많아지고 자녀도 적게 낳기에, 현대에 더욱 효과적으로 적용할 수 있다. 부모와 사회가 더 많은 시간과 물질적인 여유로 양육할 수 있다는 것이다. 주 5일 근무제가 확산되면서 기계처럼 돌아가는 일터에서 탈출하여 심신을 위로하는 여가생활에 대한 관심이 증가하는 것도 우리 사회가 돌봄과 성장(성취)에 대하여 관심을 가지고 있다는 것을 의미한다. 그러나 교육과 의식주 문제가 점점 개선됨에도 불구하고 점점 더 많은 비참한 문제가 발생하는 이유는 무엇일까? 돌봄과 성장만으로는 되지 않는 그 어떤 요소가 있다는 말인가? 필자는 돌봄과 성장이 원초적으로 필요한 심리적 원칙임을 인정하지만 또 다른 요소인 일관성(분명성)을 지닌 돌봄자의 역할도 필요하다고 본다.

1) 일관성

자녀들은 부모의 말이나 명령에 의해 성격이 조형되는 것이 아니라, 평소에 부모가 보이는 일반적 감정(general feelings), 일반적 태도(general attitudes), 그리고 친척과의 관계에서 영향을 많이 받는다.[14] 이러한 요소들은 부모가 특별한 교육을 시키고자 할 때 나타나는 것이 아니라, 일상생활 가운데 묻어 나오는 것이다. 사람에게는 돌봄과 성장이라는 기본적인 욕구가 있고, 이것을 외부로부터 받아야 하는 것은 사실이지만, 이보다 더 중요한 요소는 '일관성'이다.[15] '분명한 행동과 말, 가치관, 인생관이 명확하여 좀처럼 외부적인 여건으로 인해 요동하지 않는 가치관을 가지고 살아가는가'라는 문제다.

말은 누구나 작심만 하면 자신의 내면과는 관계없이 표현할 수 있다. 그러나 행동은 말처럼 쉽게 나오지 않는다. 행동은 말보다 더 많은 그 사람의 진실을 담고 있기 때문이다. 예를 들어, 부모는 자녀에게 '공부해라'라는 말을 쉽게 할 수 있지만 부모 자신이 책을 읽거나 공부하는 모습을 보이는 것은 말하는 것보다 어렵다. 자녀가 효과적으로 영향을 받는 것은 '공부해라'라는 말이 아니라, 부모가 책을 읽는 모습을 자녀에게 보이는 것이다. 책을 읽는 부모의 모습을 보고 자녀는 서서히 책을 읽는 습관을 가지게 된다. 사람은 말에 익숙하지만 행동으로 보이기까지의 습관화는 어려운 것이다. 사람은 말이 아닌 행동에서 우러나오는 사람의 영향을 받게 된다.

대부분 사람이 일상생활에서 말을 우선하고 행동이 뒤따르지 못하기에 효과적인 교육이 되지 않는 것이다. 일상생활만이 아니라 종교 활동도 마찬가지다. 교리적인 것에는 충실하다고 생각하나 실제 행동으로 나타나는 것이 없기에 종교인들이 효과적인 포교 활동을 하지 못하고 있다. 자녀가 부모의 명확한 행동을 무의식적으로 보고, 또는 요구하듯, 종교인들에게는 가르치고 말하는 형태의 교리가 아니라 보여 줄 수 있는 행동을 바라고 있는 것이다.

10대들과 대화를 나누는 '10대들의 쪽지'의 한 상담자에 의하면 한국의 10대들이 부모들에게 나타내는 가장 큰 불만이 바로 일관성의 문제다. 이러한 10대들의 불만은 부모들이 평상시 중요한 결정을 할 때 아주 애매모호한 태도나 이율배반적인 태도를 보였기 때문에, 자신이 당면한 중요한 결정에 있어서 바른 결단을 내릴 수 없다는 것이다. 선과 악이 공존하는 생활 속에서 부모는 무엇이 선한 것이고 무엇이 악한 것인가에 대한 명확한 구별을 보여 주어야 하며, 이와 동시에 악한 것에 대해서는 단호하게 '아니요', 선한 것에 대해서는 주저 않고 '예'라고 말할 수 있는 자세가 되어 있어야 한다.

자녀가 부모에게 원하는 것은 거대한 선물 공세가 아니라 평상시에 늘 꾸준하게 보여 주는 애정 어린 관심과 선과 악 사이에서 명료한 결단을 내리는 생활 철학이다. 가난이 불편한 것은 사실이나, 가난으로 인해 부모가 가진 생활의 일관성을 상실해서는 안 된다. 물질에 앞서 분명한 생활 가치관과 인생관을 가지고 행동의 분명성을 보일 때, 외부적 여건이 어렵다 하여도 짐을 함께 지려는 자녀, 가족, 그리고 사람들이 있다.

군인에게 올바른 철학과 일관성을 가진 상관이 있다면 부하들은 그를 평생 모시려고 하고, 그를 위해서 목숨까지 내놓는다. 우리의 자녀를 피폐하게 하는 것은 경제적인 어려움이 아니라, 분명치 않은 부모와 어른들의 태도다. 생활의 어려움이 자녀들을 좌절하게 하는 것이 아니라, 명료성과 분명성이 불투명한 부모나 어른들의 가치관 혼란이 자녀와 사회를 병들게 하는 것이다. 자녀들이나 사람들에게 시간을 내어서 돌볼 수 없다는 이유로 인해 물질적으로 그것을 보상하려 한다면, 그 자신이 물질적으로 빈핍하였을 때 자녀나 이웃 사람들이 떠나게 된다. 비록 의식주의 문제로 인해 살아가는 데 불편하더라도 부모가 분명한 철학이 있다면 자녀는 부모의 편에서서 부모를 이해하려고 노력하며, 도우려고 할 것이다.

어렵게 귀순한 한 북녘 동포와 상담을 한 적이 있다. 청년인 그 사람은 조부모가 순교했다는 사실을 알게 된 한 교회로부터 여러 가지 생활의 도움을 받았다. 북한에 있을 때 경제적으로 다소 넉넉한 편이었으나, 가진 것을 거의 다 이웃에게 나눠 주며 생활하는 어머니의 신앙생활을 이 청년은 이해할 수가 없었다. 어머니의 심부름으로 중국에서 한국 사람을 만난 일로 인해 수감되어 죽을 날을 기다리던 차에 혈혈단신으로 어렵게 귀순에 성공하였다. 필자와의 상담에서 그는 자신의 어머니는 어떠한 역경에도 굴하지 않고 바른 정신과 신앙을 가졌던 어머니라며 품안에 고이 간직한 어머니의 사진을 내보였다. 극한 환경에서 그의 어머니가 보여 준 확고하고도 명료한 가치관은 그 청년의 마음속 깊이 간직되었을 뿐만 아니라 그의 인생길에 명확한 모델을 제시한 것이다.

일상생활에서, 그리고 삶의 어려운 고비에서 부모가 보여 주는 삶의 철학은 자녀들로 하여금 그들이 힘들고 어려운 순간에 바른 결정을 할 수 있도록 돕는다. 부모와 사회의 어른들은 돌봄을 제공하되, 그 돌봄을 통하여 자신들의 삶의 철학을 자녀들과 자라나는 세대에게 보여 주어야 한다. 이러한 삶에 대한 일관성은 그들이 생각하고 행동하는 데 도움을 줄 것이다.

오늘날 물질적 풍요로움과 과학기술의 혜택으로 여가생활과 수명의 연장이라는 혜택을 외관적으로 누리는 것 같으나, 현대 우리 사회가 당면한 문제는 부모와 성인들이 가지는 분명성의 혼란이다. 분명성은 어떤 외부적 어려움에도 당당하게 살아갈 수 있는 가치와 기준을 제시해 줄 수 있다. 우리 사회의 문제는 물질적인 어려움보다는 분명성과 그것을 바탕으로 한 건강한 가치관의 부재다.

2) 책임감

돌봄과 성장에 또 하나 추가되어야 할 사항이 있다. 바로 책임감(responsibility)에 대한 교육과 훈련이다. 사람은 상호 관계성 속에서 살아가게 된다. 개인의 능력이 아무리 뛰어나도 타인과의 관계성에서 실현되지 않는다면 의미가 없다. 부모 없이 생명이 있을 수 없듯이 이웃이 없는 개인이란 의미가 없는 것이다.

앞서 지적한 돌봄과 성장의 기본적인 심리를 충족시키는 것은 중요하지만, 이것만 강조하다 보면 개인의 '권리'만을 생각하고 '책임감'을 소홀히 하게 된다. 권리와 책임감은 동전의 양면과 같아서 분리해서 생각할 수 없다. 개인이 권리를 가지기 위해서는 책임감에 대한 적절한 수행이 있어야 조화를 이루게 되는 것이다. 즉, 균형을 지닌 심리가 필요한데, 앞서 언급한 돌봄과 성장이 사랑에 대한 것이라면, 명료성과 책임감은 돌봄과 성장을 균형 있게 하는 일종의 훈련인 것이다.

오늘날 사람들의 심리적 현상을 지적하는 두 가지 용어가 있다. 첫째는 '나만 아는 세대(me-generation)'다. 현대인들은 전통에서 뿌리가 뽑혀 있으며, 과도한 이성에 집착하고 있으므로 비개인화(depersonalization)된다는 것이다.[16] 산업혁명 이후 '나'라는 정체성의 규정이 결정론적 입장에서 떠나 자신의 변신을 시도할 수 있는 일반적인 사회적 현상으로 나타나고 있으며, '나'라는 것이 과거 어느 세대보다 가장 중심이 되고 있다.[17]

현대인들에게는 '나'라는 자기중심적인 생각이 팽배하기 때문에 남녀관계에서 '사랑'이라는 것도 자신을 얼마나 사랑해 주느냐 혹은 얼마나 사랑에 깊이 빠져 있느냐는 방식으로 보게 된다. 그러나 사랑은 내가 어떤 사람에게 얼마만큼 있는가로 판단하지 않고, 얼마만큼 '갈등'을 수용하고 이 갈등을 풀려고 노력하는가로 보는 것이 정확하다.[18)]

서로 다른 가정환경에서 수십 년을 자란 사람들이 만나 결혼을 한 후 갈등을 하게 되는 것은 너무도 당연한 것이다. 이러한 갈등마저 용납하지 않는 나만을 위한 안이한 사랑의 방정식을 갖는 남녀들은 늘 장밋빛 같은 낭만적인 결혼생활만을 꿈꾸며 '나'에 집착하고 있다고 할 수 있다. 그래서 사소한 갈등으로 의견 충돌이 발생하게 되면 배우자를 잘못 보고 결혼을 했다든지, 상대방은 자신을 더 이상 사랑하지 않는다고 생각하기도 하고, 결혼이 실수였다고 여기기도 한다. 이렇게 '나'라는 것이 중심에 서게 될 때 사회의 가장 중요한 기본적인 구성체인 가정이 해체되기도 한다.

둘째는 '즉각적인 만족(immediate gratification)'이다. 인터넷이 생활의 중심이 되고 있는 문명에서 자주 쓰이는 말이 있다면 '빠르고, 편하게'라는 말일 것이다. 아마 문명은 인류의 역사와 더불어 이러한 근본적인 원칙을 가지고 전진하고 있고, 미래에도 상업적인 측면에서 이 원칙이 바탕이 될 것이다. 이제는 컴퓨터가 생활에서 떼어놓을 수 없는 요소가 되었는데, 이것의 사용은 사용자의 정신적인 면까지 지배하게 되었다. 컴퓨터 아이콘을 클릭할 때마다 컴퓨터는 예외 없이 즉각적으로 사용자의 요구대로 화면을 바꿔 준다. 컴퓨터 외에도 가는 곳마다 쉽고 간편하게 먹을 수 있는 인스턴트 음식과 자판기가 즐비한 것도 현대인들로 하여금 책임감보다는 '즉각적인 만족'에 익숙해지게 한다.

우리나라의 급속한 인터넷 문화의 보급에 대하여 미국의 『포브스(Forbes)』 잡지가 설명하기를, 전 세계에서 인터넷 보급률 1위를 자랑하지만 부정적인 요소가 만만치 않다고 했다. 인터넷 문화가 대통령 당선을 좌우했고, 음란 사이트의 종횡무진, 청소년들의 심각한 인터넷 중독 현상이 급속도로 발생하고 있으나 이에 대한 예방책은 없는 형편이라는 것이다. 더구나 청소년 10만 명이 음란 사이트를 소개해 주는 대가로 용돈을 벌고 있다는 충격적인 기사도 있다.[19] 인터넷 문화는 익명을 사용하기 때문에 책임을 지지 않게 하고, 책임이나 남을 배려하기 전에 개인의 권리만을 요구하는 변질된 형태로 나가고 있다는 우려도 있다.

자녀가 요구한다고 해서 부모가 다 들어주는 것이 돌봄일까? 자녀를 망치고 싶으면 자녀가 요구하는 것을 다 들어주라는 말이 있다. 자녀의 요구가 빈번하게 부모로부터 거부당해 좌절되는 것도 문제가 될 수 있지만, 아동의 요구를 무조건 허용하는 것은 성인이 된 후 이기적 정신 구조를 갖게 하여 중년기에 침체성(stagnation)을 맞게 하는 원인이 되기도 한다.

성장 과정에서의 과도한 좌절은 문제가 되지만 적합한 시기에 적절한 좌절과 고생은 인생을 포괄적으로 살아가는 데 필요한 것이다.[20] 적절한 사랑과 고난의 비율이 필요하다. 고난은 사람으로 하여금 인생의 바닥에서부터 사람을 보는 눈을 키워 주며, 생각의 폭을 넓게 한다. 고난 없이 성장했을 때 사람의 생각은 '나' 중심이 되고 '즉각적인 만족'에 빠지기 쉽다.

우리는 '즉각적인 만족'이라는 빠른 것을 요구하는 시대에 살고 있다. TV에 출연하는 사람들은 3분 안에 자신의 생존을 결정한다고 생각한다. 이 3분 안에 자신의 모든 끼를 유감 없이 발휘하여야 다시 공중파를 탈 수 있기 때문이다. 그래서 시청자의 환심을 사기 위해서 이 3분에 사활을 걸기도 한다. 급하고 빠르게 자신을 실현하고자 하는 욕구가 강하며, 이것은 오늘날의 세태를 보여 주는 단면이기도 하다. 3분이 나의 앞날을 좌우한다는 생각과 같이, 사람들로부터 '즉각적인 만족'이 없으면 개인은 상대에게서 좌절을 느끼고, 실의에 빠지기도 하며, 포기하기도 한다.

성인 남녀관계나 결혼에서도 마찬가지 원리가 적용된다. 상대방이 즉각적으로 반응을 보이지 않으면 사랑하지 않는 것이라고 오해할 수도 있다.

또한 즉각적인 만족이 오늘날의 사랑의 방정식이라고 여길 수도 있다. 그러나 한편에서는 '느림의 미학'이라는 용어가 새어 나오기 시작했다. 사람의 성장이 모든 피조물의 성장 중에서 가장 긴 시간을 요구하듯이, 빠른 것만 좋은 것이 아니며, 기다리고 인내하는 것이 얼마나 소중한가를 말하는 것이다. 사과나무에서 처음으로 사과를 따는 데까지 3~5년의 세월이 걸린다. 대나무는 뿌리를 내리는 데에만 3~4년의 시간이 걸리고, 5년이 되는 해부터 수십 미터씩 성장한다고 한다. 과실나무에서 열매를 따기 위해서 어느 정도의 참고 기다리는 세월이 필요하다. 이러한 자연현상은 인간관계에도 적용된다. 인간관계에서도 최소한 어느 정도의 시간이 있어야 결실을 거둘 수 있다는 것이다.

이러한 관점에서 보면 우리 시대에 신앙은 성공과 성취를 위한 것이 되었고, 십자가는 고난이 아닌 장식이나 양심의 수호신 정도로 변하여 불유쾌한 감정을 약간이나마 희석시키는 상징이 되어 버리고 말았다. 그러나 십자가란 성공의 상징으로 자리매김하여 다수의 요구를 수용하는 것이 아니라, 이 세대에 창의적인 소수(creative minority)가 되어 건전한 영향력을 창의적으로 재생산하며 살아가는 것이며, 불특정 다수라는 대중의 심리적 기호에 편승하는 것이 아니라 창의적으로 대중심리에 부적응하며(creative maladjustment) 살아가는 것이다.[21)]

'나만 아는 세대', '즉각적 만족'은 기다림의 원리를 알지 못하는 것이고, 고난과 고생을 탐탁치 않게 여기고, 고난이 삶을 더 깊게 한다는 사실을 모르는 것이다. 그래서 우리는 조급하게 모든 것을 서두르려고 한다. 조기 교육, 조기 졸업 등 모든 것을 빠르게 결정하려는 버릇이 있다. 그리고 이러한 빠른 것들이 성공과 성취와 직결되지 않으면 불안해한다. 더 큰 문제는 이러한 빠른 원리를 인간관계에서 요구한다는 것이다. 인간관계에서 기계적 반응을 요구하는 세태로 옮겨가기에 개인은 심리적 불안정을 겪게 될 수밖에 없다.

이러한 습관에서 벗어나 사람들이 심리적으로 건강하게 성장할 수 있으려면 어떻게 해야 할까? 필자는 그것이 바로 사람과 사회에 대한 '책임감'을 배우는 것이라고 본다. 작게는 문화사회에서 기본적으로 지켜야 할 책임감에 대하여 학습하고 몸으로 익히는 것이며, 크게는 한 사회의 구성원으로서 가정과 사회에 돌봄과 성공을 환원하여 사회 전반이 유기체적인 관계성을 가지고 살아가게 하는 책임감을 익히는 것이다. 즉, 이타성에 대한 책임감을 가지게 하는 것이다. 이렇게 될 때 개인이 체험하는 돌봄과 성취가 더 확고한 기반 위에 설립될 것이다.

3. 미래지향적인 인간

1) 실현 욕구

성공과 자기실현, 우월성을 맛보려는 것이 사람의 심리라는 것은 미래지향적이라는 의미다. 과거는 분명히 우리에게 하나의 사실이었고, 현실의 나를 있게 하는 바탕이었다. 그러나 과거의 어떠한 사실도 현재의 개인을 전적으로 지배할 수는 없다.

남에 대한 배려가 적을 때 어려운 일이 발생하게 되면, 우선 주위에 있는 사람들을 원망한다. 물론 정말로 내가 아닌 외부 사람들로 인해서 어려움을 겪을 수도 있다. 그러나 습관적으로 자신을 정당화하기 위해서 외부인들에게 원인을 돌리기도 한다. 그래서 자기 자신이 하는 실수에는 아주 관대하고 남의 사소한 실수에는 엄격하다. 이러한 현상은 프로이트의 용어를 빌리자면 자기방어(self-defense)다. 이것은 자신의 현 상황을 합리화하고 안전하게 머무르려고 하는 사람의 교묘한 정신적 전략이며, 자신을 가두고 있는 껍질에서 나오지 않고 안주하려는 게으름이다.

과거의 경험이 너무나 상처가 되기 때문에 현실에서 과거의 상처들이 현실과 미래의 가능성에 대하여 문을 닫아 두고 있다. 다른 말로 한다면 과거의 상처를 이겨 낼 무수한 가능성을 뿜어 낼 현실과의 만남이 적다는 것이다. 문제는 과거가 아니라 미래를 보게 하는 현실이 약하다는 것이다. 어떠한 과거도 현실과 미래에 대한 꿈보다 클 수는 없다. 과거가 사람에게 붙어다니며 괴롭히는 정신적 실체라면, 우리 주위에 어려운 과거의 상처를 딛고 당당하게 자신의 목소리를 사회에 내는 사람들에 대하여 할 말이 없다.

'과거가 현재를 지배하는가' 아니면 '현재 생활이 과거를 청산하고 또 다른 미래를 예측케 하는가'에 대하여 생명체의 실험을 통해 살펴보자. 첫 번째 세포 분열을 한 성게를 인위적으로 분리를 하여 성게가 어떠한 방향으로 세포 분열을 하게 되는지를 실험하였다. 실험자들은 성게가 죽거나 기형적으로 성장할 것이라 추측하였으나, 성게는 크기는 약간 작았지만 정상적으로 성장하였다.[22] 이것은 생명체가 불규칙하게 성장하는 것이 아니라 일정한 법칙을 가지고 성장을 한다는 것을 보여 준다. 생명체는 부분이 손상을 받으면 그것을 보완하기 위하여 그 생명체의 각 부분이 공조하여 회복하려는 경향이 있다. 이러한 일련의 법칙은 생물학에서 하나의 신비로 여겨진다. 그러면 '무엇이 이 손상된 생명체로 하여금 회복하게 하는가'라는 질문을 하게 한다. 생물학자 스젠트 죠에르지(Szent-Gyoergyi)는 이러한 이유에 대하여 다음과 같이 밝힌다.

> 모든 살아 있는 생명체가 완전해지려고 하는 내적인 힘(drive)을 가지고 있다는 가정 없이는 이러한 현상을 설명할 수 없다.[23]

이러한 자기실현에 대한 내적인 힘이 모든 생명체에 있기 때문에 생명체의 진화에 있어서 처음 단계보다 나중 단계가 더 성숙하고 강한 적응력을 가질 수 있는 것이며, 간단한 초기 구조에서 점점 견고하고 복잡한 후기 구조로 진화하게 된다. 그리고 이러한 내적인 힘은 모든 생명체의 내면에 흐르고 있는 그 고유의 가능성을 실현하기 위해서 움직이고 있는 것이다.[24]

> 사람들이 꽃 혹은 참나무, 벌레 혹은 새, 원숭이 혹은 사람에 대하여 이야기할 때 내가 믿는 것은 모든 생명체는 수동적이지 않으며 능동적이라는 것을 인식하게 된다는 것이다. ……환경이 좋든지 나쁘든지 생명체의 움직임은 자신을 지속시키고, 발전시키고, 재생산하는 법칙이 있다. 이것이 바로 우리가 말하는 생명이라는 과정의 중요한 성격이다. 이러한 경향은 생명체에 늘 작용된다. 이 작용이 생명체에 있느냐 없느냐에 의해서 그 생명체가 살아 있다 혹은 죽었다고 할 수 있다.[25]

사람을 포함해서 생명을 가진 것은 자신을 지속적으로 발전시키고 재생산하려는 법칙을 가지고 있다. 그리고 이러한 작용은 단순히 수동적으로 끝나기보다는 능동적이고 효과적으로 환경에 대처하고 발전하기를 원하는 것이다. 사람에게 생명이 있는 한 이러한 법칙은 가슴 한가운데 자리를 하고 있다. 소위 생명체의 진화라는 것도 이러한 의미에서 해석이 가능하다.

사람과 자기실현에 대해 살펴보자. 인간과 식물, 그리고 동물에는 DNA가 있다. 보통 식물은 유전자의 숫자가 인간보다 월등하게 많으나, 사람 유전자의 숫자가 돼지나 쥐의 유전자 숫자와는 별다른 차이가 없다. 그러나 유전자의 숫자가 생명의 우위성을 나타내는 것은 아니다. 사람의 유전자는 어떤 동 · 식물보다 더 복잡하고 난해한 구조 속에서 서로 상관적인 작용을 한다.[26] 이 말은 복잡한 구조를 가진 생명체일수록 열악한 조건을 극복해 가는 힘이 더 크며, 그 조직체의 각 부분들은 상실된 것이나 상처받은 것을 보완하고 재정비한다는 의미다.[27]

사람은 어떠한 동식물보다 난해한 유전적 구조와 상관관계를 가졌기 때문에 그 어떤 생명체보다 자기실현의 경향이 명확하고, 또한 과거의 아픔을 승화할 수 있는 선천적이며 초월적인 힘을 가졌다. 칼 로저스는 이것을 사람이 가지고 있는 '실현하려는 경향(actualizing tendency)'이라고 표현한다.[28)]

이러한 자기실현의 경향은 외부적인 영향으로 인해서 방해를 받을 수 있다. 그러나 그 내면에서 긍정적 · 적극적으로 자기를 실현하려는 경향은 어떠한 외부적 환경에도 깨지지 않는다. 상담자는 바로 이러한 경향에 초점을 가지는 것이고 그 개인의 외부를 둘러싸고 있는 껍질을 파헤쳐 그 내면의 실현 욕구를 보아야 하는 것이다.

생명체에게 상처가 있을 수 있듯이 사람에게도 성장 과정에서 아픔이 있을 수 있다. 그러나 실현의 욕구가 가장 강한 인간의 내부에 있는 열망에 대하여 과거는 더 이상 짐이 아니다. 다만, 우리가 과거를 현재에 끊임없이 영향을 주는 막강한 힘으로 생각하여 우리 내부에 잠재해 있는 가능성보다는 그 가능성을 싸고 있는 과거의 평가를 익숙하게 생각할 뿐이다. 폭력이나 반사회적인 말이나 행동의 이면에는 자신을 인정해 주기를 원하는 심리가 있는 것과 같이, 어떤 사람이 과거 문제로 인해 현실에 적응할 수 없다고 말한다면, 그것은 이미 그 사람에게 현실과 미래를 향한 의지가 있다는 것을 의미한다.

2) 과거에서 미래로

개인의 정신건강에 있어서 과거의 상처는 중요한 사실임에 틀림없다. 우리는 그동안 자신의 현재 입장을 과거의 결과라는 입장에서 보거나 타인을 평가하는 시각에 익숙해져 있었다. 그러나 생명체는 앞서 지적한 바와 같이 미래지향적이며 과거의 상처를 보완하려는 내부적 특성이 있다. 성장 과정에서의 정신적 충격은 평생 동안 따라오는 것이 아니다. 과거의 충격과 열등감은 자신을 실현하려는 의지를 통해 극복할 수 있는 것이다.[29)]

열등감을 느낀다는 것은 그 열등감에서 벗어나 우월성과 목표 성취를 원하기 때문이다. 만일 모든 것을 포기한다면 열등감을 느낄 이유와 필요가 없다. 심리학에 관심이 많은 신학자 폴 틸리히(Paul Tillich)도 이러한 입장에서 다른 피조물과는 다른 인간의 세 가지 원초적인 죄인 교만(hubris), 불신앙(unbelief), 그리고 음욕(concupiscence)을 지적하였다. 이 세 가지 현상이 개인과 사회조직에 나타나는데, 이것을 액면 그대로 수용하기보다는, 이러한 세 가지 현상을 통해 인간이 얼마나 자기 자신 안에 있는 하나님이 부여한 참되고 중심된 자기(the centered self)에 대한 회복의 열망이 있는가를 보라고 했다.[30)] 마치 폭력의 이면에는 폭력자가 사회로부터 인정받기를 갈구하는 욕구가 있는 것과 같이, 사람은 살아가면서 타인과 비교하여 열등감에 빠지는 경우가 있다. 그런데 이러한 열등감은 우월성, 성공을 위한 심리적 욕구가 있기 때문에 느끼는 것이다.

과거가 무의식에서 평생 지울 수 없고 인간을 따라다니며 괴롭히는 상처라면 우리 개인은 자신의 현실에 대하여 책임을 져야 할 존재가 아니다. 우리가 책임을 가지고 있다는 것은 현실의 상황이나 과거의 일을 이겨 낼 수 있는 존재이기 때문이다. 법으로 사람을 처벌하는 이유도 그 사람이 능력이 있었지만 그것을 하지 않았기 때문이다. 이러한 사람의 경향에 대하여 아들러는 사람은 끊임없이 성장할 수 있는 잠재력을 가지고 있기 때문에 유전적이고 환경적인 선천적인 요소를 의도적이고 창의적으로 변화시킬 수 있는 힘이 있다고 하였다. 왜냐하면 사람은 본질적으로 창의적인 피조물이기 때문이다. 현실에서의 좌절로 인해 포기하는 생명체가 아니다. 다만, 현실의 고통으로 인해 그것이 내면에 깊이 잠재해 있을 뿐이다. 그래서 사람의 운명은 과거에 의해 결정되기보다는 미래와 비전과 목적에 관심을 가지며, 이것들에 의해서 변하게 되는 것이다.[31)] 과거가 현재의 나를 움직이는 것이 아니라, 미래의 꿈이 현재의 나를 움직이고 과거의 이야기를 재편성할 수 있게 하는 것이다.

충격적인 일들은 사람을 현실에서 얼어붙게 만들며 미래의 문을 닫아 버리게 한다. 과거의 일에서 뛰쳐나와 자신의 미래를 연 사람들의 공통점은 더 이상 변화하지 않는 과거의 사건으로 인해, 그리고 변화하지 않는 현실로 인해 좌절을 겪을 때마다 자신이 보는 세상의 관점, 즉 자기 스스로를 변화시키도록 노력했다는 점이다. 자신이 변화할 때 비로소 외부적인 현실이 변화하는 것을 체험할 수 있다.

과거의 부정적인 일들로 인해 스스로에게 혹독하거나 냉소적이고 좁은 시야로 보기 시작하면, 자기실현을 체험하기에 어려운 지경이 된다. 이러한 부정적인 시야에서 탈출을 할 수 있는 것은 가상주의(fictionalism)에 입각한 목표의 필요성이다. 즉, 세상의 모든 사람은 하나의 가상된 진실을 가지고 살아간다. 그러기에 이 진실은 각 개인에 따라서 다양하지만 사람들은 자신이 신뢰하고 있는 진실에 의해서 움직인다. 그러므로 과거의 사슬로부터 창의적으로 살 수 있는 방법은 어느 누구나 가상의 목표를 가지고 그것을 향하는 것이다.[32)]

모든 생명체의 구조는 난관 속에서도 자신을 포기하지 않고 있는 상황에 적응하며, 모든 기관은 자신들의 약해진 기관을 협력하여 보강하고 생명을 유지하게 한다. 과거의 상처가 크더라도 그것이 우리를 전적으로 억압하지는 못한다. 사람은 창의적이며 미래를 향하기 때문이다. 이 창의성을 바탕으로 미래에 대한 가상적인 꿈을 꾸며 이 가상적 꿈을 통해서 현실과 과거의 변형을 체험한다. 그리고 이 아픈 과거의 기억들은 현실의 나를 만드는데 있어야 할 과제로 생각하며, 모든 과거를 통합적(integrity) 관점에서 볼 수 있는 것이다.

4. 사회 망과 인간심리

미래지향적인 가상주의를 가지고 목적을 설정하는 것을 돕기 위해서 조성되어야 할 요소가 있다. 개인의 의지와 노력이 효과적이기 위해서는 가정을 포함한 개인을 둘러싸고 있는 우호적 사회환경이 필요하다.

칼 로저스는 이러한 망(web)을 겨울 동안에 곳간에 쌓여 있는 감자에 비유하였다. 추운 겨울에 곳간에 쌓여 있는 감자들은 땅에 심지 않았음에도 불구하고 조금씩 싹이 나온다. 감자는 적합한 계절에 땅에 묻히게 될 때 그 싹이 나오지만, 여건이 조성되지 않은 추운 겨울에도 곳간에 있는 일부 감자는 싹을 틔운다. 그는 이와 같은 현상을 관찰하면서 같은 감자지만 어떠한 환경에 놓이는가에 의해서 그 성장이 달라질 수 있다는 결론에 도달하였다. 그리고 사람도 환경이 우호적일 때 좋은 결과를 가져오고, 비우호적이면 사람의 인성은 비뚤어지고 곡해되며 성장이 더딜 수 있다고 보았다.[33)]

같은 생선이지만 대양에서 성장한 것과 양어장에서 기른 것은 차이가 있고, 넓은 옥토에서 온갖 자연의 혜택을 받으며 좋은 환경에서 열매를 맺는 과실과 익지 않은 과일을 따서 오랜 유통기간을 거쳐 소비자에게 온 것과는 차이가 있다. 곳간에 파묻힌 감자지만 빛을 쪼인 감자가 성장을 더욱 촉진시키듯이 사람에게도 이러한 환경적인 요인이 적합하게 조성될 때 그 시기와 가능성이 달라질 수 있는데, 필자는 이것을 관계성의 망(web)이라고 표현하고 싶다.

사회적인 망을 언급하면서 우리는 두 가지 사실을 생각할 수 있다. 우선 사회적인 환경이 어떠한가에 의해서 우리에게 부정적으로나 긍정적으로 영향을 줄 수밖에 없다는 것이다. 칼 로저스의 말처럼 인간이 감자라면 빛을 받은 감자가 더 잘 성장할 수 있듯이, 열악한 환경은 사람을 병들게 할 수 있다는 말이다. 그러나 이 말은 우리에게 또 다른 가능성을 제시한다. 즉, 인간이 환경의 영향을 받고 성장을 하기 때문에 과거보다 더 나은 주변적인 환경, 그리고 인간관계를 형성하면 긍정적인 변화 가능성을 생각할 수 있다는 것이다.

관계성의 망은 사람이 살아가는 데 크게 두 가지의 요소로 작용한다. 첫째는 힘(power)의 형성, 둘째는 관계성의 형성이다. 두 명만 모이게 되어도 그 사이에 관계성이 형성되고 미묘한 힘이 작용한다. 그리고 이 미묘한 힘의 작용은 서로에게 영향을 주는 한 부분이다. 어떤 의미에서 살아간다는 것은 크든 작든 어떤 요구를 하는 것이기에 산다는 것은 이러한 힘을 행사하면서 살아가는 것이다.[34]

> 간단히 말해서 공동체 자기와 관계성 자기라는 개념의 의미는, 사람은 과거에 자기 자신을 포함해서 타인에게서 무엇을 수용했고, 어떤 것이 타인에 의해서 주어졌느냐에 의해 자기가 누구이며, 우리가 누구인가가 결정된다는 것이다. 이 말은 사람은 서로를 창조하고, 다른 사람의 영향을 받는다는 것이다. 우리가 생존을 위해 다른 생명체를 먹는 것과 같이, 이러한 상호 창조의 조직체 과정에서 서로를 심리적으로, 지적으로, 그리고 영적으로 먹이고 있다.[35]

사람은 평범하게 가족의 구성원으로, 직장의 일원으로, 어떤 단체의 구성원으로 지내지만 그 사람이 관계하는 모든 것에 서로 영향을 주고 있다. 가정에도 보이지 않는 힘이 작용하고 있고, 정치는 말할 나위도 없고, 기업을 비롯해서 모든 종교 기관에도 이러한 힘의 작용이 관계성을 형성하고 있다. 앞에서 지적한 바와 같이, 인간은 상호 관계성 속에서 심리적 · 지적 · 영적으로 자양분을 공급받는다. 그래서 사람은 태어나면서부터 죽음을 맞이할 때까지 관계성 속에서 태어나 관계성 가운데서 생을 마감한다. 그리고 어떠한 관계성을 가지느냐에 의해서 삶의 의미를 더할 수도 있고, 황폐화할 수도 있다. 사람은 부정적 관계든, 긍정적 관계든 관계성을 가지려고 할 수밖에 없다. 왜냐하면 이러한 관계 없이는 아무런 의미를 가질 수 없기 때문이다.

관계성 속에서의 문제는 '서로에게 어떠한 영향을 주는가' 하는 것이다. 즉, '부정적인 영향을 주는가' 아니면 '긍정적인 영향을 주는가' 하는 문제다. 여기서 우리가 생각해야 할 것은 사람이 살아가는 것이 관계성 가운데 영향을 받고 영향을 미치는 원칙을 가지고 있다면, '어떻게 하면 긍정적인 관계성을 형성하고 우호적인 환경 가운데서 심리적 안정감을 가질 수 있을까' 하는 것이다.

어떤 관계성에서 힘을 발휘하느냐에 따라 창의적인 에너지가 발생할 수도 있고 반대로 파괴적인 에너지가 분출할 수도 있다. 파괴적 에너지를 체험하는 경우는 일방적 힘의 논리에 의해서 피해를 입었을 경우에 경험하게 된다. 가령, 부모라는 이유 하나만으로 일방적인 힘으로 자녀를 정신적으로나 육체적으로 유린한다든지, 직장 상사라는 이유로 하급자에게 고통을 주는 경우다.

이런 파괴적 에너지를 행사하는 가해자들이 가진 심리적인 공통점은 두려움과 자만(arrogance)이다. 즉, 미래라는 기다림에 익숙하지 못한 사람들은 미래가 두려움으로 자신들에게 다가오고, 참고 기다리는 것보다는 '즉각적인 만족'을 기대하기에 자신의 욕구대로, 현실에서 눈에 보이는 것만을 얻으려고 상대에게 상처를 주게 된다. 남녀의 사랑도 시간이 흐르면서 서로에 대한 파악과 이해가 무르익어 가면서 성숙해지지만 이러한 것을 기다리지 못하면 성폭행(sexual abuse)으로 이어진다.

사람은 용기를 가지고 자신의 쾌락을 보류하고, 일시적이고 즉각적인

> 만족을 추구하지 않고, 볼 수 없는 미래 속에서 신뢰를 제공하며, 이웃과 하나님과의 교제를 위하여 창조되었다. 사람은 자신이 속해 있는 공동체 안에서 위험을 발견하게 되면 근심하고, 공동체 안에서 희망을 찾지 못하면 좌절한다. 이 좌절 가운데에서 사람은 자신의 만족을 채우기 위해서 온전한 인간성을 기꺼이 부정한다. 삶 자체의 민감성을 파괴하고, 온전한 인간성을 형상화하는 모든 것과 진실된 우리 자신으로부터 등을 돌리는 것은 이러한 상황에서 용이한 것이다.[36]

창의성을 가진 힘을 발휘하기 위해서는 두 가지의 망이 필요하다. 하나는 민감성(sensitivity)이고, 또 다른 하나는 창의성(creativity)이다. 이 두 가지가 개인을 둘러싸고 있는 망이어야 한다. 민감성이란 자신, 타인, 그리고 하나님 나라의 필요성에 대하여 민첩하고 적합한 반응을 보이는 것이다. 이 민감성은 새로운 관계성을 형성하면서 상처받은 마음을 회복할 수 있는 가능성을 만들기 시작한다. 왜냐하면 한 개인의 아픔에 대하여 또 다른 개인이 긍정적으로 민감하게 반응해 주기 때문이다. 과거의 관계성이 현재를 얽어매고, 자신의 가능성을 과거의 아픔들이 비하시키지만 이 민감성은 개인으로 하여금 자신이 누군가로부터 관심의 대상이 되고 있는 새로운 세계가 있다는 사실을 알게 한다. 창의성이란 사람들의 민감성을 통하여 새로운 자기실현의 가능성과 새로운 피조물의 인간관계를 발견한 사람들이 다시 자신, 타인, 그리고 하나님의 세계에 대하여 능동적인 응답을 하는 것이다.[37] 민감성이 타인에 의해서 받는 것이라면 창의성은 이제 받은 것을 관계성을 통해 돌려 주는 것이다. 이러한 면에서 이 양자는 상호 유기적인 관계다.

민감성과 창의성을 가지게 된다면 이것이 바로 진정한 사랑의 힘이다. 이 사랑의 힘을 개인을 둘러싸고 있는 큰 두 개의 원이라고 하면, 이 두 개의 원 사이에 내재하는 사랑의 속성들이 나타난다. 그것이 바로 관용(benevolence)과 용기(encouragement)이다.[38] 관용은 사람에 대하여 인내하는 것이며, 너와 나의 차별이 없다는 것이고 기다리는 자세다.

청소년 상담자에 의하면, 청소년들은 부모와 성인들에게 불만스럽게 생각하는 것으로 바로 자신을 참아 주고 기다려 주는 관용의 부재를 꼽았다. 다른 사람에 대한 관용의 부재는 그 사람을 비하시키지만, 관용을 받은 사람은 자신의 부족함을 알고 개선의 여지를 보인다. 자녀들이 부모의 품으로 돌아올 수 있는 것은 자신을 신뢰하고 믿어 주는 부모가 있기 때문이다. 자신을 신뢰하고 기다리는 사람이 곁에 있다면 고통으로 인한 자살이나 여러 가지 반사회적인 사건들이 발생하지 않을 것이다.

죄지은 사람에게 정죄와 심판보다는 관용의 태도가 더 효과적이다. 문제는 이러한 관용의 태도는 정죄나 심판의 효과보다 오랜 시간을 요한다는 것이다. 한 판사의 말에 의하면 소년범죄자들을 범법 정도에 따라 형량을 판결하지만, 불행히도 이러한 소년범들은 감옥에 복역한 후 사회로 나갔다가 성년이 되어 또다시 감옥으로 돌아오는 악순환을 경험한다고 한다. 그래서 어떠한 조치가 취해지지 않는 한, 몇 년 또는 몇 달을 주기로 하여 소년범에서 성인범으로 성장하여 재판을 받으며 감옥을 오가는 것을 반복한다. 이러한 사실은 정죄식의 재판과 처벌은 인간을 계몽하는 데 한계성이 있다는 것이다. 이제는 이러한 구조에서 탈피하여 '어떻게 하면 이 소년범들이 악순환을 경험하지 않을까?'라는 고민을 하고 있고 이에 대처하기 위해 종교기관에 소년범들의 교육을 의뢰하는 경우가 늘어나는 추세다.

용기란 위로이며, 할 수 있다는 가능성을 열어 주는 것이다. 말 한마디의 기적이라는 말이 있듯이 용기를 주는 말과 태도는 사람의 일생을 바꾸기도 한다. 앞에서 언급한 민감성과 창의성, 그리고 관용과 용기를 도식화하면 다음과 같다.

관용과 용기가 개인에게 적용되면 타인과의 건전한 관계성을 형성하게 되는 상호 관계성을 띠게 된다. 그리고 이 관계성은 심오하게 확장되기 시

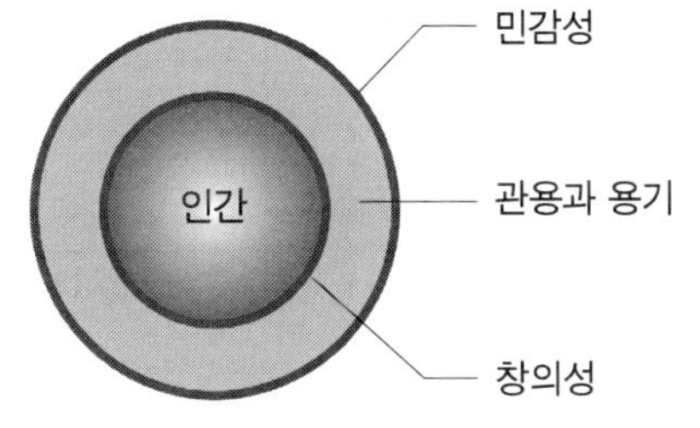

작하고, 개인은 이 관계의 원 안에서 풍요로움을 가지게 된다. 확장된다는 의미는 무엇이고, 이것이 어떠한 혜택을 가지게 되는가? 확장이란 자신에 대한 부정적 영역들의 껍질이 벗겨지고 새로운 영역이 확장된다는 것이다. 주변 환경에서 받은 자신의 이미지와 부정성들을 뛰어넘어 새로운 가능성의 세계가 있다는 사실을 인지하게 된다는 것이다. 그러면서 삶의 기쁨과 생의 경이로움을 가지게 된다. 그리고 그림에서 보는 것과 같이 자신이 가진 개인의 영역이 확장되어 그 원 안에 들어올 수 있는 사람의 숫자, 즉 이 변화 받은 개인과 다시 상호관계를 가질 사람들이 증가한다는 것이다.

관용과 용기를 체험한 사람들은 신뢰(trust)와 사랑 가운데 거할 수 있다. 사람은 공통적으로 미래를 예측할 수는 없다. 그런데 이러한 미래를 개척하면서 도전할 수 있는 정신은 바로 사랑과 신뢰다. 그 사랑과 신뢰가 형성되면 사람은 보이지 않는 미래에 대해 도전을 할 수 있는 가능성을 가지게 된다.

돌봄과 성장, 일관성과 책임, 그리고 미래를 지향할 수 있는 순환적인 망을 형성하여야 개인과 사회의 원만한 문화를 형성할 수 있게 된다. 개인과 단체를 교육과 양육, 사회적 망 속에서 살아가도록 하지 않으면 우리 모두가 피해를 입게 된다. 개인적으로는 타인과 사회에 대한 적대적인 생각을 하게 되고, 단체로는 소속 단체의 집단이기주의에 집착하여 서로가 종속적이고 수직적인 관계에서 파괴를 자행하게 된다. 그리고 이러한 파괴는 '죄'

를 낳는 악순환을 가져온다. 죄란 현실적으로 사람들이 살아가는 데 어떠한 현상으로 나타나는가에 대하여 세 가지로 정의된다. 첫째는 인간 공동체에 방해와 위협을 가져다준다. 둘째는 인간 사회, 자연, 그리고 창조자의 선한 의도를 방해하는 것이고, 마지막으로 개인의 복지를 파괴하는 것이라고 말하고 있다.[39] 이러한 순환의 장애와 파괴에서 오는 것이 사람의 성장기에 영향을 주고, 그것이 기질화되어 우리의 습관과 행동의 일부분이 되었을 때 부정적인 영향을 미치게 되며, 이 부정적인 영향은 불행하게도 자신이 치유되지 않은 한 후세에 전수되는 것이다.[40]

사회는 인간을 조형하고 낳는다. 왜냐하면 사회가 그러한 사람을 만드는 분위기를 조성하고 있기 때문이다. 앞에서 언급한 바와 같이 사회는 유·무형의 망을 형성하고 긍정적으로나 부정적으로 사람과의 관계성을 형성하게 한다. 관용과 용기를 매개체로 한 민감성과 창의성이 표출되기 위해서는 힘이 공평해야 하며, 왜곡되지 않도록 하는 투명한 제도적 장치가 필요하다. 크게는 한 국가의 법적인 질서가 투명하여 편중됨이 없이 저울질되어야 하고, 작게는 가정에서 구성원들 간의 유대적 관계가 그리 되어야 한다. 그리고 정치적·사회적 제도권은 반드시 용기와 관용을 가진 사랑의 공동체로 대체되어야 한다.[41] 한 사회의 제도와 조직이 국민을 바른 데로 이끌지 않으면 국민의 마음은 피폐해지기 때문이다.[42]

이러한 가정과 사회적 분위기가 형성될 때 개인은 좀 더 밝은 미래를 맞이할 수 있다. 이런 관점에서 개인에게 사회·문화적인 요인은 그 어떤 것보다 큰 것이다.[43] 사회와 가정이 실패하거나, 상처를 입거나, 실수를 한 사람들에게 위로자가 되어 주고, 싸매어 주는 자가 되고, 다시 한 번 격려와 일어설 수 있는 가능성을 제공해 준다면 거시적 차원에서 사회 구성원들은 삶의 질을 느끼고 더불어 살아가는 인간의 소중함을 간직할 것이다.

제2장

인간발달의 기본 원리

제2장

인간발달의 기본 원리

농사 중에 가장 힘든 농사가 자식 농사라 한다. 워낙 다양한 환경과 개인의 기질 등이 작용하기 때문에 자녀가 어떻게 성장할지에 대한 두려움도 있고, 특별히 사춘기를 겪을 때는 부모와의 첫 전쟁이 발생하는데 이때 부모들도 어떻게 대처해야 하는지 방법을 알 수 없을 때가 있다. 농사는 1년을 바라보면서 하는 것이 원칙이다. 가령, 채소들은 농부를 발자국 소리를 듣고 성장한다는 말이 있다. 발자국 소리는 그만큼 관심을 가지고 돌본다는 의미다. 사람의 인생은 100년을 내다보며 살아가는 것이다. 농사나 다른 것에 비해 너무나 많은 세월을 요하게 된다. 그런가 하면 동물 중에서도 사람은 부모로부터 신체나 정신적으로 가장 긴 기간을 보호받아야 하는 동물이다. 신체발달은 더디지만, 정신발달은 더 혼란스럽기만 하다. 그만큼 오랜 시간 관심과 양육이 필요하다는 것이다. 그러나 이런 오랜 세월에도 불구하고 인간의 정신세계를 성숙케 하는 원칙은 분명히 있다. 농사를 지으면서 사계절을 보내고 시기마다 각각 필요한 것을 공급하거나 불필요한 것을 제거하며 수확하는 것은 1년이라는 짧은 세월에 볼 수 있다. 그래서 그 원칙과 방법에 농사일을 하는 사람은 익숙해져 있다. 그러나 사람은 20대 초반이 되기까지라는 약 20배에 달하는 시간을 요하게 되고, 이 과정에서 어떤 것이 어떻게 변화되는지 감지하기에는 그 범위가 너무 넓고 시간이 길어서 평가하는 데 어려움을 겪는다.

많은 시간을 요하게 됨에도 불구하고 인간의 성숙에는 원칙이 있다. 예를 들어, 사람의 생명이 시작되면서 제일 먼저 발생하는 기관은 심장이다. 그리고 이후에 연차적인 질서를 가지고 각 기관들이 발생한다. 우리는 이것을 후생성(epigenesis)이라 한다. 후생성은 인간이 움직이고 생각하는 생명체가 되기 위해서는 이미 만들어진 어떤 원칙과 질서에 의해서 진행이 된다는 것이다. 만에 하나 이러한 생명체 기관이 연차적 질서를 따르지 않으면 정상적인 상황은 되지 않을 것이다.

> 태생학(embryology)에서는 인간이 성장하면서 차례로 중요한 기관이 발달한다는 후생적인 발달을 설명하고 있다. ……나는 독자들이 모든 성장과 발전이 아나로그적인 유형을 따르고 있다는 사실을 이해하길 바란다. 후생적인 발달의 연속에서 각 기관은 발달하는 시기가 있다. ……만일 그 기관이 발달할 시기를 놓치게 되었다면, 그것은 그렇게 운명된 것일 뿐만 아니라 동시에 전체 기관이 성장하는 데 있어서의 연대적인 질서를 위협하게 한다.[1)]

그래서 인간에 대한 정신적 발달을 연구하는 발달심리학에서 보면 다음과 같은 일곱 가지 원칙이 있다.

1. 일정한 방향과 질서가 있는 발달

인간의 신체나 정신적인 발달은 일정한 질서에 따라서 진행이 된다. 앞서 지적한 심장의 최초 발생과 이후 타 기관의 발생이 있는 것과 같이 정신적인 발달도 그러한 질서 있는 순서를 밟게 된다는 것이다. 발달에 순서와 절차가 있다는 것은 사람을 이해하는 데 있어 매우 중요한 사실이다. 예를 들어, 한 사람의 정신적 성숙은 순서와 절차에 따른 시간을 요하는 것이고, 인물은 하루아침에 형성되는 것이 아니라는 점이다. 훌륭한 정치가, 사회적 지도자가 나오는 것은 순간적이거나 짧은 시간을 통해 배출되는 것이 아니라 일생의 발달 과정을 통해서 꾸준한 교육과 노력을 통해 나타나는 것이다. 예를 들어, 심리학자 에릭 에릭슨(Erik Erikson)의 인생 8단계 발달단계에서 중년기의 긍정적 결과를 '관대성(generativity)'이라고 표현한다. 이것의 특징은 자신의 일, 자녀, 생각을 통해서 돌봄에 본격적인 관심을 갖게 되는 단계를 의미한다. 그런데 이 단계는 앞의 여섯 단계를 긍정적으로 경험하며 성장할 때 이러한 성숙한 성인이 된다는 것이다. 그러므로 성군이나 성자, 위인, 현대인이 존경하고 신뢰할 만한 사회지도자, 혹은 집안의 어른들은 한순간에 형성되는 것이 아니라 앞선 단계들의 누적된 결과라는 점이다. 꾸준하고 일관된 교육과 자기계발의 훈련을 통해 인물이 배출되는 것이다.

우리 사회에는 과거 1980년대, 1990년대에 조폭 세계에 몸을 담고 있다가 종교적 회심을 한 사람들을 내세워 포교활동을 한 사람들이 있었다. 그때 이것을 몸소 앞장서서 하나님이 한 인간을 회심시켜 변화시킨 기적을 매스컴을 통해 홍보한 적이 있었다. 물론 이런 경우가 있을 수도 있지만 그것은 정말 하나님만 아는 것이다. 그러나 특별한 기적 같은 것이 발생하기 이전에 보편적인 법이 인간을 이해하고 전망하는 데 우선이 되는 법칙이다. 젊은 시절부터 조직 세계에서 수십 년 동안 있었던 사람들은 비록 회심이라는 사건을 통해 동기 부여는 해 줄 수 있겠지만 그것이 지속적으로 되기는 어렵다. 왜냐하면 사람은 오랜 기간 동안 생각하고 행동해 온 삶의 방식이 자신의 몸과 정신에 뿌리 내리고 있기 때문에 그것을 버리기가 너무 어렵다는 점이다. 그래서 과거의 행동과 결정의 결과로써 우리의 현재가 있다는 것이다.

결혼생활을 시작하면 배우자와 내가 다르다는 점을 조금씩 발견하기 시작한다. 연애 시절에는 서로가 다르다는 것이 매력으로 다가온다. 내게 없는 것을 상대방이 가지고 있기 때문에 그것으로 인해 끌리는 것이다. 그러나 신혼이 지나면 이제는 자신들이 오랜 세월 동안 유지해 왔던 삶의 방식으로 배우자를 괴롭히기 시작한다. 괴롭히기보다는 과거의 삶의 방식들이 여과 없이 쏟아지기 시작한다. 나와 아내는 매우 다른 가정환경에서 30여 년을 성장했다. 나의 부모는 정리정돈을 잘 하지 않았고 2~3일 몰아두었다가 일을 하는 스타일이었다. 집 안도 좁았기 때문에 옷을 벗어 정리하는 것보다는 자기 주변에 두는 것이 더 편했다. 와이프는 정리정돈을 칼같이 하는 집안에서 성장을 했다. 먼지나 어지러워진 것을 보면 정리를 해야 하고, 자로 잰 듯한 규격으로 정리를 해야 한다. 여기저기 어지러운 것을 보면 정리를 해야 속이 풀리는 모양이다. 서재에서 책을 보고 정리하지 않은 채 잠을 청하고 나서 아침에 일어나 보면 책이 질서정연하게 정리되어 있다. 그런데 나의 경우는 취침 전 책을 다 정리하고 자면 밤에 작업한 것들이 다 없어진 것 같은 느낌이라 그냥 두고 잠을 청하는 편이다.

신혼 초에 내가 양말을 벗어 방구석에다 벗어 두었더니 아내는 그것을 빨래 통에 집어넣어 달라고 요청을 했다. 신혼 초에 아내 말을 안 듣는 사람이 있을까? 그 말을 듣고 빨래 통에 집어넣었는데 이상하게 그것이 이틀을 넘기지 못했다. 다음날이 되면 또 다시 옛 습관으로 돌아가는 것이다. 그러자 아내는 내가 자기 말을 존중해 주지 않는다고 불평을 하기 시작했다. 나는 그때 농담 겸 진담으로 이런 말을 했다. 내가 이런 방식을 배우는데 30여 년이 걸렸으니 나를 하루아침에 바꿀 생각을 하지 말고 앞으로 30년을 더 기다리면 내가 변할 것이라고. 올해로 결혼 23년 차다. 나는 스스로 전체적으로 변화되지는 않았지만 아내의 요구에 상당히 부응하고 있다고 자평한다. 아내도 생각이 조금씩 바뀌어 가는 것을 보게 된다.

이것을 다른 말로 바꾸자면 현재의 나는 과거 나의 결정과 행동의 소산물이라는 것이다. 그래서 바늘 도둑이 소 도둑된다는 말이 발달심리학적 관점에서도 충분히 이해가 된다. 최근 한국 사회에 과거에는 정말 상상할 수 없던 성폭력 사건들이 발생하고 있다. 그런데 이런 일을 저지르는 피의자들은 우발적인 행동으로 범행을 저지르는 것이 아니라, 오랜 세월 동안 그러한 환경에 노출되어 왔고, 그러한 것이 익숙해지도록 자신을 거기에 물들인 결과다.

인터넷과 스마트폰을 습관적으로 오래 사용하면 뇌 구조가 변형된다는 보고가 있다. 그렇게 노출된 뇌를 '팝콘 브레인(popcorn brain)'이라고 한다. 팝콘 브레인으로 변형되면 생각할 수 있는 뇌의 앞부분의 회백질이 아주 작아져서 인내심이 적어지고, 충동적인 행동을 하며, 말에 민감하게 반응을 하게 된다. 스스로를 통제할 수 있는 것이 적어지고, 충동적인 것에 자신을 쉽게 노출시키고, 그러한 행동을 한다는 것이다. 편한 것에 자기를 쉽게 노출시켜 버리면 우리의 뇌 구조도 그렇게 변하고, 사고와 통찰을 통한 객관적 시각을 갖기보다는 충동적인 감정에 쉽게 엮이게 된다.

습관과 규칙이 미래를 결정한다. 이러한 면에서 현재 우리 앞에 있는 일들을 결정하고 행동하는 데 있어서 신중을 기할 필요가 있다. 이스라엘의 사상가 마틴 부버(Martin Buber)는 한 순간의 큰 결정으로 미래가 결정되는 것이 아니라, 매일 한 순간 한 순간 작은 것이지만 그 결정을 어떻게 하느냐에 의해 정해진다고 말했다.

우리 어머니 집에는 두 군데의 미닫이문이 있다. 내 방으로 통하는 문과 어머니 방으로 통하는 문이다. 공부를 하러 떠나면서 내 방문은 방 안쪽을 캐비닛으로 가려 놓아 10여 년 동안 사용하지 않았다. 공부가 끝난 후 집으로 돌아와 캐비닛을 치우고 방문을 열어 사용하려고 했지만 방문은 무쇠로 잠근 듯이 요지부동이었다. 방문을 하루에 몇 번 여는 것은 정말 별 것이 아니었지만 방문을 사용하지 않은 것이 10년의 세월이 되자 문을 아예 열 수 없게 된 것이다. 그런데 같은 시기에 교체한 다른 문은 아주 쉽게 열렸다. 10년 동안 안팎으로 나들면서 단순하게 열고 닫았던 문이다. 그러나 내 방문은 현재도 사용치 못한다. 윗쪽 벽이 서서히 내려앉아 문틀을 눌러서 움직이지 못하게 만들어 버렸다.

큰 결정이 위대한 인물을 만드는 것이 아니라, 작은 일이지만 하루하루 삶의 결정과 행동을 바르고 진지하게 하며, 이웃을 배려하고 공정을 기할 수 있도록 하는 원칙과 습관들이 5~10년 후에 사회에서 바른 직업을 가지고 적응하며 일할 수 있도록 만드는 것이다. 그리고 그것은 아주 견고해져서 어떤 시련이 와도 견딜 수 있는 뿌리를 가지고 있어 현재의 삶에 의연하게 대처할 수 있게 한다.

천천히 변화하지만 그것이 10~20년의 세월이 흐르면 우리는 그 틀에 의해 살아가는 사람이 된다. 막연한 수십 년의 세월이 아니라 우리의 생각과 사상, 그리고 그것을 기반으로 하는 행동을 만들어 내는, 어쩌면 엄격한 질서다. 옛날에 콩나물을 기르기 위해 시루에 콩을 가득 넣고 자주 물을 주었다. 그런데 시루 밑바닥에 커다란 구멍이 많이 있어서 물을 주는 즉시 밑으로 빠져 버렸다. 그러나 물이 다 빠진 것 같지만 시간이 지나면서 콩나물은 쑥쑥 자란다. 우리의 인격성숙도 같은 원리라고 생각하면 된다. 오늘 하루 동안 정성 들여 진지하게 노력하는 것은 시루에 물 붓는 것과 같다. 아니, 오늘 하루뿐만 아니라 인생살이가 마치 시루에 물 붓는 것과 같다. 허튼 일 같지만 이러한 생활이 지속되고 세월이 지나면서 그 결과들이 서서히 나타날 것이다.

갑자기 성공하기 위해 대박을 꿈꾸는 것은 금물이다. 무엇이든 작은 것부터 차근차근 해 나가는 것이 필요하다. 살아가는 데 있어 경제적인 규모도 작은 것부터 시작해야 한다. 크고 많은 살림살이를 한꺼번에 준비해서 결혼생활을 시작하면 신혼 때부터 설레고 들뜰 것이다. 그런데 한 가지 조심할 점은 크게 모든 것을 다 준비하면 작은 것으로 돌아가 적응하기가 쉽지 않다는 점이다. 결혼과 동시에 모든 살림살이를 준비하여 살려는 마음과 남과 비교하여 자신도 최소한 어디까지는 준비해야 한다는 생각은 바람직하지 않다. 여건이 되면 그렇게 시작해도 되겠지만, 사람들 대부분이 모든 살림살이를 갖추고 결혼생활을 시작해야 한다면 그것은 모순이다. 작은 것에서 시작하여 고생하면서 조금씩 집도 넓혀 가고, 필요한 물건을 장만하며 느끼는 소소한 기쁨도 모르고 일시에 모든 것을 소유하고 끝내려는 것이다. 집 형편이 되지 않으면 월세부터 시작하고, 방 한 칸으로 시작하는 것이 건강한 정신을 소유한 사람들의 모습이라 할 수 있다.

급하게 돈을 벌려는 사람들이 자가당착이나 자기모순에 빠지고, 사기꾼에게 휘말리는 이유도 마찬가지다. 무언가 급하게 성과를 보려 하면 그 냄새를 맡고 사기꾼들이 접근을 하고, 필히 사기에 휘말리어 손해를 본다. 공을 들이지 않은 일종의 불로소득과 같은 것이나, 너무 쉽사리 우리 손 안에 들어오는 이익은 장기적으로 보면 개인에게 해로운 요소가 된다. 이런 것으로 누리는 삶은 모래 위에 집을 지은 사상누각이다. 겉으로 보기에 번듯해 보이나 어려움이 발생하면 한순간에 무너져 버린다. 조금은 어렵더라도 견고함과 확실함을 밟아 나가는 것이 오래 가고, 시련 속에서도 인내와 관용을 가질 수 있는 사람이 되게 한다.

2. 서로 차이가 있는 발달

사람은 정신적으로든 신체적으로든 순차적으로 성장하지만 개인에 따라 성장이나 성숙의 속도는 다르다. 성장은 획일적이지 않고 다양성을 가지고 있다. 어린 아기가 태어나 처음 말을 배우거나 걸음마를 할 때 부모들의 기쁨이라는 것은 말할 것도 없다. 다 자신의 자녀들이 천재인 것 같다고 생각한다. 다른 아이들보다 더 빠른 것 같고 빨리 습득하는 것 같다고 생각을 한다. 그리고는 초등학교 고학년이 되어 가면서 조금씩 그 기대치가 무너지고 중 · 고등학생이 되면서 기대치가 아주 달라지기도 한다.

우리가 이렇게 자녀들과 배우자, 주변 인물들에게 획일적인 기대치를 갖는 것은 자연의 원리에 위배되는 일이다. 모든 것을 획일적으로 보려는 것은 우리가 지닌 내면가치의 부재라고 볼 수 있다. 자신에 대한 내면가치가 부족하기 때문에 자꾸 외부 기준에 자신을 맞추어 살아가려고 하는 것이다.

학교 주변에 나무가 제법 많아서 봄이 되면 나뭇잎 모양을 관찰하게 되었다. 그런데 같은 종류의 나무인데 시간이 지나도 한 나무만은 잎사귀가 매우 작아서 다른 나무들과 비교가 되었다. 나뭇잎이 왜 저렇게 자라지 않을까 하는 염려로 한두 달을 지낸 것 같다. 그 사이에 나뭇잎 관찰을 잊어버렸다가 어느 날 우연히 나뭇잎이 유난히 작았던 나무를 보았는데 다른 나무들과 같이 잎이 무성하게 나와 있는 것이었다.

거목은 나뭇가지에 새순 돋는 것이 더디다. 작은 나무들은 새순이 일찍 돋는 것 같다. 남보다 발달이 더디다고 안절부절못하는 것은 오히려 성장하는 아이들에게, 미래를 꿈꾸는 청소년들에게 해가 된다. 대기만성이라 하지 않았는가? 한 며느리가 자기 아들이 걸음마를 하는 것이 너무 더디어서 걱정이 많았다. 이웃집 아이들은 아장아장 잘 걷기 시작하는데 자기 아이는 아직 바닥을 헤매고 있으니, 양육발달에 문제가 있다고 생각하여 시어머니에게 불평을 했다고 한다. 시어머니가 그 말을 듣곤 "앞으로 평생 걸을 텐데 조금 늦게 걸으면 어떠니."라고 말했다. 인생을 좀 더 산 사람들에게는 삶을 관조해 볼 수 있는 지혜가 있다. 우리는 젊은 날 학교와 사회에서 경쟁하면서 살았기 때문에 그에 익숙한 가치와 사고방식이 우리를 초조하고 불안하게 만들고, 혹은 목표를 달성하는 것이 최고의 가치라고 알고 살아가곤 한다. 그러나 나이가 들어갈수록 반드시 그것만이 인생을 살아가는 데 전부가 아니라는 것을 알게 된다.

'인생 최고의 목적이 무엇인가?'라고 물으면 21세기에는 '행복과 의미'라는 것에서 답을 찾을 수 있다. 내가 하는 일이 어떤 일이든 행복을 느끼는 것이 중요하다. 직업이 좋다, 불편하다를 떠나서 그 직업을 수행하는 데 자신이 행복을 느끼고 그것을 함으로써 존재의 의미를 찾는 것이 필요하다. 이 행복을 위해 획일적으로 사람들을 보려고 하거나, 나 자신을 평가하는 오류를 탈피해야 한다. 봄에 꽃이 핀다고 모든 꽃과 나무가 봄에 필 것이라고 기대한다면 그것은 오산이다. 한여름에 피는 꽃이 있고, 가을에 피는 꽃이 있으며, 심지어 겨울에 피는 꽃도 있다. 중요한 것은 이 꽃들의 다양성과 같이 사람들의 다양성을 인정해 주고 그 잠재성이 피어나는 날들을 기다려 주는 것이다. 모든 꽃으로 하여금 반드시 봄에 피라고 한다면 얼마나 모순이겠는가? 그리고 내가 선호하는 색의 꽃만 피우는 것도 문제다. 오히려 다양한 색이 세상을 보기 좋게 한다.

사람도 인생의 초반에 잠재력을 꽃피우는 사람이 있다. 이런 사람은 분명히 다른 사람들의 주목과 기대를 받고 성장을 한다. 그러나 조금 더 늦게 잠재력이 발휘되는 사람도 있다. 어쩌면 일찍 핀 꽃은 일찍 시들 수 있고, 늦게 핀 꽃은 늦게까지 꽃을 피울 수 있다. 우리시대에는 행복의 의미를 찾아야 살아가는 맛을 느낄 수 있는데, 이것을 위해서 우리는 다양한 성장과 잠재력에 대하여 눈을 뜨고, 그것을 개발할 수 있도록 도와주는 개인과 사회적 분위기가 필요하다.

최근 '강남 스타일'로 전 세계의 주목을 받고 있는 가수 싸이의 노래가사가 사뭇 인상적이다. 기존 노래와 춤은 매우 세련되고 정렬된 느낌과 한 치의 오차도 없는 멋있음이 대세였다면, 싸이의 노래와 춤은 그야말로 B급이다. 오랜 동안 가수는 어때야 한다는 고정관념을 갖고 보면 그의 가창력이나 춤 동작은 그리 세련되지 못하다. 다른 가수들의 조각 같은 몸매와 얼굴을 비교해 봐도 그는 뒤떨어진다. 그러나 그가 가진 최고의 잠재성은 그 모습 그대로를 수용하고 그것을 노래하고 춤 추는 것이다. 그야말로 B급 수준의 노래와 몸짓이지만 있는 그대로를 꾸미지 않고 그것을 자연스럽게 소화해 낸 것이 세계인의 관심을 끄는 것이다. 만일 싸이가 매우 세련된 노래와 몸동작을 했다면 그가 풍기는 잠재성과 맞아 들지는 않았을 것이다. 왜냐하면 그가 가진 천부성과는 어울리지 않을 것 같은 느낌이기 때문이다.

아이마다 발달 속도가 일정하지 않기 때문에 부모나 사회가 할 수 있는 일은 가능한 한 무한한 신뢰를 보내는 것이다. 참고 기다려 주는 것이다. 그리고 너무 빨리 자신의 잠재성이 발휘되어 이목을 집중받는 사람은 우월감을 자제해야 하고, 잠재성이 늦게 발휘되는 사람은 언젠가는 뒷심의 꽃이 피리라는 확신으로 정진하는 것이 좋다.

다시 가수 싸이로 돌아가서, 필자는 싸이가 가수로서 뒷심을 발휘할 수 있었던 것은 어쩌면 그가 겪은 여러 가지 모진 세월의 결과라고 생각한다. 가수 데뷔 12년차인 그가 실제로 가수 활동을 한 것은 3년이라고 말하는 것을 보았다. 그 안에 그가 겪은 병역 문제 등 여러 가지가 있었다. 남자들은 다 알겠지만 군대를 두 번 갔다 온다는 것은 상상불허다. 나는 간혹 어려운 일을 만날 때 두 가지 꿈을 꾼다. 하나는 군대를 다시 가는 꿈이다. 똑같은 부대에서 당시 입영을 같이 했던 전우들이 다 같이 재입대를 한다. 정말 들어가기 싫은데 국방부 기록이 무엇이 잘못되어서 또 다시 들어가야 하나 하고 불평을 하면서 재입대를 한다. 두 번째는 대입 입시를 다시 치는 꿈을 꾼다. 그것도 내가 10대 후반의 나이가 되어 다시 치르는 것이 아니라, 지금 현재 나이에 시험을 치는 것이다. 난 꿈속에서 한탄을 한다. 꿈속에서 빠르게 계산을 해 본다. 학부 4년, 대학원 2~3년, 박사과정 6~7년. 이 계산을 하면서 나는 완전 좌절에 빠진다. 다 마치면 내 나이가 도대체 몇 살이 되는가? 은퇴할 나이다.

필자는 싸이가 겪었던 모진 세월은 그에게 마이너스적인 요소도 있겠지만 그가 다시 한 번 도약할 수 있었던 거름이 되었으리라고 생각한다. 남이 하지 못하는 깊은 고민, 같은 공간과 시간을 보내지만 자기만의 좌절과 불행 속에서 세상을 보는 남다른 관점이 생겼을 것이다. 나는 그것이 오늘의 그를 만드는 데 밑거름이 되었을 것이라 보고 있다. 늦게 발달하고, 뒤늦게 꽃을 피운다는 것은 속전속결로 빠른 결과를 얻어 내길 바라는 현대인들에게는 답답하게 여겨질 수 있다. 늦게 잠재성의 발달을 경험하는 데에는 다양한 요인이 있을 것이다. 우선은 유전적 · 환경적인 요인이다. 가정형편이 여의치 않아, 때로는 건강상의 문제로 뒤늦은 출발을 할 수밖에 없는 상황들이다. 이런 상황에서 우리는 미래의 꿈 같은 사치스러운 일을 생각지 못하고 현재를 살기 위해서 여러 가지 싸구려 일을 한다. 특별한 재주와 잠재력이 발휘된 것이 없으니 어쩌면 닥치는 대로 이런저런 일을 하며 하루하루를 살아갈 수 있다.

우리가 꿈을 가지고, 그것을 이루려고 노력하면 이 모든 현재의 상황이나 힘들다고 여겼던 과거의 조건들이 어느 누구도 흉내 낼 수 없는 나만의 독특한 거름이 되고, 그 밑거름 위에 자신의 꽃이 핀다. 그래서 과거의 불우했던 환경이나 선천적 조건에도 꿈을 잃지 않고 키우려는 사람에게는 그것이 반드시 거름이 될 것이라는 믿음을 가져야 한다. 그래야 자신만이 할 수 있는 고유의 '강남 스타일'이 나올 것이다.

필자는 정말 살기 위해서 일과 공부를 한 적이 있다. 집안이 찢어지게 가난하지는 않았지만 유학 비용을 댈 만큼 넉넉지는 않았다. 그렇다고 필자의 머리가 아주 샤프한 것도 아니었다. 두 가지 중 하나만 해결되어도 짐은 반으로 줄어들 텐데 두 가지 짐을 다 가지고 시작한 것이다. 그리고 유학 전에는 일을 해 본 경험이 별로 없었다. 그런데 공부를 시작하고 몇 개월이 지나자 통장 잔고가 줄어들기 시작했다. 결혼을 하자마자 공부를 시작했으니 아내에 대한 책임감도 생겼다. 수입은 없는데 통장 잔고가 점점 내려가는 것을 보니 숨이 조금씩 막혀 가는 느낌이었다. 공부를 한답시고 이대로 앉아 있으면 2~3개월 후면 잔고는 바닥을 치고 결과는 뻔했다. 숨이 턱까지 막히는 것 같고, 앞날이 불안했다. 이제는 일을 시작해야겠다는 생각을 했을 때가 5개월째 될 때였다. 미국 시카고 남부 지역에 금을 파는 상가에 취직도 해 보았다. 전혀 색다른 환경에 적응하면서 생존하려고 애썼다. 토요일에는 교포 2세들에게 한글 가르치는 일을 몇 년간 해 보았고, 여름방학에는 봉고운전 알바도 했고, 약 석달 동안 학교 아파트 청소를 했다. 가스오븐, 냉장고, 화장실을 청소하는 일이었다. 지금도 그 일을 하라고 하면 자신이 있다. 학기 중에는 도서관에서 장서 정리 아르바이트를 했다. 실은 일은 나만 한 것이 아니라, 아내도 일주일에 3일 정도 식당 일을 도우면서 생활을 꾸려 나갔다. 아내는 이런 일을 해 본 것이 평생 처음이었다. 미래가 있어 이런 알바를 한 것이 아니라, 우선 당장 살아가는 데 필요한 금전을 마련하기 위해서 한 것이었다. 생존하기 위해서 우리 상황에서 필요한 일들을 했다. 모든 사람이 대부분 그럴 것이다. 나에게 미래가 있어 닥친 일을 한다기보다는 현재 자신의 형편에서 그 일을 할 수밖에 없는 상황이기에 일을 시작하는 것이다.

로버트 콜스(Roberts Coles)는 음악의 높낮이로 인생을 비유했다. 좋은 음악, 사람을 감동시키는 음악은 때로는 높게, 때로는 낮은 음을 표현하여 사람들에게 영향을 준다. 항상 높은 음만을 추구하거나, 낮은 음만을 추구한다면 그것은 청중에게 감동을 줄 수 없다. 그래서 좋은 음악은 높은 음과 낮은 음이 조화로울 때 가능하다는 것이다. 인생 경험도 마찬가지다. 높은 음이 좋은 것이라 생각하고 그것만 추구하고 그것만을 소유한다면 그것은 인생의 반쪽도 가지지 못하는 것이다. 반대로 낮은 음만 가지고, 그것이 인생이라고 말을 한다면 그것도 모순이다. 그래서 높낮이를 골고루 가질 수 있다면 그것이야 말로 인생을 바라보는 좋은 관점이다. 그래서 좋은 것이 반드시 좋은 것은 아니고, 어려운 것이 반드시 나쁜 것은 아니다.

발달심리학자 에릭슨의 부인인 조엔 에릭슨(Joan Erikson)도 비슷한 말을 한 적이 있다. 그녀는 색상에 대한 언급을 했다. 밝은 색이 돋보이기 위해서는 어두운 색이 필요하다는 것이다. 밝은 색만, 또는 어두운 색만 있는 것은 그 자체로 조화롭지 않다는 것이다. 우리가 사회지도자를 볼 때도 성향이 한쪽으로 치우친 사람보다는 양쪽을 보는 사람을 원하는 이유도 세상과 사람을 좀 더 공정하게 볼 수 있다고 믿기 때문이다. 우리가 어려울 때 느끼는 어두운 감정이 반드시 나쁜 것만은 아니다. 그 시련을 이겨 내려고 열심히 살아갈 때, 그것은 순전히 생존을 위한 발버둥일 수 있다. 그러나 이러한 발버둥도 인생을 보는 데 도움을 준다. 우리가 가지는 어두운 색상도, 삶의 낮은 음도 세상과 사람을 이해하는 데 도움이 될 것이다.

3. 연관되어 있는 발달

인생 발달의 모든 과정은 전 단계가 연관되어 있다. 가령, 어떤 사춘기 소년이 비행을 저질렀다면 그 전 단계의 성장 과정과 상관이 있다는 것이다. 전후 단계들이 사슬처럼 엮어져 있어서 전 단계가 긍정적 방향으로 갔다고 하면, 그 탄력을 받아 현재 단계도 긍정적으로 발전할 가능성을 가지고 있다.

상호 연관성은 단계 발달만이 아니라 부모와 자녀 간에서도 극명하게 드러난다. 우리는 이것을 '세대의 순환'이라는 표현을 쓴다. 세대의 순환이란 부모가 가진 가치관, 생활 습관이 거의 자녀들에게 물려진다는 것이다. 특별히 어린 시절의 성장 과정에서 아이들이 자신의 가치관을 가지기 전에 부모들의 생각과 행동은 모방할 수밖에 없는 환경이다. 아이는 자신의 생존을 위해, 때로는 부모의 비위를 맞추기 위해 부모를 모방하고 그것이 마침내는 성인이 되어 행동하는 데 있어 결정적 역할을 한다.

부모가 자녀에게 영향을 미치는 것만이 아니라 한 국가의 사회문화적 요인(Ethos)들이 구성원에게 미치는 영향 또한 매우 중요한 사항이다. 한 국가에 5년 정도 살면 대략 그 국가와 국민의 가치관을 알 수 있다고 한다. 우리는 오랫동안 한국이라는 사회에서 태어나 성장하면서 이 나라가 가진 법, 가치관, 그리고 사회제도 등을 통해서 조형을 받아오고 있다. 그래서 각 국민은 그 국가가 가진 틀에 의해서 조형이 되어 국민성이라는 특징을 나타낸다.

> 우리는 사회질서가 유아에게 생존을 보장해 주고 특정한 방법으로 그들의 요구를 조정해 줌으로써 사회의 문화적 양식을 가르친다는 점을 명확히 하고 싶다. ……우리는 사회적인 형식과 규범이 가족의 형태를 결정하는 요인이라는 점을 연구하여야 한다.[2)]

아프리카의 한 부족은 오랫동안 범죄 없이 지내 왔다. 그런데 이 부족은 타부족에게는 없는, 사람을 변화시키는 독특한 방식이 있었다. 보통의 부족은 부족의 규율을 어겼을 때 정도에 따른 법의 대가를 받게 한다. 그런데 이 부족은 범죄를 저지른 사람을 가운데 세워 놓고 부족원이 한 사람씩 나와서 그 사람이 자신에게 행한 좋은 행동을 이야기한다고 한다. 이렇게 부족원의 말을 듣다가 보면 잘못한 부족원은 어느 사이 눈물을 흘리면서 자신이 저지른 범죄를 더 깊이 뉘우치게 되어 더 이상 범죄를 저지르지 않는다는 것이다. 이 예는 우리에게 시사하는 바가 크다. 그것이 부모가 자녀에게 한 가족의 문화적 양식을 가르칠 수도 있는 것이고, 한 나라의 법과 문화가 개인에게 영향을 줄 수도 있다는 것이다.

필자는 선천적으로 상체가 뒤로 처져 있는 스타일이다. 내 체형이 이렇다는 것을 결혼한 후 아들이 태어나 몇 년이 지난 후에야 알게 되었다. 그런데 어느 날 아들이 어렸을 때 방 안에서 상의를 벗고 노는데 상체를 뒤로 제키고 다니는 모습은 약간 충격이었다. 아들의 체형은 바르게 되어 있는데 왜 저렇게 다닐까? 나는 체형을 바꾸기 위해 길을 걸을 때나, 사람을 만날 때 주머니에 손을 넣은 습관을 익혔다. 주머니에 손을 넣으면 체형을 보완할 수 있었기 때문이다. 그러던 어느 날 아들을 보니 주머니 안에 손을 넣고 다니는 모습을 자주 보았다. 바지 주머니가 옆으로 되어 있으면 손을 옆으로 집어넣고, 앞으로 있으면 앞으로 집어넣는 것이다. 나는 그렇게 하라고 가르친 적이 한 번도 없는데 아들이 나의 모습을 그대로 답습하는 것이었다.

나는 부모의 여러 모습을 닮았다. 외관상 닮은 점도 있지만 성격이나 말투, 식습관에서도 몇 가지 닮았다. 보통 아들은 아버지를 닮는다고 하지만 내 경험으로는 부모 양쪽을 다 닮아 간다고 생각한다. 오랫동안 내가 가진 습관 중의 하나는 젓가락을 특이하게 잡는 것이었다. 젓가락을 인지와 검지 사이에 거의 틈새도 없이 나란히 하여 반찬을 먹는 버릇이다. 이런 습관 때문에 식사를 하는 데 큰 어려움은 없었다. 다만, 묵과 콩이 반찬으로 나왔을 때 그것을 집는 데 어려움을 겪었다. 아무리 묵을 집으려 해도 묵이 집어지지 않는다. 그래서 최후의 수단은 젓가락을 포크처럼 사용하여 묵을 찍어 먹는 것이다. 더 큰 어려움은 작은 콩을 먹을 때 겪는다. 콩을 아무리 집으려 해도 젓가락을 이상하게 잡았기 때문에 좀처럼 집히지 않았다. 이십대 후반에 나의 젓가락질이 이상하다는 것을 알고 다른 가족을 살폈을 때, 내가 어머니와 같은 방법을 쓰고 있다는 것을 알았다. 어머니는 아직도 이 방법을 고수하고 계신다. 나는 그때 불편함을 느낀 이후 바꾸어 나갔다. 이런 경우를 두고 에릭슨(Erik Erikson)은 '톱니바퀴가 돌아가는 것(cogwheeling)'이라는 표현을 썼다. 부모의 톱니바퀴가 있고 그것과 맞물려서 돌아가는 자녀의 톱니바퀴가 있는데, 신체적으로나 정신적으로 아직 자생력이 부족한 자녀들은 부모의 톱니바퀴를 따라 함께 움직이면서 습득을 하게 되는 것이다. 또 다른 표현으로, 에릭슨은 연못에 던진 돌로 인해 생기는 물의 파장을 언급하고 있다. 돌로 인해 물의 파장이 생성되는데 진원지에서부터 물의 파고가 높고, 멀어질수록 잔잔하지만 그 여파가 미친다는 것이다.

심리학자 아들러(Alfred Adler)는 자녀가 부모의 모습을 닮아 가는 것은 부모가 평상시 보이는 감정 상태, 행동, 그리고 대인관계가 영향을 주는 것이라 했다. 아주 단순하면서도 명료한 정의라고 생각한다. 가족의 눈에 가장 많이 노출되는 부모의 유무언의 동작과 행동이 자녀에게 영향을 주는 것이다. 부모의 생활 모습이 자녀에게 영향을 주는 것이다. 내가 아는 한 사람은 더 많은 영향을 부모에게서 받았다. 그는 생선을 좋아하지만 생선이 반찬으로 나와도 먹지 않는 버릇이 있다. 주변 사람이 왜 생선을 먹지 않느냐고 물어보지만 웃을 뿐이다. 먹고 싶지만 손이 가지 않는다는 것이다. 그 유인즉 그 사람은 어린 시절부터 어머니가 생선 가시를 다 발라 낸 후 그에게 주는 습관이 있었다. 성인이 된 후 옆에 있는 동료나 배우자가 그것을 해 주지 않으면 혼자서는 생선을 먹지 않는 습관을 가지게 된 것이다. 그는 지금도 배우자가 생선가시를 발라 준 후에야 생선을 먹을 수 있는 웃지 못할 습관을 가지고 있다.

부모의 습관이 자녀들에게 전수되는 것은 매우 당연한 일이지만, 한편으로는 무서운 것이라는 생각이 든다. 부모가 바른 가치관과 생활 모습을 자녀에게 평상시 보여 주면 좋겠지만 그렇지 못할 경우에는 잘못된 것이 자녀들의 생활이 되어 서서히 자녀를 조형해 나가기 때문이다. 가족이나 개인적인 차원에서만이 아니라, 어린아이나 청소년은 성인들이 하는 행동과 가치에 의해 움직인다. 이것은 매우 방대한 사항이기 때문에 일일이 사실을 증명하기는 어렵지만 성인이 가지고 있는 집단 가치는 우리 사회의 청소년들의 집단 가치를 움직인다. 청소년기에는 어른이 늘 동경의 대상이고, 어른이 되길 고대하면서 부지불식간에 어른들의 가치와 행동을 모방한다. 그래서 우리 사회가 가진 많은 청소년 문제는 어른들의 세계와 연관이 있다.

4. 초기 단계의 중요성

사람의 성장 단계는 모두가 다 중요하지만 특히 생의 초기 단계인 0~6세 사이는 가장 중요한 단계로 보고 있다. 이유는 앞서 우리가 살펴본 바와 같이 삶은 불안(anxiety)에서 시작되기 때문이다. 모태라는 안전한 환경에서 새로운 세계로 내던져지는 것과 같은 불안으로 인해 삶의 첫 마디는 울음이다. 그래서 0~6세 기간은 부모나 부모를 대신할 사람을 통해서 아동의 '안전(security)'감을 형성하고, 자신과 외부 사람, 그리고 환경에 대한 신뢰를 구축해야 하는 시기다. 그리고 이렇게 형성된 신뢰, 또는 불신뢰는 사람의 뇌리에 오랫동안 자리 잡게 되기에 이 시기를 다른 어떤 기간보다 중요한 기간으로 보고 있다.

각자 이 시기에 해당되는 어린 시기를 상기해 보자. 우리는 개인 이야기를 할 때 그 시기의 감정을 색상으로 표현할 수도 있다. 어떤 사람은 자신의 감정의 바탕색을 회색으로 표현하기도 하고, 초록색과 같이 밝은 색으로 표현하기도 한다. 회색이나 검은색 계통으로 색감이 정해진다면 그 사람의 어린 시절 분위기는 어두웠다고 추측하는 것이 옳고, 밝은 색으로 표현이 되면 긍정적인 돌봄을 받았다고 생각하는 것이 좋다.

신생아에서 6세에 이르기까지는 거의 모든 것이 처음의 경험이기에 그 경험이 좋은 것이든, 나쁜 것이든 아이들의 두뇌에는 매우 강렬하게 흔적이 남는다. 사람은 자기만의 하얀 도화지를 가지고 태어나는데, 어리면 어릴수록 그 도화지에는 아무런 그림이 없는 백지 상태다. 그리고 성장하면서 경험하는 모든 것이 그 도화지에 그려지는 것이다. 긍정적인 경험은 밝고 맑은 색으로 덮인 것이고, 부정적 경험은 어두운 색감으로 배경색을 드리게 될 것이다.

의료시설이 열악했던 시절에 백일잔치라는 것이 있었다. 물론 지금도 백일잔치라는 것이 있다. 이 백일잔치는 어쩌면 환갑잔치와 같은 맥락에 있다고 본다. 백일은 태어나서 전혀 다른 환경에서 생사를 오가면서 살았고 이제는 현실에 적응할 수 있다는 의미이고, 환갑은 장수가 어려운 시대에 오래 산 것에 대한 축하의 의미를 갖고 있다. 백일잔치의 의미는 이렇게 무섭고 낯선 환경에서 생존할 수 있음을 확신하고 축하하는 것이다. 그만큼 생의 초기에 환경에 적응하는 게 얼마나 어려운지를 직간접적 경험으로 말해 주는 것이다.

이 시기에는 아동이 사람과 주변으로부터 어떠한 돌봄을 제공받고 있는가가 매우 중요하다. 이 돌봄을 통해서 자아가 서서히 긍정적 · 부정적으로 형성이 되기 때문이다. 영아기 '자아' 형성에 대한 실험에서 영아의 코에 붉은 색을 칠해서 거울을 보여 주었다. 그러나 아이들은 12개월이 되기 전에는 거울에 비친 빨간 코의 자기 모습을 만지려 하지 않았다. 이것은 생후 12개월 전까지는 자아라는 것이 형성되어 있지 않다는 것을 말한다.[3] 생후 12개월 전까지는 자아가 형성되지 않았기에 아기는 부모와 자기를 동일시하고, 하나로 생각한다. 아동발달을 심도 있게 연구한 마가렛 말러(Magaret Mahler)는 이렇게 자신과 부모를 동일시하는 현상을 '공생(symbiosis)'이라고 표현했고, 이것의 최고 목적은 유아가 어머니 안에 자신의 모든 것을 집어넣음으로써 생존을 선택하는 것으로 보고 있다.[4]

이 시기가 중요하기 때문에 과거 한 기관에서는 0~6세 아이들을 자신들에게 맡기면 아이들의 미래를 책임지겠다는 말도 했다. 그만큼 이 시기의 중요성을 인식한 발언이다. 그러므로 이 초기 단계에 대한 부모의 돌봄과 배려는 가능한 한 아이들이 세상의 모험에 긍정적 색상을 마음에 칠할 수 있게 해 주어야 한다. 그래서 직장이나 사회, 국가에서도 법적으로 이러한 것을 제공해 줄 수 있도록 제도적 뒷받침이 되어야 한다. 어린 시절의 정신적 안정은 장기적으로 한 국가의 정신적 안녕과도 직결되어 있기 때문이다. 이런 면에서 부모들도 경쟁적인 세상에서 이 시기에는 진지한 고민을 해 보아야 한다. 이 시기의 자녀를 둔 대부분의 부모가 맞벌이 부부인데 아이를 위해 부모 중 한 명이 선택을 해야 한다. 가급적 육아에 정성을 다할 수 있는 부모가 있으면 좋지만, 사정이 여의치 않을 때는 아이들을 대신 돌볼 수 있는 바른 기관이나 사람을 찾는 것도 좋다. 미국의 통계지만 좋은 기관이나 부모를 대신할 수 있는 사람이 있다면, 그것도 부모가 같이 있는 것과 동일한 효과를 줄 수 있다고 한다.

그런데 이 시기에 아이들과 함께한다고 해서 무조건 아이들이 정신적으로 건강하다는 의미는 아니다. 양적으로 많은 시간을 함께한다는 점이 중요한 것이 아니라, 함께하는 시간에 아이들과 정서적으로 교감할 수 있는 질적인 시간이 중요하다. 과거에 아버지들에게 휴일에 가족과 함께할 것을 부탁하면 집 안에서 아이들과 대화 없이 신문이나 TV를 보는 것으로 함께했다는 표현을 했다. 이것은 양적으로는 많은 시간이 되지만 질적으로는 빵점에 가까운 수준이다. 짧은 시간이지만 부모의 오감을 통해서 아이들이 진정 이 외로운 세상에서 홀로가 아니라는 사실에 눈을 뜨고, 누군가 나를 적극적으로 보호해 주는 사람이 있다는 것을 깨닫고, 그것을 기초로 밝은 자아상을 지니고, 세상에 대한 희망을 갖고 도전할 수 있도록 해 주는 것이 적극적으로 요구된다.

5. 개인과 사회적 환경의 연관

사람은 누구나 자기를 실현하려는 경향이 있다. 자기를 실현하려는 경향은 자기가 가장 선호하고 잘할 수 있는 핵심적인 에너지를 발휘하려는 것이다. 물론 이것을 사회문화적 환경이 자극해서 극대화될 수도 있고 때론 환경이 오히려 잠재성을 최소화할 수도 있다. 환경은 중요한 요소지만 인간의 선천적 경향은 본질적으로 긍정적이며, 신뢰할 수 있는 존재이며, 알 수 없는 어떤 것에 수동적으로 끌려 사는 피동적인 존재가 아니고, 자기실현을 하려는 활동적 존재다. 물론 사람에 대하여 이러한 긍정적인 평가만 있는 것은 아니다. 예를 들어, 전 세계적으로 일 년에 200만 건 이상 인신매매가 행해지고 있다는 것을 볼 때 과연 인간이 자기실현을 하려는 존재라는 긍정적인 평가를 할 수 있을까? 이러한 질문에 대하여 칼 로저스(Carl Rogers)는 다음과 같이 말한다.

> 나는 인간에 대해 낙관적인 생각을 가지고 있지 않다. 인간이 방어적 목적이나 내적인 공포가 없음에도 믿을 수 없을 정도로 잔인하고, 소름끼치도록 파괴적이고, 미성숙하며, 퇴행적이고, 반사회적이며, 위험한 방법으로 행동할 수 있다는 것을 안다. 그러나 내가 그러한 사람들과 같이 얘기한 결과 얻게 된, 신선하고 활력을 주는 경험은 그러한 사람들도 우리와 마찬가지로 그들의 가장 깊은 곳에 강한 긍정지향적 경향이 존재한다는 것이다.[5)]

그는 인간이 가진 이러한 긍정적 경향만이 아니라, 모든 생명체가 가지는 긍정적 경향에 대하여 언급한다. 그래서 생명체가 살아간다는 것은 단순히 생명을 보존하는 것이 아니라 자신을 연속적으로 확장시키는 것으로 보았다. 그래서 모두 살아 있는 것은 수동적이지 않으며 능동성을 가지고 있고, 환경이 우호적이든 비우호적이든 생명을 지속, 발전, 재생산하려는 법칙을 가지고 있다고 본다. 이러한 자연생명체에 비해서 인간은 더 복잡하고 완성된 발달을 추구하는 데 이것을 자기실현(Self-actualization)의 경향이라고 한다.6)

인간은 이렇게 천부적인 실현의 경향이 있지만 개인의 정신적 또는 신체적 성장은 개인의 선천성과 가정을 포함한 사회환경과의 상호작용의 결과다. 사람은 독자적으로 성장 혹은 성숙을 한다고 생각하기도 하지만, 엄밀한 의미에서 사회와의 관계성 속에서의 상호성을 부정할 수는 없다. 개인이 선천적으로 좋은 유전자를 가지고 태어났지만 사회문화적 환경이 그것을 뒷받침하지 못한다면 성장과 성숙의 한계성을 가지게 된다. 역으로 선천적으로 부족한 역량을 가지고 태어났지만 사회문화적 환경이 우호적이라면 그 사람의 성장과 성숙은 예상치보다는 높아질 것이다.

칼 로저스는 어린 시절 자신의 농가에 있는 곡식 저장소의 일화를 소개했다. 곡식 저장소에는 감자를 많이 캐어 갖다 놓았는데, 추운 겨울날 그곳을 방문해서 보니 감자에 싹이 나기 시작한 것이었다. 그런데 어떤 것에는 싹이 나고 어떤 것에는 싹이 나지 않았었다. 싹이 난 감자에는 나무 벽 틈새로 하루에 일정량의 햇볕이 비추고 있었다. 싹이 나지 않은 것은 햇볕을 받을 기회가 적었다.

천부적 기질에 대한 다양한 연구가 있었고, 과거에는 기질이라는 것 자체가 변화하지 않는 것으로 생각했다. 그러나 기질이라는 것도 후천적 환경에 의해서 변화할 수 있다는 실험 결과가 있다. 예를 들어, 선천적으로 부정적 기질을 가진 아이라도 돌봐 주는 환경이 책임감을 가지고 적극적으로 대처하면 아이는 안정감을 느끼게 되며, 천부적으로 긍정적 기질을 가지고 태어나도 침입적(aggressive)이고, 자극적이며 비민감한 환경에 있으면 아이는 불안정 회피형 아동이 된다.[7] 그래서 환경이라는 것은 제2의 인격체를 조성하는 중요한 요소이기 때문에 관용과 용기를 줄 수 있는 것으로 만들 필요가 있다.

결국 개인이 가진 능력을 극대화하고, 자기실현의 경향이 긍정적 결과가 되기 위해서는 부모를 포함하여 한 개인을 둘러싼 사회문화 환경은 사회와 기성세대가 개인에게 진실성(genuineness)과 다시 할 수 있다는 자신감, 용서와 같은 무조건적 수용, 그리고 공감(empathy)을 제공해 줄 때 개인은 자기실현의 필요충분조건을 가질 수 있다.[8]

필자의 개인적 생각으로는, 첫째, 진실성이란 선과 악에 대한 사회문화적 · 정치적으로 바르고 공정한 법적인 진실성이 원만하게, 신분의 고하에 관계없이 적용되는 것이라고 생각한다. 사회 · 문화 · 정치는 마치 한 가정의 부모의 가치관과 행동 모델과 같은 것이어서, 이 세 가지가 진실성을 가지고 일관되면 그 나라 국민의 정신 구조와 가치 체계에 긍정적 영향을 주게 된다. 우리 사회 청소년들이 성인들의 가치 체계와 행동에 의해 영향을 받는 것과 같이, 상부 구조는 그 구성원에게 반드시 영향을 준다.

우리 사회가 가진 진실성은 사회 · 경제 · 문화에 대한 입법(立法)의 합리성과 법 시행의 공정성이다. 이 합리성과 공정성이 사회 전반적으로 실행이 되면, 그 사회는 보통 사람들이 행복과 의미를 추구할 수 있는 곳이 되며, 그 가운데서 국가의 뿌리 깊은 인재를 양성하게 된다.

우리 사회는 너무나 관대한 면이 있다. 예를 들어, 초등학생이나 미성년자에 대한 성폭행 사건이 그렇다. 최근 이러한 사건들은 하루 건너 한 번씩 보도되고 있다. 특히 딸을 가지고 있는 부모 입장에서는 이 사회가 너무나 무섭게 느껴진다. 이러한 현상에 대해서는 여러 가지 분석이 있을 수 있지만 필자가 생각하기에도 한 가지 문제점이 있다. 피의자들에게 너무나 가벼운 형벌이 가해지고 있고, 대신 피해자와 그 가족은 평생 아픈 상흔(trauma)을 가지고 살아간다는 점이다. 보다못해 딸을 가진 어머니들이 피

켓을 들고 거리로 나와 엄격한 법을 만들어 안심하며 살 수 있도록 목소리를 내자 이제야 법을 조금씩 고치려 하고 있다.

또 하나, 우리나라 법은 경제사범에 대해 관대하다. 공소시효가 5년이다. 남이 평생 땀 흘리고 피를 흘릴 만큼 열심히 모아 예금한 돈을 정치 · 경제계에서 한 노릇하는 사람들에 의해 하루아침에 다 날려 버리는 일들이 한두 번인가? 개인이 평생 벌어도 못 버는 천문학적인 돈을 마음대로 남용하고 나서, 감옥에서 몇 년 살면 그게 다 끝날 문제인가? 사기를 치고 국외로 도피를 해서 몇 년 피해 있다가 공소시효가 끝나면 모든 기록은 사라지게 되니, 누구든 돈을 만지는 위치에 있으면 이런 소아적 욕심에 사로잡힌다. 두말할 것 없이 이런 경제사범은 평생 감옥에 살게 하고, 그 손해액을 재산 환수의 강제 집행과 같은 엄격한 법을 시행하여 국민에 강한 인식을 심어주어야 한다. 그리고 이런 공소시효를 없애 버리고 죽을 때까지 추적하도록 만드는 것이 이 사회의 진실성을 확보하는 길이다.

둘째로 무조건적인 수용이란 어쩌면 용서와 관용의 사회적 분위기다. 엄격한 가부장적 사회 속에서 용서와 관용은 드물다. 나는 가부장적인 사회를 현대 용어로 달리 표현하면 출세와 자본을 중심으로 하는 사회라고 보며, 이러한 가치관을 가진 사회는 늘 이 논리로 개인을 평가하고 서열을 매긴다. 이러한 사회와 개인은 인생 전반을 황금빛을 뿌리면서 사는 인생 길을 걸을 수도 있다. 그러나 인생은 늘 두 가지 면에서 평형을 이루는 것이 좋다. 인생의 후반에는 과연 출세와 성공, 자본이라는 것이 모든 것 중에서 모든 것이라고 정의할 수 있겠는가? 재수, 삼수, 또는 그 이상의 세월을 대학 입학을 위해 노력하는 학생들이 자괴감에 빠지지 않을 수 있게 사회환경이 그들의 목표 설정에 대해 관용과 위로를 보내는 것도 좋다. 초혼이 잘못되어 재혼을 하는 이들에게도 마찬가지의 관용과 위로가 필요하다. 나는 군대를 다녀와서 대학을 다녔다. 한국 나이로 스물여섯 살에 뒤늦게 대학 입시를 준비했다. 당시 나는 늦었다는 생각을 했고, 실제로도 늦었다. 그때 나는 아버지께 장래 계획에 대해 말씀을 드렸다. 나는 반대할 것이라고 생각을 했지만 나의 생각에 공감해 주시고 너그럽게 포용해 주시는 아버지를 느꼈다. 그것이 발단이 되어 공부 계획을 조금씩 수정하면서 도전했다.

셋째, 공감(empathy)에 대한 것이다. 공감은 남의 입장에 들어가는 것을 말한다. 다양한 사람이 살기에 이 다양성에 대한 생각을 수용하기 위해 상상력을 넓히고, 모호성에 도전을 하며 벽을 넘는 연습이 필요하다. 공감은 인종, 언어, 종교 등을 초월하여 모든 사람이 하나라는 관점을 가지고 볼 수 있도록 하는 힘이다. 공감의 어원은 '남의 신을 신고 걸어 본다.'는 의미를 가지고 있다. 남의 신을 신기 위해서 해야 할 첫 번째 일은 내가 신고 있는 신을 벗는 것이다. 내 신을 벗지 않고는 남의 입장을 이해하기 어렵다. 그러나 사회 구성원 대다수가 자신의 신을 신은 채 남의 신을 신어 보려는 무리한 시도를 하고 있다.

기독교인들 중에는 공감에 대한 가장 근본적인 입장을 성서에서 보는 이들도 있다. 성육신(incarnation)의 교리, 즉 하나님이 인간 예수로 왔다는 이 교리의 핵심을 '공감'으로 보면서 하나님의 가장 보편적 특성인 공감이라는 점을 강조한다. 그래서 휴먼 드라마를 보고, 그것이 외국의 것이든 국내의 것이든 감동하고 눈물을 흘리는 것은 바로 우리 마음속 공감대가 형성되었기 때문이다. 그래서 바른 신앙을 가진 사람은 곧 공감 정신을 가지고 살아가는 사람으로 본다.

무심코 지나치기 쉬운 사회의 구석진 곳에 대한 공감을 가지면서 타인의 입장에서 생각을 한다면 이 세상에 눈물겨운 일들이 참으로 많을 것이다. 사회가 성숙하다는 것은 그 사회의 다양한 구성원의 가려진 이야기들이 전체 구성원에게 들릴 수 있도록 제도적으로 구성해 나가는 것이다. 그리고 사회가 개인이 일일이 할 수 없는 일을 대신하여 문화, 교육, 사회복지, 법 등을 통해서 공감을 제공하게 될 때 사회 구성원이 좀 더 바람직한 인생살이를 할 수 있다.

6. 비례하지 않는 성장과 성숙의 발달 관계

성숙은 정신적인 것을, 성장은 신체적인 것을 의미한다. 사람이 성장하면서 청소년기를 거쳐 청년, 중년, 노년의 시간을 거치게 된다. 그런데 신체 성장에 따라 정신적으로도 성숙하리라는 보장은 없다. '성인아이(Adult Child)'라는 용어를 근래에 자주 사용하고 듣게 된다. 성인아이란 몸은 성인이지만 정신은 어린 시절 불만족스럽게 해결하지 못하고 쌓여 있는 과제로 인해 정신은 아이라는 것이다. 완벽한 사람이 없듯이, 개인은 어느 정도 성인아이를 가지고 있다. 다만 그 비율이 어느 정도 되는가가 문제다.

우리 모두는 한때 아이였다. 그 아이 시절에 가진 욕구와 욕망이 그것을 억압하는 여러 가지 요인을 만나면서 성숙해 왔다. 그래서 우리가 아이였다는 사실을 성인이 된 후 망각하고 살면 우리 자신을 이해하는 데 있어 핵심을 상실하는 것이다. 그리고 이 상실이 우리를 불행하게 만들 수 있다. 이 비성숙한 아이의 행동과 생각이 성인이 된 나에게 있기 때문에 친구관계, 회사, 배우자, 가족 등의 인간관계에 영향을 주며, 홀로 있을 때는 불안, 짜증 그리고 몸의 이상과도 관련 있는 현상으로 나타나기도 한다. 우리는 흔히 결혼을 말할 때 두 사람이 결혼을 한다고 하지만, 성인아이 입장에서 보면 네 명이 결혼을 하는 것이다. 각각 배우자에게 있는 성인아이 한 명이 더 있기 때문이다.

사람의 몸이야 필요한 영양분과 수면 등이 제공되면 성장을 하게 되지만, 성숙은 인생의 각 단계에서 위기를 어느 정도 돌파해야 그다음 단계의 정신적 성숙을 향해 갈 수 있다. 현대 사회에 많이 사용되는 '마마보이' '신데렐라 신드롬' 같은 것도 이 범주 안에 속하는 성인아이 현상으로 볼 수 있다. 몸이 성인이 되었다고 성숙한 것은 아니다. 과도한 정서불안과 상처,

해결되지 않은 과제들이 남아 있다면 성숙의 발목을 잡는다. 이 정신적 과제들이 우리를 다시 미성숙했던 시절의 불안과 불만의 상처로 인도하고, 그때의 기분과 감정을 재현함으로써 그곳에 갇혀 살게 한다. 이러한 것을 경험할 때마다 우리 자신의 성인아이를 경험하게 되는 것이다.

사람의 몸이야 필요한 음식을 섭취하면 성장을 할 수 있다. 그러나 과도하게 음식물을 섭취하면 몸에 문제가 발생하고, 부족하게 음식물을 섭취하면 신체 성장이 성인임에도 불구하고 약하거나 작을 수밖에 없다. 우리는 음식 섭취에 따라서 성인이 될 것이라는 생각을 하지만, 정신적인 영역은 성숙 과정에 필요한 정신적 교육과 훈련이 공급되어야 한다. 그리고 단계에 따른 성숙 과정을 거쳐야 정신도 성숙할 수 있다. 먹을 것에 대한 문제 해결에 불과 100년의 세월도 지나지 않았다. 그 이전 시대의 대부분의 사람들은 먹을 것 문제로 생존과 싸워야 하는 시대에 있었다. 먹는 문제가 해결되고, 과거에 신비로 여겨진 모든 자연현상은 오늘날의 현대인에게는 먹통 같은 것이 되었다. 아이패드, 휴대전화 등의 전자제품이 자연현상보다 더 신비감을 더해 주고 있다. 터치스크린에 익숙한 아이들은 태어나면서부터 화면이 보이면 무조건 터치해 본다고 한다. 그리고 그것이 되지 않으면 짜증도 낸다고 하니, 편리한 시설과 음식은 우리의 정신을 방만하게 하고, 무엇이 우선이고 어떤 것이 차선인지를 구분하기보다는 본능과 욕구에 충실한 원초적 자극에 민감하게 될 확률이 높다.

우리가 흔히 기르는 애완견은 본래 들개였다. 수천 년 또는 수만 년의 세월을 거치면서 들개를 집 안의 개로 길들이는 과정을 통해 비로소 인간과 가까운 동물이 되었다. 절제와 교육, 훈련을 통해서 우리에게 필요한 애완견이 된 것이다. 인간은 본래 원초적 욕구를 쫓는 동물이다. 과정마다 훈련과 절제, 배려와 같은 것이 없으면 도덕적 인간, 배려하는 인간의 기본인 양심과 도덕의 형성은 불가하다. 풍족한 환경이 인간의 몸은 살 찌우게 하지만, 정신은 성숙치 못하게 할 수 있기에 성장과 성숙이 비례하지 않음에

유의하고, 양자에 대한 민감한 주의가 요구된다. 그리고 한 사람이 되어 간다는 것은 이 두 가지가 균형을 이루며 형성되는 것이지, 저절로 때로는 우연히 되는 것은 없다.

7. 발달은 장기적이고 점차적이며 지속적이다

속전속결이라는 말이 어울리는 사람들이 있다. 성격이 급할수록, 그리고 일의 결과를 가능한 빠르게 보아야 하는 사람들의 성향을 일컫는 말이다. 우리의 습관과 행동, 가치는 하루 아침에 형성된 것이 아니다. 현재의 나는 과거의 소산물이다. 다시 말해, 현재의 나는 과거의 내가 말하고 행동하고 사고했고, 행동했던 결정들로 인해 형성된 것이라는 점이다. 그래서 발달심리학은 점차적인 것, 지속적인 것의 중요성을 지적하고 있으며, 인간을 단순하게 짧은 기간을 통해서 보는 것보다는 오랜 기간을 통해서 성찰하고 성숙을 기다리는 것이 바람직하다는 교훈을 준다.

문제가 있어 개인이나 가족이 상담을 받게 되었다면, 그것은 그날 발생한 문제 때문이 아니라, 짧게는 몇 개월, 길게는 몇 년 동안 지속되었던 습관과 행동 때문이다. 이럴 때 내담자나 상담자가 생각해야 할 사항은 그렇게 오래된 생활의 집적으로 인해 문제가 발생하게 되었는데, 이것을 하루 이틀의 상담이나, 단기간 내에 문제를 해결하고자 하는 욕구는 잘못이다. 어쩌면 우리는 문제가 오래된 세월만큼, 해결하고자 하는 두세 배의 열정을 통해서 변화를 볼 수 있을 것이다.

점차적이고 지속적이라는 것은 일상생활에서 매우 간과하기 쉬운 내용이기 때문에, 간과된 내용으로 인해 사람이 변형이 될 수 있다는 점이다. 그래서 인간관계에 있어서 바른 방향으로 갈 수 있는 소소한 결정을 바르게 하는 습관들이 곧 미래를 결정하는 중요한 요소가 된다. 그래서 마틴 부버(Martin Buber)는 인간의 미래는 하루하루의 소소한 결정을 어떻게 바르게 하느냐에 의해 미래의 내가 만들어지는 것이라는 점을 강조했다. 오늘 내가 매우 큰 결정을 했다고 해서 미래가 어떻게 되는 것이 아니라는 말이다. 그래서 대박이나 요행을 바라는 것은 아주 미신적인 것이라는 점을 발달심리를 통해 알 수 있다. 빠르게 성공하려는 욕구, 갑자기 돈을 많이 벌고 싶은 욕망 등은 우리를 성공으로 이끌기보다는 허무한 욕심에 사로잡히게 하여 오히려 문제를 더 발생시킬 뿐이다.

카를 융(Carl Jung)과 같이 인생을 전반과 후반으로 나눠서 생각한다면, 발달심리학을 통해서 인생을 예측하고, 또 경험을 통해서 알 수 있는 것은 사람은 인생 전반이 풍요로울 수도 있지만, 어떤 이는 인생의 후반이 더 정신적으로 풍요로울 수 있다는 점이다. 그래서 인생 전반의 성공이 반드시 인생 후반의 성공을 보장할 수는 없다는 것이다. 에릭슨의 말과 같이 인생의 출발이 박수받으며 시작되고 통합으로 가기 위해서는 인생을 전반만 볼 것이 아니라, 후반까지 볼 수 있는 안목과 지혜가 요구된다. 그리고 거기에 따른 습관과 행동의 결정이 필요하다.

제3장

심리학과 기독교 상담

제3장

심리학과 기독교 상담

1. 심리학과 기독교의 관계

21세기에 가장 관심 있는 학문 분야는 심리학과 영성 분야다. 우리나라도 10여 년 전부터 심리학과 상담에 대한 관심이 높아지기 시작했고, 지금은 어느 대학이나 이 분야에 대해 학생들이 높은 관심을 가지고 연구를 하고 있다. 일반 대학만이 아니라 신학교에서도 학생들이 가장 관심을 가지고 있는 분야가 기독교 상담 분야다. 왜 사람들이 이러한 분야에 관심을 가지게 되는 것일까? 1970년대나 1980년대 이런 공부를 한다고 하면 주변에서 달가워하지 않았다. 미래가 없고 현실적이지 못한 학문이며, 점술과 비슷하다고 여기던 시대가 있었다. 시대에 따라서 관심사도 변화될 수밖에 없다. 1960년대 가장 관심 있는 분야는 탄광 분야였다. 시대와 문화적 환경이 탄광과 석탄에 의존해서 살 수밖에 없었던 시기였기 때문이다. 그 시대에는 탄광이 중요했기에 그 학문 분야에 관심을 가지게 되었다. 상담과 심리에 사람들이 관심을 가지게 되는 것은 통상적으로 소득 수준이 만 불($10,000)이 넘어가기 시작하면서부터라고 한다. 이 말은 이제 먹고 사는 문제에서 사람들이 조금씩 벗어나기 시작하면서 개인에 대한 문제를 조금씩 의식하게 된다는 것이다.

우리는 민감하게 느끼지 못하지만 각 시대마다 흐르는 시대적 조류와 맞물린 사람들의 의식 흐름이 있다. 인류의 의식 흐름을 보면 집단적인 의식에서 출발하여 개인 의식의 중요성으로 치닫고 있는 것이 분명하다. 집단이 중요했던 시기에는 개인이 자신의 모든 것을 집단에 예속시켜서 집단의 정체성 속에서 살았고, 그 집단을 위해서 개인이 희생했던 시대다. 그래서 집단에 있는 왕이나 제사장을 위해 살기도 하고 죽기도 하는 시대가 있었다. 간혹 발견되는 것이지만, 집안의 귀족이 죽을 때 그 죽음을 위해 하인들이 함께 매장되어 있었다는 보도를 접할 때 현대인으로서는 이해하기 힘이 들지만 당시 집단의식 속에 개인을 종속시킨 시대에는 그것이 가능했다.

집단시대에는 신앙 고백도 집단적으로 발생했다. 민족이 전체 신앙생활을 하는 것을 전제로 했던 시대다. 그리고 이러한 시대에 중요한 인물은 종교 지도자들이었다. 당시 종교지도자들은 자질도 있었겠지만 평민들이 접할 수 없는 성경 해석과 가르침에 대한 특권을 가지고 있었다. 오늘날처럼 누구나가 읽고 볼 수 있는 시대가 아니었다. 그래서 왕이나 종교적 지도자에 대한 숭상이나 존경심이 어떤 시대보다 강했다. 그러나 엄격한 의미에서 보면 이러한 시대는 집단이 중요했기에 집단에서 지도자가 되는 사람들만이 특권을 누린 시대였고 평민들은 개인의 자유 없이 살아가던 시대였다. 우리가 집단적 의식 속에서 살아가는지, 아니면 개인 의식이 중요한 사회에서 살아가는지를 판단할 수 있는 한 예가 있다. 1970년대 나라의 대통령이 서거했을 때 서울시내 국민이 상복을 입고 거리에서 통곡하는 장면을 TV를 통해서 보았다. 만일 요즘 그러한 일이 발생했다면 1970년대처럼 상복을 입고 거리에 나와서 울부짖는 사람은 많지 않을 것이다. 이것은 우리의 의식이 집단에서 개인화가 많이 진행되고 있음을 뜻한다.

집단시대에 대한 반발은 역사상 수없이 많이 발생하였지만 대표적인 것은 르네상스시대의 문예부흥운동이다. 종교적 맥락 속에서는 루터의 종교혁명이다. 이 두 운동은 종교와 지도자들에게 매몰되었던 개인의 가치를 살려 보고, 개인의 중요성이 중요하다는 오래전의 자각에 의해서 발생한 것이다. 이 후 산업혁명은 더 활성화되어서 신분의 변화를 주는 계기가 되었다. 인류의 역사는 이러한 의식 흐름으로 진행이 되고 있다. 그래서 집단적 의식 속에 중요하게 생각되었던 대가족제도는 개인이 중요한 사회에서 더 이상 환영을 받지 못하고 있다.

대가족제도 안에서 개인은, 특히 여성은 대가족의 가부장적인 틀에 자신들을 희생시켰고, 가족이 잘되는 것을 통해서 자신의 정체성을 누리는 시대였다. 남편이나 자녀가 잘되는 것을 통해서 자신의 만족감을 누린 시대였다. 그리고 대가족제도 속에 개인을 희생시키는 제도였다. 그러나 우리는 오래전에 대가족 제도를 탈피해서 핵가족 제도로 가고 있고, 핵가족 제도에서도 젊은이를 중심으로 홀로 사는 사람이 많아지는 시대가 되었다. 집단에서 개인이 매우 중요한 시대로 오면서 심리적인 문제가 발생하는 것이 현대 사회다. 홀로 사는 것, 자본주의를 기초로 한 무한대의 치열한 생존경쟁, 개인의 낭만을 중요시 하는 사회로 되어 가면서 적절한 인간관계로부터 소외되는 개인에게 정신적인, 심리적인 문제들이 발생하는 것이 현대 사회다. 그래서 심리학이 태동하게 된 것이고, 심리학은 20세기 관심을 가지고 21세기에 꽃을 피우고 있는 시대적 학문인 것이다.

예를 하나 더 들어 보자. 최근 몇 년 사이에 한국 사회에서 가장 활발하게 움직이는 사업은 '커피' 사업일 것이다. 한 대형마트의 통계에 의하면 모든 품목을 합하여 가장 많은 매출을 기록하는 것도 커피다. 그것만이 아니라, 커피는 평범한 인스턴트 커피에서 점점 맛과 향을 추구하는 원두커피로 변하고 있고, 커피 원두를 수입하는 양도 급증하고 있다. 시내 곳곳

또는 사람이 많은 곳에는 거의 예외 없이 커피점이 자리를 잡고 있다. 이와 동시에 있는 것이 '빵집'이다. 때론 이 빵집에 커피점이 함께 입점되어 있는 경우도 있다. 특별히 대학 캠퍼스의 점심시간이나, 대도시의 점심시간에 공통적으로 눈에 들어오는 것은 10명 중 4~5명 정도는 한 손에 커피를 들고 이야기하고 있는 장면이다. 그리고 젊은이일수록 그 비율은 훨씬 높다. 점심식사 비용과 비슷할 수도 있는 커피 값을 지불하고 커피를 손에 들고 다니는 대학생, 직장인들, 그리고 커피점에 앉아서 커피 한 잔을 마시면서 이야기로 많은 시간을 보내는 현대인에게는 많은 의식적 변화가 자리하고 있다. 그리고 이러한 장소에 밤낮없이 사람들이 들락거리는 것이 현실이다.

2011년도 국내 커피 수입액이 4년 전보다 3배가 늘어났고, 그 양은 성인 1인당 338잔을 마시는 것으로 나타났다. 이는 성인이 매일 한 잔씩 커피를 마신다는 것이다. 2007년 커피 수입액이 2억 3,100만 달러에서 2011년에는 7억 1,700만 달러로 물량 기준으로는 4년 전보다 43.8%가 증가하였고, 이는 4년 전보다 1인당 43.8%를 더 마신다는 뜻이다. 늘어 가는 음료수점을 포함한 커피점은 전국에 3만 5,000개 정도의 점포가 있으며, 추정 매출액도 2조 4,819억으로 처음으로 2조 원을 넘어섰다.

대학가의 점심 풍속도를 보면 커피가 얼마나 인기인지를 단적으로 알 수 있다. 필자는 점심식사 후에 캠퍼스를 활보하는 학생 10명 중 적어도 4~5명은 한 손에 커피를 들고 다니는 것을 보았다. 대학가만이 아니라 회사가 몰려 있는 대도시에는 이러한 진풍경이 더 많다. 주택들이 즐비하게 있는 곳에는 으레 커피점이 있고, 주택이 많지 않더라도 이 골목, 저 골목에 주부들이 간담을 나눌 수 있는 커피점은 반드시 있다.

통계에 의하면 소득 수준이 높은 도시를 중심으로 이러한 커피 전문점이 많아지고 있음을 알 수 있다. 서울지역에서도 커피 전문점이 가장 많은 곳은 강남구다. 소득이 높고 연령이 젊을수록 이러한 장소를 선호하는 것이다. 과거에는 점심 값보다 비싼 커피를 마시는 것을 사치로 여겼지만 지금은 이러한 의식(ritual)이 생활의 일부가 되어 버렸다. 식사를 하고 커피점에서 생활사를 나누는 것은 현대인들에게 자연스러운 일이 되었다.

커피와 빵집이 한국 사회에 뿌리를 내린 이유는 무엇일까? 필자는 그것을 수직사회에서 수평사회로 가는 급변하는 문화의 흐름에 있다고 본다. 빵은 간편함을, 커피는 생활의 소소한 이야기를 풀어 나가는 음식 문화체를 뜻한다. 이러한 흐름은 한국 사회 전반에 뿌리를 내리고 있으며 우리 사회는 급하게 이러한 흐름에 편승하고 있다. 딱딱하고 권위적인 것보다는 손쉽게 자신을 표현할 수 있고, 장황한 준비보다는 만남과 대화를 더 중요시하기에 간편한 빵과 커피가 대두한 것이다. 이것은 개인주의 심리의 대표적 사회현상이다.

이러한 장소와 더불어 현대인들을 매료시킨 것은 SNS(social network service)다. 카톡, 트위터, 페이스북 같은 곳에서는 다양하게 정보를 공유하고, 개인의 의견을 표현할 수 있다. 팔로워가 많은 사람의 특징은 정치가나 권력을 가진 사람이 아니라 우리 사회에 긍정적인 힘을 불러일으킬 수 있는 영향력 있는 사람들이다. 이것을 사용하여 과거에는 생각조차 할 수 없었던 성역 정치권에 대해 가차 없이 비판을 하며 개인의 의견을 표현하고 관철하려는 시대에 서 있는 것이다.

성서에 나타난 예수님의 일생과 그 교훈은 당시 시대에 집단의식의 주인공인 종교 지도자들의 생각을 뛰어넘어 있다는 사실을 곳곳에서 발견할 수 있다. 예수님은 집단적 가치 체제 속에서 피해 입으며 죽어 가는 사람들의 마음을 이미 21세기 심리학 이상으로 중요하게 생각했다. 다만, 예수님의 이러한 신앙과 생활이 당시 종교 지도자들에게 커다란 위협이요, 걸림돌이었던 것이 문제였다. 결국 지금이나 그때나 가장 문제는 사람들이 겉으로는 신앙을 이야기하고 있지만 속으로는 자신의 이득권에 대한 위협을 느끼기에 변화를 두려워하는 것이다.

혹자는 심리학이 기독교 신앙을 망친다는 말을 하는데 필자는 매우 문외한적인 말이거나, 심리학을 제대로 이해하지 못하기 때문이라고 생각한다. 시대의 흐름을 읽지 못한 집단적 사고방식에서 벗어나지 못하고 있기 때문이다. 우리는 우주과학, 자연과학의 발달을 통해서 그동안 알 수 없었던 눈에 보이지 않는 세계, 그리고 너무 먼 거리에 있기 때문에 무지할 수밖에 없었던 사실들을 알게 됨으로써 하나님 세계에 대한 놀라움을 경험하고 있다. 하나의 틀만으로 세상을 보고 이해하려는 시대는 이미 지났다. 지금은 모든 학문이 학제 간의 대화를 통해서 진실을 규명하려는 시대에 있고, 이미 이러한 학문 간의 대화가 얼마나 효율적이고 사람의 폭을 넓게 하는지 인지하고 있다. 심리학이 이 시대의 전부는 아니지만 거대한 조류 속에 흘러가는 현대인의 개인 의식을 탐지하고 이해하면서 진리를 알아 가는 데 일조할 수 있는 학문이라는 점은 부인하기 어렵다. 이러한 관점을 가지고 이 장에서는 심리학과 상담이 어떻게 기독교 신앙과 연관이 있는지를 살펴본다.

2. 상담과 공감

내담자 중심의 상담을 강조한 칼 로저스(Carl Rogers)는 환경이 악하든 선하든 살아 있는 모든 생명체는 자신을 유지시키고, 발전시키며, 재탄생시키려는 노력을 한다고 역설한다.[1] 그러므로 생명 있는 모든 것의 경향은 부정적이고 소극적이기보다는 긍정적이다. 또한 긍정적이고 적극적인 경향을 가지고 자기실현을 꿈꾸고 있는 것이 바로 인간의 심리적 구조다.

> 모든 살아 있는 생명체에는 선천적으로 주어진 가능성에 대한 구조적

> 인 실현을 향하여 밑바닥에 흐르는 흐름이 있다. 인간에게도 더 복잡하고 완성된 발달을 향한 자연적인 흐름이 있다. 이러한 경향에 대하여 자주 쓰이는 용어가 바로 '실현화 경향(actualizing tendency)'이며, 이것은 살아 있는 모든 유기체에게 나타난다.[2)]

그런데 이러한 흐름에 긍정적인 영향을 미쳐 자기실현을 도와줄 수 있는 것은 어떤 것일까? 그것은 바로 인간에 대한 기본적 신뢰다. 내담자나 대화 상대방에 대해 기본적으로 신뢰를 느끼게 되는 것은 곧 상담자나 상대방에게 자신이 온전히 수용된다는 느낌에서부터다. 즉, 1장에서 지적한 인간심리의 중요 이해 중에서 '돌봄'과 '성공/성취'라는 것을 체험하기 위해서는 내담자가 상담자로부터, 또는 개인이 다른 개인으로부터 존엄성(dignity)을 느낄 수 있어야 한다. 내담자와 상대방에게 그 격을 인정받을 때 비로소 돌봄과 성취라는 체험을 하게 된다. 이러한 존엄성을 바탕으로 한 체험을 공감(empathy)이라고 한다.

공감은 '남의 신을 신고 걸어 본다(get into one's shoes).'는 것이다.[3)] 남의 신을 신고 걸어 보기 위해서는 우선 자신의 신발을 벗어야 한다. 신을 벗는다는 것은 고대부터 큰 의미가 있는데, 상대방에 대한 존중을 의미하는 동시에 자기 자신의 포기를 의미하기도 한다. 자신의 신발을 벗는다는 것은 자신이 가지고 있는 내담자에 대한 선입견을 포기하는 것이다. 신을 신고 있는 상태로는 상대방의 신발을 신을 수도 없을 뿐더러 걸을 수도 없다. 걸어간다 해도 그것은 비정상적인 행보가 될 것이다. 내담자의 상황 속으로 들어가서 내담자의 눈으로 세상을 보면서 상담에 임하는 것이 바로 공감적인 상담자의 정신이다.[4)]

공감적 태도를 가지고 타인을 대하는 사람들의 주요 특성은 사람을 표면적으로 대하지 않는다는 것이다. 표면적이라는 것은 수직적 인간관계가 심한 사회와 개인에게서 발생하기 쉬운 것으로, 사람을 대할 때 외모(appearance)로 평가한다는 것이다. 대다수의 사람은 외부적으로 평가하기 쉬운 사회 구조 속에 살고 있기에 그렇게 사람을 바라보기 쉽다.

성서에 예수에 대하여 당시 종교 지도자들이 칭한 조롱적인 말이 있다. 바로 '창기와 세리의 친구'라는 말이다. 그 당시 이 말은 지독하게 모욕적인 표현이었다. 그런데 우리는 왜 그 당시의 종교 지도자들이 예수에게 이러한 별칭을 주었는지에 대해 생각해 볼 필요가 있으며, 왜 창기와 세리가 예수를 따라 제자의 길을 걸었는지에 대해 분석할 필요가 있다.

예수가 사람들을 이해하는 시각은 곧 자신의 신발을 벗고 타인의 입장에 서서 바라보는 것이었다. 공감적인 차원에서 한 개인의 성장 과정을 그를 둘러싸고 있는 사회적 맥락에서 이해하고 수용하는 자세를 성경 곳곳에서 볼 수 있다. 예를 들어, 2천 년 전에 결혼한 여성이 남편을 잃고 재혼을 할 수 없는 처지에 있거나, 어려서 부모를 잃고 고아가 된 여자아이들이 성장한 후 할 수 있는 일에는 어떤 것이 있었을까? 살아가는 데에는 본능적으로 먹는 것이 있어야 하는데, 이 고아들과 여성들은 어떤 일을 할 수 있었을까? 몸을 파는 직업을 두둔하는 것은 아니지만, 당시의 사회적 상황에서 가장 기초가 되어야 하는 가정과 부모를 잃은 사람들에게 있어서, 특히 여성의 경우에는 매춘이 생존을 위한 하나의 방법이었음이 분명하다. 이런 창기들을 종교 지도자들은 표면적으로 드러난 직업으로 판단하였지만, 예수는 이면적인 판단을 하였던 것이다. 당시 사회의 하층으로 여겨졌던 사람들이 그런 길로 갈 수밖에 없는 가정적 · 사회적인 상황을 이해하면서 그들을 바라본 것이다. 이렇게 공감하면서 사람을 대하는 예수는 창기와 세리들의 친구가 되었고, 그들은 예수의 가르침을 따랐다. 왜냐하면 자신들의 마음에 공감해 주고 이해해 주었기 때문이다.

짧은 목회 기간 동안 필자는 이러한 상황에 있었던 여성들을 직간접적으로 만났다. P는 어려서 고아원에 맡겨져 성장했다. 너무 어려서 고아원에 갔기 때문에 부모의 얼굴도, 체온도 느끼지 못했고, 알지도 못했다. 고아로 성장하였기에 사람들과 말하는 것조차도 부담스웠지만, 내적으로는 한없이 부모와 뿌리에 대한 애착을 가지고 갈망하고 있었다. P에게 심적으로 어려운 것은 명절 때였다. 고향이라는 것도, 친척이라는 것도, 그리고 부모조차도 알 수 없었기에 성인이 되었지만 명절은 이국에서 외로움만을 더하게 되는 고된 정신적 부담의 날이었다.

P는 고아원에서 고등학교까지 졸업한 후 사회에 나왔지만 마땅한 직업이 없었다. 전전긍긍하다가 접대부 생활을 시작하게 되었다. 그 생활을 하면서 외국인과 결혼 후 도미했지만 자녀양육과 경제적 여건으로 어려움을 겪으면서 생활을 하고 있었다. P는 태어났을 때부터 다른 사람에 비해 늦게 출발을 한 것이다. 자신을 보호해 주고 양육해 주어야 할 가장 큰 방패인 부모가 없는 상태에서 경쟁적인 세상을 살아가면서 배를 채워야 한다는 사실은 힘겹기만 했다.

P가 예배에 참석한 어느 주일 나는 '죄인과 세리를 사랑한 예수의 삶'이란 주제를 가지고 성경 강해를 했다. 앞서 언급한 바처럼 예수께서 사람을 보실 때 표면적인 것보다는 이면적인 것을 보았고, 당시 사회 하층 사람들을 이해하는 공감적인 태도에 대하여 설교를 하였을 때, 나는 P가 우는 모습을 보았고, 마침내 울음을 참지 못해 밖으로 나가는 것을 보았다. 예배가 거의 끝나 갈 무렵, P는 자리에 돌아왔다. 눈가가 벌겋게 변해 있었다. 밖에 나가서 실컷 울다가 예배실로 들어온 것이다. 그 이후 P에게서는 여러모로 변화된 모습을 볼 수 있었다. 고아로 성장하였기에 대인관계에 어려움이 많았으나 애써 모임에 참석하려는 태도를 보였고, 사람들과의 교제도 원만하게 해 나가려고 노력했다. 그리고 시간만 나면 교회에 와서 봉사하고 기도하는 모습을 보았다. 예전보다 훨씬 밝은 얼굴, 그리고 의미를 가지고 살아가는 자신에 차 있는 모습을 간직하고 있었다. 어떻게 그러한 변화가 일어났을까? 첫째는 예수가 창기를 이해하고 포용한다는 사실을 알게 되었고, 둘째는 설교자가 자신의 삶에 대한 공감적인 내용의 메시지를 전하고

자신의 삶을 포용하고 공감해 주는 것을 느꼈기 때문이다. 그래서 P는 이러한 공감에 반응하고 변화되는 모습을 보인 것이다. 사람은 공감을 통해서 관계성을 제공해 주면 그것을 받는 개인에게서 성장과 변화의 능력이 실현된다.[5)]

만일 내가 어떤 형태의 관계성을 제공할 수 있다면 상대방은 자신의 성장과 변화를 위해 나와 맺은 관계성을 사용할 수 있는 능력이 자기 안에 있다는 사실을 발견할 것이다. 그리고 개인적인 발전이 발생할 것이다.[6)]

공감은 긍정적인 인간관계를 내담자에게 심어 주는 것이며, 이러한 긍정적인 인간관계 없이 내담자의 변화는 있을 수 없다. 이 말은 상담자의 태도에 의해서 내담자가 성장하고 변화하며, 이 관계가 아니면 발생할 수 없다는 것이다.[7)] 상담자의 사명이란 바로 이러한 공감적 차원에서의 관계성을 형성해 주는 것이다. 이 공감을 바탕으로 내담자는 다른 사람들과 인간관계를 형성할 때 상담자와의 관계성에서 형성된 모델을 가지고 생활한다. 그러기에 상담자의 공감적 자세는 내담자에게 삶의 모델로 제시되고, 내담자는 상담자가 보여 준 공감적 모델을 초석으로 다시 사람들과의 관계성을 형성해 나가며, 시련이 왔을 때도 그 관계로 다시 돌아가 위로를 받는다.

3. 공감과 하나님의 형상

공감과 반대되는 태도는 상담자가 내담자나 타인에 대하여 미리 예측하는 방식으로, 자신이 이미 평가하거나 익숙해져 있는 방법으로 상담을 이끌어 나가는 것이다. 이러한 태도는 상담자가 원하는 방향으로 내담자를 유도해 가는 것이며, 이렇게 함으로써 내담자는 자신의 내부세계를 상담자의 의도에 따라 말하도록 강요받는다. 이러한 관계의 문제는 내담자가 자신의 이야기를 상담자나 상대가 들어 주지 않는다고 느끼게 될 때, 사람의 내적인 심리 구조는 기괴(bizarre)하게 되어 버리고, 자신의 내부 세계가 자신이 머물 수 있는 유일한 안식처임을 알게 되어 더 이상 외부 세계와 자신의 이야기를 진지하게 나누지 않는다는 것이다.[8)]

예수 시대의 창기와 세리, 그리고 사회적으로 유린당한 백성들의 서러움은 바로 표면적으로 자신들을 판단하는 사회 지도층과 대중의 편견어린 시선이었고, 이러한 이해가 없는 사회적 구조 속에서 이들은 더 이상 자신의 이야기를 세상과 나누지 않았다. 왜냐하면 당시 종교 지도자들은 이미 자신들이 가지고 있는 해답을 갖고 창기와 세리를 보았기 때문이다. 그러나 예수의 사람 이해는 이면적이었고, 이들의 아픔에 대하여 이해와 공감을 표했던 것이다. 칼 로저스는 누가 자신의 이야기를 듣고 있을 때의 마음을 다음과 같이 표현했다.

> 내 말에 누군가가 귀를 기울이고 있을 때, 내 말을 누가 듣고 있을 때, 나에게 주어진 세상을 새로운 방법으로 재인식하며 앞으로 나아갈 수 있다. 누군가 내 말을 경청할 때 풀릴 것 같지 않은 일들이 풀리게 되고, 고쳐질 수 없는 혼돈들이 비교적 분명한 흐름으로 바뀌는 것은 놀라운 일이다. 나는 이러한 민감하고, 공감적이고, 집중된 경청의 시간에 대하여 마음 깊숙한 곳으로부터 감사한다.[9)]

자기심리학(self-psychology)의 시조인 하인츠 코헛(Heinz Kohut)은 심리치료에 있어서 공감은 세 가지 측면에서 피할 수 없는 중요한 사항임을 강조한다. 첫째, 상담자가 공감을 가질 때에야 내담자의 심리적 상황을 살필 수 있는 도구를 가질 수 있으며, 비로소 내담자의 내면의 소리를 들을 수 있게 된다. 그것이 없으면 내담자의 마음과 언어가 이해할 수 없는 난해한 것이 된다. 둘째, 공감은 내담자에게 강력한 심리적 애착(psychological attachment)을 불러일으켜 상담을 긍정적으로 이끌 수 있다. 마지막으로 공감은 심리적인 영양분이며, 사람은 이것 없이 정신적인 생존이 불가하다고 보고 있다. 마치 신체적 생존을 위해 산소가 필요하듯 심리적 관계에는 공감이 있어야 한다.[10)]

이러한 공감을 가지고 예수의 사역은 시작되었고, 당시 사회에서 천민으로 여겨진 많은 사람이 예수를 만나면서 새로운 삶을 시작하게 되었다. 사마리아 여인과의 대화, 간음하다 잡힌 여인과의 대화 등 모든 사역에서 공감이 기본이 되었다. 당시 지도자, 일반 대중, 심지어 제자들조차도 예수의 행동에 대하여 의아하게 여겼다. 이러한 예수에 대하여 사도 바울(St. Paul)은 다음과 같이 정의한다.

> 여러분 안에 이 마음을 품으십시오. 그것은 곧 그리스도 예수의 마음이기도 합니다. 그는 하나님의 모습을 지니셨으나, 하나님과 동등함을 당연하게 생각하지 않으시고, 오히려 자기를 비워서 종의 모습을 취하시고 사람과 같이 되셨습니다. 그는 사람의 모양으로 나타나셔서, 자기를 낮추시고 죽기까지 순종하셨으니, 곧 십자가에서 죽기까지 하셨습니다. 그러므로 하나님께서는 그를 지극히 높이시고, 모든 이름 위에 뛰어난 이름을 그에게 주셨습니다(빌립보서 2:6-9).

이 글에서 "오히려 자기를 비워서 종의 모습을 취하시고, 사람과 같이 되셨습니다."라는 의미는 바로 앞서 지적한 공감의 원래적인 의미인 '남의 신발을 신고 걸어 본다.'는 의미와 같은 표현이다. 하나님의 입장에 있지 아니 하고 자신을 비워 인간의 모습으로 오셨고, 더구나 종의 형체로 왔다는 것은 자신이 신고 있는 신발을 벗고 인간의 신발을 신고 걸었다는 의미다. 이러한 의미에서 예수 정신에서는 자신을 비워 종의 형체를 가졌다는 공감이 핵심적인 단어이며, 상담에서 공감의 중요성은 이미 기독교의 예수 정신과 일치한다.

철학자 키르케고르(Kierkegaard)가 말하는 예수는 누군인가에 대한 해석은 앞에서 언급한 공감에 대한 이해를 더 확고하게 한다. 한 성주의 아들이 마을을 시찰하던 중 마을에서 일하는 젊은 여성을 보고 연정을 느끼고 결혼을 결심하였다. 그러나 여성은 농부의 딸과 왕자라는 신분의 차이를 들어 청혼을 거절하였다. 왕자는 이후 무력적인 시위를 할 수 있는 장군의 복장을 하고 청혼을 하였으나, 그 역시 무력으로 할 수 없다는 논리로 인해 거절당했다. 급기야 생각한 것이 농부 아들의 모습이었는데 그 여인 앞에 그 모습으로 나서서 청혼을 한 후에야 결혼을 하게 되었다. 키르케고르가 지적하는 예수의 속성은 바로 여인의 신분과 같은 위치로 낮아져 농부의 아들이 되어서 그 여인과 결혼할 수 있었던, 즉 공감의 의미인 남의 신을 신고 걸어 보는 것이다.

> 윤리적이고 종교적인 면에서 우리는 하나님의 형상에 의해 창조되었기에 공감적으로 연관을 지어야 하며, 인간이 공감적으로 행동하는 책임성과 능력을 가진 것은 하나님의 형상으로 지음을 받은 것이다. 돌봄의 스타일로서 공감이라는 것은 하나님의 형상에 대한 표현이다.[11)]

성서는 인간이 하나님의 형상대로 지음을 받았다고 한다. 하나님의 형상이란 무엇을 의미하는가? 해석자에 따라 그것은 내적 혹은 외적인 것, 아니면 이 양자를 합친 것을 뜻하기도 한다. 그러나 신학과 심리학을 고려한 목회상담학 입장에서 보는 하나님의 형상이란 공감을 의미한다. 그리고 이러한 공감이 빌립보서 2장에 기록된 것과 같이, 그리스도의 본질이라는 바울의 고백과 상통한다.

하나님의 형상을 입은 사람의 가장 근본적인 삶의 자세는 추진력이나,

분석력 혹은 지적인 것을 다 뛰어넘어서 공감을 가지는 인간이 되는 것이다. 왜냐하면 공감은 모든 것에 있어서 가장 근본이 되기 때문이다. 이 공감은 삶의 실행적인 핵심이며, 일치를 이루지 못하는 모든 종교적 이념을 뛰어넘고, 사상과 이념을 초월해서 느끼고 하나가 될 수 있게 하는 것이다. 공감이 다른 요소보다 중요한 것은 이것이 또한 삶의 실천이기 때문이다. 그래서 공감을 얼마나 할 수 있는가는 개인의 영성을 진단할 수 있는 객관적인 기준이 될 수 있다. '표면적인 것보다는 이면적인 사람의 마음을 이해하려고 하는가, 이념과 종교를 뛰어넘어 사람들에게 공감을 우선할 수 있는가'라는 질문은 진정한 하나님의 형상을 입은 인간의 모습을 알 수 있는 질문이다.

하나님의 정신이 공감으로 표현되었으며, 이 공감의 핵심은 바로 사람과의 관계성 회복이다. 예수가 공감을 가지고 사람들에게 접근한 것은 관계성의 회복을 위해서다. 이러한 맥락에서 공감은 상담심리에서뿐만 아니라 하나님이 인간에 대한 본질적인 마음을 적합하게 서술하는 용어인 동시에, 사람들이 실생활에서 행해야 할 요소이며, 상담심리학과 신학이 유기적인 중요한 관계가 있음을 밝혀 주는 용어다.

4. 거룩한 들음과 상담

편의시설이 발달할수록 사람은 듣는 것보다는 말하는 것에 익숙해진다. 서구사회에서는 개인의 표현이 개인 이미지 관리에 중요하다는 것을 인지한지 이미 오래이기에, 강의시간이나 세미나 시간에 침묵하는 것은 더 이상 미덕이 아니다.

우리 사회도 문화적 혜택 가운데 발전하다 보니 조용하다는 것, 침묵하는 것이 더 이상 필요하지 않게 되었다. 청소년들과 대학생들은 기성세대가 생각했던 것과 같이 "침묵은 금이다."라는 미덕보다는 자신의 표현 방법에 관심을 가지고 있다. 그러나 자신의 의견을 잘 표현할 수 있고, 대중의 심금을 울릴 수 있는 웅변학원이나 화술을 가르쳐 주는 기관은 있지만, 남의 이야기를 어떻게 경청해야 하는지에 대한 방법을 배우는 곳은 흔치 않다. 남의 삶에 대한 지도와 간섭으로 더 깊숙이 내담자들과의 관계 속에서 확대를 하고 있지만, 정작 남의 이야기에 대한 경청은 하지 않고 있다.[12) 사회가 개인화되고 능력 위주로 변해 가지만 우리 내면에서는 여전히 나의 말을 들어 줄 사람을 갈구하고 있다. 그러나 사회 속의 개인은 자신의 표현 방법과 기술에 익숙할 뿐이다. 그래서 현대인은 더 많은 아픔을 간직하고 있다. 나는 이야기를 하고 있는데 나의 말을 진심으로 들어 주는 사람이 없다는 것이다.

남의 이야기를 경청한다는 것은 하나의 예술이다. 예술은 장인정신과 혼이 깃들어 있어야 가치가 있고, 그 작품을 감상하는 사람에게 영향을 줄 수가 있다. 경청이 예술이라는 말은 경청이 그만큼 어렵다는 뜻이다. 어느 지경에 이르러야 비로소 예술가로서의 눈이 떠지고 길이 보여 작품의 세계가 전개되는 것과 같이, 경청도 그러하다.

경청은 상담에서 왜 필요하며, 상담자와 내담자의 관계에서 어떠한 역할을 하는가? 한 조각가를 친구로 둔 사람이 있다. 그가 조각가 친구를 찾아갈 때마다 집 안은 그와 상담을 하는 사람들로 차 있었다. 여러 차례 이러한 경험을 한 이 사람은 조각가에게 언제 작품을 하느냐고 말했다. 전문인이 자신의 작품 세계에 열중하지 않고 사람들을 만나서 이야기하고 상담을 하고 있으니 답답해서 한 말이었다. 그러나 이 조각가는 엉뚱한 대답을 했다. 자신은 자신과 상담하는 사람들의 이야기를 통해서 자기 작품의 내면세계를 조형한다고 했다. 진정한 들음(holy listening)은 말을 하는 사람과 동시에 듣는 사람의 내면을 변화시킬 수 있다. 진정한 들음은 내담자의 아픔을 끌어내어 토로하도록 하며, 그 진실한 고백으로 인해 상담자는 자신의 삶을 진솔하게 뒤돌아볼 수 있는 기회를 가질 수 있다. 진지하게 삶의 이야기를 경청하고 대화를 나눌 때, 그 시간은 소비가 아니라 삶을 돌이켜 볼 수 있는 진지한 순간을 제공한다는 것이다. 나의 이야기는 나의 이야기이고, 너와 나의 이야기는 상관이 없다는 생각을 하면 사회와 이웃은 더 이상 우리에게 도움이 되지 않는 무미건조한 울타리일 뿐이다. 사람은 자신의 삶의 이야기가 있다. 그리고 타인도 역시 그들의 삶의 이야기가 있다. 나의 이야기와 타인의 이야기가 경청이 되고 합해질 때 비로소 진리의 이야기가 우리 중에 거하게 된다.[13)]

인간 사회가 가진 이원적인 구조는 진리의 이야기를 모색하기 위해서 필요한 것이다. 정치가와 국민, 기업주와 사원, 교사와 학생, 부모와 자녀 등 사람이 살아가는 사회는 크게 두 가지의 차원에서 볼 수 있다. 이 두 부류의 구성원들이 서로의 이야기를 경청하게 될 때 진리의 근사치에 접근할 수 있는 공통분모가 나올 수 있다.

> 내가 진정으로 남의 이야기를 들을 때 나와 그 사람이 공감을 하게 한다. 진정한 들음은 나의 삶을 풍요롭게 한다. 남의 이야기를 듣는 것을 통해 나는 사람, 성격, 그리고 사람들 상호 관계성에 대하여 알고 있는 모든 것을 배웠다.[14)]

남의 이야기를 경청한다는 것은 자신의 삶을 풍요롭게 만드는 것이다. 주의 깊은 경청을 함으로써 얻는 기쁨이 있고, 더 심오한 삶의 길을 경험하게 된다. 그리고 상대방은 그로 인해 더 큰 위로와 힘을 얻고, 자신의 내부에 있는 이야기를 할 수 있는 용기를 가지고, 내부 깊숙이 숨겨 왔던 아픈 이야기를 꺼내게 된다. 칼 로저스는 상대방의 이야기를 진정으로 들을 때마다 상대방의 눈가에 눈물이 고이는 순간들을 경험했다고 한다.[15)] 자기 내부의 이야기를 솔직하게 말하는 사람은 바로 자신에 대하여 솔직하고 내적인 일치를 맛보게 되므로 만족을 얻게 된다.

> 남이 나의 이야기를 주의해서 들어 주거나, 내 이야기를 들었을 때 나는 나의 세계를 새로운 방법으로 재지각(reperceive)하여 계속적으로 나아갈 수 있었다. 누군가가 나의 이야기를 들을 때, 풀 수 없었던 요소들이 풀리고 치료할 수 없는 수많은 혼돈이 비교적 맑게 흐르는 것으로 변하는 것은 놀라운 일이다.[16)]

반대의 상황을 살펴보자. 나의 이야기를 들어 줄 사람이 없다. 나의 삶의 어려운 고통을 호소할 데가 없고, 내 말에 주의를 기울이는 사회적 분위기도 아닐 때 사람은 어떠한 변화를 체험할 수 있는가? 혹은 나의 삶의 이야기를 들으면서 상대방이 자신이 편한 대로 해석을 하고 미리 예측한다면 어떠한 일들이 발생할까? 자신을 이해해 주는 사람이 없다고 느낄 때 개인의 내적 세계는 피폐해지고 외부 세계와 서서히 분리의 벽을 쌓으면서, 자신의 내부만이 자신이 살 수 있는 유일한 곳임을 알고 그 피난처로 도피한다.[17)]

아이들이 학교나 유치원 또는 동네에서 일어났던 기분 좋은 일이나 나쁜 일에 대하여 일을 하고 있는 부모에게 설명할 때, 어머니가 집안일을 하면서 아이의 이야기를 성의 있게 듣지 않고, 아버지가 TV나 신문을 보면서 아이와 눈의 초점을 맞추지 않고 듣는 척한다면 아이의 이야기는 서서히 그 무게와 진지성과 솔직성을 잃어버린다. 부모에게 질문을 했을 때 엉뚱한 답이 나오면 아이는 자기의 이야기를 경청하지 않았다는 느낌에서 심지어 분노를 느끼기도 한다. 이러한 관계가 지속되면 아이는 외부에서 일어난 일이나 마음의 고충을 부모에게 이야기하기를 주저한다.

사람에 대한 이해는 기술과 분석에 앞서, 살아가는 이야기에 대한 것이다. 거기에 희로애락이 담겨 있다. 인간이기에 경험하는 나와 너의 이야기가 다르지만, 사람이기에 경험하는 우리 모두의 이야기다. 이 이야기에 관심을 가지고 경청할 때 눈가에 눈시울이 적셔질 것이다. 왜냐하면 우리 모두의 애환이기 때문이다. 이 애환을 경험할 때 비로소 인생에 대한 눈이 떠질 것이다. 그리고 나와 함께 있었던 사람이 얼마나 소중했는지, 나를 스쳐 지나간 사람이 얼마나 귀중한 사람이었는지를 알게 되며, 내가 어떻게 사람을 도와야 할지를 알 수 있게 된다.

5. 인간관계성과 기독교

사람은 이미 주어진 조건 속에서 태어나게 된다. 그리고 이러한 주어진 환경을 통하여 개인의 가치와 정체성을 체험한다. 이러한 상황 속에서 개인이 반드시 기억해야 할 것이 있다. 모든 사람은 관계성을 형성하면서 살아가고 있다는 것이다. 그리고 이러한 관계성 없이는 생존할 수 없다는 것이다. 이러한 관계를 성립할 수 있는 환경은, 나와 네가 상생할 수 있는 것은, 서로에 대한 비교가 없어질 때다.[18)]

아무리 능력 있는 사람이라 할지라도 무인도에 홀로 있다면, 관계를 형성할 수 없는 그는 무인도에서 그저 하나의 인간일 뿐이지 아무것도 아니다. 이러한 논리는 가정, 직장, 그리고 국가 모두에 적용될 수 있다. 상대가 있음으로써 내가 있을 수 있다는 사실을 망각할 때, 사람들의 관계는 서서히 수직적 관계로 변화한다.

국민이 있을 때 대통령이 있고, 가족이 있기에 구성원이 있을 수 있다. 그리고 이러한 모든 상호관계로 인해서 우리는 서로에게 주어진 일들을 효과적으로 할 수 있는 것이다. 이처럼 모든 관계는 서로에게 필수적이고 상호 보완적이다. 이러한 관계적인 입장에서 이 장에서는 사람이 맺고 있는 여러 가지 관계성에서 나와 너, 그리고 영원한 너라는 삼각형의 구조를 심리학과 신학적 맥락 속에서 이야기해 보고자 한다.

1) 자기중심의 인간

사상가인 마틴 부버(Martin Buber)는 자기중심의 인간관계를 '나와 그것'의 관계라고 설정하고 있다. 자기가 모든 인간관계에 있어서 중심이라고 생각하면 그 밖의 다른 사람들은 늘 자신을 위한 부수적인 사람이라고 여긴다. 이것은 수직적인 관계이고 상대를 내 마음대로 조정할 수 있다는 생각이다. 상대는 하나의 인격체가 아니고 하나의 물건이기 때문에 내 통제 안에 있는 것이다.

물건은 내가 필요하면 쓸 수 있고 필요 없으면 아무 곳에나 둘 수 있는 것이다. 그러기에 내가 언제든지 원하면 그 관계로 들어갈 수도 있고, 또한 그 관계에서 이탈할 수도 있다. 즉, 상대는 나의 필요에 따라서 그 위치와 심지어 운명까지 달라질 수 있다는 생각이다. 이러한 관계는 상대를 항상 나와 종속적인 관계로 생각하는 것이다. 이러한 주종 관계는 늘 일방적 관계다. 길로 이야기한다면 일방통행만 있지 상대가 올 수 있는 길이 없다는 것이며, 길을 열어 주지 않는 것이다. 이러한 인간관계를 수직적 관계, 일방적인 관계라고 한다. 이 관계는 처음에는 아주 잘 융합되어 진행되는 것처럼 느껴진다. 왜냐하면 학연, 지연, 인맥 등으로 결성되기 때문이다. 이러한 조직과 인간관계는 초기 조직 결성에는 도움이 될 수 있다. 그러나 장기적인 면에서는 그 단체를 발전하지 못하게 하고 도태하게 하는 요소가 된다. 왜냐하면 이러한 관계는 비판이 허용되지 않는 구조이고, 하급자는 상급자의 취향에 구색을 맞추어 일을 추진하기 때문에 창의적인 대안이 있을 수 없다. 어떤 개인이나 단체도 자신과 그 단체에 대한 비판 없이 성숙할 수는

없는 것이다.[19)]

수직적 관계가 중요시되는 개인과 인간 사회는 외적인 요소를 중요시한다는 특징이 있다.[20)] 외적인 것이 사람을 보는 가장 큰 기준이 된다. 학벌이나 배경, 그리고 학연과 지연 등을 고려하여 인선하고 줄을 대어 준다는 것이다. 물론 어느 사회나 이러한 것은 있다. 그러나 좀 더 공정한 원칙을 세워 놓고 그 원칙하에서 수행하는 것이 구성원 모두에게 용기와 힘을 줄 것이다.

외적인 조건을 중요하게 여기는 사회가 되다 보니, 성형수술에 대한 관심이 커지고 있다. 외관이 분명히 무시될 수는 없으나 자신의 고유성에 대한 내적인 자신감이 외적인 것에 의해 지배받기에 문제가 되는 것이다. 외모와 외적인 조건에 의해서 자신의 정체성을 가지려고 하는 것과 이러한 조건이 사람을 평가하는 데 중요한 가치라면 이것은 그만큼 내면의 정체성이 공허하다는 의미다. 앞서서 언급한 것과 같이 이러한 기준으로 사람을 판단한다는 것은 사람을 표면적으로 판단하는, 그래서 많은 사람이 이러한 판단으로 인해 상처를 받게 되고, 공감을 가지지 못하는 인간관계를 만들어 버린다.

실존주의 심리학에서는 사람은 어떠한 어려운 상황에서도 이겨 낼 수 있는 자아 정체성을 가지고 있다고 보고 있지만, 사회가 이러한 외적 조건을 최우선시하는 분위기를 조성한다면 그 사회의 가치 체계는 혼미해질 것이다. 이러한 외형적인 것이 사람을 평가하는 틀이 된다면 사람들은 많은 상처를 입게 된다. 왜냐하면 사람을 평가하는 기준이 획일화되어 있기 때문이다.

수직적인 관념을 가진 개인이나 사회의 큰 단점은 획일적 기준하에서 사람에 대한 평가가 가해진다는 것이다. 이러한 수직적인 분위기는 개인 및 사회의 망(web)을 형성하게 되고, 이 수직적인 범주에 들어가지 못하는 대다수의 사람에게 꿈에 대한 좌절과 높고도 불공평한 현실의 벽을 실감케

함으로써 개인과 사회에 대하여 적대적인 분노를 품게 한다.

한국 사회는 중국과 일본에 비해 유교적 영향이 높다. 유교의 본산지인 중국보다 의식과 무의식에 있어서 더 많은 영향을 받고 있는 것으로 조사되었다.[21] 유교의 영향이 생활과 무의식적 행동 속에 스며들어 있다면, 유교의 지상 목표에 대하여 좀 더 익숙한 생활을 해야 할 것이다. 공자는 유교 국가 실현에 있어서 가장 큰 목표는 군자(Profound Person)가 되는 것이고, 이러한 군자들이 가지는 두 가지 특징은 양심과 이타주의(Altruism)라고 하였다. 그리고 유교 국가 실현을 위하여 몇 가지 장애되는 요소들로 혈연주의, 학연주의, 그리고 지연주의를 지적하고 경계하였다. 그런데 왜 의식과 무의식에 있어서 유교의 영향을 가장 강하게 가지고 있는 우리가 군자의 실현보다는 혈연, 학연, 그리고 지연에 얽매여 있는가? 유교의 가장 중심적인 내용에는 무관심하고 가장 장애로 여기는 것들을 통하여 개인과 집단의 이익을 추구하려는 분위기가 많은 이유는 무엇인가?

혈연, 학연, 그리고 지연이 극대화되는 것은 사회의 전반적인 조직이 수직적으로 운영되고 있기 때문이다. 이러한 조직은 단체와 개인을 불투명하게 만들기 쉽다. 바로 '투명성의 결여(lack of transparence)'다. 수직적 사회에서는 출처를 알 수 없는 검은 돈들이 많다. 이것은 오늘날 정치와 경제에서 보는 실상이다. 수직적 사회는 자신의 계보를 따르는 이들에게 이득을 챙기는 대신, 타인에게는 불이익이 감행되고 이러한 악순환으로 인해 모든 것이 불투명해진다.

사회가 불투명해지고 불안해질 때 그 사회의 구성원들은 불안에 놓이게 되고, 이 불안은 미래를 닫아 버리고 눈에 보이는 현실에 집착하게 만든다. 아르헨티나는 지금 경제적 불안으로 치닫고 있다. 경제학자들은 사회적 · 경제적 불안과 미래에 대한 불투명은 아르헨티나 국민을 잠재적 범죄자로 만든다고 지적한다. 배금사상과 획일적 교육은 아르헨티나와 같이 경제 위기를 겪고 있는 나라에서 연일 끊이지 않는 범죄들이 기승을 부리게 한다.

목적을 성취하는 것은 인생에서 빼놓을 수 없는 중요한 요소다. 그러나 목적 성취만을 목표로 한다면 개인과 그의 주변의 사람들이 상처를 입는다. 인생은 등산과 같다. 등산의 묘미는 산 정상을 정복하는 것일 수도 있다. 그러나 정복만을 위해 매진할 때 주위의 경관을 놓치기 쉽고, 스쳐 가는 사람과의 인연에 소홀하기 쉽다. 등산은 그 과정과 목적이 동시에 성취될 때 그 맛이 있다.

'나와 그것'의 관계는 또한 한 개인의 성격에 대한 표현이기도 하다. 목적만을 지향하고 이로 인해 어그러지는 인간관계에 대하여 신경을 쓰지 않는 사람과 함께 있을 때 그 분위기는 늘 불안하다. 왜냐하면 고유의 존엄성을 위협받고 있기 때문이다. 이러한 사람들이 종교생활을 할 때 주위 사람들이 어려움을 겪게 된다. 필자는 이러한 성격으로 인해 고생을 하는 사람들을 목격한 적이 있다. 자신의 신념과 계획에 따라 주지 않는 사람이 있고, 반대하는 사람이 있으면 가차 없이 쓴맛을 보여 준다. 이러한 실수는 자기중심의 목적 지향성 때문이다. 이러한 자기중심의 인간관계에서 발생하는 것은 신앙으로 포장한 자기 이데올로기다. 왜냐하면 진정한 신앙은 정죄가 아니라 용서와 용기며, 사랑과 포용이다. 그리고 이 사랑과 포용으로 상대방의 변화가 시작되는 것이다.

사람이 나와 너라는 사회적 우호 관계 속에서 태어난다면 바람직하지만, 나와 그것의 관계인 수직적이고 외관 중심의 사회구조 속에 살아간다면 몹시 경쟁적이고 비인간적인 사회가 된다. 인간의 자기(the self)는 고정된 것이 아니고, 이미 거기에 있는 것이 아니라, 사회의 범주 안에서 경험과 활동이라는 상호적 관계를 통해서 형성이 되는 것이기 때문이다.[22] 수직적이고 일방적 범주의 궤도에서 구원해 줄 수 있는 것은 어떤 관계성을 형성함으로써 사람들이 가진 무력감, 고립, 절망, 상처받은 자존감, 실패, 그리고 삶의 무의미에서 회복시키는 것이다.

나 중심으로 살아가는 것이 인간의 본능이라고 한다면, 자신의 이익을 수호하고 챙기는 것이 인간이 가진 기본적인 본능이라고 한다면, 인간은 자신의 본능만으로는 생존할 수 없다.[23] 이러한 본능에만 충실한 상태는 영원한 관계로부터 상실한 상태이며, 천국을 상실한 마음이며, 자연과 이웃과의 상실로 인해 이 땅의 영원한 방랑자가 되는 것이다.[24]

수직적 관계를 선호하는 인간은 자신에 대해 집착하는 사람이며, 자기흡입(self-absorption)에 빠져 있는 사람이다. 침체성에 빠져 있는 것이다. 이러한 침체성으로부터 현대인들이 자유로울 수 있는 조건은 두 가지다. 첫째는 근본적인 신인일치단계를 추구하며, 둘째는 새롭게 의지할 수 있는 대상 또는 개인의 수용을 추구하는 것이다.

> 현대인들이 술, 마약, 음식, 섹스, 일중독, 스포츠, 유흥, 지적 활동을 그 범위 내에서 허락하는 즐거움으로 하지 않고 자신들의 감각을 둔화시키려는 목적으로 하여 의지하는 것은 자신이 가진 불안(anxiety)에서 도피하려는 것이다.[25]

1960년대 미국에서 젊은이들 사이에 한창 유행하던 소위 히피족과 마약에 대한 문화 해석은 앞의 인용문에서 본 것과 유사하다. 당시에 대학가를 중심으로 마약이 급속히 번지게 된 가장 큰 이유는 기존 가치관에 대한 상실이었다. 이러한 상실은 자신의 정체성(identity)에 가장 큰 위협이 되었고, 이러한 근본적인 불안에서의 도피처가 마약이었다.[26] 즉, 근원적인 관계로부터의 두절이 이러한 곳으로의 도피처를 구한다.

에리히 프롬(Erich Fromm)은 이러한 관점에서 자기중심성이 강한 현대인에게 특별히 주의해야 할 다섯 가지 현상에 대하여 언급하였다. 가학성 성욕(sadism), 피학대 음란증(masochism), 파괴성, 권위주의, 그리고 비판 없는 대중의 자동일치(automation conformity)가 그것이다. 가학성 성욕이란 상대방에게 성적인 고통을 당하게 하고, 이 고통을 받는 자들이 고통으로 인해서 자신에게 복종하며 의지하는 것을 보게 되는데, 이것을 통해 자신의 힘을 느끼는 것이다. 이 가학성 환자에게 문제는 가해자의 의식이 피해자들의 순종과 복종관계로 유지된다는 점이다. 그래서 피해자들이 자신을 떠나게 되면 가해자는 자신이 관심의 대상이 되지 않는 중요치 않은 인물이라 여기고 불안에 빠지는 것이다.[27]

피학대 음란증은 자신보다 강한 상대에게 성적인 학대 및 고통을 받으면서 그것을 즐기는 증상을 말하는데, 이들은 학대 및 고통을 받는 것이 오히려 버림과 포기(separation & abandonment)를 경험하는 것보다 낫다는 것이다. 또한 이러한 고통과 학대의 관계 속에서 피해자 자신이 결코 고립되거나 외로운 사람이 아니라는 사실을 확인한다. 고립이나 버림보다는 오히려 학대와 고통이 낫기 때문이다.

파괴성이 가진 가장 근본적인 심리적 구조는 사람이 가정과 사회의 인정을 받을 수 없거나, 배신의 경험을 당하고, 자신의 존엄성에 대한 침해를 심하게 느꼈을 때 발생할 수 있다. 사람에 대한 불신이 형성되면 이것이 수치(shame)를 가지게 하고, 성장하면서 분노로까지 확대된다.[28] 바로 이러한 파괴성의 저변에는 거부와 버림이 있다.

권위주의는 왜 나타나는가? 권위주의를 표방한 힘에 대한 애착은 인간의 불안에서 시작되는 것이다. 그리고 이 불안은 존재론적 근원자와의 관계성에 대한 희박성과 상실에 그 근원이 있다. 신학자 라인홀드 니버(Reinhold Niebuhr)는 인간의 힘(power)에 대한 탐닉은 존재론적 근원의 불안정에 있다고 본다. 끝도 없이 떨어지는 존재론적 불안은 사람으로 하여금 힘에 대한 탐닉을 만들어 내고, 사람은 힘을 성취하고 이 힘을 행사함으로써 이 힘에 의해 지배당하는 피지배자들의 모습을 보면서 자신의 존재의 불안을 잠식시킨다. 즉, 자신의 존재론적 가벼움에 대한 환영적인 승리(illusory victory)를 가지게 되어, 힘과 권력을 가지고자 하는 의욕을 가지는 것이다. 그리고 이것이 바로 자만심의 죄(the sin of pride)라고 규정한다.[29]

마지막으로 대중의 자동일치(automaton conformity)란 개인을 둘러싸고 있고 문화적 환경에 의해서 그 풍토와 경향을 쉽게 추종하는 것을 의미한다. 대중은 이러한 사회적 · 문화적 분위기에 쉽게 동화됨으로써 소속감을 가지게 된다. 가령, 오늘날 거의 절대적 영향을 주는 TV나 영상매체 등에서 나오는 것을 비판 없이 그대로 모방하는 것이다. 개인이 가진 외로움이나 힘의 부재에서 오는 빈약성을 대중적인 것과 일치시켜 극복하는 것이다. 대중이 정신적인 공황에 있을 때 이 정신적인 공황을 채워 줄 수 있는 비이성적인 권위를 구하게 된다. 무언가 자신들의 내재적인 공허와 무의미를 싹 쓸어 갈 수 있는 권위를 가진 인물이나 매체를 구하게 되는데, 문제는 이 매체들이 비이성적이고 비합리적인 것으로 가득 차 있는 것이라는 점이다.[30)]

앞에서 언급한 현대인들에게 나타나는 다섯 가지 현상은 잘못된 삶의 결과이고 이 방법들에는 파괴적인 요소들이 공통적으로 스며 있으며, 동시에 이것들은 고립, 분리, 존엄성 위협과 상실, 불안 등에서 발생하는 것인데, 이것들의 중요한 목표는 '나'를 중심으로 하고 있다는 것이다. 사람을 하나의 물건으로 비인간화하는 개인이나 사회적 분위기는 바로 우리 개인에게 목표를 성취하기 위해서 비이성적이고 비합리적인 행동을 돌출하게 하는 요인이 된다.

나에 대한 것에만 집착을 하고, 타인을 물건으로 여기는 성향은 신학적으로 우리가 이미 하나님, 이웃, 그리고 자연으로부터 원천적으로 분리되어 고립을 체험한다는 것이다. 그리고 이러한 고립으로부터 전적으로 자유로울 수 있는 것은 철저히 자기 자신에 더 집중을 하는 것이다.[31)] 즉, 원형적인 하나님과의 관계성이 실종되면서 사람은 철저히 이러한 관계를 대체할 것을 구하게 되었고, 이것이 바로 '나'에게 철저하게 집중하는 것이 되었다.

2) 관계 속의 인간

인간은 크게 두 가지의 기본적인 관계 원칙을 가지고 살아간다. 한 부류는 생산물(products)에 관심을 가지고 살아가는 자다. 여기서 생산물이란 사람이 살아가면서 가지게 되는 지위, 명예, 물질 등에 대한 집착을 의미한다. 바로 앞에서 언급한 '나'를 중심으로 하는 수직적 관계의 사람이다. 또 한 부류는 생산물에 대한 관심보다는 인간과 자연에 대한 관심을 가지고 살아가는 사람이다. 생산물에 대한 집착을 가지고 살아가게 되면 처음에는 잘 풀려 가는 것 같으나, 후반의 삶은 곧 황폐하게 된다. 반면 인간과 자연에 대한 관심을 가지게 되면 시작은 어려우나 사람이 가진 잠재적인 가능성들과의 만남을 체험할 수 있다.[32] 잠재적 가능성을 체험하면서, 관용과 격려 속에 살면서 개인에게 숨겨져 있는 가능성을 보게 하는 것은 바로 자기와 타인이 중심이 되는 관계 속의 인간이다.

자신과 타인이 중심이 되는 관계 속의 인간의 특징은 몇 가지로 요약할 수 있다. 즉, 모든 경험과 결과는 나에게서 오는 것이 아니라 서로의 관계를 통해서 온다는 사실이다. 가령, 한 기업이 이익이 낳았다면 그 이익은 사업주로 인해서만 생긴 것도 아니고 노동자에 의해서만 발생한 것도 아니다. 이것은 양자 사이에서 발생한 것이다. 이 관계는 지극히 수평적인 사고와 관계를 가진다. 이익을 위해서 사람을 절대로 이용하지 않으며 이익과 인관관계에서는 관계성을 우선 택하는 것이 이러한 인간관계를 가지는 사람이다.[33]

자신의 입맛에 맞는 사람은 세상에 아무도 없다. 기업주가 종업원들을 보았을 때나, 종업원이 사업주를 보았을 때나 어느 누구 하나 구색에 맞는 사람은 없다. 이러한 생각에 빠져 있으면 양자 간에는 늘 긴장과 불안이 도사리고 있을 뿐이다. 한 예를 들어 보자. 사업을 시작한 한 여성의 고백이다. 이 사람은 부친의 사업 영향에 따라 학교 졸업 후 창업을 했다. 일에 철저함을 강조한 그녀에게 직원들의 일처리는 늘 불만으로 다가왔다. 급기야 마음에 들지 않는 직원들을 하나둘씩 해고하다 보니, 사업의 성장은커녕 제자리를 찾기도 어려워졌고, 사양길로 접어들기 시작했다. 사업 전망이 어두워지고 불안심리가 커질 무렵, 부친이 딸에게 눈높이를 사원들의 수준에 맞추고, 그들의 생활에 관심을 가지고 대화하면서 불만과 기대, 그리고 여러 가지 이야기를 나눌 것을 권유했다. 그녀는 사원의 눈높이에서 사원들의 개인적인 사정과 문제들을 듣기 시작했고, 이것이 밑거름이 되어 사원과 업주 간의 긴밀한 인간관계로 발전하여 성공적으로 재기할 수 있는 큰 밑거름이 되었다는 고백이었다.

상호 관계성을 가지기 위해서는 상대편이 어떠한 여건에 있든 간에 그 사람이 가진 독특한 입장을 이해할 때 가능하다. 상대가 가지고 있는 독특함을 나의 것과 비교하지 않고 있는 그대로를 인정하는 상태다. 그리고 민감성(sensitivity)의 발휘와 상상(imagination)을 통하여 상대방의 입장(go over to the other side)에 가 보는 적극성을 가질 때 비로소 상대에 대한 이해의 폭을 넓히고 대화의 차원으로 들어갈 수 있다.[34)]

가족 간의 대화나 상담에서, 상대방의 입장에 깊이 들어가서 대화적 차원의 상담을 할 수 없는 것은 상상과 민감성에 대한 무관심과 부재에서 오는 것이다.

다음은 노숙자들을 도와주고 자활할 수 있도록 도와주는 한 부부의 이야기다. 이들은 사재를 털어 노숙자들에게 의식주를 제공하고 기술을 익히게 하여, 사회에 환원할 수 있도록 도움을 주는 일을 시작했다. 노숙자들이 음식과 쉴 곳을 제공해 주는 이들 부부를 감사하게 생각하는 것은 사실이었지만, 오랫동안 이들과 진정한 대화를 할 수가 없었다. 왜냐하면 노숙자들의 마음속에는 서로 다른 세계의 사람들은 어울릴 수 없다는 생각과 신세를 지는 사람들이 고마운 것은 사실이지만 피해의식에 사로잡혀 있었고, 이것을 신분의 차이로 받아들이고 있었기 때문이다. 사회에서 재기할 수 있는 교육프로그램을 진행하였으나 교육에 상당한 애로를 겪게 되었다.

그러던 어느 날 이 장벽을 허무는 중요한 사건이 발생했다. 밥상 공동체에 둘러앉아 점심식사를 하던 중 공동으로 쓰는 큰 물그릇이 사람들에게 차례차례로 건네졌는데, 이 물그릇이 노숙자들을 관장하는 주인 앞에 왔다. 물그릇 안에는 물을 마시다가 나온 반찬 찌꺼기들이 가라앉아 있었다. 공용으로 쓰다 보니 마실 때마다 입 안에 있던 음식 찌꺼기가 물그릇 안으로 들어간 것이다. 생전 마셔 보지 않았기 때문에 주저하다가 그는 모든 노숙자들이 자신을 쳐다보고 있다는 것을 의식하고 물을 마시는 모험을 감행했다. 그런데 그 일 후에 그토록 허물어지지 않던 장벽이 무너지기 시작했고 노숙자들이 하나둘씩 이 부부들에게 마음의 문을 열었던 것이다. 사람은 누군가 그리운 것이다. 나의 처지를 들어 주고 공감할 사람을, 나와 너의 관계를 바르게 형성시켜 주고 보여 줄 수 있는 사람을 그리워하게 된다.

자신의 이야기만을 일방적으로 하는 사람은 사회에서 늘 독단적이기 쉽다. 나와 너를 배려하는 대화는 상대의 존재를 인정하는 차원이며, 이러한 관계가 형성이 될 때 나는 너를 통해서, 너는 나를 통해서 수많은 깨달음을 가지게 된다. 신앙적인 고백이든, 개인적 이야기든 나만의 이야기만 계속되면 이것은 독백이고, 신앙적인 이야기도 독선과 아집에 불과한 개인의 이념일 뿐이다. 나의 이야기와 다른 사람의 이야기를 함께 들을 수 있을 때 우리는 비로소 그 가운데 있는 하나님의 이야기를 듣게 되는 것이다.

나의 이야기만 가지고 상대방을 일방적으로 설득하려고 하든지, 상대방에 대한 편견 섞인 안경을 쓰고 내담자의 입장을 상담자의 각도에서 보려고 한다면, 이것은 더 이상 상담자로 하여금 내담자의 내면을 진실되게 볼 수 없게 한다. 상담자에게 다가온 내담자이건 어떤 대상이든 그들은 신비로 가득 찬 존재인데, 상담자가 등급을 매기는 순간 상담자 자신을 제한하는 행위를 하는 것이다.[35]

하나님은 인간을 대화의 파트너로 만들어 놓으셨다.[36] 하나님이 인간과 가장 하고 싶은 일은 진정한 대화를 하는 것이다. 그래서 부버는 태초에 대화가 있었다고 지적한다.[37] 태초에 창조가 있었는데, 이 창조의 목표가 대화라는 것이다. 이 말은 하나님이 인간을 진정한 한 개인으로 인정하고 삶에 대한 경청을 한다는 말이다. 그러므로 하나님은 일방적인 관계로 인간에게 접근을 하는 분이 아니라는 것이다. 성 어거스틴(St. Augustine)이 지적한 "하나님 없이 우리가 없고, 우리 없이 하나님이 없다."는 표현은 마틴 부버가 말한 하나님과 인간의 관계를 적절하게 표현하는 말이다. 하나님은 인간이 없이 존재하는 것이 가능하지만, 그러한 방식으로 인간을 대하지 않고 인간의 존재를 인정함으로써 하나님이 될 수 있다는 나와 너의 관계성을 중요시하신다.

들에 핀 꽃은 그 자체만으로 미를 돋보이게 할 수 없다. 그 들꽃의 아름다움이 호소력 있으려면 수많은 잡초가 있어야 한다. 그러니 꽃과 잡초는 상생적인 관계이지 비교 및 지배관계가 아닌 것이다. 꽃은 꽃으로서, 잡초는 잡초로서의 역할을 담당하는 것이지 그 어느 것 하나 지배적 우위에 설 수 없다.

나와 너 사이에 진정한 대화를 위해서는 자신을 완전히 열어서 공개하려는 노력이 있어야 한다. 진정한 개인은 자신의 고립에서 생기는 것이 아니라 사람과 사람 사이의 만남에서 발생하는 것이다. 마틴 부버는 이러한 사람과 사람 사이의 진정한 만남을 가능케 하고 대화를 열어 주는 것은 모든 인간의 모임과 대화에 함께하는 깊은 차원에 머물고 있는 하나님의 현존으로 인해 가능한 것이라고 신뢰하고 있다.[38]

3) 영원한 너

나와 이웃이 하나라는 사실을 깨닫는 단계는 내적인 일치(inner unity)가 있는 단계다. 이러한 전인적인 일치가 있는 단계는 또한 내적 분열이 없는 상황을 의미한다. 부버에 의하면 사람들이 내적 일치의 단계에 이르지 못하는 것은 내적인 악(evil)이 있기 때문이며, 이것은 또한 내적인 분열(inner division)이 있는 것임을 지적한다. 즉, 우리가 다른 사람들을 고유한 한 인간으로 바라보지 못하는 것은 우리 내부에 도사리고 있는 내적 분열의 결과라는 말이다.[39] 내적인 분열이란 바른 목적을 상실하였다는 의미다. 사람이 무력해지고, 유해한 인물이 되는 간단한 방법은 바른 목적 없이 살아가는 것이다. 목적 없이 살아가면 인간은 모두가 쉽게 정도에서 벗어날 수 있다.

신학자 폴 틸리히(Paul Tillich)는 인간이 가진 세 가지 본질적인 죄에 대하여 말한다. 그리고 이러한 죄의 가장 깊은 것에는 자기도취(self-absorption)가 있다고 본다. 세 가지 본질적인 죄 중의 첫째가 교만이다(hubris). 이것은 인간이 자신의 위대성과 존엄성에 도취되어, 마침내 자신의 한계에 대하여 인정하지 않으면서 끊임없이 자신의 잠재력에 대한 무한한 평가를 한다.[40] 또 반대로 인간은 자신의 잠재력을 무한적으로 인정하면서 본질적인 죄를 가지게 되지만, 자신을 겸허하게 하는 것조차도 내재되어 있는 교만에 대한 지적을 한다.[41]

둘째는 불신앙(unbelief)이다. 이것은 실제적이고, 이론적이고, 감성적인 모든 영역에 포함되어 있는 것이다. 다시 말해, 인식의 영역(cognition), 의지의 영역(will), 그리고 감성(love) 영역에서 모든 유한한 것을 수집하여 무한대의 것으로 표현하고 소유하려는 자기흡입적인 생각을 의미한다.[42] 그래서 인간은 하나님의 관계성으로부터 자신을 분리하여 독자적으로 분리된 삶을 살려는 경향을 가지고 있다.

셋째는 음욕(concupiscence)이다. 이것은 개인이 가지는 허전함과 공허를 채워 보려는 욕구다. 그런데 문제는 이러한 욕구는 모든 것을 결국 자신 안에 담아 두고 나서 자신의 공허함을 잊어버리고 다시 자신이 모든 것 위에 군림한다는 것이다.[43] 이 음욕의 범주는 다양하다. 육체적 굶주림, 섹스,

지적 욕구, 권력, 부귀, 그리고 영적 가치까지 이 범위에 속한다. 가령, 전설적인 방탕자인 돈 주안(Don Juan)은 절제되지 않은 성적 욕망의 포로가 된 인물이며, 네로(Nero) 황제는 바로 권력에 집착하여 수많은 인명을 살해한 자이며, 괴테(Goethe)의 파우스트(Faust)는 세상의 모든 비밀과 지식을 알기 위해서 악마와 목숨을 바꾸는 협정을 맺는 지식에 대한 교만을 지닌 자다. 또한 프로이트(Freud)가 주장하는 리비도(libido) 역시 인간이 가진 성적 욕망에 대한 적절한 해석이 되며, 니체(Nietzsche)가 언급한 '권력의 의지(will to power)'도 이러한 범주에 속하게 된다.[44]

틸리히가 지적하는 세 가지 인간의 본질적인 죄는 바로 마틴 부버(Martin Buber)가 지적한 우리 안에 악으로 존재하며, 내적 분열을 일으키는 요소다. 이러한 내적 분열에 대한 극복으로 틸리히는 그의 신학에서 새로운 피조물(new being)에 대한 기대와 하나님과의 만남을 통한 극복의 시발점을 강조하였다. 부버 역시 궁극적으로 나와 이웃이 하나가 되게 하는 동기 부여자는 하나님임을 강조하지만, 최소한 이러한 관계의 형성을 위한 인간의 노력의 중요성을 말한다.[45]

실존주의 심리학(Existential Psychology)의 대부격인 빅토르 프랑클(Victor Frankle)은 독일치하의 유대인 강제수용소에서 살아남아 다음과 같이 삶에 대한 정의를 한다. 즉, 인간은 아무리 소름끼치는 어려운 상황이라 할지라도 정신적 자유의 독립에 대하여 구속할 수 없다는 신념을 가지고 있으면 외부적 여건들이 정신적 자유에 대한 구속을 할 수 없으며, 어떠한 외부적 상황도 이겨 낼 수 있다는 의미다.[46]

사람이 왜 살아가는가에 대한 의문을 가지면서 살아간다면 살아야 하는 해답을 얻을 수 있다.[47] 이러한 질문을 생의 한가운데 두면서 질문과 답을 구할 때, 살아가는 모든 것이 단순히 생존을 위한 직업이나 교육만이 아니라 의미가 생겨날 수 있다. 살아야 하는 이유가 있다면 의미를 가질 수 있다. 이러한 면에서 현대인이 가진 가장 큰 문제는 바로 의미를 발생하게 하는 목적의 부재이고 불확실성이다. 과학문명의 혜택으로 수명의 연장과 문화적인 혜택을 누리며 살고, 생존 수단을 확실하게 알고 있지만 생활의 의미는 없는 것이다.[48] 현대 과학문명의 시대에 예전보다 더 잔학한 사건들이 연속적으로 발생하며, 이것을 일상생활의 패턴으로 여기듯이 무심하게 바라보는 우리를 보면 알 수 있다. 우리는 물질의 풍부와 장수는 있지만 목적과 의미가 상실된 시대를 살아가고 있다. 이러한 사회적 분위기는 집단 가치의 부재를 초래하고 실존적인 신경증(existential neurosis)에 빠지게 한다.[49]

목적의 부재와 상실은 서서히 사람을 그 중심에서 멀어지게 한다. 그리고 중심과의 관계 두절은 오늘날 현대인들에게 정신적인 불안과 질환을 발병하게 하는 주요 원인이 된다. 그러면 바른 목적이란 어떤 것일까? 바른 목적을 통한 목적과 운명의 설정은 무엇을 의미하는 것일까? 바른 목적이란 곧 '사람과 하나님'을 향하여 그 삶의 목적이 형성되는 것을 의미한다.[50] 목적이 바로 선다면 가는 길이 어려워도 결단을 내릴 수 있다. 사람이 생존하는 가장 큰 이유는, 개인의 생존을 넘어서 이웃 사랑과 하나님 사랑이다. 이것이 최종적인 목적이 되어야 하며, 또한 궁극적인 삶과 존재의 이유이어야 한다. 이러한 바른 목적을 위해서 각 개인이 삶을 지향하여야 할 것은 일상생활에서의 작은 결단에 대한 중요성이다.[51]

작은 결단이 집적되었을 때 비로소 인간은 큰 결단을 할 수 있다. 작은 결단이 곧 사람의 미래를 결정한다. 사람은 사소한 결정까지 합하여 하루는 2,000번에 이르는 결정을 한다고 한다. 이러한 사소한 결정 중에서 인간관계에 영향을 미치게 되는 작은 결정도 있게 마련인데, 이러한 결정을 어떻게 바르게 하였느냐에 따라서 개인의 미래가 좌우된다. 즉, '사람과 하나님을 위하는 결정을 했느냐'다. 그래서 이러한 작은 결정에 있어서 결단과 전환이 중요하다. 하루하루의 작은 결정과 전환을 소홀히 하고 수년에서 수십 년 지내다 보면 그것이 우리의 인격과 삶의 형태를 만들게 된다. 말이나 행동에 주의해야 하는 것은 이러한 사소한 것들의 모임이 개인의 미래상에 영향을 줄 수 있기 때문이다.

상담에 있어서 요구되는 대화의 차원을 어떻게 체휼할 수 있을까? 이것은 매일 작은 결정의 결과다. 그리고 하나님이 인간을 대화의 파트너로 부르고 초청하는 것과 같이, 하나님은 오늘도 사람의 세계에 사건을 통하여 인간을 새로운 대화의 파트너로 초청하면서 현존한다. 하나님이 인간을 나와 당신의 관계에서 만나 주는 것과 같이 사람 속에 현현할 수 있는 하나님은 인간이 서로에게 존엄성에 대한 존중이 있을 때 그 가운데 나타날 수 있는 것이다. 그래서 인간 사이에 있는 진정한 대화를 통해서 하나님은 새로운 방법으로 현현을 하는 것이다.[52] 그러므로 이러한 관계를 떠나 하나님을 특별히 찾으려 하는 것은 신비주의이며 미련한 것이다.[53] 이러한 관점에서 개인이 심리적으로, 정서적으로 건강하게 살기 위해서는 세 가지의 상호 유기적인 관계성이 유지되어야 한다. 그것은 자신과의 관계, 타인과의 관계, 마지막으로 하나님과의 관계다. 이 삼각관계성 안에서 사람은 자신의 정체성(identity)을 유지해 나가야 한다.[54]

오늘날처럼 외적인 것으로 판단하고, 튀는 것을 선호하는 시대, 느린 것보다는 빠른 것을 찾으려는 시대에 있어서 어떻게 상대를 진정한 '너'로 맞이할 수 있겠는가? 기술문명은 발전을 거듭하고 있으나 인간성은 초월적인 영역에서 더욱 거리와 무관심을 두고 있으며, 사람과 사람 사이에는 더 깊은 골이 존재한다.[55] 프로이트에게 성(sex)이라는 것이 보편적으로 모든 이에게 있는 본능으로 여겨진 것 같이 오늘날 세대의 문제는 문명의 혜택 속에서 영성에 대한 초월적인 개념을 상실하고 있는 것이다. 즉, 이러한 것들로 인해 인간의 존엄성은 황폐해지고 있다.[56]

사람들과의 관계성의 상실은 존엄성 존중에 대한 문제이고, 이것은 개인을 조형한 영원한 너인 창조자와의 관계 안에서 해결할 수 있는 것이다. 왜냐하면 하나님은 인간의 자기(self)에 대한 영원한 기초자이기 때문이다.

이러한 관계가 형성됨으로써 우리는 자신의 정체성에 대한 영원한 답을 얻을 수 있다. 나와 너 사이에 영원한 너인 창조자가 개입이 될 때 진정한 관계를 형성할 수 있다.[57] 이 관계성을 유지하게 될 때 상담자는 사람의 아픔과 이야기를 들을 수 있는 마음을 가지게 되고, 개인과 사회에 대한 이해, 관심, 그리고 변형에 관심을 가지는 상담자로 서게 된다.

제4장

프로이트 심리성적이론과 기독교 상담

제4장

프로이트 심리성적이론과 기독교 상담

앞에서 우리는 인간을 이해하는 데 있어서 돌봄과 성장에 대한 욕구를 보았고, 이 두 가지 요소에 일관성과 책임성에 대한 훈련과 교육, 그리고 사회적 망의 필요성을 언급했다. 2장에서 사람의 기본적인 심리적 욕구와 그 심리적 욕구를 어떻게 효과적으로 교육하고 우호적 환경을 제공하는가에 대해 언급하였다면, 3장에서는 심리학과 기독교의 상관성을 살펴봄으로써 기독교 상담의 기초가 될 수 있는 신학적 입장에서의 인간관계와 상담을 고찰하였다. 여기에서는 이러한 심리학과 신학적 인간 이해의 기본 틀을 가지고 발달심리학의 기초적 발판을 마련한 프로이트와 발달심리학자 에릭 에릭슨(Erik Erikson)의 인간의 8단계별 발달 과정, 즉 영아에서부터 노년에 이르는 인간의 성장 발달 단계에 대한 심리적 특징을 살펴보고, 그 심리적인 특징에 대한 상담의 초점과 기독교적 입장에서 바라보는 상담에 대하여 살펴보려고 한다.

1. 프로이트의 심리성적(psychosexual)이론[1)]

1) 프로이트의 생애(1856. 5. 6.~1939. 9. 13)

20세기 인문사회 분야에 가장 영향을 많이 미친 인물 세 명을 선택하라 하면 다윈(Charles Darwin), 마르크스(Karl Marx), 그리고 프로이트(Sigmund Freud)다. 이들은 인간에 대한 해석에 있어서 새로운 지평을 연 인물들이다. 이 중 프로이트는 인간 이해를 하는 데 있어서 혁명을 가져온 인물로 평가할 수 있다.[2)] 그는 현대 정신분석학의 기초를 설립한 사람으로 특별히 인간이 가진 무의식 세계에 대한 조형과 억압에 대한 방어기제(defense mechanism) 설명으로 인간 이해에 대한 신기원을 이룩했다. 동시에 그의 이론에 대해서는 생전과 사후에 수없는 학문의 논쟁거리가 되고 있다.

프로이트는 출생 당시 오스트리아-헝가리 제국에 속한, 현재는 체코슬로바키아(Czech) 모라비아(Moravia)의 한 작은 마을, 프라이베르크(Freiberg)에서 아버지 야곱 프로이트(Jacob Freud)와 어머니 아말리아(Amalia) 사이의 첫째로 출생하였다. 아버지는 1815년 출생으로, 성공하지 못한 사람이었으며, 당시 갈리시아(Galicia)와 모라비아(Moravia) 사이에서 다양한 직물을 취급하는 경제적으로 어려운 상인이었다. 프로이트의 전기를 쓴 어니스트 존스(Ernest Jones)에 의하면 아버지 야곱 프로이트는 16세에 샐리 캐너(Sally Kanner)라는 여인과 결혼을 하였고, 슬하에 두 아들, 엠마뉴엘(Emmaunel, 1832)과 필립(Phillip, 1836)을 두었다. 야곱 프로이트가 프로이트의 어머니 아말리아를 만난 곳은 비엔나(Vienna)이며, 결혼 당시 야곱은 40세, 아말리아는 20세의 젊은 여인이었다. 이들이 결혼했을 때는 이미 야

곱의 전처소생인 장남 엠마뉴엘은 결혼을 한 상태였고, 그는 새어머니 아말리아보다 나이가 많았다.[3)]

프로이트가 태어난 프라이베르크는 당시 인구가 4,500명 정도였으며 그 중 130명 정도가 유대인이었다. 프로이트는 태어난 지 일주일 후에 유대인의 의식에 따라 할례를 받았으나 이후 성장 과정에서 유대인 의식을 부친으로부터 강요받지는 않았다. 그는 "나는 철저하게 유대교에 관계된 모든 것을 무시하고 성장할 수 있는 환경에서 자랐다."라고 고백하고 있다. 유대인다운 환경을 무시하고 성장했음에도 불구하는 그는 저서 『토템과 타부』에서 히브리어를 알지 못하는 자는 그 깊은 의미를 알 수 없다고 지적했으며, 히브리어로 된 성경을 독일어만큼이나 능숙하게 읽었다. 이러한 관점에서 프로이트를 보면 그는 보이지 않게 히브리적 전통에 대한 긍지를 가지고 있는 사람이었다.

프로이트는 프라이베르크(Freiberg)에서 태어났지만 아버지의 사업 실패로 가족과 함께 라이프치히(Leipzig)로 1859년에 이주를 했고, 다시 일 년 후에 비엔나(Vienna)로 이주했다. 그 해가 1861년이다. 라이프치히로 이주한 이유는 아버지 야곱 프로이트의 동생 문제 때문이었다. 프로이트의 기록에 의하면 비엔나에서의 첫 일 년은 기억할 가치가 하나도 없는 시간이었다. 도시 속에서의 환경은 시골스러운 프라이베르크와는 비교할 수 없었다. 그는 아름다운 시골적인 환경을 그리워했고, 숲을 마음속에 두었다. 그의 나이 75세에 어린 시절을 회상한 글에는 다음과 같이 기술하고 있다.

> 젊은 어머니의 첫째 아들로 프라이베르크에서 태어난 나는, 그곳의 흙과 공기로부터 얻은 지울 수 없는 감명이 내 마음속을 가득 채우고 있고, 그곳에 생활하는 모습이 내 마음 깊숙한 곳에 쌓여 있다.[4)]

그는 학창시절 내내 아주 우수한 학생으로 지냈다. 어려서부터 천재성이 돋보인 학생이었으며, 고등학교 시절에는 법이나 학생활동에 대한 관심이 많았고, 철학적 사고에 대한 관심도 많았다. 부모는 그의 천재성을 알고 좋은 교육을 위해서 모든 것을 희생하였다. 그는 고등학교를 우등으로 졸업하였다. 대학에 들어간 그는 비엔나 대학의 의과대학에서 의학을 전공하게 되었는데 그것은 다윈과 괴테의 책 『Essay on Nature』에서 영향을 받았기 때문이었다. 의과대학에서는 인간 본성에 대한 연구를 하였다. 그래서 의과대학생으로 일반적으로 정해진 과목을 수강하여 연구하기보다는 생물학과 다윈주의를 강의하는 카를 크라우스(Karl Claus)에 매료되었다. 카를 크라우스는 다윈이론을 가장 열광적으로 주창하였던 헤켈(Haeckel)의 추종자다. 헤켈의 이론은 프로이트가 인간 이해를 하는 데 가장 기본적이었던 발생생물학적 법칙(biogenetic law)을 형성하는 데 기초가 되었다. 이 이론은 인간은 유전인자에 인간 본래 성향이 전수가 되고, 인간 본능은 쾌락원칙(pleasure principle)에 기초하여 움직인다는 점이다.

에른스트 브뤼케(Ernst Brcüke)는 프로이트 생애에 가장 큰 영향을 준 사람이다. 그는 비엔나 대학의 생리학 연구 소장이었으며, 프로이트의 의과대학 첫 해에 지도교수로서 영향을 준 첫 스승이기도 하다. 브뤼케는 헤르만 폰 헬름홀츠(Hermann von Helmholz)와 함께 베를린 학파 출신이다. 베를린 학파는 당시 광범위한 분야에 영향을 주었는데, 이 학파는 생기론(生氣論)를 부정하고 기계론(機械論)을 주장했다. 생기론에서는 생명이라는 것은 무생명체에는 없고 생명체에만 있는, 생명체만이 가지고 있는 것을 주장한 반면, 기계론은 모든 생명 있는 생명체는 일정한 법칙에 의해서 획일적으로 움직인다고 주장했다. 이러한 점에는 프로이트가 근본적으로 가지고 있는 생각은 살아 있는 모든 생명체와 더불어 인간은 보편적인 인과론 법칙에서 예외가 되지 않는다는 점이다.[5] 이 점은 앞서 지적한 바와 같이 생물유전학적 법칙을 형성하게 되었고, 인간도 이러한 법칙에서 예외는 아니라는 점이다. 이러한 관점에서 프로이트는 헬름홀츠에 대하여 “나의 인생에서 그 누구보다도 많은 영향을 끼친 인물"이라고 평가했고, 이러한 기초적 사상이 프로이트가 생각하는 인간의 마음 구조와 무의식에 대한 정의를 내리는 데 근본적인 출발점이 되었다.[6)]

프로이트의 소망은 대학 졸업 후 강사(lecturer)가 되는 것이었다. 1881년 비엔나 의과대학에서 생리학(physiology)을 전공한 그는 강사 임명 후 안정된 직업과 동시에 기관으로부터 보조금을 받았다. 그는 프랑스 파리에서 6개월 동안 체류하면서 당시 유럽에서 가장 유명했던 신경정신과 전문의 장-마르틴 샤르코(Jean-Martin Charcot)와 접하게 됐다. 이때가 1885년인데 신경학 연구를 한 샤르코로부터 정신치유를 위한 최면기술을 배우게 됐다. 프로이트가 파리에 체류한 기간은 1885년 10월 13일~ 1886년 2월 28일이다. 그는 17주간 파리에 머물면서 샤르코가 병원장으로 있는 병원에 출근하면서 그의 강의를 듣고, 회진에 동행을 하였다. 샤르코는 프로이트에게 인간이 가진 신경 체계의 기질적 장애에 대한 이해는 거의 완성이 되었으며, 다음 과제는 인간이 가진 신경증(neurosis)이라고 하였다.

> 샤르코는 이렇게 말하곤 하였다. "넓은 의미에서, 해부학의 문제는 종식되었다. 이제 신경 체계의 기질적 장애에 대한 이론은 완성되었다. 그래서 그다음으로 다루어야 할 과제는 신경증이다." 이러한 발언은 샤르코의 연구 방향이 바뀌어 가고 있음을 단적으로 보여 주는 것이다.[7)]

샤르코는 히스테리 환자에게 최면을 사용하여 치료하면 증상이 없어지고, 정상인에게 최면을 사용하면 근육 일부가 마비되는 히스테리가 발생한다는 것을 발견했다. 이러한 샤르코의 발견은 프로이트에게 히스테리에 대한 상상력을 증가시켰다. 최면이 프로이트에게 준 충격은 말을 통해서 환자가 가진 심리적 장애를 제거할 수 있다는 점이다. 동시에 말을 통해서 무엇인가 제거하여 해결됐다는 것은 환자의 문제는 기억에서 발생한다는 점이다. 즉, 인간이 성장 과정에서 겪은 잊을 수 없는 충격이나 사실이 기억 속에 저장되고, 이것은 최면 과정에서 말이라는 매개체를 통해서 해결할 수 있다는 사실을 보고, 최면과 기억이라는 점의 중요성을 지적하였다. 동시에 이러한 기억에 의한 히스테리는 어떤 사건에서 오는 충격이 인간의 기억 속에 자리 잡고 있는 관념(觀念)에 의해 발생한다는 것을 확인하였다.

이러한 영향으로 인해 프로이트는 급격하게 정신병리학에 대한 관심을 갖게 되었다. 샤르코는 프로이트로 하여금 히스테리와 최면에 대한 관심을 갖도록 영향을 미쳤다. 히스테리에 대한 프로이트의 생각은 다음과 같다.

그는 일반 히스테리가 상상에서 비롯된다는 고대의 전통적인 생각에 반대했다. 히스테리는 그리스어 'hystera'에서 유래한 것으로 여성의 '자궁'을 의미한다. 이것은 히스테리는 원래 성적인 것과 연관이 있음을 뜻한다. 그러나 당시 샤르코를 비롯한 대부분의 전문가는 히스테리가 성적인 영향으로 인해 발생한다는 생각을 받아들이지 않았다. 그래서 프로이트도 그 영향에 따라 오랜 기간 동안 신경증의 병적 원인을 성적인 것에서 찾으려 하지 않았다. 그러나 시간이 흐르면서 프로이트의 생각은 샤르코와 차이를 보였다. 신경증 현상으로 다리가 마비되거나, 손이 감각을 느끼지 못하는 증상이 발생했다. 또는 신경통, 무감각, 안면 경련, 간질병, 토하는 증상, 시각장애 및 환영(illusion) 증상이 발생했다. 샤르코는 이러한 환자들을 보면서 그것이 꾀병(malinger)이라고 간주했다. 이러한 마비 증상은 근육을 풀어 주었을 때 잠시 주춤하다가 다시 마비 증상이 발생하곤 했다. 샤르코의 생각과 달리 프로이트는 이러한 현상이 무의식적 원함(wishes)과 이 바람을 저지하는 어떤 것 사이에 발생하는 갈등(conflicts)에서 발생하는 것으로 보았다.[8)]

프로이트는 신경증을 전문으로 하는 병원을 개업하고 1886년, 마티나 베르나이스(Martha Bernays)와 결혼을 했다. 그 후 프로이트는 조셉 브라우어(Joseph Breuer)와 친분 관계를 맺고 최면에 대한 기술을 더 배우게 됐다. 프로이트는 신경증 치료에 있어 초기에 최면요법을 사용을 하다가 점차 이 방법을 포기했다. 그것은 자신이 전문적인 최면요법가가 아니기 때문이었으며, 효과적으로 사용할 수 없었기 때문이다. 최면은 일시적인 효과가 있으나, 모든 환자에게 같은 효과를 가질 수 없었다. 또한 최면을 걸면 환자가 과거와 자신에 얽힌 내용을 다 이야기해서 근거를 찾을 수는 있지만, 최면에서 깨어난 후에는 자신이 한 말을 기억하지 못해서 어떻게 신빙성을 가지고 이 최면요법을 사용할 수 있는가 하는 의문을 품었다.

후에 프로이트는 이 최면요법을 서서히 다른 요법으로 대체하게 된다. 최면은 환자에게 최면을 건 후 의사가 말을 걸어 암시를 줌으로써 증상을 제거하는 방법이다. 그러나 문제는 앞서 지적한 바와 같이, 환자들이 깨어난 후 최면에 걸린 동안 말한 것을 전혀 기억하지 못한다는 점이다. 이러한 점은 환자들의 말이 얼마나 신빙성이 있을까 하는 의문에 대해 정확한 답을 제시해 줄 수가 없었다. 또 다른 문제는 최면은 의사가 최면을 건 후 의사가 말을 걸고, 암시를 줌으로써 답을 찾아내기 때문에 의사가 고의적으로, 의도적으로 이끄는 방향대로 환자의 대답이 나올 수 있다는 점이다.

최면 이후 프로이트가 사용한 방법은 카타르시스(Catharsis) 방법이다. 이것은 환자에게 최면을 걸고 환자로 하여금 스스로 말하게 함으로써 치료(talking cure)하는 것이다. 즉, 환자로 하여금 스스로 과거에 체험하여 현재 증상을 보이는 문제에 대하여 토해 내도록 유도하는 방법이다. 즉, 이 방법의 궁극적 목적은 무의식 안에 감금되어 있고, 개인의 생활에서 거부된 감정적 에너지를 방출하는 말을 함으로써 이완을 시키는 것이다. 거부되고 감금된 것을 '억압(repression)'으로 보았으며, 이것은 일상의 정신활동 및 신체에 장애를 초래하는 것으로 보았고, 이것을 정신신체적 현상으로 설명하였다. 이것은 정신분석의 기초가 되었으며[9], 이에 대한 것은 후에 언급할 안나 오(Anna O)의 사례에서 등장한다.

1930년 프로이트는 독일 문학과 심리학에 기여한 공고로 괴테 상

(Goethe Prize)을 수여받았으나, 1933년 나치가 정권을 쥐면서 프로이트의 저서들은 금서가 되어 불태워졌고, 이것은 비엔나에 반유대주의 정서를 부채질했다. 결국 프로이트는 1932년 6월 비엔나를 떠나 런던으로 향했다. 애연가였던 프로이트는 평생 구강암으로 인해 30번 이상의 수술을 받았다. 그는 1939년 9월 자신의 친구인 막스 슈르(Max Schur)와 주치의에게 자신의 죽음을 도와주기를 부탁했다. 그는 친구에게 "이보게, 나랑 처음에 나눈 이야기를 기억하지? 내가 죽을 때가 되면 내 목숨을 구하려고 애쓰지 않겠다고 약속하였네. 목숨을 연명시키는 것은 단지 고문이고 어떤 의미도 없다네."하고 말했다. 슈르는 프로이트의 몸에 3회분의 모르핀을 투약했고, 결국 프로이트는 그해 9월 23일 운명했다.[10)]

2) 프로이트의 인간 이해

(1) 인간발달 이해

19세기를 지배하는 서구 사상의 경향은 인간은 자신과 환경에 대해 바른 지식을 알 수 있다는 실증주의(positivism)와 합리주의(rationalism)가 지배적이었다. 그러나 프로이트는 이러한 생각은 사실상 망상(delusion)이라고 생각하였으며, 오히려 인간 자신은 자신이 생각하는 것에 대해 온전하게 알지 못하고, 의식적인 행동이 그 어떤 것에 의해 지배당하는 것으로 보았다. 실증주의와 합리주의가 주장하는 인간에 대한 예찬론은 인간 의식에 대한 찬가인 반면, 프로이트는 인간의 행동을 지배하는 '무의식'의 욕구를 이해하고, 변형함으로써 인간에 대한 이해가 가능하다고 보고 있다.[11)]

그가 인간의 성격에 대하여 흥미를 가지게 된 것은 환자들이 가지고 있는 신체적 증상이 정신적이거나 감정적 요인에 의해 발생한다는 점에 주목했기 때문이다. 이러한 현상들은 앞서 지적한 것과 같이 '자유연상(free association)'이나 '꿈의 해석' 치료기법에 대한 관심을 가지게 했다. 그는 성인 신경증 환자(neurotic patients)들이 아동기의 기억을 억압하고 있다는 것을 발견하였는데, 이러한 기억들은 대부분 성, 공격성(aggression), 질투와 같은 것과 밀접하게 연관되어 있다는 사실을 알았다. 억압의 주된 이유는 아동기 때의 이러한 경험이 불유쾌했기에 기억에서 사라졌고, 그것을 접근할 수 없는 무의식에 묻어 버리지만 실제로는 이 무의식에 의해서 행동이 통제를 받고 있다는 점이다.[12] 그래서 우리는 프로이트의 심리학이 인간에 대하여 말할 때, 사람은 자신이 하는 행동을 의식적으로는 알지 못하지만, 무의식적으로는 이미 알고 있다는 점을 언급한다.

프로이트는 생태학(embryology)과 물리학(physics)의 법칙 안에서 환자들을 치료하면서 인간의 심리성적 발달 단계를 제안했다. 그는 아이들이 어려서부터 쾌락을 추구하려고 비이성적인 충동(urge)에 의해 움직인다고 보았다. 그는 이것을 '리비도(Libido)'라고 하였고, 이것은 인간의 정신을 움직이는 힘, 또는 정신적 에너지라고 하였다. 그런데 그는 이 리비도를 인간의 이성적인 힘이나, 지적인 것보다 강렬한 것으로 보았다. 그의 이러한 심리성적이론은 부분적으로 진화론적인 생각을 가지고 있다.[13] 인간의 생체학적 충동은 진화된 동물 특성과 외부적 환경과의 상호작용을 통한 발달 과정이다. 그는 인간 발달을 5단계로 보았다.[14]

나이	심리성적 단계	쾌감을 느끼는 부위	특징적 행동	바람직하지 않은 결과 (고착)
출생~1.5세	구강기 (Oral)	입, 입술	구강자극을 추구, 배고프지 않음에도 불구하고 빤다.	알코올중독, 흡연, 손톱 깨뭄, 미성숙하고 요구가 많은 성격
1.5~3세	항문기 (Anal)	직장(直腸)	대변배출과 보유의 즐거움	매우 엄격한 체제 순응자, 강박적인 청결, 인색함, 적의적이고 공격적 성격

3~6세	남근기 (Phallic)	생식기	생식기 장난 이성의 부모와 사랑에 빠짐	성적 문제(성 불능, 불감증), 동성애, 경쟁자를 다룰 능력 상실
6~11세	잠재기 (Latency)	—	발달 기술을 숙달	
사춘기	생식기 (Genital)	다른 사람	성숙한 성적 관계성	

어린아이임에도 불구하고 프로이트는 아이들에게도 성적인 삶이 있다고 생각했다. 그리고 쾌락원칙에 근거한 이러한 성적인 삶은 연차적인 발달 과정을 겪게 되고, 이 과정에서 성적인 에너지는 아이 신체의 특정 부분에 지역화된다. 다음의 글은 프로이트가 인간발달에 있어 성적인 것이 얼마나 중요한 역할을 하는지를 설명하고 있다.

> 인간의 성적(생식기적) 사랑은 가장 강한 만족 경험을 주고, 사실상 모든 행복의 원형을 사람들에게 제공한다는 발견은 인간으로 하여금 성 관계 방향과 함께 자신의 삶에서 행복은 만족을 구해야 하는 것과 성적 에로티즘(genital eroticism)을 삶의 중심으로 만들어야 한다는 것을 제안했다.[15)]

프로이트의 저서 『성에 대한 세 편의 논문(*Three Essays on Sexuality*)』에서는 아이들의 발달 단계를 그리고 있다. 그는 인간의 발달 5단계 중 첫 3단계가 가장 중요하다고 생각한다.

이 과정의 첫 단계가 구강기(the oral stage)다. 이 단계는 0~1.5세까지를 의미하며, 이 기간 중 아이가 경험할 수 있는 중요한 신체기관 중 입, 입술 그리고 혀가 쾌락을 느낄 수 있는 성적 기관이다. 그래서 이 기간에 아이는 빠는 것, 핥는 것, 깨무는 것을 통하여 쾌락의 원천을 삼는다. 입으로 모든 것을 체험하려는 이 기간 중에 만일 만족을 느끼지 못하고 매우 결핍된 경험을 하면 중독 증세에 빠지게 되며, 습관적 행동으로는 담배 피우기, 손톱깨물기, 또는 남의 말을 수없이 많이 하는 것이 되고, 미성숙하여 무엇을 자꾸 요구하는 성격이 된다.

둘째 단계는 항문기(the anal stage)다. 이 기간 중 아이들은 괄약근을 사용하여 배설물을 보유하거나 방출하는 과정을 통해 쾌락을 체험한다. 스스로 움직이고 통제할 수 있는 괄약근을 통해서 보유 및 방출 행위를 시작하는데, 이때 이러한 행위에 불만족스러운 결과를 가지게 되면 성인이 된 후 매우 엄격한 법 수행자가 되거나, 강박적인 청결, 인색함을 지니게 된다. 이러한 추론은 충분한 괄약근의 배출 및 보유를 경험하지 못하면, 자신의 내부에 배변을 의도적으로 보유하려는 경향이 인색한 성향을 나타내게 되거나, 배변에 대한 더러움을 강조하는 환경에서는 강박적 청결을 유지하려는 성향이 된다. 그래서 이러한 여건이 사람의 성향을 매우 공격적이거나 방어적으로 변하게 한다.

셋째 단계는 남근기(the phallic stage)로, 아이들은 자신의 생식기를 통해서 쾌락을 체험한다. 각 단계는 강한 자아와 만족을 연장하려는 것에 의해 정해지며, 성적으로 성숙해진다고 보았다. 프로이트는 이 단계를 가장 중요한 단계로 보았다. 이 기간 중 남자아이는 자신의 어머니에 대한 연모의 정을 느끼게 된다. 그러나 아버지가 경쟁자로 있어서 그리할 수 없는 상황이다. 아버지의 힘이 자신의 생식기를 절단할 것이라는 두려움에 쌓이게 되는데, 이것을 '거세불안(Castration Anxiety)'으로 명명했다. 이 불안 때문에 아이가 택하는 것은 아버지의 성향을 가짐으로서 아버지의 진노를 면할 수 있다고 생각하고, 아버지를 닮아 가려고 노력한다. 후기 프로이트 학파, 예를 들어 어니스트 베커(Ernest Becker)와 같은 사람은 이 거세불안을 죽음의 불안이라고 재해석하여 현대인들이 납득할 만한 해석을 제시하고 있다. 이러한 점에서 아들이 아버지를 닮아가는 형태를 후기 학파들이 재해석하여 내놓고 있다.

프로이트는 이러한 이론을 그리스의 비극적 이야기 오이디푸스 콤플렉스(Oedipus Complex)에서 찾아 자신의 이론을 풀어나가고 있다.[16] 자신이 생각하는 성적 에너지가 아이들에게도 적용될 수 있으며, 이 원칙은 모든 인간에게 있다는 사실을 증명하기 위하여 고대 이야기에서 그 소재를 찾았다. 프로이트는 오이디푸스 콤플렉스를 통해서 인간이 얼마나 근친상간(incest)에 대한 욕구가 있으며, 이 비현실적인 욕구를 반드시 억압해야 하는 갈등에 대하여 말했다. 동시에 토테미즘의 기원도 부족적 오이디푸스 콤플렉스를 의식화한 제정(enactment)을 보여 주는 것임을 주장한다.[17] 그러므로 1890년대 후반에 프로이트는 신경증 현상과 히스테리의 주된 원인을 수용할 수 없는 성적 욕구에 대한 억압에서 시작된다고 보았다.

남자아이가 어머니에 대한 생각이 그렇다면 여자아이는 어떠한 심리적 현상을 가지게 되는가에 대한 문제를 만나게 된다. 그래서 프로이트는 남자아이와 반대로 여자아이는 아버지에 대한 연모의 정을 가지게 되는데, 경쟁자인 어머니가 있어 난관에 부딪히게 된다고 보았다. 그런데 이때 여자아이는 남자아이와 같은 생식기가 없기 때문에 다른 유형의 콤플렉스를 가지는데, 이것을 생식기를 선망의 대상으로 삼는다는 '생식기 질투(Penis Envy)'를 지니게 된다. 결국 남자아이와 다르게 여자아이는 아버지의 사랑을 독차지하기 위해 어머니보다 더 철저한 어머니가 되어 가는 것이다. 이것을 프로이트는 '엘렉트라 콤플렉스(Electra Complex)'라고 명명하였다.

네 번째 단계는 잠복기(the latent stage)로, 이 기간 중에는 모든 성적인 과정이 잠재기적 상태에 있어서 활동을 하지 않는다. 그리고 동성의 부모와 자신을 더욱더 동일시하여 남성은 더 남성적이 되고, 여성은 더 여성다워진다.

다섯 번째는 생식기(the genital stage)다. 생식기의 신체적 성숙과 성 호르몬의 분비는 리비도 에너지의 격렬한 시기로 이끌고, 이것은 심리성적 발달의 전 단계의 갈등을 다시 열게 되지만 이제는 그 대상이 이성과의 관계성을 통해서 성숙한 성적 관심과 성인 정체성을 확립하는 시기다.[18)]

(2) 인간 의식의 구조

쾌락주의와 현실주의에 의거하여 성에 대한 억압과 분출을 시도하는 인간 내부에는 의식구조가 있다고 보았다. 프로이트가 지적하는 의식구조를 살펴보자. 그의 의식구조론(levels of mental life)은 그의 활동 초기에 나온 것으로 무의식(unconscious), 의식(conscious), 그리고 전의식(preconscious)으로 구분한다. 무의식은 모든 정신활동이 이것에 원초적으로 기인하여 에너지의 근원이 되는 것이다. 그래서 모든 정신활동은 이 무의식에 발행되고, 외부의 저항을 받느냐 혹은 아니냐에 따라 그대로 무의식에 남아 있든지 의식으로 표출된다. 그러나 문제는 이 무의식의 본래 성격대로 현실 속에서 나타나는 것은 무리가 따른다고 보고 있다. 왜냐하면 이것은 힘이 있으나 거칠기에 현실적으로 표현이 되었을 때 그 수용이 어렵다는 점이다. 동시에 이것은 무시간(timeless)대에 있기에 시간이 통제할 수 없다.[19)] 다시 말하면 무의식이 가지는 위치는 과거의 인간, 현재의 인간, 그리고 미래에 태어날 인간 모두에게 동등하게 적용되는 일종의 보편적인 법칙이라는 점이다.

무의식이 인간의 가장 기저에 있어 인간을 움직이는 데 핵심적인 역할을 하는 힘이라면, 무의식이 의식의 표면으로 나타나기 전에 있는 전의식(preconscious)이 있다. 전의식은 감시(censorship) 기능을 한다. 즉, 무의식적인 생각이 의식의 세계로 떠오르게 될 때 이 감시 기능을 하는 전의식 단계를 거치게 되는데, 중요한 것은 검열을 통해서 불합격되면 무의식의 생각은 억압이 되어 무의식에 그대로 남게 된다.

전의식의 특징은 사람이 아주 편한 상황에 놓이게 되면 전의식의 감시가 느슨해진 틈을 타 무의식의 욕망이 의식으로 나타나게 된다는 것이다. 가령, 꿈을 꾸는 경우에는 무의식에서 나오는 원초적 본능이 전의식의 감시가 소홀해져서 의식에 나타나게 되는데, 인간은 끊임없이 현실 원칙 속에서 살기 때문에 의식 속에서 나타날 때도 당황스럽지 않은 변형된 형태인 상징을 통해서 나타난다는 점이다. 그러기에 이 꿈의 상징에 대한 전문적인 해석의 도움을 받아야 그 기저에 있는 무의식의 욕구를 알 수 있는 것이다. 이러한 경향은 비단 꿈만이 아니라 우리가 친분을 깊게 나누는 허물없는 사람들끼리의 대화에서도 나타날 수 있다. 자연스럽게 감시기관이 느슨해져서 무의식에 있는 여러 말을 직간접적으로 표출할 수 있다.

이런 의식의 구조론이 프로이트 활동 후반에서는 성격구조유형론(Typography structure)으로 바뀌게 되었는데, 이 구조는 원초아(id), 자아(ego), 그리고 초자아(superego)의 개념으로 설명된다. 물론 의식에 이러한 세 가지 영역이 있다는 명확한 구분은 쉽지 않으며, 분명한 구분을 가지고 선을 긋는 것도 쉽지 않다. 그러나 이러한 세 가지 영역에서의 의식적 활동은 구분이 가능하다.

원초아가 가진 특징은 원시적, 혼란, 본능, 비논리적, 그리고 비조직적이며, 이러한 모든 요소를 자신의 만족을 위해서 추구한다. 자기만족을 위해서 추구한다는 것은 인간의 본능이 철저하게 쾌락원칙(pleasure principle)에 기초한다는 의미다. 쾌락원칙이란 만족을 추구하고, 자기중심적으로 한다는 의미다. 즉, 쾌락원칙의 근원적 출처가 되는 요소가 이 영역으로서 매우 충동적이고, 자신이 원하는 것만 고려하고 나머지는 무시해 버리는 어린아이와 같은 것이다. 그래서 원초아는 단순히 생물학적이고 신체기관의 본능적 요구에만 관심이 있을 뿐이다.[20] 원초아는 또한 비조직적이고 비이성적이며, 그 내용에 있어서도 부정적이고 자기중심적이며, 비도덕적이기에, 이에 대한 내용은 부분적으로 꿈이나 신경증적 현상에서만 볼 수 있다.[21]

초자아(superego)는 이상적인 원칙을 의미한다. 도덕, 교육, 부모의 양육, 그리고 종교적 가르침을 통해서 자신의 내부 안에 규제 및 윤리적 규범을 형성하게 된다. 문제는 이러한 규범이 현실을 고려하지 않은 매우 이상적이고 비현실적인 내용이라는 점이다. 그는 이 초자아를 세 가지로 보았다. 첫째, 양심(conscience)이다. 이것은 잘못된 행동을 했을 때 따르는 처벌로 인해 발생하는 경험이다. 그래서 도덕이나 양심은 이렇게 형성이 된다. 둘째, 원시적 양심이다. 유아기나 어린 시절에 부모의 사랑, 허락, 그리고 거절을 통한 두려움의 형성에서 나온 것이다. 이것은 아이가 성장 후 자신과 부모를 동일화하면서 이 내용을 내재화하여 발생하는 것이다. 셋째, 자아-이상(ego-ideal)이다. 이것은 적당한 행동에 대한 보상에 의해 발달된 것이다. 이러한 세 가지로 형성된 초자아는 비현실적 논리를 가지고 현실에 적응하는 자아에게 호소를 하게 된다.

프로이트의 환자들 중에는 누군가에 의해서 감시당한다는 고통을 가진 사람들이 있었다. 이것은 그 환자들을 감시하는 대상이 밖에 있는 것이 아니라, 그들의 행동과 마음을 관찰하고 형벌을 하려는 대행이 사람들의 마음속에 구조화되었기 때문인데, 이것이 바로 초자아의 역할이다. 자아는 원초아의 요구를 따라가려고 하지만 부모나 사회적 환경이 조성해 준 도덕적 잣대로 보상과 벌을 생각하게 된다. 그러므로 초자아는, 첫째 인간에게 어떤 것이 옳고 나쁜 것인지, 그리고 죄의식에 대한 감각을 인간에게 제공한다. 둘째, 개인적인 욕구에 사람이 따르기보다는 사회에 수용될 수 있는 방향으로 행동하도록 한다. 셋째, 인간의 행동을 관찰하고 억압을 사용하여 수용할 수 있는 것과 금기된 것을 조정한다. 넷째, 자아로 하여금 자신을 평가할 수 있도록 도와주고, 완전성을 추구하도록 한다. 다섯째, 자아로 하여금 더 완벽한 자아상을 갖기를 끊임없이 요구하며, 자아가 이 요구를 따르지 못할 때는 자아를 굴욕시킨다.[22]

초자아는 오이디푸스 콤플렉스가 자연스럽게 해결되는 시점에서 발달하게 된다. 그래서 아이들은 부모를 모델로 성장하는 것이 아니라, 부모의 초자아 특성을 모델로 해서 자신의 초자아를 구조화하는 것이다. 이러한 관점에서 부모의 초자아 형성은 그 사회의 전통과 가치의 전수가 투사된 것이며, 그 사회 자체의 특성을 반영하는 거울이라고도 할 수 있다. 그러므로 모든 사람은 변화하는 데 더디고, 인간이 이 변화의 물결을 보기에는 너무도 짧은 시간을 소유하고 있기에 오래전부터 전해 내려오는 이념의 영향을 받는 것으로부터 자유로운 사람은 없다. 이러한 점에서 초자아를 더 세밀하게 연구하기 위해서는 우리 사회가 도덕적으로 비행(delinquency)이라 여기고 있는 것에서 많은 통찰을 얻을 수 있다.[23]

(3) 무의식(unconscious)의 세계: 인간을 지배하는 힘

합리주의적 사고주의를 지향하는 당시 사회문화 풍토에서 인간의 자유의지 예찬론이 중요했지만, 프로이트는 합리주의를 지향하는 인간 자유 의지는 망상이며, 사실 인간은 우리가 생각하는 많은 부분에 있어서 우리의 의식이 알지 못하는 것이 많다는 입장이다. 현재 '나'라는 인간은 과거와 매우 밀접한 관계를 가지고 있다. 특별히 과거에 지닌 정신적 외상의 충격에서 오는 무의식이 우리의 의식 세계를 지배하지만 우리는 왜 그러한 행동을 하고 있는지 알 수 없다. 그러나 우리의 무의식 세계를 알 수 있다면 그 이유를 알 수 있는 것이다.[24] 그래서 인간은 자신이 알지 못하는 무의식에 의해서 지배를 받는다. 과거의 충격적인 경험은 우리 무의식에서 기생하게 되고, 이 기생이 틈만 나면 의식의 세계로 비집고 들어오려는 경향을 가지고 있다. 다른 말로 하면 인간이 성장하면서 얻은 경험은 그것이 부정적이든, 긍정적이든 우리의 의식과 무의식에 그 뿌리의 잔재 및 회상을 가지고 있다는 의미다. 그래서 나라는 인간이 현재하는 행동에 이상이 있다고 보면 그것은 과거에 얻은 어느 충격적인 경험이 무의식 속에 억압되어 있어서 내가 의식을 가지고 행동하는 현재에 영향을 준다는 것이다. 이러한 점에서 우리의 행위에 대하여 의식적으로는 통제받고(consciously controlled) 있으며, 무의식적인 면에서는 이미 알고 있는 사실이다(unconsciously known). 그러므로 인간을 통제하는 원천적 힘은 무의식적 과정이 있으며, 이에 대해 인간은 아무런 이해도 가지지 못하고, 통제할 수도 없는 것이다.

이에 대한 사례는 프로이트와 같이 작업을 했던 조셉 브라우어(Joseph Breuer)의 초기 사례와 연관이 있다. 그는 당시 비엔나에서 개업 의사로 일했다. 브라우어에게서 프로이트가 배운 것은 최면인데, 환자가 현재 지닌 신경증적 증상은 어린 시절의 외상(trauma)과 밀접하게 연관이 되어 있다. 그 현상으로는 손발의 일시적 마비 현상, 환상(hallucination), 말과 시야의 변경(altercation)이다.

브라우어와 함께 프로이트가 중요하게 경험한 사례는 안나 오(Anna O)의 임상 사례다. 안나 오의 실명은 베르탄 파펜하임(Berthan Pappenheim)으로 사회사업운동의 창시자다. 프로이트가 안나의 이름을 실명보다 알파벳 순서를 한 순서씩 위로 쓴 것도 후세들이 발견한 흥미로운 사실이다.

안나 오는 21세의 매우 완고하고 의지력이 강한 여자였다. 동시에 날카로운 비판력을 가진 안목의 소유자였다. 반면 그녀는 정서적으로나 성적으로 매우 미숙한 사람이었다. 전기작가 어니스트 존스(Ernest Jones)에 의하면, 안나 오는 자신의 일터에서 남성들에게 성적 전이(erotic transference)가 발생하여 고생을 하였음을 지적했다. 청교도 집안에서 성장했기 때문에 고의적으로 백일몽에 빠져드는 습관이 생겼는데, 이유는 자신이 가진 단조로움을 극복하기 위해서였다. 그녀의 아버지는 종양으로 1881년 사망했는데, 사망 전 아버지의 간호로 인해 자신도 병석에 누워 지내게 되었다.

1880년 12월 브라우어가 이 사람을 치료하게 되었는데, 환자의 증상은 신경증에서 비롯된 옆구리 마비, 신경성 기침, 음식 거부, 시각장애였으며, 또한 2주간이나 모국어인 독일어를 쓸 수 없고 영어만 쓰게 되었다. 때로는 의식이 없어지는 상태에 놓였으며, 병이 심화되면 환각에 시달리게 되고, 상당히 심술궂고 난폭한 행동을 하며, 의식 부재의 상태에 놓였다. 이러한 상황이 종결되면 깊은 잠에 빠지고, 잠에서 깨어나면 최면에 걸린 상태로 마치 구름에 둥둥 떠 있는 것 같이 되어 혼자 중얼거렸다. 그것을 들은 친척이 안나에게 그 말을 되풀이해서 말하자 그녀는 자신의 이야기를 털어놓았고, 그 이후 몸 상태가 좋아졌다.[25)]

이 치료를 안나는 말하기 치료라고 했고, 이렇게 되풀이해서 말을 하지 않으면 안나는 불안에 시달리게 되었다. 부친이 사망(1881년)하고 정확하게 1년이 지나자 안나의 이야기는 점점 더 무서운 것으로 변하게 되었다.

이러한 안나 오가 가진 증상은 다음과 같았다.

아버지가 아플 때 간호하다가 환상을 보았는데, 뱀이 아버지를 감고 있었으며, 자신의 옆구리에 마비증상이 왔다. 산발적으로 독일어 능력을 상실하였고, 오른팔에 쥐가 나서 쓸 수가 없었으며, 기도를 하려고 했지만 영국 동요만 떠오르게 되었다는 점이다. 프로이트는 안나 오가 아버지에게 근친상간적 애정을 가지고 있었다고 해석했다. 즉, 환상에 나타난 뱀, 경직, 오른 팔 마비는 남성의 성기를 상징한다고 해석하여 이러한 판단을 한 것이다.[26)]

안나 오가 가진 또 다른 중요한 사건으로 찌는 듯한 더운 날 그녀는 목이 몹시 말랐었다. 그러나 무더위 속에서 찬물을 마셔야 함에도 불구하고, 잔을 손에 대고 입으로 가져오는 순간, 그 잔에서 입을 돌려 마치 물을 무서워 하는 공수병 증상(hydrophobia)을 보이며 물 대신 과일을 먹었다. 이러한 현상이 계속되었다. 최면 상태에서 발견한 것은 그녀가 싫어했던 영어 가정교사와 연관이 있었다. 그녀는 가정교사의 집에 가면 안나가 무서워하는 개가 컵에서 물을 마시는 것을 보았다. 그리고 그것이 협오스러웠던 것이다. 그 사실을 최면 상태에서 털어놓자 안나는 최면에서 깨어난 후 거짓말 같이 물을 달라고 하여 아무런 문제없이 물을 마셨다.

> 그녀는 자신을 압박했던 분노를 강력하게 표현한 후 마실 물을 요청하였고, 주저함 없이 많은 물을 마시고 입술에 컵을 댄 채로 최면에서 깨어났다.[27)]

안나 오의 임상 사례가 가진 의의는 모든 사건은 개인에게 연속적으로 연결되어 있기 때문에 하나의 증상만이라도 뛰어넘는다면 치료는 별 효과가 없다는 점이다. 동시에 증상은 말에 의해 제거되는 순간, 가장 강력한 힘을 발휘한다는 점이다. 그리고 증상은 의식 속에 남아 있지만 자극은 무의식 속에 남아 있다는 것이다.[28)] 다시 말해 신경증 환자가 보이는 현상들을 이 환자가 치료하기 전의 과거의 중요한 사건과 연관이 되었을 때 증상은 영구히 없어졌다는 것이다.[29)]

1885년 3월 안나 오가 치료된 지 15년 후에 프로이트는 브라우어와 공동으로 『히스테리 연구(*Studies in Hysteria*)』라는 책을 발간하게 되는데, 이 책에서 히스테리의 현상과 원인에 대해 지적했다. 그는 히스테리는 고통스런 사건을 경험하고 그 사건에 대한 기억이 정상적 방법으로 해소되지 않거나, 그 사건 당시 감정이 소실되지 않을 때 발생한다고 보았다. 동시에 그 감정이 소실되지 않기에 히스테리 환자는 그 기억의 고통에서 헤어나지 못하게 된다. 이때 환자는 그 기억을 잊기 위해서 억압을 하게 되는데, 그럴수록 환자는 이 기억을 더욱 오래 간직하게 되는 것이다. 즉, 고통스러운 감정을 잊어 버리려고 하지만 그 감정은 더 복잡한 연상 속으로 편입되는 가장의 수순을 밟게 되기에, 기억하지 않으려는 노력이 오히려 그것을 기억하게 하는 것이다. 그래서 잊어 버리려고 억압하는 과정을 통해서 오히려 기억을 보존하게 되고, 그것이 제2의 의식 상태가 되는 것이다. 이러한 관점에서 히스테리란 제2의 의식 상태가 정상적인 의식 속으로 비집고 들어와 의식에서 발생하게 되는데, 그것은 이 제2의 의식 상태가 증상을 발생시켜서 자신이 가지고 있는 생명력을 스스로 지키고 발휘하려는 것이다.

그래서 프로이트는 다음과 같이 지적한다.

> 외상(trauma)은 단순 촉발요인이 아니라, 증상을 발생하고 유지시키고, 또 스스로 생명을 가지고 있다.[30)]

그러므로 프로이트가 말하는 정신치료의 목적은 외상이 기억 속에서 계속적으로 인간에게 부정적인 영향력을 행사하기 때문에, 그리고 과거의 외상이 현재의 계속적인 기억의 일환으로 영향을 미치기에 그것을 (무의식 안에 억압된 원인) 의식화하여 발견하는 일이다. 즉, 외상은 억압된 사실이 무의식 안에 갇혀 있지만 그것이 해결되지 않으면 그 내용은 마치 현재에 발생하는 일처럼 계속적으로 발생하기에, 그 내용을 의식화하여 찾는 일이 목적이다.[31)]

(4) 왜 무의식인가: 억압(repression)

왜 개인은 무의식화되는 것을 의식할 수 없는가? 프로이트는 사람들은 매우 고통스러운 경험을 하면 이것을 수용할 수 없게 되는데, 이것은 사람들의 현재 마음이 수용을 하기에는 너무나 고통스러운 경험이기에 '억압'을 통하여 무의식화되는 것으로 본다. 그렇게 함으로써 고통에 차고, 위협적인 경험은 인간 개인이 의식화하여 접근할 수 없는 영역에 머무르게 되는데, 이것이 억압이라는 과정을 통하여 정착되는 것이며, 이 억압의 과정 자체는 의식이 인식하지 못하는 비의식적(non-conscious) 과정이다.

본능으로부터 충격이 크면 자아가 수용하기 어렵기 때문에 억압을 하게 된다. 그런데 중요한 것은 이러한 억압이 바로 신경증세(neurosis) 장애의 기초가 된다는 점이다. 이 억압된 상황에서 문제가 되는 것은 억압된 사건에 대한 기억이 제2의 힘을 만들어 마치 현재에 발생하는 일처럼 계속적으로 일어난다는 점이다. 프로이트는 억압과 연관하여 성의 역할에 대해 많은 언급을 했는데, 성적 감정을 가지는 것이 윤리적으로 허용되지 않는 경우, 초자아의 원칙에 의해 너무나 많은 고통을 가지게 됨으로 이것을 억압하기 시작한다.

히스테리에 대한 두 번째 중요한 사례는 1882년에 있었던 엘리자베스 본 알(Elizabeth von R)의 사례다. 그녀는 프로이트에게 있어서 최초의 본격적인 히스테리 분석 대상이 됐다. 그녀는 다리의 통증을 호소하였고, 집안이 여러 가지로 어려움을 경험하고 있었다. 아버지가 사망을 하였고, 큰언니가 결혼하여 타지방으로 이전한 상태이며, 작은 언니는 임신 중에 사망하였고, 작은 형부는 집안 소송으로 위협을 하고 있었다. 프로이트는 최면을 걸었지만 성공적이지 못했다. 기억나는 것을 말하게 하는 압박술을 사용하였으나 성과는 없었지만 자유연상법은 성공을 거두었다.

엘리자베스는 한 젊은 남자에게 마음이 끌리면서 갈등을 겪고 있었다. 그러나 그녀는 상담 기간 동안 묵비권으로 일관한 적도 있었다. 프로이트는 그 이유가 자신의 상담 방법에 대한 결점 때문이라고 생각했다. 그러나 나중에는 이러한 묵비권의 행사는 그녀가 발설하지 않으려 하는 어떤 의도가 분명하게 있기 때문이라는 판단을 내렸다. 그 의도에 숨어 있는 것은 자신이 꿈꾸고 있는 것이 도덕적으로 양립할 수 없는 것이었기 때문이다. 때로는 말하기를 주저하기도 했는데, 말하는 것이 더디면 더딜수록 그녀의 내부에서 발설하는 것에 대한 저항이 강하다고 생각했다.

현실적으로나 도덕적인 면에서 용납할 수 없었던 내용은, 그녀가 작은 언니가 죽어 가는 상황에서 작은 형부에게 매혹을 느낀 것이었다. 그녀는 언니가 죽어 가는 것을 보면서 '이제 형부가 자유롭게 되었으니 그의 아내가 될 수 있다.'는 생각을 가지게 됐다.[32)] 이러한 경험을 통해서 프로이트가 내린 결론은 어떤 경험에는 양립할 수 없는 것이 있다는 점이다. 그리고 이러한 유형에는 특별히 성적인 특성이 종종 그 핵심에 있다는 점이다. 당사자들은 이러한 특성을 잊어버리고 싶어 하고, 없었던 것으로 여기고 싶으나 그 노력은 실패로 돌아간다. 그는 양립할 수 없는 생각과 감정이 제거되면 겉으로는 성공한 것 같으나, 감정은 다른 곳으로 전용되어 히스테리, 강박신경증, 환각적 혼란 등이 발생한다고 보았다. 여기서 히스테리란 감정을 신체적 표시로 전환한 것이고, 강박신경증이란 감정과 관념 둘 다 정신적인 영역에 남아 있어 이 양자가 다양한 표출의 길을 추구하는 것이다. 즉, 감정은 자유롭거나 헛되이 다른 관념과 연결되어 자기 질책을 하게 되고, 관념은 무의식에 잠긴 허약한 상태이기 때문에 억압을 받지 않는다. 환각적 혼동이란 관념과 감정이 동시에 부인되는 것이다. 이것은 경험이 되는 현실적 감각도 사라지고, 경험이 발생하지 않는 것으로 여겨진다는 점이다. 이러한 점에서 환자가 감수해야 할 짐이 무겁다는 점이다.

엘리자베스 사례의 교훈은 어떤 것일까? 프로이트가 배운 것은, 첫째, 외상(trauma)적인 사건은 정신신경증 발발의 요인이 된다는 점이다. 둘째, 이 사례에서 성욕은 매우 중요한 성격을 가지고 있다는 점이다. 초기에 프로이트는 성욕을 중요하지 않게 여기고 간과했다. 그러나 후에 신경쇠약증은 성적 배출(자위행위)이 빈약한 경우이고, 불안신경증은 성적 배출이 불안전한 경우(성욕 억제, 성교 중단)에 해당된다고 보았다. 이러한 점에서 성욕이 신경증의 원인이 된다고 보았으며, 성욕이 배출되지 않으면 독성이 된다고 보았다.[33)]

성은 인간의 중심을 움직이고 있는 가장 역동적인 힘의 원천이다. 이 힘의 원천이 되는 것을 그는 의식의 구조를 설명하면서 원초아(id)로 명명한다. 원초아의 특성은 본능적인 힘이 가지는 원초적 쾌락원칙(pleasure principle)이다. 쾌락주의는 동물적 본성만을 가지고 자기중심적으로 지향하는 것이며, 이 지향하는 힘은 매우 원시적이고, 거칠고, 힘이 있다. 그러나 이러한 원시적인 인간의 쾌락원칙을 통제하지 못하면 결과적으로 자기에게 피해를 주기 때문에 인간은 현실원칙(reality principle)에서 벗어나지 않는 것이다. 즉, 아무리 원시 본능적 성적인 욕구가 강하다고 하지만 그러한 욕구를 절제함 없이 외부에 드러냄으로써 자신이 당할 불이익은 쾌락원칙에 위배되는 것이기에 사람은 현실원칙을 따른다. 이러한 점에서 현실원칙 역시 쾌락원칙을 기본으로 하고 있는 것이다. 즉, 원초아는 쾌락주의를 따르지만 현실로 나타나는 자아는 현실원칙에 충실한다는 것이다.

그런데 현실원칙을 따르는 자아의 경우에는 원초아로부터의 충격이 너무 크면 견디기 어렵게 하기 때문에 이것을 억압하게 되는 것이고, 그로 인해 신경증세에 놓이게 된다. 문제는 억압된 내용이 무의식에 거하게 되지만, 이 문제를 해결하지 못하면 과거에 일어났던 사건임에도 불구하고 현재에 발생하는 일처럼 계속해서 발생한다는 것이다.[34] 다시 말하면 신경증(Neurosis)이라는 것은 인간의 쾌락원칙인 자기 보존(self-preservation)의 욕구와 대상 보존(object-preservation) 욕구 사이에 발생하는 결과이며, 이 과정에서 발생하는 심한 갈등과 고통에서 결국 자아가 이김으로써 발생하는 요소다.[35]

프로이트는 과거의 아픈 외상들이 의식 밖으로 나와서 치료되지 않으면 이러한 억압된 외상은 현재 '재발하려는 충동(compulsion to repeat)'을 가진다고 하였다.[36] 보통 사람들에게 재발하는 충동을 보면 마치 악한 어떤 실체, 혹은 악마적인 힘이 이들을 지배하는 결과로 보기 쉽지만, 정신분석적 입장에서 보면 이러한 현상은 대부분 인간 성장의 초기 단계에서 발생한 외상이 무의식에 억압되어 영향을 받는 것으로 진단할 수 있다.[37]

프로이트는 무의식은 무시간적(timeless)인 것이기에, 시간이 그것을 통제할 수 없다고 하였다. 즉, 과거의 충격적 사건으로 인한 외상은 억압 과정을 통해서 인간의 무의식 안에 서식하고 있지만 이 무의식이 과거, 현재, 미래를 아우르는 무시간적인 특성을 가지고 있기 때문에, 비록 과거에 발생한 사건일지라도 시간을 초월하여 발생할 수 있다는 것이다.

> 우리는 무의식의 정신적 과정은 그 자체가 '무시간'적인 것임을 배웠

> 다. 이것은 처음에 있어서 시간적으로 정리되는 것이 아니며, 시간은 어떠한 방법으로도 이 무의식적 정신 과정을 변경시킬 수 없으며, 일반적 시간의 개념을 무의식에 적용할 수 없다.[38)]

그러므로 전이된 신경증이 내담자에게 발생할 때, 그것은 현재와는 시간적으로 거리가 먼 곳에서 발생했다는 것과 감정적으로 오래전에 생긴 일이라는 것을 말해 줄 수 있어야 한다. 그러나 치료 과정에서 환자는 자신이 받은 만큼의 정신적 외상을 치료자에게 저항함으로써 나타나게 될 것이고, 이 과정 후 만일 환자가 이 모든 과정과 내용을 수용할 수 있으면 치료는 성공하는 것이다.[39)]

(5) 성으로 갈등하는 인간: 쾌락원칙과 현실원칙

많은 내담자와 심리치료를 하면서 프로이트는 내담자들이 지닌 문제들이 성적인 에너지와 밀접하게 연관되어 있다는 사실을 알았다. 그리고 이 성적 본능을 인간 보존을 위한 에너지이며, 이것은 '죽음'이라는 인간의 또 다른 본능과 함께 인간을 좌우하는 두 가지 중요한 본능으로 보았다. 그리고 이 성적 에너지는 쾌락적인 몸의 감각(sensation)을 포함하고, 이러한 에너지가 사회 안에서 수용될 수 있는 대체적 활동으로 변하여 표현되는 기분(feeling)과 연관이 된다.[40)] 물론 프로이트가 지적하는 '성'에 대한 관념은 인간의 '성'을 포함하지만, 매우 포괄적인 의미를 가지고 있으며, 그러한 점에서 '쾌락원칙'은 성의 포괄성을 가지고 있다.

자기를 보존하기 위한 에너지란 선천적으로 인간의 몸에 이미 조직되어 만들어진 상태다. 그런데 이렇게 조직된 프로그램이나 내용이 외적 요소로부터 만족을 얻기가 어렵다. 결국 자기를 보존하기 위한 에너지는 자신의 행복을 추구하는 것이고, 인간이 목적으로 살아가는 핵심에는 행복이라는 것 외에는 특별한 것이 없기 때문에 인간은 이 행복을 가지고 끊임없이 머무르기를 원한다. 행복의 원천이 외적인 것에서 오지 않고 인간의 내적 구조인 쾌락적인 몸의 구조에서 오기 때문이다.[41)]

인간이 목적으로 삼는 중심에는 행복에 대한 갈망이 있기 때문에 인간은 이 갈망을 해소하기 위해서 행복에 계속 머물기를 원한다.[42)] 그래서 이 행복은 두 가지 입장에서 정의할 수 있다. 첫째, 긍정적 의미에서 인간은 행복을 위해서 고통과 불유쾌한 것의 부재를 원하며, 둘째, 인간은 강한 쾌락 감정을 누리기를 원한다는 것이다.

고통을 제거하고 행복을 추구하려는 인간의 내부적 구조는 세 가지 이유에서 시작이 된다. 첫째로는 인간이 고통을 피할 수 없는 몸을 가지고 있다는 것이다. 몸은 쇠약해지고 와해될 것이라는 특성은 인간에게 경고의 표시로 불안과 고통을 가져다준다. 둘째는 외부로부터 닥칠 수 있는 무자비하고 당황스러운 힘에 대한 것이다. 셋째는 타인과의 관계에서 발생할 수 있는 위험성이다. 그래서 인간은 이러한 고통과 불안을 잠식시키고 행복과 쾌락을 추구한다. 이러한 두 가지 쾌락을 유지하고 불쾌한 것을 제거하려는 인간의 행복 본능은 쾌락원칙에 의거하여 인간에게 프로그램화된 것이며, 가능한 한 강하고 지속적인 쾌락의 감정을 유지하려는 특성을 가지고 있다. 이것은 인간의 정신세계를 지배하고 동시에 소우주(microcosm)에서부터 대우주(macrocosm)까지 지배하고 있다.[43)]

어린아이가 들은 이야기를 끊임없이 반복하여 들으려는 것도 이러한 쾌락원칙에 근거한 것이다. 그래서 쾌락을, 반복(repetition)하려는 인간의 움직임은 인간이 초기에 경험한 것을 다시 재현하려는 것이며, 쾌락원칙에 있다는 것을 의미한다. 이 원칙은 비단 인간에게만 해당하는 것이 아니라, 프로이트가 생기론을 부정하는 노선을 가지고 있는 것처럼 모든 동물, 조류, 어류의 회귀 본능은 인간의 본능과 같고, 이 본능은 각자의 초기 상태 경험을 회복하려고 시도한다.

> 어떤 것도 쾌락원칙을 위배하지 않는다. 어떤 동질적인 것을 재경험하려는 반복은 그 자체가 쾌락의 근원이 된다. ……본능은 삶 실체가 외부적으로 괴롭히는 힘의 압력하에 포기를 강요받는 초기 상태를 회복하려는 유기적 삶 안에 있는 선천적 충동(urge)이다. 이것은 유기적 탄력(elasticity)의 종류이거나 혹은 다른 것으로는 유기적 삶 안에 고유의 불활동의 표현이다.[44]

문명이 발달하여 새로운 문화가 도입되고, 사람들이 이러한 문명에 익숙할지라도 인간의 쾌락원칙은 다만 변화와 진행이라는 외관상 속임수에 의해서 가장될 뿐이지 인간의 내부적 쾌락원칙은 과거에 그런 것처럼 현대에도 되풀이하는 것이며, 미래에도 되풀이할 것이다.

그러면 초기 상태 경험을 회복하려고 시도한다는 것은 구체적으로 어떤 것을 의미하는 것일까? 이것은 인간의 성장 초기에 있는 쾌락원칙과 연관이 있으며, 이러한 원칙을 가지고 있기에 인간은 쾌락의 근원지를 가지고 있고, 그것은 환상을 만들며 이러한 행위는 어려서부터 시작하게 된다. 최초 상태의 경험이라는 것은 본능적인 만족에 대한 기억일 것이다.[45] 그러나 이 쾌락의 원칙은 한 번으로 완성이 되는 것이 아니다. 어릴 때는 자기 애성적 기능(auto-erotically function)을 하게 된다. 즉, 자신의 신체기관 일부를 사용하여 그것으로 만족을 구하기 시작하고, 후에는 대상을 구하게 된다.[46] 그러므로 인간의 모든 정신적인 활동은 쾌락원칙에 의해 움직이고, 인간의 모든 활동은 정신활동에 압박을 주게 됨으로 압박을 더 완화하거나 쾌락의 원칙으로 변화시키려고 한다. 인간의 정신적 구조는 인간의 모든 활동에서 오는 결과의 압박을 최소한 혹은 지속하여 쾌락을 가지려는 구조를 가지고 있다.[47]

이 초기 상태의 경험은 아이가 성장 과정에서 모든 대상, 특히 사람들은 자신인 것으로 바라보면서 외부적인 대상을 자신의 것으로 흡입(absorption)하려고 한다. 물론 이러한 성향은 성장하면서 자신과 대상을 구별하고 분리하지만, 인간의 내면은 성장했다 할지라고 모든 대상을 자신에게 흡입하려는 의도를 가지고 있고, 이것을 인간 정신활동의 원시적 형태인 초기 상태로 퇴행하려는 것으로 본다.[48]

이러한 관점에서 프로이트는 문명을 일으키는 가장 중요한 원인은 사랑(Eros)이고, 이 에로스의 내부적 요소를 구성하는 것은 쾌락원칙으로 본다. 물론 이러한 구성 원칙을 증명할 수 있는 길은 없지만, 에로스에 대한 현실원칙에 의거하여 발생한 '미(beauty)'에 대한 설명 없이 인류 문명을 설명할 수는 없다.[49] 인간의 행복이 어떤 면에서는 '미'와 연관되어 있으며, 이것은 성적 감정에서 파생된 것이다. 즉, 인류 문명의 발전에는 에로스가 있는데, 이 에로스가 현실원칙에 의해 문명 안에서는 에로스로 노출이 되기보다는 '미'로 가장되어 표현되는 것이다.

동시에 '미(beauty)'는 '매력(attraction)'이라는 것과 같은 의미를 가지고 있는데, 성과 연관된 충동이라는 독일어 'reiz'는 '매력'이라는 의미를 가지고 있다. 그래서 미와 매력은 성적 대상에 대한 특정한 대상을 이야기하지만, 현실에서는 실질적 대상과는 연관이 없는 부차적인 요소와 연관되어 있는 것이다.[50] 그러므로 문명이 사랑하는 '미' 또는 '매력'이라는 것은 에로스에 대한 간접적인 표시가 문명의 핵심을 이루고 있고, 인간은 현실원칙에 의해서 미와 매력을 추구하지만 그 내부에는 에로스에 대한 본능적인 욕구가 있다는 것이다.

'미'와 '매력'을 추구하는 성의 원칙이 현실적으로 표현되는 것이 개인의 쾌락원칙과 위배되기 때문에 인간은 현실원칙에 입각하여 '미'와 '매력'이라는 우회적인 표현을 선택함으로써 자신이 당할 수 있는 혐오를 극복한다. 이렇게 함으로써 현실적으로 성은 현실원칙에 의해 자신을 가장한 외관인 미와 매력의 모습을 가진다. 이것은 현실적으로 보수적일 수밖에 없는 본능이 외관적 변화와 진행에 대하여 속임수적 외향(deceptive appearance)을 가지고 있지만 내부적으로는 고대로부터 되풀이되는 인간의 행위를 반복하는 것이다.

자아(ego)는 현실원칙(reality principle)을 가지고 살아간다. 자아는 현실 속에서 행동하고 의식하는 나를 의미한다. 자아는 원초적 본능의 원초아(id)와 이상적 초자아(super ego) 사이에서 양자의 요구를 적절한 수위로 조절하여 현실에 적응할 수 있도록 한다. 이 적절한 수위를 나타내는 방법이 현실원칙이다. 즉, 인간은 쾌락을 추구하고 자신에게 손해되는 행동을 하지 않는다. 아무리 본능이 강하더라도, 아무리 이상적인 내용이라 해도 현실 속에서 그것들을 수용할 수 없기 때문에 이 두 측면의 욕구에서 적당한 수위를 조절할 수밖에 없다. 아무리 본능적이라 해도 그것을 현실적으로 무모하게 드러내서 불이익을 당하게 될 행동은 가급적 하지 않는 것이 인간이다. 이상적인 것은 좋지만 인간 스스로 담당할 수 없는 것은 그것을 담당할 수 없기 때문에 발생할 수 있는 양심의 가책이나 자신에 대한 비하를 남기게 되기 때문에 너무 이상적인 모델은 거부한다. 그래서 현실원칙하에서 인간 자신이 생존하기 위해서 만들어 낸 것이 바로 자아다. 프로이트는 이러한 현실원칙은 쾌락원칙을 거부하는 것이 아니라, 쾌락원칙의 만족을 연장하기 위해서, 후에 더 큰 만족을 얻기 위해서 우회하고 간접적인 만족을 가지는 것이라고 지적한다.[51)]

쾌락원칙에 근거하여 또 한 가지 인간사에 커다란 영향을 준 것은 종교다. 프로이트는 종교라는 것을 환영(illusion)이라고 단정했다. 그는 종교에서 언급하는 전능자라는 것은 아버지의 보호라는 차원에서만 이해 가능한 것이고, 보통 사람이 이 차원을 넘어서 이해하는 것은 힘이 든다고 지적한다. 그러므로 종교는 아주 유아적인 것이고, 현실적으로는 이상한 것이다. 동시에 그에게 있어 종교란 인간의 정신적 기능이 너무 강하기 때문에 신비에 반영이 되는 것이고, 관능적 욕구(lust)의 절제를 통해서 미래나 내세에 보상을 받는다는 생각을 종교에서 하는 것은 이러한 마음의 강한 신비적 투사를 반영하는 것이며, 이러한 보상은 이 명목을 통하여 쾌락원칙에 절대적으로 영향을 미치는 것이다.[52)]

인간이 살아가는 것에 대해서는 명확한 대답을 줄 수가 없으며, 또한 인간은 어떠한 목적도 가지지 않고 살아가는 것이다. 그런데 프로이트는 이러한 인간에게 답을 줄 수 있는 것이 종교라고 보고 있다. 그리고 이러한 종교를 추구함으로써 인간은 행복을 추구하고 이에 연속적으로 머물러 있으려는 경향을 지니게 된다.[53)] 종교가 환영이라는 이론에 대하여 그의 친구 로만 롤랑(Romain Rolland)은 종교적 체험에서 경험하는 영원성(eternity)이라는 것은 바다를 느끼는 감정(oceanic feeling)이라고 말했지만, 프로이트는 그 역시 주관적인 경험으로 단정하고, 그것이 종교를 이끄는 힘이라고 했다. 그리고 종교가 가지는 바다와 같은 감정은 원래 자아가 가진 자기중심적인 감정인 자아감정(ego-feeling)에서 오는 것이라고 말했다.[54)] 동시에 바다와 같은 감정을 느끼는 영원성이라는 종교적 체험은 마치 유아가 아버지나 보호자로부터 원천적인 보호를 기대하는 것과 같은 논리다. 이것은 인간이 불안전하고, 근원과 가는 곳을 알 수 없기 때문에 발생하는 요소로서 인간에게 원천적으로 심어져 있는 본성이다. 이러한 관점에서 보면 바다와 같은 감정을 느끼는 것은 인간 내부에 무한한 나르시시즘(limitless narcissism)에 대한 회복 열망에서 발생한 것이다.[55)]

종교가 이러한 쾌락원칙에서 행복을 유지하기 위해서 발생한 환영이라는 증거에 대하여 그는 인류사에서 있었던 몇 가지 비극적인 예를 제시하고 있다. 첫째는 십자군 전쟁이고, 둘째는 노예제도다. 이 두 가지 사건은 대부분 현재 그리고 과거에도 기독교 국가인 곳에서 발생했다. 그가 지적하는 것은, 예를 들면 기독교라는 종교가 사랑을 주장하는 종교임에도 불구하고 인류에게 이러한 비극적인 사건이 발생한 이유는 종교가 자기중심적으로 될 수밖에 없는, 인간의 행복을 추구하는 본능으로 만들어 낸 자작극이기에 이러한 일이 발생할 수밖에 없었다는 것이다.[56)]

(6) 불안과 자기방어기제(self-defense mechanism)

불안(Anxiety)의 기원은 우선 인간에게는 생물학적으로, 선천적으로 그 기원을 가지고 있다고 본다. 즉, 인간은 불안에 대하여 심리적 · 신체적으로 반응하는 능력이 부여되어 있다는 것이다. 이러한 관점에서 프로이트는 불안을 '외상적 상황(traumatic situations)'과 '위험상황(danger situations)'을 연결시켰다. 여기서 외상적 상황이란 큰 자극으로 인해 정신이 지배당하거나 방출하지 못하고 압도되는 것을 의미한다. 그러므로 이러한 충격적 상황이 개인의 자아가 발달되지 않은 생후 몇 개월부터 몇 년의 기간에 자주 발생할 수 있다고 본다.[57)]

생후 4~6년에 발생하는 오이디푸스 콤플렉스 상황에 있는 인간에게 다가오는 위협은 징벌에 대한 것이다. 사랑하는 대상을 상실할 것이라는 것, 아버지로부터 위협당하는 거세불안(castration anxiety), 후에는 사회가 자신을 허용할 것인가? 혹은 사회로부터 추방당하는 두려움(ostracism)에 대한 것인데 이것으로 인한 불안이며, 자신의 원초아에서 발생하는 동물적인 무모함의 본능과 부모와 사회의 교육 및 인습에서 주어진 초자아와의 긴장으로 발생하는 갈등이다. 그리고 자아는 이 양자의 요구에 대하여 현실원칙에 의하여 타협점을 찾아서 생존하는 방법을 갖도록 한다. 그러나 자아가 약할 때 불안은 상대적으로 커짐으로 갈등은 해결되지 않고 신경증으로 남게 된다.

사람은 오이디푸스적 성적 욕망을 억압하여 신경증이 발생하는데, 이것이 최종적 결과는 아니며, 억압된 요인은 변형된 형태로 나타나고 불안을 재발시키게 되는데, 이때는 방어기제를 통하여 취급이 된다.[58)] 억압을 하는 중요한 이유는 본능으로부터의 충동이 너무 커서 현실의 자아가 수용하기 어렵기 때문이다. 그런데 중요한 점은 앞서 지적한 바와 같이 이러한 억압이 바로 신경증(neurosis) 장애의 기초가 된다는 점이다. 그리고 이 신경증을 되풀이하려는 충동을 가지고 있기 때문에 이러한 상황에서 문제가 되는 것은 이 억압된 사건에 대한 기억이 제2의 힘을 만들어 마치 현재에 발생하는 일처럼 일어난다는 점이다.

> 신경증은 자기보존(self-preservation)의 관심과 리비도의 요구 사이의 투쟁의 결과로 여겨지고 있다. 이 투쟁에서 자아는 승리를 하지만 혹독한 고통과 포기(renunciations)의 대가를 치른다.[59]

결과적으로 프로이트의 불안은, 첫째, 통제하거나 방출하기에 너무 큰 충격에 의해 정신이 압도되면 불안은 자동적으로 발생한다. 둘째, 충격은 외적이거나 내적일 수 있으나 대부분은 원시적 본능의 충동에서 발생하는 것이다. 셋째, 자동적 불안 발생은 자아가 무력하거나 미성숙할 때 발생한다. 넷째, 불안으로 신경증의 기초가 되고, 신경증은 정신장애의 중요한 문제가 된다.[60]

본능적 충동의 발생은 불안에서 그치지 않고 자아의 구조에 대항하는 양식이 있다. 프로이트의 딸인 안나 프로이트는 이것을 '방어기제(defense mechanism)'로 불렀다.[61] 인간이 살아가면서 당하는 고통이나 기억하기 싫은 일들은 어떻게 해소되는 것일까? 그것을 평생 지고 가면 큰 고통이 되기 때문에 가능하면 그것을 기억에서, 때로는 생각에서 없애 버리려는 시도를 한다. 인간은 철저하게 쾌락주의 원칙을 가지고 있기 때문에 아픈 기억이나 상처를 정상적으로 기억에 두려고 하지 않는다. 아마 이러한 고통과 아픔을 기억 속에 간직한다면 사람은 더 이상 살아갈 수 없고, 생을 끝내야 할지도 모른다. 그래서 유아기나 성장기에 있었던 기억하기 싫은 아픈 고통은 억압을 통해 의식에서 밀어내 깊은 무의식에 빠지게 한다. 일종의 자기를 방어함으로써 정신적인 안정을 추구하도록 만드는 것이다. 이러한 형태로 인간을 철저하게 자기를 방어하는 수단을 가지고 있는 것을 자기방어기제라고 한다. 외부나 내부로부터 여러 가지 자신을 밀어내려는 공격적인 성향이 많이 있으니 이것으로부터 자신을 보호하고, 쾌락을 유지하고, 연장시키려는 인간의 본능에서 발생하는 것이다. 프로이트는 이러한 방어기제에 대한 이론적 토대를 만들어 놓고 후에 그의 딸인 안나 프로이트와 후기 프로디안 학파들이 이론을 집대성하였다.[62)]

- 억압(Repression): 본능으로부터 충격이 크면 자아가 수용하기가 어렵기 때문에 억압을 하게 된다. 억압을 하여 무의식 영역에 갇히게 함으로써 현재 나는 자유를 가지는 것이다. 프로이트는 억압과 연관해서 성 역할에 대한 많은 언급을 했는데, 아들이 모친에 대한 성적 감정을 가지는 것이 윤리적으로 허용되지 않는다는 초자아의 원칙에 의해 너무나 많은 고통을 가지게 되고 이것을 억압을 하기 시작한다.
- 거부(Rejection): 가장 단순한 방어기제이며, 이것은 전의식이나 의식의 수준에서 사용된다. 예를 들면, 자신이 보기 어려운 현실에 대하여 눈 감아 버리게 되는 경우다. 가령, 영화관이나 현실에서 비참한 광경을 목격하게 될 때, 눈을 감거나 고개를 돌려서 딴 곳을 응시하는데 이것도 일종의 거부다. 이러한 거부를 통해 자신이 생존하고 안심할 수 있기 때문이다.
- 반동형성(Reaction Formation): 자신의 내면에 상대방을 향해 품고 있는 나쁜 감정을 말하지 않고 정반대의 말로 표현을 한다. 나쁜 감정을 토설해 놓음으로써 불안에 직면할 필요가 없다는 것이다. 어떤 의미에서는 사람에 대한 미움을 갖는다는 것이 사회가 용납하지 않기 때문에 그 감정을 겉으로는 사랑이라는 것으로 변장시키는 것이다.
- 투사(Projection): 본능적인 충격이 너무 심하기 때문에 자아가 그 충격을 다른 사람에게 돌리는 것이다. 어릴 적 경험한 수치와 분노를 다른 대상에게 투여하여 그 불유쾌한 체험을 재현하려 하고, 이 투사의 대상을 계속 찾으려고 한다.

- 전이(Transference): 원래의 대상 또는 사람에게 자신이 가진 에너지를 향하기 어려울 때 다른 사람에게 향하는 것이다. 가령, 회사에서 상사에게 기분 나쁜 소리를 듣고 와서 집에서 화풀이하는 경우다. 직접적인 상대방은 자신이 상대하기가 너무 어렵기 때문에 그 대상을 바꿔서 손쉬운 대상을 향하게 된다. 이와 더불어 프로이트는 전이신경증(transference neurosis)에 대하여 말하고 있는데, 과거의 아픈 경험이 치유되지 못하면 기억을 통해서 현재 발생하는 것을 의미하고, 이것은 과거의 경험을 현재에 되풀이하고자 하는 충동을 가지고 있다고 본다.
- 합리화(Rationalization): 평상시 생활에 일반적으로 우리가 행하는 행동이다. 자신의 특정 행동을 정당화하는 것이다. 그 특정한 행위로 인해 자신에게 향할 불이익을 감당하기가 싫기 때문에 자신이 한 행동이 얼마나 보편타당한 것인가를 나타내는 것이다.
- 승화(Sublimation): 자기방어 중 유일하게 개인과 사회에게 도움을 주는 것이다. 개인이 가진 무의식적 근원에서 발생하는 에너지를 여과 없이 쏟아 놓기보다는 문화나 사회적 가치로 돌림으로써 사회적 가치와 개인의 쾌락을 동시에 갖게 되는 것이다. 억누를 수 없는 분노나 사랑의 감정을 시나 글로 승화시킴으로써 자신을 정화하고, 그 글을 읽는 사람들에게 색다른 느낌을 줄 수 있다. 프로이트는 그의 최초의 자서전을 통한 심리분석에서(*Leonardo da Vinci and His Childhood*) 다빈치는 동성애적 경향을 가지고 있었는데 사회적으로 용납될 수 없었던 그러한 사랑을 예술 및 문화로 승화시켰기 때문에, 그의 작품을 접하는 사람들에게 감동을 선사하게 되었다.
- 퇴행(Regression): 사람이 심각한 곤경에 놓이게 되면 어린 시절의 양식으로 돌아가려는 경향이다. 어린 시절로 돌아가려는 이유는 어떤 외부의 위험으로부터 나를 보호해 줄 수 있는 안락했던 시기로 돌아가서 자신을 곤경으로부터 보호하려는 심리다. 예를 들면, 갓 태어난 동

생으로 인해 부모가 자신에게 가지는 관심이 줄어들어 불안을 느끼게 되면 그 아이는 자신의 어린 시절의 양식으로 돌아가 젖병을 입에 대고 빨아먹는 흉내를 냄으로써 관심을 받아 불안을 해소하려는 경향을 지니게 된다.

- 내사(Introjection): 타인의 가치나 기준을 생존을 위해 받아들이는 것이다. 학대받은 아이가 성인이 되어 학대를 할 확률이 높은 것은 성장 과정에서 부모가 가진 학대를 자기가 생존을 위해서 성인이 학대하는 기준을 받아들였기 때문이다. 흔히 성폭행을 일삼는 사람들의 아동기 성장 과정을 보면 성폭행에 대한 흔적들이 남아 있는데, 이들이 어렸을 때 성인으로부터 보고 배운 것은 성폭행이었음에도 불구하고, 어린 시절 생존을 위해서 성인의 기준으로 받아들이면서 그것을 배우기 시작하였다. 마치 유아가 어머니나 아버지를 따르는 것은 정이 있기 보다는 그들이 없으면 자신이 생존할 수 없다는 것을 느끼기 때문이다. 프로이트는 오이디푸스 콤플렉스를 언급하면서 남자아이가 아버지로 인해 어머니를 취할 수 없게 된다는 사실을 알고 거세공포에 빠지게 되는데, 이러한 늪으로부터 자신이 탈출할 수 있는 것은 아버지화(to be like my father)되는 표준을 갖게 되고, 아버지의 행동과 사고를 생존을 위해 모방한다고 보고 있다. 이것도 내사의 일종으로 볼 수 있다.
- 동일시(Identification): 열등한 의식을 가지고 있는 사람이 우월성을 가지고 있는 사람과 동일시하고 자신이 결코 열등하지 않다는 생각을 가지고 있다. 실패감을 느끼지 않고 가치감을 가지려는 것이다. 자기 중심이 약한 사람들이 연예인, 스타들과 동일시하려는 것도 같은 맥락에서 이해할 수 있다.
- 보상(Compensation): 사람들에게서 긍정적인 관심을 받지 못한다면 다른 방법을 사용하여 부정적인 방면에서 관심을 받기를 원하는 것이다. 지적으로 열등하다고 느끼면 신체적 근육 강화를 통해 관심을 받

으려는 것이다. 인간은 태생적으로 누군가의 관심을 받고 성장하고, 살아가는 과정을 가져야 한다. 그러나 이 긍정적인 관심이 없어진다면, 부정적인 관심이라도 받고 자라야 하는 것이 인간이다. 1995년도에 방영된 〈모래시계〉라는 드라마가 있다. 조폭의 세계와 정치, 그리고 애정이 치밀하게 구성된 드라마였는데, 방영 후 청소년들이 조폭에 대한 동경에 빠진 적이 있었는데, 그것이 소위 '모래시계 증후군'이었다. 즉, 학생들 사이에서는 학교와 가정에서 인정을 받지 못할 바에야 드라마에 나오는 주인공 조폭처럼 살다가 죽자는 생각이었다. 일종의 보상이라고 할 수 있겠다.

- 무효화(Undoing): 불유쾌한 기억의 잔상을 의식(儀式)을 통해서 지워버림으로써 심리적인 안정을 누리고자 하는 것이다. 프로이트에 의하면 사람은 살아가면서 반드시 의식을 행함으로써 스트레스를 해소해야 하기 때문으로 보고 있다. 그는 이러한 면에서 의식을 두 가지로 보고 있다. 하나는 예배와 같은 의식이고, 다른 하나는 신경증적 의식이다. 영화 같은 장면을 보면 치명적으로 사람을 때린 후, 또는 살인을 한 후 사람들이 자신들의 손을 씻는 광경이 나오는데 이것도 일종의 무효화 행위다.
- 고착(Fixation): 충격적인 상황을 맞이하거나, 정신 성숙 단계로 가는 다음 단계에 어려움이 있으면 현재에 머물려는 현상. 더 이상 나아갈 수도 없고, 후퇴할 수도 없는 정신적인 상황을 의미한다.

앞에 열거한 자기방어기제를 살펴보면서, 인간은 원천적으로 자기중심적으로, 자기를 보호하면서 살아가야 하기 때문에 자기방어기제를 무의식중에 사용하면서 살아간다는 것을 알았다. 그렇기 때문에 인간이 하는 하나하나의 행위에는 모두 이유가 있고, 우리가 의식하지 못하고 행위하는 그 자체에도 연결되어 있는 무의식적인 이유가 반드시 영향을 준다.

(7) 삶의 본능(Eros)과 죽음의 본능(Thanatos)

프로이트가 인간의 본능이라고 생각했던 성적 본능과 자기보호 본능은 후기로 가면서 성과 폭력(aggression) 본능으로 변하고, 최종적으로는 삶과 죽음의 본능으로 발전한다. 그가 발견한 것은 사람마다 자신이 경험한 초기의 고통스러운 경험을 계속 되풀이하려는 경향에 대한 것이었다. 군인들은 고통스러운 외상적 군의 경험을, 아이들은 초기의 고통스러운 경험을 재현했다. 프로이트는 과거의 고통스러운 경험을 재현하려는 경향을 죽음의 차원으로 들어가서 이제는 삶 자체를 끝내려는 경향으로 보았다. 그래서 모든 살아 있는 생명체의 목적이 죽음이라고 생각했다.

인간에게는 삶, 혹은 Eros와 죽음과의 갈등이 있다고 본다. 그래서 이 갈등을 조절하려고 노력하고, 그것이 실패하면 불안을 낳는다고 본다. 즉, 인간은 자신을 파괴하려는 본능을 가지고 있지만, 동시에 살아가기를 원한다. 자신을 파괴하려는 것은 자신에 대한 고통에서 쾌락을 가지려는 마조히즘(Masochism)으로 나타나기도 하고, 타인을 파괴하려는 것은 사디즘(Sadism)으로 발생한다. 그래서 프로이트는 다음과 같이 지적한다.

> 인간은 만일 공격을 받으면 단순히 자신을 방어하고, 정겹고 다정하게 사랑을 원하는 그런 생명체가 아니라, 공격성에 대한 강력한 욕구를 본능적으로 타고났다고 생각해야 한다.[63)]

삶의 본능인 에로스의 중심에는 생식기적 사랑(genital love)이 핵심을 이루고 있으며, 이러한 감정 속에서 삶의 만족을 구해야 하며, 이 생식기적 에로티즘(genital erotism)이 삶의 중심이다. 비록 이러한 중심적 추구가 거부나 죽음과 같은 장애를 만나도 인간은 이것을 추구할 수밖에 없는 본능을 가지고 있다.[64)] 그리고 이 생식기적 에로스의 본능은 생명에 대한 연장을 추구하는 것이다.[65)] 물론 이 생명에 대한 연장의 본능이라는 것은 단순한 생명의 연장 욕구가 아니라, 삶의 새로움과 갱신을 추구하는 본능이 성적인 본능에 있다는 의미다.[66] 그리고 이러한 새로움을 추구하는 성적 본능이 인간 문명을 형성하고 있기에, 문명의 핵심에 바로 에로스가 자리하고 있기에 문명은 에로스의 과정이며, 이것은 개인을 엮고, 가족을 엮고 사람과 국가를 엮고, 인류의 일치를 위한 역할을 한다.[67]

이러한 본능적인 추구에도 불구하고 인간의 본능을 이루는 또 하나의 축인 죽음의 본능으로 인해 인간은 죽음을 경험할 수밖에 없다. 이 죽음이란 인간이 유기체에서 무기체로 환원되는 것이다. 즉, 유기체 이전에 있었던 상태가 바로 무기체이며, 이 무기체가 바로 인간의 근원지라는 것이다. 살아 있는 것이 다시 본래 상태인 없는 것으로 돌아가려는 것이 죽음의 본능이다. 이러한 관점에서 살아 있는 생명체인 인간은 항상 죽음이라는 것과 긴장관계를 가지고 있다.[68]

에로스가 중심 역할을 해서 발생한 문명은 죽음의 일환인 '공격(aggression)'이 그 배경 역할을 하고 있다. 이것은 인간의 생명체가 되는 순간부터 각 기관이 형성되지만 이 형성과 동시에 인간은 제한된 시간의 끝인 파괴로 움직이는 것이기 때문이다.[69] 그래서 인간은 타인에게 늑대와 같은 존재이고, 이웃에게 도움을 줄 수 있는 존재라 생각할 수도 있고, 동시에 성적 대상, 폭행 대상, 비천하게 할 대상, 그리고 고통을 가져다주는 대상이라는 것은 인류 역사를 통해서 검증된 사실이다.[70] 그래서 공격이라는 것이 이웃과의 관계를 방해하지만, 이 공격은 문명을 일으키는 중요한 요소다. 동시에 이 공격성에 대한 통제도 문명에 있어서는 큰 문제다. 이 공격성을 풀어서 성적인 자유를 그대로 두면 개인과 가정은 파멸할 것이기 때문이다. 이러한 관점에서 인간이 가진 공격성에 대한 정확한 미래는 알 수 없지만, 이것은 불멸성을 가진 인간의 성격이고 영구적으로 지속될 것이다.

인간 상호 간의 주된 이 적의성의 연속성 가운데 문명화된 사회는 영

> 원히 와해(disintegration)의 위협을 받는다. 공통적 관심사의 일도 이 와해를 중지시키지 못할 것이다. 본능적 열정이 합리적 흥미보다 강하기 때문이다. 문명은 인간의 공격적 본능의 제한을 정하기 위해, 그리고 심리적 반응 형성에 의해 공격성이 드러나는 것을 저지시키기 위해 상당한 노력을 해야 한다.[71]

인간의 문명에 녹아 있는 것은 인간과 같이 처음부터 행복이나 자기중심적인 경향이 가득 차 있는 것이다. 그래서 미세한 인간의 구조(microcosm)부터 큰 구조(macrocosm)까지 이러한 경향으로 세상이 가득 차 있다고 보는 것이 옳다. 인간의 문명은 인간이 가진 두 가지의 본능인 죽음(thanatos)과 사랑(eros)이 번복되는 장이다. 역동적이고 무엇인가 밖으로 발산하려는 에로스적 경향은 인간의 문명을 일으켰다. 그러나 인간의 에로스가 직접적으로 발산되는 것은 현실원칙에 맞지 않기 때문에 현실에서 받아들일 수 있는 미(beauty)와 매력(attraction)으로 변장한 채 인류 문명에 녹아 있고, 사람들은 그것을 추구한다. 그래서 문명이 속도를 낼수록, 그리고 번영할수록 인간은 미와 매력에 대한 추구를 연속적으로 가속화하는 경향이 있다. 반면 인간이 가진 또 다른 본능은 파괴다. 그리고 이 파괴의 궁극적인 목적은 죽음이다. 문명이 발전하고 있지만 인간은 끊임없이 문명을 다시 파괴하는 행위를 과거부터 지금까지 지속하고 있다.

그러나 죽음이라는 것이 인간 본능의 핵심을 이룸에도 불구하고 인간은 본능적으로 죽음에 대하여 침묵을 하도록 만든다. 왜냐하면 자신의 죽음을 상상할 수도 없으며, 상상을 무의식적으로 거부하여 단지 관망자로 있을 뿐이다. 그러기에 자신의 죽음에 대하여 어느 누구도 실질적으로 수용하지 않는다.[72] 그래서 프로이트는 인간은 죽음이라는 것을 높은 선반 위에 책을 얹어 놓는 것과 같이 자신의 손이 닿을 수 없는 곳에 두어 생각하기를 거부하는 것으로 보았다.[73] 그러나 불가피하게 죽음이 다가오는 위협에 대하여 인간이 타협하는 정도는 장례식장에서 사망자의 죽은 이유, 병, 감염 정도를 알아보는 것과 업적을 기리는 것으로 죽음을 피한다. 또는 문학과 영화를 통해서 죽음과 화해하여 삶이 무미건조해지는 것을 보상하기도 한다.[74)]

2. 프로이트 심리학과 기독교 상담

프로이트의 심리학은 기독교에서 많이 천대를 받고 있다. 여러 이유가 있겠지만 대표적인 것은 그가 무신론자라는 것과 종교를 환영(illusion)이라고 규정한 것, 또 하나는 기독교에서 많이 금기시하는 '성'이 인간을 움직이는 동력적 요인이 된다는 면에서일 것이다. 여기에 대한 기독교적 관점과 프로이트의 관점은 후에 언급하겠지만, 프로이트 시대와 요즘 시대는 많은 차이가 있기에 이러한 비판이 있다고 본다.

하나님이 인류에게 생육하고 번성하라는 복을 주고, 모든 생명체에게 이렇게 말씀한 것은 인간을 포함한 생명체가 자손에 대한 번성이 되기 위해서는 반드시 부부관계를 가져야 한다는 것을 전제로 한다. 그러나 이 부부관계에서 대하여 시대적 상황마다 그 문화적 여건에서 생각하는 관점은 매우 달랐을 것이다. 종교학자 미르체아 엘리아데(Mircea Eliade)에 의하면 고대인이 살아가는 가장 큰 목적은 '신성한 것(the sacred)'에 초점이 맞춰져 있었다. 성스러워지고 그것이 추구하는 목적에 자신의 삶의 목표를 가지고 인생살이를 하는 것이었다. 그래서 이들은 여행길이나 가는 길마다 성스러움에 대한 관심을 가지고 산 것이다. 그래서 엘리아데는 고대인들이 그러한 여행길이나 집단 서식지에는 '지구의 중심(the Axis Mundi)'이라는 것을 반드시 설정하고 생활을 한다고 했다. 모든 것 중에 가장 중심이 되는 곳에 성스러움이 있다고 생각했다. 예를 들면, 성서에 기록된 에덴동산도 이러한 종교적 입장에서 보면 지구의 축이 되는 것이다. 모세가 올라갔던 시내산이나 예루살렘 성 같은 것도 지구의 축에 해당하는 요소다. 그래서 이 성스러움에 자신들을 가까이 하려는 시대가 있었다.

오늘날에는 이 지구의 축이나 중심을 찾으려는 사람은 많지 않다. 어쩌면 아예 관심이 없이 지낼 수 있는 시대에 있다. 대신 현대인들은 빠르게 산업화가 진행될수록 도시의 조명은 더 밝아지게 되고, 늦은 저녁과 새벽녘에는 도시의 조명으로 인해 별과 은하수를 볼 수 없는 운명이다. 그래서 현대인들은 자연 속에 서려 있는 신성의 섭리와 이치에 대한 것보다는 인간 문명이 만들어 놓은 발명품에 대한 경탄과 숭배를 하면서 살아가는 구조가 되었다. 태어나는 아이는 태어나자마자 스마트폰의 터치스크린에 익숙하여 무엇이든지 터치를 하여 넘기려고 한다. 기술문명의 예찬론이 어린 시절부터 시작되는 것이다.

상담은 소득 수준이 만 달러가 넘어야 관심을 가지기 시작하는 분야다. 의식주 문제에서 어느 정도 탈피하게 되자 이제는 약간의 정신적 문제가 사람 사이에 발생하게 되면서 관심을 가지는 것이다. 사람은 먹고, 자고, 거주하는 문제가 풀리지 않으면 정신적인 것에 대한 흥미를 가지는 것이 사치라고 생각한다. 1970년대만 하더라도 상담과 심리에 대하여 관심을 가지고 연구하려고 하면 사람들이 점쟁이가 되려고 하는가라는 의아심을 가지고 보았다. 왜냐하면 그 시대는 우리 문화가 먹고 사는 데에 집중을 했기 때문이다. 그러나 지금은 각 대학에서 가장 인기 있는 전공 중의 하나가 상담과 심리다. 격세지감을 느끼게 한다.

필자의 20대 때 경험이다. 군에 입대하여 정신없이 시간을 보낼 때 나는 인간에게 있어 어떠한 본능이 가장 긴급한 본능인가를 체험한 적이 있다. 환경이 전혀 다른 곳에서 나에게 가장 중요한 것은 적응이었다. 그리고 그 적응을 위해 먹고, 자고, 쉬는 문제였다. 그래서 정말 혈기왕성한 시기에 이

성에 대한 그리움이라는 것은 전혀 찾아볼 수 없었던 초기 기간이 있었다. 그러나 어느 정도 환경에 적응하고, 내가 생존할 수 있는 나름대로의 방법을 익혔을 무렵, 서서히 이성에 대한 생각이 들기 시작했다. 이 경험을 통해서 나는 인간의 가장 기본적인 본능은 몸에서 시작되고, 그것도 먹는 것이 가장 큰 본능이라는 것을 알게 되었다.

우리는 21세기를 살아가고 있다. 특별히 대한민국의 현주소는 소득 수준이 2만 달러가 넘어가고, 국가무역수출이 전 세계 9위권이다. 아직 우리나라보다 좋은 환경과 잘사는 나라가 많이 있지만 과거와 비교하면 전혀 다른 문화에 살고 있다. 세계적으로 내놓을 수 있는 기업이 있고, 연예계 활동도 전 세계적으로 두드러지고 있다. 이런 문화적인 상황은 사람에게 있어 1970~1990년대와는 다른 차원의 문화적 여건 속에 있는 것이 틀림없다. 미국의 1970년대 후반의 풍속도를 글로 표현한 시카고 신학대학의 교수였던 페리 르페브르(Perry LeFevre)의 글을 인용해 보면 다음과 같다.

> 인생에 많은 즐거움이 있을 수 있기에 (미국) 청소년의 정체성에 대한 필요조건은 먹고, 마시고, 성적으로 즐기는 것이다. 물론 이 쾌락의 철학은 인간의 삶의 관점에 대하여 믿을 수 없을 정도로 단순화한다. ……'활기차게 살아가는 인생'은 유행에 민감한 옷, 음식과 술, 영화, 음악과 책이 있는 풍요로운 사회에 제공되는 쾌락의 자기중심적 추구를 의미하는 것으로 나타난다. ……근본적으로 인간은 소비자이며, 그의 소명은 즐길 수 있는 소비를 극대화하기 위하여 사건과 사람을 조정하는 일이다. 이것은 인생이 만족의 계속적인 순간을 위하여 조건을 제공하는 것 외에는 어떤 진지한 것에도 헌신하지 않으려는 것이며, 만족은 단순하고 천박한 방법으로 이해가 된다.[75)]

고문헌에도 등 따스하고 배가 부르면 음욕이 올라온다는 말이 있다. 적당한 가난과 어려움은 인간을 도에 가깝게 한다는 말도 있다. 의식주 문제의 해결은 사람들로 하여금 다음 차원의 것에 관심을 가지게 한다. 그것이 쾌락이고 그 중앙에는 '성(sex)'이라는 것이 있다. 이 글은 수십 년 전의 미국 상황을 설명하는 것이지만, 오늘날의 한국 상황과 비슷하다는 생각을 한다. 소비가 미덕이고, 맛과 멋을 즐기고, 진지한 이야기보다는 신변잡기와 외모와 조건에 대한 관심을 갖는 시대다. 이러한 점에서 프로이트가 강조했던 성에 대한 담론은 21세기 우리 사회에서 다시 한 번 곱씹어 보고 재해석할 필요가 있다. 그리고 그가 반대하는 기독교에 대한 생각도 왜 그러한 의견이 나올 수밖에 없었는가 하는 관점에서 해석할 수 있다면 오히려 그의 비판이 기독교 상담과 신앙에 도움을 줄 수 있을 것이라 본다. 필자는 그러한 관점에서 그의 이론과 비판을 토대로 기독교 상담과 신학에 기여할 수 있는 것을 살펴보고자 한다.

1) 무의식의 중요성과 기독교 신앙

프로이트는 자신이 주장한 무의식의 힘, 그리고 그 저변에서 가장 영향력을 가지고 있는 성에 대한 담론을 다음과 같이 펼쳤다.

> 인류는 지금까지 자존심에 세 번 먹칠을 당했다. 먼저 코페르니쿠스(Copernicus)에 의하여 지구가 우주의 중심이란 인간들의 자만심이 여지없이 깨져 버렸다. 그다음 인간이 동물에서 진화되었다는 다윈(Darwin)의 증명은 신의 아들이란 인간의 자존심에 다시 한 번 상처를 입혔다. 다시 나는 인간을 자아의 통제가 불가능할 뿐 아니라 무의식에 끌려 다니는 가엾은 동물이라는 점을 밝혀 인간에게 제3의 통사(痛事)를 일으킨 것이다.[76)]

프로이트가 이 글에서 주장하는 세 가지 중에는 우리가 부분적으로 인정하는 사실이 있다. 그가 자신의 무의식의 중요성을 이야기하면서 언급한 코페르니쿠스의 지동설과 다윈의 진화론에 대한 지적은 당시 사람들이 가지고 있던 수구적 자세에 대한 비판이다. 사람들은 거의 모두가 자기중심적 생각에 사로잡히기 쉽다. 자기중심적 생각과 판단을 실존주의 심리학자 어빈 얄롬(Irvin Yalom)은 '특수성(specialness)'이라는 매우 강력한 방어기제로 보고 있다. 이러한 특수성을 가지면 가질수록 사람은 자신을 객관적으로 보고, 문제를 해결하는 데서 멀어지게 된다. 무엇이든지 개인적인 나와 내가 속해 있는 집단에서는 강렬한 힘을 가질 수 있지만 객관적인 평가를 받지 않았기에 일방성은 항상 악한 결과를 가져올 수 있다. 일방성은 열정을 가지고 있으나 균형을 상실하였기에 악한 결과를 낳을 수 있는 것이다. 그래서 일방성은 자기 과신에서 나온 것이고, 자기 과신은 교만에서 나온 것이다.

예를 들어, 프로이트는 지동설에 대한 기독교 세계의 생각이 너무 자기중심적이었기에 과학적이고 합리적인 근거를 무시했다고 보는 것이다. 그리고 이러한 과학적인 증거를 신앙이라는 것으로 합리화시켜 사람들을 우매한 지경으로 몰아넣었던 것이다. 앞서 언급한 얄롬의 경우, 개인이나 집단이 가지는 특수성은 자기방어기제인데, 이 특수성이 무너지면 다음으로는 구조자에 대한 요청의 방어기제를 사용하게 된다고 본다. 구조자의 요청은 자신이 가진 의견에 대하여 동조해 주거나, 편을 들어줄 수 있는 개인이나 집단, 그리고 신에게 요청을 한다는 것이다.[77] 이러한 경우에는 개인이나 집단이 가진 이기적 욕구가 하나님에게 투사되어 본래의 하나님 의중과는 관계없이 나간다는 것이다. 즉, 자기중심의 이기적 성향에 의해 일을 추진하며 그것을 하나님의 뜻이라 하고 신앙을 끌어들인다는 것이다. 이러한 점에서 얄롬의 경우에는 이 세상 어디에나 의지하지 않는, 객관적 시각을 가지고 인생을 살아갈 수 있는 '단독성(aloneness)'의 정신을 갖는 것이 중요하다고 생각한다.

인류의 의식적 역사는 집단적 의식에서 개인적 의식으로 흘러가고 있다. 집단적 의식이란 이 집단의 대표성을 가지고 있는 왕이나 제사장을 중심으로 한 시대가 있었다. 그리고 이러한 시대가 최소한 수천 년 동안 이어지면서 그 집단 안에 있는 개인 구성원은 지도자의 운명에 자신의 운명을 맡기곤 했다. 왕과 제사장의 명과 운명에 개개인을 맡기는 시대는 중세기 문예부흥, 종교개혁, 그리고 산업혁명을 겪으면서 점차로 개인 중심 사회로 변모하였다. 집단도 중요하지만 그 집단적 의식에 억눌려졌던 개인의 감정도 중요한 시대가 되었고, 집단의 체제에 대하여 개인이 반대하는 시대로 변모하고 있다.

의식에 대한 흐름은 신학자 폴 틸리히(Paul Tillich)의 신학에서도 나온다. 그는 인류 역사 초기 의식을 타율성(Theonomy)이라고 표현한다. 타율성이란 왕이나 제사장이 가지는 법에 의해, 타율적으로 살아가는 시대를 의미한다. 그 시대가 지나고 자율성(Autonomy)의 시대가 있다. 이것은 문예부흥 이후에 발생한 것이고, 지금까지 계속되고 있다. 이 자율성은 타율성에 반대하여 발생한 의식의 움직임이다. 그러나 틸리히의 경우에는 이 자율성이 제1, 2차 세계대전을 통해서 한계를 실감하였다고 본다. 자율을 외치던 인간이 인류 역사상 가장 참혹한 세계대전을 일으킨 비참한 결과를 만들었다. 그래서 그는 최종적으로 신율성(Theonomy)의 시대가 있어야 한다고 보았다. 이것은 인간의 개인적 자발성에 의해서 신의 영역에 참여하고, 하나님이 인간 세계에 참여하는 시대를 말한다.

프로이트의 심리학은 이러한 의식의 변화 중심에 있었던 이론이다. 커다란 종교적 집단이 가지는 인간에 대한 대 명제, 즉 인간이 하나님의 형상을 가진 존재라는 것은 어쩌면 그에게는 기독교라는 거대한 종교집단이 일방적으로 밀어붙이는 중세기적 산물이라고 여길 수 있었을 것이다. 프로이트가 생각하는 인간은 기독교가 지금까지 생각하고 추구해 왔던 거룩한 성향을 가진 인간이기보다는 무의식에 의해서 갈등하는 욕망과 모호성을 가지는 인간이었다. 그가 인간을 무의식의 욕구에 의해서 휘둘리는 생명체라는 점을 강조한 시점도 집단보다는 개인 의식이 중요시되어 가는 시점에서 발생한 것이다. 그리고 기독교가 이렇게 기존의 인간관을 수호하고 놓지 않으려는 것은 종교가 환상(illusion)이라는 그의 이론과도 일치한다.

사람은 신앙을 가졌든 안 가졌든 자기가 가진 관점이나 의견을 포기하지 않으려는 경향이 있다. 필자의 경험으로는 헌신적인 신앙인일수록 자기가 가진 신앙적 의견에 집착이 강하다는 사실을 간혹 발견하곤 한다. 어느 날 대의적 차원의 교회 일을 할 일이 있었다. 그러나 교회를 유독 사랑하는 사람들로 인해서 일을 추진하지 못하게 되었다. 대의적 차원에서는 그 일이 추진이 되었으면 좋았다고 생각한다. 그러나 반대 입장을 지닌 사람들의 말을 들어보면 항상 그 앞에 신앙을 전제로 하는데, 내가 보기에는 중요한 것은 신앙이 아니라 자신들이 이제껏 가지고 있던 기득권을 침해하지 말라는 의미였다. 기득권을 포기해야 하거나 변경이 되면 입지가 흔들리기 때문이었다.

어느 교회에서 발생한 일이다. 교회의 규모가 커지다 보니 버스 한 대가 필요하게 되었다. 재직 회의를 통해서 버스 구입을 결정하였는데 새 차를 구입할 것인지 중고차를 구입해야 하는지에 대한 의견이 양분되었다. 새 차를 구입하자는 사람들은 중고차에 대한 매력을 느끼지 못한 사람들이었고, 중고차를 구입하자는 구성원들은 중고차에 대한 좋은 인상을 가지고 있는 사람들이었다. 각 대표가 나와 자신들의 입장을 설명하였는데, 중고 구입을 원하는 사람들의 대표자는 자동차 수리를 전문으로 하는 사람이었다. 그는 자신의 경험을 바탕으로 중고차의 가격적 매력을 얘기했고, 구입 후 중요한 것들을 정비하면 새 차처럼 운행할 수 있다고 설득하였다. 전문가의 설득에 교회는 결국 중고차를 구입하게 되었고, 이 중고차의 수리를 그 교인에게 맡겼다. 그러나 불행하게도 차는 구입 후 3개월을 사용치 못하고 폐차 처분되었다는 것이다. 이런 경우에는 자동차 수리업자인 교인이 자신이 경영하는 정비센터를 통해 이익을 남기기 위하여 교인들을 설득하여 중고차를 구입했다고 생각할 수 있다. 근검절약하는 것이 신앙의 미덕인 것처럼 설득은 하였지만 그 저변에는 자신이 운영하는 업체의 이익이 있었다는 것이다.

줄기세포에 대한 논문 조작 사건이 발생하였을 때 우리는 큰 실망을 하였다. 그런데 보통사람보다 더 실망한 사람들이 있었는데 그 사람들은 줄기세포의 치료를 통해서 자신들이 평생 고민하던 병을 완전히 치료하고자 하는 기대를 가지고 있었던 사람들이다. 논문이 조작된 것이 국내외적으로 다 알려졌음에도 불구하고 이 사람들은 논문이 진실이라고 믿고 있었다. 그렇게 주장하는 가장 큰 이유는 심리적으로 볼 때 자신들이 이제껏 신뢰한 것이 거짓이라는 것은 자신들의 믿음에 대한 거부였기 때문에, 그 두려움을 버릴 수가 없었던 것이다. 결국 심리적 불안이 이러한 거짓에 집착하게 하는 것이다.

이단운동에 참여한 사람들도 마찬가지다. 우리나라는 그동안 대표적 이단운동들이 많이 있었다. 대표적인 것이 1990년도 초반에 발생한 다미선교회의 예수재림운동이다. 재림운동이 당시에 하도 강해서 9시 저녁 뉴스에 생방송으로 10분 정도 방영이 되었다. 그런데 이러한 이단운동에 집착하는 것은 심리적 불안에서 시작되는 것이다. 현재 자신이 살고 있는 자리가 불안하기에 그 불안을 종식시킬 재림을 선망하는 것이다. 결국 개인의 불안의식이 재림을 합리화하고, 그것을 절대적 신앙화환 것이다.

기독교 심리학자이면서 정신과 의사인 폴 투르니에(Paul Tourier)는 그의 저서 『인간의 자리』에서 자리(place)라는 것은 사람이 성장하는 데 매우 중요한 장소이기에 이에 대하여 관심을 기울여야 한다고 말한다. 여기에는 가시적인 자리와 심리적인 자리가 있을 수 있는데, 이 양쪽에 대한 만족스러울 만한 경험이 있어야 다음 단계로 모험을 시작할 수 있다는 것이다. 어머니의 젖을 흡족하게 먹은 아이는 다음 단계로 출발할 수 있다. 잠을 잔다든지, 장난감을 가지고 논다든지, 주변 환경을 신비로운 눈으로 응시할 수가 있다. 그러나 모유를 충족하게 먹지 못한 아이는 주변 환경에 대한 모험보다는 모유에 대한 집착으로 시간을 보낼 수밖에 없다. 중대한 결핍은 자기에 대한 집착을 초래하고 우리가 모험하고 사유해야 할 환경이 보이지 않는다.

하나님의 부르심을 받은 아브라함이 자신의 아비, 친척 그리고 고향을 떠나 하나님이 지시하는 땅으로 떠날 수 있었던 것은 어떤 이유에서일까? 물론 여기에는 아브라함이 하나님 앞에 가진 신앙이 전제가 되어야 한다. 그리고 그 신앙과 더불어 아브라함이 자신의 성장 자리에서 바르게 양육되었다는 것은 아주 중요한 사실이다. 그래서 바른 신앙은 건강한 심리 구조를 형성케 한다고 본다. 자신의 자리에서 어느 정도 만족한 아브라함은 하나님의 부르심에 순종하여 앞을 알지 못할 미래에 대하여 자신을 맡긴 것이다. 인생이 자리와 주택, 물질에 대한 집착으로 일관된다면 우리는 정말 삶에 있어 매우 중요한 어떠한 가치를 상실하고 살아가는 것이다. 물질과 주택은 커지고, 가지는 것은 많아지겠지만 정말 중요한 가치는 상실된 인간으로 살아갈 뿐이다.

우리가 떠나지 못하고, 내가 생각하는 것이 절대적이라고 생각하는 것은 무슨 이유에서일까? 폴 투르니에는 그것이 내가 가진 결핍으로 인해 내 자리에 집착하는 것으로 본다. 그러나 그 집착이 겉으로 표현되기에는 완전무결한 확실한 주장으로 나타나기에 외부인들은 무엇이 문제인지 알지 못한다.

프로이트가 상세하게 기술하지는 않았지만 저자의 상상력으로는 프로이트가 주장하는 무의식에 대한 의견이 당대에 그렇게 수용되지 못한 것은 당시 사람들이 가진 문화적 환경이 수용할 수 없었기 때문이다. 그러나 프로이트 사후 100년을 넘은 이 시점에, 그 시대에 중요시되지 않는 무의식의 힘이라는 것, 특별히 성과 연관된 무의식이라는 것이 우리 사회에 얼마나 빈번하게 비참한 사건이 발생하는지, 그리고 그것이 얼마나 비극적인지를 우리가 알고 있다. 하루가 멀다 하고 발생하는 부녀자 성폭행 사건들이 오늘의 한국 현실을 말해 주고 있다.

프로이트의 공헌은 당시나 지금이나 기독교인들이 인정하기 싫은 무의식과 인간의 중심에 서 있는 '성'에 대한 담론이다. 물론 성이 인간의 모든 것을 다 말한다고는 할 수 없지만, 그렇다고 성을 부정하거나 터부시하는 것은 성에 대한 두려움 때문이다. 우리가 성을 매우 금기시하는 중요한 이유에는 기독교적인 전통이 있다. 기독교에 있어 오랫동안 사람들은 영과 육을 구분한 시대가 있었고, 그리고 특별히 이단으로 규정된 영지주의(Gnosticism)에서 육을 매우 천한 것으로 여겼다. 그러나 이러한 이단 사상들이 기독교 내에도 많이 있어 육체를 홀대하는 시대가 있었다. 그래서 남자는 영을 가진 존재이고, 여성은 육체를 가진 존재로 보았고, 영을 가진 남자는 선하고 육체를 가진 여성은 천한 것으로 여긴 시대가 있었다.

코페르니쿠스의 지동설을 인정치 않았던 고지식함이 프로이트의 성 담론을 반대하고, 인간을 이분법적으로 보기 시작했다. 필자는 영과 육에 대한 이분법적인 교육으로 고생하는 많은 사례를 접하고 있다. 예를 들어, 우리가 어릴 때 부모로부터 이성에 대하여 어떻게 생각하고 관계를 유지해야 하는지에 대하여 들은 사람은 많지 않을 것이다. 아직도 기억 나는 것은 TV에서 키스 장면이 무르익게 되면 아버지와 나는 너무 당황했다. TV 하나 달랑 있는 조그만 방 안에서 아버지는 장면이 다 지나가기까지 헛기침을 시작하였고, 나는 화면을 똑바로 응시할 수 없어 옆에서 다른 일을 하는 척하다가 그 장면이 지나가면 다시 TV를 보곤 했다. 이런 풍토는 특별히 남자들에게 성에 대한 관심을 부모로부터 바르게 교육받기보다는 외설적인 것으로 확대하여 수용하는 경우가 대부분이었기에 우리는 성에 대한 환상으로 인해 문제가 발생할 수 있는 것이다.

4대째 기독교 신앙을 가지고 있던 한 남성은 결혼 후에 부인과 문제를 일으키기 시작했다. 소위 말하는 중년의 위기를 맞이한 것이다. 부인과 아이들이 있음에도 불구하고, 자신과 눈이 맞은 여성에 파묻혀서 부인을 버리다시피 하며 생활을 하고, 이혼을 요구한 것이다. 4대째 신앙이 전수되는 것은 쉬운 일이 아니다. 그런데 그는 부모로부터 강요와 억압된 신앙생활을 한 것이다. 숱하게 신앙 때문에 맞기도 하고, 성에 대해서는 알지도, 보지도 못하고 성장한 것이다. 과도한 억압은 분명히 인생의 어느 시기에 터지게 되어 있다. 부부 간에 성에 대한 충분한 이해와 관심이 없으면 사고가 발생한다. 굶은 아이가 먹을 것을 찾고, 목마른 사람이 물을 찾는 것과 같이, 인간의 본능 중 하나인 성에 대한 해결을 하지 못하면 그것을 찾으려 할 것이다.

간혹 하나님이 인간에게 필요한 것이 영이기만 했다면 우리에게 왜 신체를 주셨을까 하는 생각을 하곤 한다. 신체가 이 세상에서 우리가 살아가면서 필요하였기에 이러한 구조를 준 것이다. 그러기 때문에 이 신체와 정신의 질서에 대한 바른 이해와 교육, 그리고 훈련이 필요한 것이지 무조건적인 억압은 늘 사고를 불러일으킨다.

> 나로서는 인간에게 있어서 숙명적인 질문은 인류 안에서 발전한 문화적 과정이 공격과 자기파괴의 인간 본성에 의해 원인이 된 공공의 삶의 혼란을 다스리는 것을 할 수 있을지, 그리고 어느 정도할 수 있을지다. ……그리고 '하늘의 힘'인 두 가지 중의 하나인 영원한 에로스(Eternal Eros)는 자신과 동등한 불멸의 대적자(죽음)와 나란히 자신을 유지시키기 위해 힘을 불어넣을 것이다.[78]

이 글은 프로이트의 솔직한 고민이 묻어나는 내용이다. 인간은 문명을 일으키고 도덕, 법, 종교를 만들어 타 피조물보다 우월성을 가지고 있는데 기독교에서는 이것이 하나님 형상을 닮은 인간의 특성으로 본다. 그러나 우리는 인간이 만든 도덕의 고매함이 있지만, 때로는 자신이 만든 도덕과 법에 개인이 중심이 되려는 수없는 시도와 결과들을 보았다. 그래서 법을 표방한 독재국가와 독재자들이 생겼고, 이로 인해 수없는 양민이 죽어 가는 것을 보았고, 보고 있다. 종교를 만들어 유한성에서 무한성을 생각하고, 초월성에 대한 궁금증을 가진 탁월함도 있지만, 종교로 인한 전쟁은 전 세계 전쟁의 90%를 차지하고 있다. 선하고 영성을 도모해야 할 종교가 인류 학살의 주범이 되기도 하는 것은 인간의 분명한 한계성을 말해 준다.

교회를 부흥시키고 질적으로나 양적으로 발전시키는 신자들도 있지만, 때로는 자신의 신분을 망각하고 교회의 중심에 서려고 하거나, 자신의 위치를 성스러움 가운데 놓으려는 시도로 인해 교회는 결국 사적 욕심으로 끝나는 불행을 목도하고 있다. 이러한 것들은 프로이트가 앞의 글에서 지적하는 인간의 모호성에 대한 고백과 같다. 인간은 바른 것과 좋은 것을 만들고 발전시키지만, 전쟁을 통해 문명을 파괴했듯이 그러한 것들도 언제 파괴될지 모르는 위협을 가지고 살아간다는 점이다.

우리는 아직 대우주의 대부분을 모르는 것과 같이 소우주인 인간의 몸과 정신에 대해 모르는 것이 너무나 많다. 그러나 동시에 우리가 알고 있는 것이 새로운 지식이나 정보에 대하여 무너질까 하는 두려움으로 기존의 것을 움켜쥐거나 자녀들에게 강요할 수도 있다. 폴 투르니에는 진정한 신앙인이라면 새로운 세계와 지식에 대하여 도전을 받아, 자신이 거하고 있는 자리를 떠나 새로운 세계에 대한 모험을 해야 한다고 본다. 그리고 그러한 사람이 건전한 사람이라고 보고 있다.

집단보다는 개인이 중요한 사회, 결혼도 중요하지만 결혼 전에 자기실현에 대한 관심이 많은 시대, 부부로 살아가는 것도 중요하지만 각자가 자신이 가진 잠재력을 발휘하면서 살았으면 하는 시대에 우리가 살고 있다. 수직적 사고 구조에서 수평적 사고 구조로 바뀌었고, 몸에 대한 중요성이 어느 시대보다 크고 거기에 투자하는 시대가 되었다. 프로이트가 말하는 성에 대한 담론이 절대적이지는 않지만 시대 상황에 맞게 새겨들을 필요는 있다. 그리고 그의 의견은 우리로 하여금 몸에 대한 금기시된 빗장을 풀어 새로운 이해를 시작하는 데 얼마만큼은 도움이 될 것이다. 그리고 우리 시대 수없이 발생하는 성 관련 사건을 보면서 기독교 상담사로서 어떠한 도전적인 이해와 정신을 가질 수 있는가에 대한 다리 역할을 할 수 있을 것이다.

2) 환영(illusion)인 종교와 기독교 상담

'종교는 환영이다.'라는 프로이트의 정의는 칼 마르크스(Karl Marx)가 기독교에 대해 비판적인 시각으로 '종교는 아편(Opium)'이라고 말한 것과 비슷하다. 전자는 심리적인 입장에서 본 종교이고, 후자는 사회학적 입장서 본 종교다. '환영'이라는 말은 본래 존재하지 않는 것이 인간의 편리성을 위해 사람들이 창안해 놓은 것이라는 의미다. 그리고 그 편의성으로 인해 사람들에게 득을 끼치는 경우다. 반대로 사람이 심리적으로 불안해지면 '망상(delusion)'을 가지게 되는데, 이 경우도 실존하지 않는 것을 심리적 불안으로 인해 만들어 내고, 그로 인해 오히려 사람이 피해를 본다.

프로이트가 종교를 환영으로 정의한 가장 큰 이유는 그의 책 『문명과 문명의 불만족』에 나타나 있다. 기독교는 사랑의 종교라고 표방을 하면서도 역사에서 씻을 수 없는 과오를 행했는데 그것이 노예제도와 십자군전쟁이라는 점을 지적했다. 노예제도는 서방의 대부분 기독교 국가가 약한 아프리카 국가를 침입하고 식민지로 삼아 그 나라와 물자와 사람들을 무력으로 탈취하고, 더구나 아프리카 사람들을 노예로 삼아 서구의 부를 일궈 낸 것에 대한 혹평이다. 지금도 화려한 서구문명의 뒷면에는 이러한 식민지 국가와 노예들의 자본과 생명을 담보로 하여 이룩한 것이 있다. 이슬람 국가와 기독교 국가 간의 씻을 수 없는 과오는 십자군전쟁에서 발생했다. 이 전쟁으로 인해 오늘날까지 보이지 않는 적대 의식이 남아있다는 점이다.

프로이트가 종교를 환영이라고 한 지적은 그 밖에 역사적 사건에서 자주 볼 수 있다. 예를 들면 제1, 2차 세계대전에 대한 것이다. 독일은 개신교의 종주국이면서 제1차 세계대전뿐만 아니라 다시 제2차 세계대전을 일으킨 불명예스러운 국가가 되었다. 로마가 있는 이탈리아 역시 가톨릭 성지국가이지만 제1차 세계대전의 전범 국가가 되었다. 두 국가에서 악랄한 독재자 히틀러나 무솔리니가 나와 인류 역사상 가장 비참한 기록으로 남게 되었다. 물론 정치와 종교가 분리되어 있다고는 하지만, 한 국가의 문화 형성에 중요한 역할을 하는 하나님에 대한 신앙을 가지고 있는 국가들이 왜 정반대되는 비극적인 일에 적극적인 참여를 했을까 하는 의문을 당연히 제기하게 된다.

환영과 망상의 공통점은 개인의 마음에서 발생한다는 점이다. 환영은 사람이 긍정적인 경향으로 치달으면서 공상을 현실화하여 생활 속에 합리화하는 것이고, 망상은 부정적인 공상을 현실화하여 자신의 생활에 막대한 지장을 초래하는 것이다. 예를 들어, 시내산에 올라간 모세가 내려오지 않자, 이스라엘 백성들은 아론에게 자신들을 이집트에서 이곳까지 인도한 하나님에 대한 형상을 만들 것을 요구했고, 이에 따라 금송아지 신상을 만들고 그것을 하나님으로 숭배한 것이다. 그래서 프로이트가 종교를 환영이라고 정의한 것은 엄밀하게 말해 기독교적 관점에서는 우상숭배를 의미하는 것이다.

우상은 어떤 신상을 세워 그것을 숭배한다는 의미도 있지만, 현대적 의미에서는 자신의 원에 따라 하나님이 움직인다고 믿고 생활하는 것이다. 그래서 환영은 기독교인들의 신앙 생활 속에 때때로 보이고 있다. 누구나 소소하게 이런 일이 발생한다. 필자도 이런 신앙을 가지고 생활을 한 기억이 있다. 학교 자리를 얻기 위해서 동분서주할 때다. 그 시기에 때마침 고대하던 책도 미국에서 출판되었다. 그리고 어느 대학에서 교수를 모집한다는 광고를 접하게 되었다. 책도 나왔고 나름대로 무언가를 이뤘다는 생각에 기도를 하며 준비하고 원서 접수를 했다. 꼭 되길 여러 차례 간절하게 바랐다. 모든 정신이 이곳에 집중되어 있을 시기에 나는 우연히 꿈을 꾸게 되었다. 이가 빠지는 꿈이었는데 다시 이가 나는 꿈이었다. 꿈이 신기하고, 때때로 꿈에 대한 신비로움을 느끼던 나는 이 꿈을 가지고 꿈을 해석하는 책을 책방에서 읽어 보게 되었다. 그런데 그 책의 해석은 나에게 큰 위로를 주었다. 이가 빠졌다가 다시 자라는 꿈은 자신이 간절히 소망하는 것이 이루어진다는 해석이었다. 이 구절을 읽자마자 뛰는 듯이 기뻤다. 집으로 가 아내에게도 이야기하고 마음껏 부풀어 있었다. 그러나 결과는 불합격이었다.

환영은 개인은 물론 집단이나 국가에서도 발생한다. 단체나 국가가 힘을 가지게 되거나 부를 일구어 내면 과거 역사에 대한 재해석을 늘 시도하게 된다. 그리고 과거를 아주 미화시킨다. 가능한 진부한 것은 없애 버리고, 무언가 새로운 것을 만들어 내서 특별한 의미를 부여하는 작업을 한다. 문제는 이 환영에 있어 최고조는 이 환영의 긍정성을 하나님의 뜻과 일치시키는 데 있다. 그런데 이러한 생각과 행위가 효력이 있는 것은 모든 것이 긍정적으로 잘되는 시점에 있기 때문이다. 환영이 신앙으로 위장하여 나타나는 경우가 많이 있지만, 이러한 환영에 위장된 신앙은 신앙이 아니라, 어떤 면에서는 이념이라고도 할 수 있다.

망상은 하면 할수록 개인에게 해가 된다. 주로 망상은 심약한 사람에게서 발생한다. 아주 소심하거나 너무 세심한 사람이 비도덕적 행위를 했을 때 발생한다. 또는 성장 과정에서 주된 돌봄자에게 정도가 넘는 학대를 받으면 학대를 받은 개인이 부정적 확대 해석에 능하게 되어 망상에 빠지게 된다. 성장 과정에서 심한 정서적 · 신체적 학대를 받은 사람들은 심리적 특성으로 인해 매우 부정적인 신앙관이나 극보수적인 신앙을 가지기 쉽다. 이것은 이미 시카고 대학의 교수였던 리주토(Rizzuto)의 『살아 있는 신의 탄생』이라는 책을 통해서 소개되었다. 부모의 양육 태도에 의해서 내담자들이 가지는 하나님에 대한 이미지가 달라진다는 것이다. 관대한 부모에게서 성장한 사람은 하나님 상에 대해 관대성을 가지지만, 엄격하고 비판적인 경우에는 하나님에 대한 상도 그렇게 변한다.

환영과 망상을 기독교 신앙과 혼돈하지 않기 위해서 준비해야 할 것은 무엇일까? 이러한 우려는 과거에도 있었고 앞으로 있을 것이지만 우리가 객관적인 통찰을 할 수 있는 능력이 있다면 이러한 오류에 빠지지 않을 수도 있다. 이것은 기독교 상담자들이 우선은 객관성을 가질 수 있는 세계관을 갖는 것이고, 이러한 상담자의 자세를 통해서 내담자의 세계관을 넓혀주는 것이다. 우리는 우리가 가지고 있는 세계관을 통해서 사람을 보고 사건을 본다. 그런데 이 세계관이 협소하다면 당연히 환영과 망상 속에서 볼 수밖에 없다. 이 세계관을 넓혀 가는 길은 여러 방면의 객관적 사실을 제공할 학문이나 경험의 영역에 자신을 열어 놓는 것이다.

예를 들어, 금세기의 살아 있는 3대 신학자 중의 한 사람인 볼프하르트 판넬베르그(Wolfhart Pannenberg)의 경우를 살펴보자. 그는 독일 신학자인데 그가 추구하는 신학이나 학문은 독자들에게 여러 가지 세계관을 제공한다. 예를 들어, 그의 책 하나를 살펴보자. 영문 제목이 *Anthropology in Theological Perspective*(『신학적 관점에서 본 인류학』)이다. 이 책은 신학이나 인류학에서 있어 한 주제를 다룰 때 최소 3~4가지의 관점에서 보도록 노력을 하고 있다. 예를 들면, 인류학, 심리학, 사회학 그리고 신학이다. 그래서 그의 책은 3~4가지의 관점을 가지고 한 주제를 말함으로써 책을 읽는 사람들에게 진리에 대한 세계관을 넓혀 주려고 하고 있다. 이미 우리보다 앞서 서구에서는 이러한 학제 간의 대화를 통해 진리를 밝혀 나가려고 노력을 하고 있다.

앙드레 지드가 말한 것과 같이 "진리를 찾았다는 사람을 믿지 말고, 진리를 찾고 있다는 사람을 믿어라."라는 말은 진리를 부정하는 것이 아니라,

진리를 규명하고 단정하는 작업은 길고도 어려운 일이라는 점과 사람은 진리를 부단히 찾으려고 노력해야 한다는 점이다. 하나님에 대한 신앙이 개인과 인류에게 너무나 필요함에도 불구하고 우리는 개인과 집단이 환영과 망상에 빠져 있는 경험을 많이 하고 있다. 이러한 오류가 역사에서 없을 수는 없겠지만 가능한 이러한 오류를 줄이기 위해 기독교 상담에서는 상담자들이 세계관을 넓히는 작업이 필요하다. 그래서 기독교 상담이라는 것은 신학적 사고와 심리학적 통찰의 결과가 나와야 하므로 적어도 이 두 영역에 대한 부단한 연구와 고찰이 있어야 한다. 동시에 환영과 망상이 현실을 부정하는 경향이 있기 때문에 기독교 상담은 인간 삶의 현장(Human Contexts)에서 가장 핵심적인 인류애(humanity)에 대한 관심을 가지고 상담에 임해야 한다.

3) 초자아와 본능 이해를 통한 기독교 상담

프로이트 심리학의 최고의 목표는 초자아에 대한 성립을 온전히 함으로 본능(id)의 무의식적이고 동물적인 힘을 억제함으로 현재의 나(ego)가 생존하며 살아갈 수 있도록 하는 것이다. 본능적인 욕구를 억압하지 않고 건강한 인간이 될 수 있다는 것은 인간이 가진 문화와 문명 안에서는 불가하다. 그래서 본능이 초자아라는 도덕적인 것을 지배하는 것도 잘못된 것이고, 초자아가 본능을 지배하는 것도 바람직하지 않다. 현재의 나라는 '자아'는 이 초자아와 본능 사이에서 협상점을 찾아 생존하는 것이다. 다른 말로 한다면 본능과 이성적이고 지적인 것이 화해를 시도해야 한다는 것이다. 본능에 대한 너무 많은 억압은 인간을 병들게 할 수도 있고, 초자아에 대한 너무 많은 기대치도 인간을 병들게 할 수 있다.

정신분석학의 목표를 초자아에 의해서 현재의 자아가 휘둘리지 않고, 죄의식을 경험하지 않으며, 동시에 본능에 의해 자아가 지배를 받아 억압에 놓이게 하지 않는 것을 목표로 하는 프로이트 심리학의 목표는 현재를 살아가는 현대인들에게 중도노선에 대한 인간상을 추구하고 있다고 생각한다. 너무 천사 같은 인간상은 인간 본능적 요소를 무시한 이해이고, 너무 악마 같은 모습을 생각하는 것은 인간에게 있어 너무 악한 요소를 부각시킨 것이 아닌가 생각한다. 악과 선이 우리 내부에 동시에 존재하고 있다는 사실을 인식하면 우리는 사람을 이해하는 데 좀 더 합리적인 입장을 가질 수 있을 것이다.

균형은 어떤 면에서 색깔이 분명치 않은 모호성이 있을 수 있다. 그러나 현대인들에게 문제는 이 양쪽에 대한 균형 상실에서 온다. 특별히 기독교인들에게는 너무 많은 초자아가 있는 것 같다. 금기해야 할 것도 많고, 더구나 그 금기가 객관적 입장에서 보면 억지스러운 것이 많이 있는데, 이것을 하지 않으면 마치 신앙이 없거나, 패륜아처럼 여겨질 때가 많다. 누구나 교양을 갖춘 사람이면 자신과 자녀들에 대한 교육적 훈육을 가지고 있는데, 기독교인들은 여기에 더 많은 금기가 추가되었으니 얼마나 많은 초자아와 억압을 가지고 살아가는지 알 수 없다.

균형을 잃은 초자아에 대한 강조는 본능에 대한 죄의식을 심어 주게 되며, 과도한 억압은 성장 후에 삐뚤어진 성격을 형성하게 된다. 신앙과 연관하여 필자가 생각하는 경험이 있다. 1970년대 중 · 고등부에 출석하였는데 그때 기타에 관심이 있어 기타를 배우게 되었고, 교회에서 기타 연주를 조금 한 적이 있다. 교회 분위기를 잘 모르던 나에게는 그것이 당시 교회 풍토에서 잘못되었다는 것을 후에 듣게 되었다. 오늘날 한국 교회에서는 예배 시 악기를 사용하는 교회가 많다. 기타, 드럼, 신디사이저 등등이다. 그런데 왜 1970년대에는 그런 것이 금기시되어 그렇게 교육을 받았을까? 중요한 것은 우리가 매우 부수적인 것을 가지고 마치 그것이 신앙과 교육의 핵심인 것처럼 생각한다는 점이다.

어느 집사님이 주님이 현현되어 자신의 옆에 있어 증거를 보여 주길 기도했다고 한다. 그런데 정말 그런 일이 일어났다. 주님이 자신의 곁에 늘 있어서 한동안 벅찬 감격으로 생활했다고 한다. 그런데 어느 순간부터 너무 부담되기 시작했다고 한다. 그래서 이제 그만 자신 옆에 계시지 않아도 된다는 기도를 했다고 한다. 부부가 사이가 좋으려면 늘 함께 있으면 안 된다. 운전 연습을 할 때 절대로 배우자에게 배우지 말라고 한다. 왜냐하면 다툴 확률이 너무 많기 때문이다. 이것은 사람이 친밀할수록 좋은 관계를 유지하기 위해서는 개인 생활이 있어야 하고, 그리고 함께하는 시간이 있어야 효율적이라는 것이다. 부모의 역할이 있고, 자녀의 역할이 있어 가족 공동체를 이끌어 나가지만 개인적인 시간을 가져야 가족 생활이 더 원만하게 될 수 있다.

교육, 신앙 등을 통한 초자아의 형성이 필요하지만, 이것이 이드의 본능을 무시하거나 짓밟아 버리는 수준이라면 이것은 균형을 상실한 것이다. 에이브러햄 매슬로(Abrahma Maslow)의 이론은 최초 인간이 기본적 욕구인 의식주를 해결한 후에 다른 차원의 것을 추구하는 단계로 바뀌게 됨을 말한다. 인간이 기본적인 의식주와 성에 대한 관심, 잠, 그리고 소유에 대한 관심을 부당한 것이라고 교육받기 시작하면 우리는 본질적인 것을 상실하게 된다. 우리는 초자아와 이드에 대한 양면적 입장에서의 교육과 상담이 필요하다. 과도한 억압과 빈핍은 과도한 돌출과 집착을 낳기 마련이다.

이드에 대한 과도한 억압은 분명한 그림자를 남긴다. 본능은 이해하고 그것을 잘 이끌고 설득해야 하는 것이지 무작정적 억압하면 역효과를 낳는다. 그렇다고 본능에 이끌려 그 욕구만으로도 살 수가 없는 것이다. 본능은 귀하고 존중받아야 하지만, 그것이 결핍과 굶주림을 느낄 때는 문제의 소지가 있다. 성은 인간의 본능이기는 하지만 성에만 집착해서 살면 인간으로 사는 것을 포기하는 것이다. 먹는 것, 자는 것이 중요하지만 여기에만 집착하다 보면 사람이 되지 않는다. 그래서 이것을 조절할 수 있는 초자아에 대한 훈련이 필요하다.

결국은 현실에 적응할 수 있는 나를 만드는 것인데, 그것은 초자아로 말미암아 너무 억압받는 사람이 되거나, 너무 본능적인 것에 치우쳐서 동물적인 삶을 사는 것을 조정하면서 살아가는 것이다. 자녀를 교육할 때도 너무 엄하게 하면 후유증이 있고, 너무 방만하면 질서와 규범 없이 살 확률이 있기 때문에, 부모가 교육관과 법을 가지되 넓은 범위 내에서 할 수 있도록 하여, 자녀가 자신의 자유로움이 너무 억압되거나 방만케 되지 않는 경계선을 가질 수 있도록 하는 것이 좋다.

4) 성과 기독교 신앙

프로이트는 애당초 자신이 목적한 의사가 되기 위해 유대인으로서 장애가 있었기 때문에 자신이 할 수 있는 새로운 통로를 개척했어야 했고, 그것이 정신분석학으로 연결이 되었다. 명석했고 조직력이 뛰어난 그는 유대인 학자들이 중심이 된 수요학회(Wednesday Society)를 매주 수요일 개최했고, 여기에 참석한 사람들이 루돌프 오트, 카를 융, 알프레드 아들러 등이다. 프로이트가 자신의 이론, 즉 성이 중심이 되는 인간의 무의식에 대한 이론을 설득력 있게 하기 위하여 추구한 것은 자신의 이론을 널리 전파해야 하는 제자들의 역할이었다. 그중의 한 사람이 초대 정신분석학회 회장을 맡은 카를 융(Carl Jung)이다. 섬세한 카를 융과 조직적이고 분석적인 프로이트는 미국 매사추세츠 주 클락 대학교(Clark University)에 초청을 받아 동행했을 때 본격적인 분리가 시작되었다. 융은 프로이트에게 자신의 꿈을 말하고, 꿈에 대한 해석을 받았고, 프로이트는 이때 꿈의 상징을 성과 연관되어 해석하였다. 늘 그러했듯이 프로이트는 자신의 심리 이론이 보편화되길 원했는데 전문가들인 제자들에 의해서 수호되고 보급되길 원했다. 프로이트가 주장하고 때로는 강요 비슷하게 한 정신분석학에서의 성의 중요성은 당시 사회에서 프로이트가 자신의 이론을 정착시키려고 하는 집요한 집념이라고 생각한다. 이러한 강요 등이 아들러(Adler)와 융 같은 학자들의 탈퇴를 부추기는 계기가 되었다. 이러한 면에서 한 인간의 이론이나 집단 이념은 개인의 환경에서 벗어날 수 없고, 동시에 개인적인 욕구에서 또한 자유로울 수 없다는 점이다.

자신의 성 담론을 수호하고 그것을 근거로 펼쳐나갈 수밖에 없었던 상황, 그리고 그것이 생존할 수 있는 방법이라는 것을 알았다. 그러나 모든 사상가나 심리학자의 이론이 자신의 성장 환경과 긴밀한 관련이 있기 때문에 프로이트 이론 역시 성장 과정과 환경과 밀접하게 연관되어 있다. 그리고 누구나 자신의 이론에는 한계인 개인적인 경험과 환경이 분명하게 있다. 프로이트가 대표적으로 언급하는 오이디푸스 콤플렉스가 그것이다. 예일 대학의 프로이트 전기의 전문가인 피터 게이(Peter Gay)의 지적과 같이 이 이론은 프로이트가 가진 가족 구도에서 온 것으로 보는 견해도 있다. 젊은 어머니의 어린 아들로서 민감한 프로이트가 나이 많은 아버지와 이복형제들 사이에서 어머니에 대한 애증의 삼각구도는 후에 그가 이론을 만드는 데 초석을 형성했을 것이고, 당시 비엔나 사회가 가진 성에 대한 문화적인 환경도 또한 이론을 형성하는 데 많은 영향을 주었다.[79]

동시에 프로이트의 인간 이해에 대한 임상적 사례 연구 대상자들이 가진 독특성이 인간 이해의 전반적 이해를 위해서 공통분모를 제공하는 데 가지는 한계성이다. 앞서 기술한 여러 환자의 사례는 보통 사람이 가지지 않는 특별한 사례로 볼 수 있는데, 이것을 기반으로 인간 이해에 대한 기초를 둔다는 것은 무리일 수 있다.

정신적인 분열이나 현상을 겪는 매우 특수한 사람들의 현상을 일반화하는 것은 특수성을 가지고 보편성을 논하는 것과 같은 의미다. 예를 들면, 패션쇼는 첨단 유행 의상을 선보이는 것이고, 참석한 디자이너들은 발표자의 의상 개념을 실용화하여 자기 것으로 소화하여 의상의 대중화를 실현하는 것이다. 마찬가지로 프로이트는 어쩌면 인간 이해에 있어서 최첨단을 걷는 학자로서 이론을 가지고 있고, 현실적으로 그를 이해하는 많은 사람이 그의 이론을 온전히 흡수해서 인간 이해를 한다는 것은 무리다. 각 개인의 상황과 환경에 적합하게 적용하는 것이 절차일 것이다.

인간에게 있어 성이라는 것이 중요한 것은 사실이지만, 이것이 인간에게 가장 핵심적인 것은 아니라고 생각한다. 중요한 한 부분이라고는 할 수 있지만, 인간을 움직이는 근본이라고 말하기에는 설득력을 잃는다. 프로이트가 담당한 내담자들에게 그의 이론이 맞을 수 있었겠지만 그것은 보편화 · 일반화하기에는 무리수가 있다는 점이다. 오히려 성 담론을 융과 같이 이해하는 것이 더 필요하지 않을까 생각한다. 융은 프로이트의 성 담론을 뛰어 넘어 성의 관심은 인간이 성의 포로가 아니라, 어머니와 일치하려는, 원형에 대한 일치를 향한 열망으로 보았다.[80] 작고한 신 프로디안 분석가였던 어니스트 베커(Ernest Becker)는 인간이 성관계를 한 후 허무와 허탈에 빠지는 것은, 신체적 본능에 의해 관계가 되었지만, 자신의 근원에 대한, 이러한 행위의 근원에 대한 분명한 해답이 없기 때문이라고 설명한다.

우리는 여기서 아동들의 절도행각에 대한 도날드 위니컷(Donald Winnicott)과 존 볼비(John Bowlby)의 시각의 차이를 살펴보면서 융의 성에 대한 정의를 응용해 볼 필요가 있다. 절도에 대하여 위니컷은 존재론적 관점에서 그것은 어머니에 대한 그리움에서 발생하는 것이라는 점을 강조했고, 볼비는 어머니와의 애착 문제에서 발생하는 것으로 보았다. 이 양자의 해석은 다 일리가 있다. 특별히 위니컷이 절도의 심리적 근원을 어머니에 대한 그리움에서 발생한 것이라는 것은 프로이트가 가진 성에 대한 이론은 좀 더 심층적으로 볼 수 있는 근거를 제공한다.

인간은 성의 동물이다. 성의 관계를 통해 임신과 출산, 양육의 과정을 통해서 인간이 성장을 하게 된다. 그래서 그 중심에는 성이라는 것이 반드시 역할을 하고 있다. 그런데 성에 대한 개인적 문제나 사회에서 발생하는 이유를 단순히 정신적 문제로 치부하기 이전에, 성은 하나님의 창조 질서에서, 특별히 인류에게 성숙과 번영을 위해 매우 중요한 수단 중의 하나다. 왜냐하면 성의 관계가 없이는 인류가 지속되는 것은 어렵기 때문이다. 예를 들어, 한국 사회가 직면한 문제 중의 하나도 신생아 비율이 점점 줄어들어 국가 경쟁력이 낮아진다는 말도 이러한 맥락에서 보면 같은 이야기다.

실존주의 심리학자로서 이론의 토대를 세운 어빈 얄롬에 의하면, 그는 집단상담을 이끌면서 집단 구성원이 가진 공통적인 문제를 발견하였다. 그것은 성에 대한 것이었다. 얄롬은 모든 구성원이 성에 대한 질문과 문제를 가지고 있었지만, 누구 하나 선뜻 그것을 말하려고 하는 사람이 없다는 것을 알았다. 그러나 어떤 한 구성원이 자신이 가진 성에 대한 고민을 말하자, 구성원이 너나 할 것 없이 자신들도 비슷한 성에 대한 고민을 말하는 것을 보았다. 그래서 성은 보편적 관심이면서 서로가 이야기하지 않으려는 금기를 가지고 있다.

개인에게 성에 대한 문제가 발생한다면 그것은 앞서 지적한 바와 같이 프로이트를 넘어서 심층적 해석이 필요하다. 성이 인간의 출생과 연관이 된다면, 성은 분명히 어떤 근원과 연관되어 있을 것이고, 그 근원이 인간 정신의 원형인 하나님과 연관되어 있다. 그래서 프로이트의 성담론은 두 가지 면에서 그의 이론을 뛰어넘어 관심을 가질 필요가 있다. 첫째는 매우 기독교 신학적 질문이지만, 앞서 지적한 바와 같이 성은 신체적 연관성만이 아니라, 그 근원자와의 연관성 속에서 탐색되어야 한다. 둘째는 근원자에 대한 답은 가족과 가정 속에서는 부모와의 관계에서 탐색이 되어야 한다. 하나님에 대한 질문은 현실적이면서도 형이상적이기 때문에 쉽게 이해하기 어려울 수 있다. 그러나 이해 이전에 우리에게는 가족이라는 것과 부모가 있기 때문에 부모를 통한 근원자와의 문제를 밝혀 보는 것이 일차적인 일이다.

볼비의 이론은 애착과 분리에 있어 단연 많은 관심을 받고 있다. 그런데 근래에는 자녀와 부모와의 애착 정도에 따라 성인이 된 후에 발생하는 성적인 문제와의 연관성을 연구하는 분야가 많이 있다. 볼비도 그의 애착이론에서 어린아이를 대상으로 한 임상실험에서 애착 정도가 아이들의 정신과 생활에 얼마나 중요한 역할을 하는지를 설득력 있게 제시하였다. 이러한 점에서 프로이트의 성담론은 그 자체의 중요성보다는 볼비의 애착이론 입장에서 성에 대한 개인적 문제를 보는 것이 훨씬 더 객관적이라고 본다. 예를 들어, 최근에 발생하는 유아 성범죄자들의 공통적인 문제가 성장과정에서 매우 결핍된 부모와의 애착관계를 드러내고 있다. 이러한 결핍이 결국 성범죄로 연관될 확률이 있다는 점이다.

어머니의 모유를 족히 먹은 아이들은 이제 다른 영역에 대한 탐색과 호기심을 가진다. 그래서 놀이도 하고 잠을 청하기도 한다. 그러나 모유를 족히 먹지 못한 아이는 항상 모유에 대한 갈급함으로 놀이나 그 밖의 다른 것으로 관심을 주지 못한다. 오로지 먹는 것에 대한 관심뿐이다. 과다한 결핍은 성장하면서 집착을 낳는다. 성인에 대한 비슷한 이야기도 있다. 매우 씁쓸한 이야기지만 카를 융의 성인들이 중년기에 본격적으로 개성화 과정을 밟을 때 개성화를 좀 더 적극적으로 할 수 있는 사람들이 있는데, 이들은 젊은 시절에 성공이라는 것을 목표로 해서 나이가 들면서 이러한 것을 어느 정도 경험한, 성공을 경험한 사람이 개성화 단계로 들어가기 쉽다는 점이다. 이것은 프랑스 신학자 샤르댕이 말하는 것과 같이 우리가 가진 것이 없는데 무엇을 나눠 줄 수 있겠으며, 배운 것이 없는데 어떻게 배운 것을 전해 줄 수 있는가라는 질문과 같다. 그래서 남에게 베풀기 전에 우선은 가져야 한다는 점이다. 그래야 버릴 수 있는 여유가 생긴다는 것이다.

상습적인 성폭행자에 대한 면접 결과도 비슷한 결론을 가져온다. 어려서부터 상습적으로 성폭행을 받은 사람들이 성인이 되어서 혼란 가운데 있는 것은 사랑과 성폭행을 동일시하고 있다는 점이다. 그래서 여성들과 데이트를 할 때 성폭행으로 이어진다는 점이다. 그런데 이러한 행동은 이 피의자들이 어린 시절에 가까운 사람들로부터 상습적으로 성폭행을 당하면서 어른들이 하는 폭행을 사랑이나 관심이라는 것과 비슷하게 여긴다는 점이다. 소위 성폭행을 한 후 위로 차원의 말이나 금전을 건네면서 아이들이 이중적 구조(Double Mind)에 놓이게 된다는 점이다. 그래서 사랑과 성폭행을 동일선상에 놓고 있다.

프로이트의 성담론은 융이 지적하는 어머니 원형에 대한 그리움의 관점에서, 그리고 볼비의 애착담론의 관점에서 보는 것이 훨씬 합리적이라고 생각한다. 또한 위니컷의 존재론적 입장에서 보려고 하는 것, 절도는 어머니에 대한 그리움에서 발생하였다는 점을 명심하면서 성을 유의 있게 보려는 것이 시대적으로 맞는 관점이다.

프로이트가 인간의 핵심적 에너지로 본 성은 프로이트가 가진 가정환경과 시대적 환경의 산물이다. 이것을 일반화하는 데는 무리가 있다. 동시에 현대는 프로이트가 지적하는 것처럼 성의 억압으로 인해 문제가 발생하는 것이 아니라, 성이 더 개방적이고 오히려 영적인 것이 더 억압받고 있는 상황이다. 신학자 한스 킹은 다음과 같이 프로이트의 성담론을 지적한다.

> 오늘날에는 프로이트가 강조하지 않았던 성욕 조절이 성욕의 억압보다 더 시급하고 중요한 문제가 아닌가? 소비자 사회인 오늘날의 특수 행동장애는 안락 추구 및 방종적 태도, 그리고 담배에서 마약에 이르는 온갖 것에 대한 탐닉에 그 원인이 있는 것이 아닌가? 오늘날에는 누구나 진정한 인생관과 삶의 목적을 찾으려 하지 않고, 단지 기쁨을 느끼고 무언가를 성취할 수 있는 능력만을 구하고 있지 않는가? 그렇다. 우리 시대의 전형적 신경증은 성욕이나 조의식의 억압이 아니라, 삶의 규범과 의미에 대한 인식의 결여에서 비롯되고 있다.[81)]

5) 프로이트의 심리학과 기독교 신앙

앞서 언급한 환영(illusion)을 여기서 조금 더 언급하려고 한다. 환영은 실제로 있지 않은 것을 만들어 내어 생활의 불안으로부터 안심을 보장하려는 것이다. 앞선 내용 중에는 십자군전쟁, 종교전쟁, 노예제도 등을 들었다. 신학자 한스 킹의 경우는 프로이트가 종교를 환영으로 지적하는 것에 대한 교훈을 들을 필요가 있다고 역설한다.[82] 한스 킹이 지적하는 기독교 역사에서 환영적인 것은 현실 도피의 문제, 종교 재판, 마녀사냥, 십자군전쟁과 같은 것이다. 환영의 종교는 현실을 직시하여 문제를 풀어 가려는 것보다는, 현실을 직면하지 않은 소극적인 삶을 살도록 한다는 것이다. 중세기 마녀들에 대한 고문이나 처형은 현실을 바르게 보려 하는 사람들에게 교권적 · 집단적으로 억압을 해서 마녀로 만든 경우다. 바르게 말하려는 사람들을 교권의 힘으로 억누른 것이다.

우리 개인은 삶의 고난, 질문 등을 통해서 신앙에 귀의할 수 있다. 개인 신앙의 순수함이다. 그러나 신앙의 중심에 내가 서려는 의도가 반복되면 개인이나 집단은 하나님의 자리에 자신이 서게 되는 것이다. 역사상 종교재판, 십자군전쟁 등 앞에서 언급한 이러한 비참한 사건이 기독교를 통해 나타나는 이유는 기독교를 통해 공권력과 힘을 가지고 있는 개인이나 집단이 신앙이 아니라 환영적 신앙을 가지고 있었기 때문이다. 이러한 점에서 신학자들이 프로이트에게서 배울 수 있는 것은 '종교에 대한 정직성'이라는 결론이다.[83]

종교적 정직성이라는 것은 '지적 정직성'과 '비판적 합리성'에 대한 것이다. 종교 영역에서 이성과 합리라는 지성을 배제하는 것은 영성에서 균형의 상실을 의미한다. 심리적으로 가장 건강한 사람을 이성과 감성, 또는 지성과 감성의 균형을 가진 사람으로 보고 있다. 또는 아들러는 인간의 기본 심리를 언급할 때 힘, 안전, 그리고 완전으로 본다. 이것은 기본적으로 상담에서 말하는 인간의 본능은 돌봄(caring)에 안전이 속하고, 힘과 완전은 인간의 성공과 성취 욕구에 해당한다고 본다. 그런데 돌봄을 일반적으로 여성성의 특징으로 보고, 성취를 남성성의 특징으로 본다. 이 두 가지 영역은 인간이 동떨어져 책임을 지는 것이 아니라 이 두 영역이 통합될 때 가장 바람직한 사람이 된다. 카를 융도 인간이 개성화의 길을 가면서 거쳐야 하는 4단계 중에 가장 중요한 것은 아니마(anima)와 아니무스(animus)의 통합으로 보았다.

기독교에서 영성에 대한 정의를 할 때 가장 큰 단점은 지성에 대한 배제와 영성을 너무 형이상학적으로 정의하는 것에 대한 오류이다. 영성은 형이상학적이기도 하지만 영성을 가진 사람에 대한 점검은 현실 생활을 통해 증명되어야 한다. 기독교에서 지성의 역할을 배제한 작업들은 기독교를 감성에 깊게 접근하도록 하였고, 이러한 감성적 접근은 개인에게 열정(passion)을 낳는 긍정적인 것도 있다. 그러나 지적인 균형을 가지지 못한 열정은 이분법적 사고 방식을 낳기 쉽다. 즉, 나의 편이 아니면 적이라고 생각하는 흑백논리에 빠지기 쉬운 함정을 가지고 있다는 점이다.

열정은 사람을 단순하게 만들기에, 그 단순함에서 발생하는 에너지가 크다. 그래서 이 에너지에 대한 효과는 분명히 있다. 어느 누구도 할 수 없는 일을 짧은 시간 내에 할 수 있게 만드는 힘을 가지게 된다. 열정은 단순함과 힘의 장점이 있지만, 잘못하면 이분법적으로 될 수 있으며, 흑백논리에 빠지기 쉽다는 점이다. 내 편이 아니면 적이라는 생각을 많이 하게 된다. 하인츠 코헛(Heinz Kohut)이 프로이트의 정신분석학을 비판할 때 왜 정신분석학을 공부하는 사람이 『꿈의 해석』이라는 책을 필수적으로 읽어야 하는가라는 질문을 제기했다. 꿈의 해석을 교본으로 사용함으로써 정신분석학에 관심이 있는 사람들에게 근원적으로 공감하고 힘을 함께할 수 있는 기회를 주지만, 역으로 이러한 구조는 비판할 수 없게 만들고, 비판이 없다는 것은 장기적으로 창의성을 돌출해 내지 못하기 때문에 부정적으로 되는 것이다.

영성이나 신앙에서 지성을 배제하고, 객관적 관찰에 대한 비판을 제거하는 것도 코헛의 정신분석학에 대한 비판과 같은 입장에서 생각하면 된다. 흑백논리나 이분법에 빠지는 가장 큰 이유는 그렇게 말하는 개인이나 집단이 가진 불안심리 때문이다. 사람은 불안하면 어떤 것을 회피하거나 집착하기 마련이다. 그래서 심리적으로 과도하게 불안하면 비정상적인 신앙 구조를 선호하게 되어 있다. 성장 과정에서 가정과 부모에게서 과도한 불안에 시달린 사람들은 정상적인 신앙에 입문하기보다는 매우 보수적이나 종말론적 유형의 신앙을 선호하게 된다. 그리고 평상적인 신앙의 중요성을 말하는 것에 마음이 차지 않기 때문에 이분법적인 신앙을 택하게 된다. 이러한 선택을 하는 중에 잘못하면 이단을 택하기 쉬운 것이다. 큰 불안 가운데 선택한 신앙 노선에서는 자신이 믿고 있는 신앙에 대한 절대성을 늘 주장하기 마련이다. 자신이 추구하는 신앙의 절대성을 주장하는 이유는 그 신앙의 절대성 때문이 아니라 자신이 가진 절대적 불안 때문이다.

인간이 타 피조물과의 상이점은 학습과 교육에 절대적 영향을 받는 데 있다. 그중에서 도구를 이용한 기술과 언어를 통한 감정과 사상의 전수가 그 핵심이다. 이런 모든 것이 결국은 학습과 교육으로 형성되는데, 무서운 것은 이런 것들이 인간을 세뇌시킬 수 있다는 점이다. 예를 들어, 공산국가에서 국민에 대한 세뇌를 통해서 민주국가에 대한 객관적 평가를 할 수 없고, 자신들의 이념과 가치가 최고라고 생각하는 것은 반복된 학습과 강요에 의한 것으로 볼 수 있다.

인간은 개인이나 집단이 가진 욕구가 있고, 핵심에 서려 하고, 핵심에 섬으로써 자신의 존재감을 알리려는 무모함을 어느 시대나 개인과 집단이 가지고 있다. 이것은 인간이 가진 본능이다. 그래서 인간은 피조물 중에 뛰어남으로 통합성(integration)을 가졌고, 이 통합성을 통해서 도덕과 법을 만들어 내었다. 그러나 중심에 서려는 욕구로 인해 도덕과 법을 이기적인 목적으로 사용하기도 했다. 초월성(transcendence)의 욕구가 있어서 종교를 만들어 냈지만, 이 종교에 자신이 중심이 되려는 시도로 인해 마성적 힘(the demonic power)을 만들어 내고, 종교와 신의 이름으로 수많은 전쟁과 살상을 하였다. 창의성(creativity)으로 인해 문화와 과학을 만들어 냈지만, 결국은 욕심으로 인해 인간은 잘못된 문화 속에서 스스로 오염이 되고, 과학으로 인해 핵의 공포 내지, 유전자 변환에 대한 미래 위협을 받게 된다.

이 세 가지 특성은 뛰어난 인간의 능력이기도 하지만, 이기주의와 자신이 중심에 서려는 태도로 인해 피해를 본다. 이것에서 조금이나마 벗어날 수 있는 것은 무엇일까? 예를 들어, 기독교가 개인과 집단의 욕심으로 인해 마성적 힘을 발휘하고 있는데 이 피해를 줄여 나갈 수 있는 방법은 무엇일까? 그것은 잃어버린 영성의 객관적 사실을 말할 수 있는 지적인 영역을 열어 놓는 것이다. 지적인 작업이란 사실을 객관적으로 볼 수 있는 능력을 키워 나가는 것을 의미한다. 우리는 늘 보는 것과 경험하는 것이 한정되어 있어 우리가 가진 안경만을 가지고 사람과 세상을 보려는 편협함을 가지게 되고, 이러한 편협함에 대한 집착은 오만함을 놓게 된다. 제인 오스틴에 의하면 편협은 내가 다른 사람을 사랑하지 못하게 하고, 오만은 다른 사람이 나를 사랑하지 못하게 한다고 했다. 때로는 기독교인이 가진 경험의 부족으로 편협과 오만이 우리의 주변에 쌓여 있어 상호 간의 불신을 낳기도 한다. 프로이트는 이러한 기독교(종교)의 편협된 경험과 지적 작업을 기초로 하지 않는 것에 대해서 다음과 같이 지적한다.

> 만일 종교적 교리의 진실성을 그것을 증거하는 몇 사람의 내적 경험에 의존한다면, 그런 희귀한 경험을 하지 못한 대부분의 사람에게 무슨 의미가 있는가? 우리는 누구나 각자가 소유하고 있는 이성이란 재능을 활용할 필요가 있다. 그러나 우리는 아주 드문 소수의 사람만이 갖고 있는 동기를 기초로 모든 사람에게 적용하는 강제 규정을 만들어서는 안

된다.[84)]

프로이트가 지적하는 지적 작업의 소홀성, 그리고 객관적으로 사실을 보려는 진실성은 열정에 함몰되어 있어 한 면만을 추구하는 신앙 노선에 도전을 준다. 부끄러운 것은 영성을 추구한다는 한국 기독교에 있어 장로교 교단이 300여 개에 이르고 있다는 것만 보아도 한국 기독교가 얼마나 열정과 신앙을 포장해서 이념적 신앙에 몰두하고 있는지를 보여 주는 예다. 또 다른 프로이트의 지적을 살펴보자.

> 종교가 '전적으로 인간 아닌 것'에만 전심전력을 한다면 현실과의 접촉은 필연적으로 소실된다. 그렇게 되면 종교적 문제는 일종의 자기 기만이나 현실 도피가 되기 쉽다. 종교는 현실적 고려는 없이 폭군적인 초자아에만 유아적으로 의지하게 된다.[85)]

신앙에서 지적 작업에 대한 객관성의 상실은 한편으로는 세상살이와 인간의 문제에 대한 등한시를 초래하여 현실에서 동떨어진 종교가 되기 쉽다는 지적이다. 기독교(종교)는 현실과 영적 세계에 대한 균형을 가져야 한다. 이것이 본래 가르침이다. 그러나 영적 세계에만 관심을 가지게 되면 현실에 대한 책임이 없어지게 되고, 현실 도피적인 종교가 되기 쉽다. 객관적 통찰과 지적 작업을 가지라는 것은 현실에 대한 책임을 가지는 것이고, 현실적 책임을 중심으로 기독교 신앙을 균형 있게 하는 것이 좋다. 현실에 대한 책임이란 결국은 인류애(humanity)다. 모든 사상과 이념을 초월할 수 있는 것은 사람에 대한 사랑이다. 한국 기독교는 과거 수십 년간 인간에 대한 사랑을 이야기할 때마다 그것은 영적인 것이 아니며, 기독교 외에 많은 기관이 하고 있다는 식의 답을 내놓았다. 틀린 말은 아니다. 그러나 인간의 가장 근본적인 인류애에 대하여 관심이 없으면서 어떻게 영적인 사람이고,

기독교가 영적인 것이라고 말할 수 있겠는가? 하나님이 우리에게 몸이라는 것이 필요 없었다면, 몸이라는 것을 만들지 않았고, 영의 존재로만 인간을 만들었을 것이다. 몸을 만들었다는 것은 이 세상을 살면서 몸에 대한 귀중함이 있기 때문이다. 그래서 기독교는 당연히 몸에 대한 관심을 가져야 하고, 동시에 몸의 사랑을 실천할 수 있는 인류애에 대한 관심을 가지는 것은 가장 근본이다. 이것이 근본이기에 외부인들은 이 근본을 통해서 기독교의 객관적 진실과 진지성을 보려고 한다. 그리고 이러한 객관성은 신앙을 가진 우리 기독교인들이 편협성과 오만을 지적하고, 균형 있는 신앙생활을 할 수 있도록 하는 가시가 될 것이다.

6) 프로이트의 종교 비판에 대한 기독교 상담의 신학적 반론

사람의 생기론에 반대하여 기계론을 주장한 프로이트에게 있어 영혼이나 신앙이라는 것은 용납되지 않았다.[86] 인간도 예외 없이 동물과 같이 기계론적으로 움직인다고 보았기 때문이다. 그래서 프로이트는 인간에게 영혼이라는 것은 없고, 인간이 만든 종교는 불사성의 욕구에서 오는 환영이라는 시각과 '보편적 강박신경증(universal obsessional neurosis)'이라고 했다.

종교를 보편적 강박신경증으로만 본다면 다양한 반론이 제기된다. 시카고 대학의 종교학 교수였던 미르체아 엘리아데(Mircea Eliade)[87]는 고대인이 살아가는 양식 중에 가장 중요한 '성스러움(the scared)'을 중심으로 살아갔다고 말하고 있다.[88] 성스러움을 생의 핵심으로 의미를 삼고, 그 대상을 신성한 장소에 투사를 했다. 프로이트가 주장하는 종교가 보편적 강박신경증이라면 고대인의 생활 의식 속에는 왜 성스러움이라는 것이 그 핵심에 있느냐는 질문이 제기된다.

엘리아데는 고대인의 문서 자료에서 추적한 이 성스러움에 대한 관심은 세 가지 관점에서 시작된다. 첫째는 고대인이 인간의 근원에 대한 관심을 가졌다는 점이다. 근원에 대한 존재론적 질문을 이 신성한 것과 연관시켜서 해답을 찾으려고 노력했다. 마치 아이가 부모를 찾는 것과 같은 본능적인 것이다. 이 근원에 대한 본능적 행위는 심리학자 카를 융에 의하면 중년기가 되어서 본격적으로 발생하는 것으로 보고 있다.[89] 둘째는 사람은 이러한 신성함을 통하여 자신들의 가치관을 증명한다는 점이다. 이것은 사람들이 역동적으로 살 수 있는 근거를 마련해 주고, 이러한 성스러움이 사람들을 성결한 삶 속에서 인생길을 인도해 준다고 생각하였다. 이러한 근거로 엘리아데의 주장은 성스러움은 고대인들에게 있어 인생의 정체성(identity)과 매우 밀접한 관련이 있다고 본다.[90] 마지막으로는 인간은 하나님과 동일하지 않지만, 하나님이 만든 창조의 일부분으로 자신의 정체성을 가지려 하는 본능(drive)이 있다. 성스러움을 경험함으로써 인간은 자신 안에 있는 보이지 않는 신성에 도달하려 한다.[91] 이러한 것에 도달하려는 고대 인간의 경향은 종교적 향수(religious nostalgia) 때문이며, 이 향수감에서 인간의 근원이 된 순수무구한 자리(place)를 구하는 것이다. 즉, 인간이 성(聖)에서 기원하였기에 그것을 구한다는 것이다. 근원자에 대한 갈구로써의 성(聖)에 대한 관심은 하늘 위의(above) 관점에서 인간 생의 가치를 보려고 하는 친밀한 접촉을 제공한다.

> '신성한 세계'에 머물려고 하는 종교적 인간의 심오한 향수(profound nostalgia)는 마치 후에 예배처나 성스러운 장소에서 나타난 것과 같이 인간이 머무는 집이 신의 집처럼 되고파 하는 열망이다. 간략히 말해 이러한 종교적 향수는 태초에 창조자의 손에서 새롭게 된 것과 같이 인간이 순수하고 거룩한 우주(cosmos)에 살고 싶은 종교적 향수를 나타내는 것이다.[92]

앞의 세 가지 관점은 인간이 인생의 의미가 없이 살아가는 것이 불가능하다는 점이다. 그리고 이러한 관점은 비단 고대인에게만 속하는 것이 아니라 현대인들에게도 적용된다. 왜냐하면 현대인들은 인간의 의식의 구조에 성(聖)과 깊숙하게 연관이 되어 있는 영역을 가지고 있기 때문이다.[93]

또한 성스러움에 대한 고대인의 관심은 인간의 문명을 발전시킨 중요한 이유로 보고 있다. 즉, 인간이 자신의 존재를 규명하려는 작업들이 문명을 발전시켰고, 이것은 한 문화에 국한되는 것이 아니라 전 세계 문명에서 같은 상황이라고 보고 있다. 이러한 관점에서 그는 성(聖, the sacred)이라는 것은 인류의 종교적 매트릭스(religious matrix)라고 보고 있다. 그리고 세속적 맥락에서도 모든 제도, 기술, 예술 등도 이 성과 불가분의 관계가 있다고 본다.[94] 종교는 문화의 내용이고, 문화는 종교의 형식으로 규정한 신학자 폴 틸리히(Paul Tillich)의 관점은 엘리아데가 주장하는 성(聖)에 대한 적합한 변증이 될 수 있을 것이다.

인간이 사랑과 죽음의 본능을 가지고 있고, 사랑은 문명을 일으키는 핵심 요소로 보고 있고, 이 문명을 다시 파괴하는 것은 죽음의 본능이라고 생각하는 프로이트의 해석에 비해 엘리아데의 해석은 더 심층적으로 본다. 프로이트가 주장하는 사랑은 현상학적 입장에서 보는 것이지 인류 문명의 근원이 되고, 인간 존재의 정체성을 규명하려는 인류의 몸부림이 성(聖)과 밀접한 연관이 있다는 것은 심리학을 연구하는 기독교인들에게만이 아니라 모든 사람에게 성(聖)을 좀 더 객관적이고 심층적으로 고찰해야 되는 내용으로 본다. 이 성스러움에 대한 관심이 고대인만이 아닌 현대인에게도 심층적으로 있다는 사실을 엘리아데는 다음과 같이 밝힌다.

> 성(the sacred)은 인간 의식 구조 안에 있는 요소이며, 이 세계 안에서 인간의 존재 양식의 한 부분이다. ……인간 의식의 구조 경험 안에 어느 곳엔가 절대적으로 참되고 의미있고, 인간에게 가치의 기원이 되는 어떤

> 것이 있다. 내가 성을 이해하는 한에서 인간의 의식 구조는 이렇기 때문에 사람은 존재와 의미에 대한 추구 없이는 살 수가 없다. 만일 성이라는 것이 내가 말한 것과 같이 진실한 것이고, 의미 있는 것이라면, 성은 인간 의식 구조의 한 부분이다.[95)]

프로이트와 한 때 같이 했던 카를 융은 종교에 대한 시각을 프로이트와는 달리하고 있다. 프로이트는 종교를 보편적 강박신경증의 결과로 보았지만, 융은 종교적 삶이 쇠퇴하면서 신경증이 두드러지게 나타난다고 보았다. 그래서 신경증은 개인이 가진 인생의 의미와 직결되어 있으며, 인생의 무의미, 무목적에서 발생하는 것이라고 보았다. 특별히 인생을 180도의 반원형으로 보며 인생 전반의 목적이 성공과 성취인 반면, 인생 후반은 성공과 성취가 아닌 의미와 이타성이 주된 것이 되어야 한다고 보았다. 즉, 종교라는 것은, 사람이 종교에 대한 관심은 인생 전반에 발생하기보다는 인생 후반에 자연적으로 발생할 수 있다는 의미다. 그러나 우리가 인생의 후반에서도 의미와 이타성에 관심을 가지지 못하는 중요한 이유는 크게 두 가지 이유에서다. 하나는 인생 전반부에 설정한 성공과 성취에 대한 굶주림 때문이다. 아직도 그것을 끊임없이 추구를 해야 하는 현대인들의 상황과, 둘째는 종교를 가져도 교리나 신조에 집착하는 생활로 인한 것이다.

> 35세 이상의 중년기에 있는 나의 내담자들의 경우에는 자신들의 인생의 문제에 대하여 종교적인 관점에서 마지막 안식처를 찾지 않는 사람은 없었다. 그리고 이들 중에 종교적 도움을 받지 않고 문제가 해결된 사람도 아무도 없었다. 물론 이 말은 교회의 구성원이 되거나 특정한 교리를 통해서 해결을 받았다는 것은 아니다.[96)]

융은 자신을 찾아온 내담자의 삼분의 일이 알 수 없는 신경증에 놓여 있었다. 이것은 임상적으로 정의할 수 없는 고통이었고, 그로 인해 내담자들의 삶의 무목적으로 인해 고통을 받고 있었다. 그래서 그는 이러한 신경증에 대한 고통에 대한 것은 인생 의미의 부재와 연관이 있다고 보았고, 인생 의미 부재를 해결하기 위해서는 종교의 역할이 중요한 것으로 보고 있다. 그리고 이러한 의미 부재로부터 오는 신경증은 사람에게 있어 영적 중심(spiritual center)이 상실되었기에 발생하는 것으로 진단하였다.[97]

> 인생에서 의미 부재는 신경증의 원인에 결정적 역할을 한다. 근본적으로 신경증은 아직 그 의미가 밝혀지지 않았지만 영혼의 고통으로 이해되어야 한다. ……나의 환자 중 삼분의 일이 임상적으로 정의할 수 없는 신경증으로 고통을 받는 것이 아니라, 삶의 무목적으로 고통을 받고 있다.[98]

삶의 무목적과 무의미를 해결할 수 있는 근원이 될 수 있는 것이 종교인 것으로 보고 있지만, 융이 생각하는 종교는 일반적인 종교의 개념과는 다소 차이가 있다. 그는 인간의 근원적인 것으로 돌아가는 것을 종교라고 보고 있는 시각이며, 교리나 교조주의에 빠지는 것을 의미하지 않는다고 하였다. 교리나 교조주의는 인간의 문제를 해결하기보다는 불신을 초래한다. 이렇게 그가 말할 수 있는 것은 유럽 지역의 개신교와 천주교 신자들에게 개인이 문제가 있을 때 성직자를 찾아가는 것에 대한 통계를 내 보았다. 개신교 신자들 중 57%가 목사를 찾지 않고 대신 의사를 찾았고, 8%만이 성직자를 찾았고, 35%는 결정하지 못했다. 가톨릭 신자의 경우는 58%가 성직자를 찾고, 25%는 의사를 찾으며, 7%가 결정하지 못했다.[99] 신자들이 성직자를 찾지 않는 주된 이유는 52%가 심리적 지식과 통찰에 대한 것을 가지고 있지 않았으며, 28%는 성직자들의 편협성과 교리와 교조주의로 편협성을 가지고 있었기 때문이다.[100]

사람은 왜 중년기가 넘어가면서 종교에 대한 관심을 가질 수밖에 없는가? 이것은 우리 안에 있는 하나님 형상의 원형 때문이다. 엘리아데가 지적한 것과 같이 인간 안에 있는 뿌리 뽑을 수 없는 근원적인 것이 더 근원적인 것에 대한 목마름을 갈구하는 것이다. 융은 하나님이 만일 인간에게 영향을 줄 수 없다고 하면, 인간은 하나님과의 연관이 더 이상 없는 것이고, 하나님 또한 존재하지 않는다고 본다.

하나님은 절대적이지만 인간의 경험 밖에 존재하는 분이라면 융 자신은 하나님에 대해 관심을 가지지 않을 것이라 했다. 왜냐하면 그 하나님과 인간은 분리되어 있기에 관계가 없는 것이다. 그러나 그는 하나님은 인간의 정신(soul) 안에 경험될 수 있다고 보고 "신을 향한 인간의 고대는 인간의 가장 어둡고, 본능적인 성격이고, 어떤 외부적 환경에 의해서 흔들리지 않으며, 아마 인간의 사랑보다 더 깊고 강한 것이다."라고 했다.[101)]

> 프로이트는 불행하게도 인간이 어두움의 힘, 즉 무의식 앞에서 혼자 힘으로는 자신을 지탱해 나갈 수 없다는 사실을 간과했다. 인간은 언제나 종교가 줄 수 있는 영적 도움을 필요로 한다. 인간은 스스로 생각해 낸 어떤 것에 의해서 자신의 고통을 해소할 수는 없다. 진리를 계시하는 초인적 존재만이 인간을 고통 속에서 건져 올릴 수 있다.[102)]

종교는, 그리고 인간의 종교성은 인류의 뿌리 뽑을 수 없는 근원적 사실이다. 이것은 인간의 사랑과 성보다 강렬한 향수감이다. 지울 수 없는 향수감은 인간을 그 근원을 향하게 한다. 물론 프로이트가 지적한 바와 같이 종교가 환영이라는 지적은 역사상 되풀이된 교훈을 통해서 개선해 나가야 할 것이다.

신학자 폴 틸리히(Paul Tillich)는 인간이 종교성을 가지고 하나님에 대한 다양한 의견을 내놓는 것을 일종에 투사(projection)로 보았다. 그런데 이 투사도 중요하지만, 더 중요한 것은 이 투사를 가능케 하는 스크린(screen)의 중요성을 지적한다. 즉, 인간이 하나님에 대한 투사를 할 수 있는 것은 이미 거기 스크린처럼 자리하고 있는 하나님이 있기 때문에 그러한 것이 가능하다는 것이다. 엘리아데와 융, 그리고 틸리히, 한스 킹의 지적과 같이 종교는 환영도 더 이상 아니고, 인간 안에 존재론적 향수감을 가질 수밖에 없는 근원자를 향한 목마름이다.

부단히도 인간을 기계론적으로 보려고 했던 그의 이론은 인간이 무의식적으로 향할 수밖에 없는 '종교성'을 박탈함으로써, 정신분석학과 종교를 매우 적대적인 관계로 만들었다.[103] 혹자는 종교에 대한 프로이트(Freud)의 비판은 당시 반유대적인 유럽의 정서와 자신의 부친이 유럽의 어린아이들로부터 받은 모욕, 그리고 가톨릭 신자인 보모의 일방적 신앙교육에 대한 반발에서 비롯된 것으로 보기도 한다. 인류 학문의 발전에서 인간에 대한 고민은 철학 → 신학 → 심리학의 수순을 밟으며 전개된 것이기에 이 세 분야의 대화는 우리가 인간을 이해하는 데 더 좋은 도구를 제공할 수 있다.

정신분석학과 종교와의 대치는 인간 이해에 대한 편협성을 더하게 된 결과를 만들었다. 종교, 특별히 기독교에 대하여 '환영'으로 정의한 프로이트는 기독교는 오랜 동안 적대하고 있고, 정신분석학은 종교에 대하여 심리적 환영으로 간과한 경향이 있다. 앞서 본 카를 융의 의견과 엘리아데의 연구는 종교라는 것이 인간에게서 분리할 수 없는 필연적인 사실임을 말해주고 있다. 그래서 앞으로 정신분석학과 기독교는 학문을 통해서는 학계 간의 대화와 일상을 통해서는 인간삶에 이롭게 기여할 수 있는 공동 관심사에 참여해야 할 것이다.

제5장

에릭슨의 심리사회적 발달 이론과 기독교 상담

제5장

에릭슨의 심리사회적 발달 이론과 기독교 상담

에릭슨의 발달심리학을 가지고 상담에 적용하는 가장 큰 이유는 그의 이론이 합리적이라는 이유에서다. 우리는 간혹 심리학을 다루다 보면 상상할 수 없을 정도의 미세 세계(micro)에 대한 관심을 가지게 된다. 신학도 마찬가지다. 관심을 가지다 보면 상상하기 어려워도 거대한 세계(macro)에 대한 관심을 가지게 된다. 그러나 문제는 이러한 관심이 객관성을 가질 수 있느냐에 대한 문제다. 심리와 신학(영성)은 이러한 객관성과 합리성의 초심을 상실해 버리면 근거를 상실하는 사이비로 전락할 우려가 있다. 진리를 현실에서 떠나 공상이나 상상에서 찾으려 한다면 그것은 무모한 해석이 될 것이고 사람들을 미혹하여 잘못된 길로 이끄는 것이 될 것이다. 이러한 점에서 에릭슨의 각 단계별 이론은 현실과 행동 그리고 사실을 중심으로 파악하고 있기에 충분한 객관성의 매력을 가지고 있다고 생각한다.

1. 에릭 에릭슨의 생애와 이론적 배경
(1902. 6. 15.~1994. 5.12.)

에릭슨은 유대인 어머니 칼라 아브라함센(Karla Abrahamsen)의 자녀로 독일에서 태어났다. 아버지에 대한 정보는 부친이 덴마크인이며 성이 에릭(Erik)이라는 사실만 알려졌다. 어머니는 이혼 후 케오도르 홈부르거(Theodor Homburger)와 재혼을 했고, 1909년 에릭슨의 이름은 에릭 홈부르거(Erik Homburger)로 바뀌었다. 덴마크인, 유대인의 혈통을 가지고 있으며 독일에서 태어나 성장한 그는 이러한 태생적 배경으로 자신의 정체성(identity)에 대한 질문을 던지게 되었고, 젊은 날 자신을 찾으려 한 이러한 배경은 결국 그로 하여금 '정체성(identity)'에 대한 관심을 가지게 했다. 그의 많은 저서가 정체성과 연관성을 가지게 된 것도 이러한 경험이 있었기 때문이다.

그의 저서 『청년 루터(Young Man Luther)』, 『아이덴티티론(Identity: Youth and Crisis)』 등은 자신과 연관된 정체성을 규명하기 위해 저작된 것으로 보는 시각이 있다. 덴마크인과 유대인의 혈통을 가진 그가 독일인 사이에 살면서 느낀 것과 그의 아버지가 친부가 아니라는 사실이 어린 시절 비밀로 되어 왔다. 그의 친부는 그가 태어나기 전에 어머니와 이혼을 한 상태였기 때문이다.

그는 두각 없이 예술학교를 졸업한 후에 유럽 국가와 고향을 오가면서 예술에 대한 관심을 가졌고, 미술 교사가 되기 위해 이탈리아 플로렌스(Florence)로 갔다. 그러나 한 친구의 소개로 비엔나(Vienna)에서 미국 가족을 가르치러 갔을 때, 거기에서 정신분석가들과 프로이트의 딸 안나 프로이트(Anna Freud)를 만나 정신분석학 훈련을 받게 되었다. 여기서 아이들을 가르치는 동안 비엔나 정신분석학회와 비엔나 몬테소리 교사협의회 소속 학생이 되어 교육을 받았다.[1)]

히틀러가 독일에서 독재자로 군림할 당시, 에릭슨은 미국으로 이민을 갔고, 그곳에서 개인 상담을 하는 동안 중요한 대학과 병원에서 아동상담에 대한 책임을 가지고 활동했다. 하버드 대학에서 활동 할 때는 인디언 부족에 대한 연구와 인류학에 대한 흥미를 가졌고, 캘리포니아의 버클리 대학에 있을 때 청소년에 대한 관심을 가졌다.[2)]

에릭슨의 심리사회적 이론은 프로이트와의 관계를 분리해서 생각할 수 없다. 인류의 사상, 철학, 종교적 교리, 그리고 모든 이론은 주변 사람과 환경의 영향을 배제할 수 없다. 앞의 것을 기초로 하여 새로운 이론을 만들어 내고, 창의적 발상을 시도하는 것이다. 그래서 창조는 모방에서 나오는 것이다. 피카소도, 추사 김정희도 앞서 간 사람들의 수 없는 그림과 글에 대한 모방과 습작을 통해서 또 다른 자기만의 세계를 만든 것과 같이, 에릭슨의 이론 역시 프로이트와는 불가분의 관계다. 이것을 비교하면 다음과 같다.

프로이트의 이론은 인간에 대한 이해가 매우 비관적이다. 본능과 무의식에 의해 좌우되는 인간은 매우 모호성을 가지고 있는 동물이다. 과거의 경험이 무의식화되어 현재의 나와 미래의 나를 지배하는데, 나는 왜 그렇게 행동하는지를 알 수 없다고 보고 있으며, 염세적이며 과거지향적인 성격을 가지고 있다. 그리고 사회와의 관계성에서 인간의 자아가 형성해 간다는 점에 대한 관찰이 희박하다. 반면 에릭슨은 프로이트의 이론을 부분적으로 따랐지만, 사람은 본능을 가지고 있지만 사회와의 관련 속에서 자신의 정체성을 규명해 나가는 것으로 보았다. 그러한 점에서 사회와의 연관 속에서 변화할 수 있는 가능성을 말하고, 환경적인 중요성에 대한 점을 이야기 한다.

성장 과정에서 프로이트는 5단계까지의 성장만을 이야기하지만, 에릭슨은 전 생애 단계의 중요성을 언급한다. 물론 1~5단계까지의 성장 과정은 프로이트와 에릭슨에게 동일한 점이 많다. 그러나 프로이트는 0~6세까지의 발달을 중요시하였으나, 에릭슨은 그 이후 청년기, 중년기, 노년기에 대한 발달 과정을 더 소개했다. 그리고 8단계가 개인과 사회와의 역동적 관계에서 각 단계마다 해결해야 할 과업을 가지고 있다는 점을 강조했다. 각 단계의 발달에 대한 성공 여부는 전 단계에서 얼마나 성공적으로 단계를 마무리했느냐에 의해 다음 단계의 긍정성 해결이 예측된다.

프로이트에게 있어 청소년 단계는 그리 중요하지 않은 시기다. 반면 에릭슨은 이 단계의 중요성을 지적했다. 에릭슨의 이론에서 청소년기와 중년기는 정체성(Identity)에 대한 과제가 주어지는 시기인데, 청소년기에는 내가 무엇을 할 것인가라는 미래에 대한 관심과 염려에 대한 정체성이고, 중년기에는 존재론적 질문이 제기되는 시기다. 아마 이러한 강조는 프로이트 시대에 청소년기는 거의 성인 시기에 파묻혀 있는 문화 시대적 상황으로 인한 것이었고, 에릭슨의 시대에는 미국을 비롯한 서구에서 청소년기가 시대적으로 관심을 많이 요구하는 시기였기 때문이다.

에릭슨은 인생 발달을 점진적 발달로 보았다. 점진적 발달이란 전후 발달 단계가 밀접하게 연관되어 있어 영향을 미친다. 그리고 사람의 정신적인 성장이란 것이 사회와 사람과의 복합적인 관계 속에서 형성되는 것이지, 프로이트가 말하는 것처럼 무의식과 성에 이끌리어 형성되는 것이 아니라고 보았다. 이러한 점에서 에릭슨의 이론은 매우 합리적이고 설득력 있는 이론이다. 프로이트가 무의식이라는 차원을 이야기함에 있어, 그 근거를 제시하는 데는 때로는 모호성이 너무 많이 있기 때문이다. 그것은 어디까지 무의식이라고 해야 할지, 어떤 내용을 무의식으로 봐야 할지에 대한 문제다. 기독교 신앙에서도 '영성'이라는 것이 매우 중요하지만 영성에 대한 바른 정의가 없으면, 이 단어에 대한 정의는 매우 모호하게 된다. 무의식도 같은 입장에 놓여 있다. 이러한 반면 에릭슨의 이론은 현실성 있고,

설득력 있는 합리적 이론을 제시하고 있다.

2. 에릭슨의 인간 이해

인간의 발달 과정을 심리사회적 입장에서 8단계로 구별한 에릭슨의 이론은 프로이트의 영향을 받았기 때문에 유사한 점이 있다. 프로이트의 정신분석학은 결정론(determinism)에 입각한 부정적인 인간관을 가진 이론이다.[3)] 왜냐하면 영아기, 유아기에 경험했던 부모와의 관계가 부정적이면 그것이 평생 동안 무의식을 통해서 영향을 준다고 보고 있기 때문이다. 그래서 의식적으로는 왜 자신이 이러한 생각과 행동에 빠져 있는지 알지 못하지만, 무의식으로는 조정되고 있다는 사실(consciously unknown, unconsciously controled)이 프로이트의 심리학이다.[4)]

프로이트의 학설은 청소년 단계에서 끝나고, 이 청소년 단계까지 에릭슨은 프로이트의 발달 단계를 따르고 있다. 그리고 기존 프로이트의 5단계 발달 과정 이후에 청년기, 중년기, 그리고 노년기에 대한 사회심리적인 요소를 추가하였다. 에릭슨은 프로이트가 인간 성장에서 중요한 점으로 생각하는 리비도(Libido)에 대한 관점보다는, 사람이 생활하면서 연관을 맺게 되는 사회적 가치, 사회적인 여건에 적응하면서 나타나는 긍정적이거나 부정적인 결과에 더 많은 관심을 가졌다. 즉, 프로이트가 가지고 있는 기존 학설에 자아(ego)가 사회적 환경에 적응하면서 나타내는 적응, 정체성, 그리고 그 결과에 관심을 가짐과 동시에 자아가 주위 환경과 어떠한 상호작용을 하는지를 중요하게 생각하였다.[5)] 이런 점에서 그의 이론을 심리사회적 이론(psycho-social theory)이라고 부른다.

에릭슨의 인간 발달 8단계에서는 각 단계마다 극복해야 할 심리사회적인 과제가 있다고 보았다. 즉, 각 단계에는 개인이 가지는 심리적인 상황이 있고, 이 심리적인 요소와 사회적인 요소의 상호작용 속에서 발생할 수 있는 갈등(conflicts)을 어떻게 대처하는가에 의해서 긍정적 혹은 부정적인 심리사회적 결과를 낳게 된다. 프로이트와 구별하여 에릭슨의 이론이 가지는 중요한 점은 개인의 심리적인 양식이 거대한 사회적 조직, 가치, 그리고 문화적 기대와의 상호작용 안에서 발생한다는 점이다.[6] 이러한 관점에서 에릭슨의 8단계 이론을 살펴보기 이전에 에릭슨의 심리사회적 이론에 함축된 두 가지 특징을 살펴보자.

1) 세대의 순환

세대의 순환(cycle of generation)이란 한 개인을 이해할 때, 그 사람과 연관된 윗세대를 관련지어서 이해하는 것이 필요하다는 것이다.[7] 예를 들어, 청소년이나 아동에게 문제가 있다고 했을 때, 이 문제의 원인을 아이에게만 돌리는 것은 단면만을 바라보는 것이므로 아이를 이해하는 데 별 도움이 되지 않는다. 그러므로 이 아이와 연관되어 있는 집안 상황과 어른들과의 관계를 살펴본다면 아이를 이해하는 데 훨씬 효과적이라는 것이다.

에릭슨은 이러한 원리에 톱니바퀴의 회전(cogwheeling)이라는 표현을 썼다.[8] 중앙에 큰 톱니바퀴가 있으면 아래에는 작은 톱니바퀴가 있다. 아직 자생할 수 있는 정체성을 확립하지 못한 아이의 작은 톱니바퀴는 부모나 부모를 대신하고 있는 성인의 톱니바퀴에 맞물려서 돌아가는데, 그들의 움직임에 따라 아이들의 톱니바퀴는 움직인다. 그래서 작은 톱니바퀴를 돌게 하는 원인 제공자는 큰 톱니바퀴다. 이러한 관점에서 우리 사회에 문제가 되고 있는 청소년들의 탈선문제는 청소년들의 문제가 아니라 청소년들의 정신적인 면에 무형적으로 영향을 주는 중년들의 문화에 일차적인 원인이 있다고 분석할 수 있다.

물론 톱니바퀴의 원칙이 있고 그 원칙이 개인에게 영향을 주는 것은 사실이나, 더 포괄적인 이해 방법은 삼중부기(triple bookkeeping)의 원리다. 이 삼중부기는, 첫째, 개인이 가진 신체적인 상태(soma)다. 개인의 신체적 여건은 개인의 심리적 상황의 지도를 그리는 데 중요한 역할을 한다. 사람은 몸이라는 것을 평생 지니고 영아기부터 노년에 이르기까지 살아가면서 몸에 대한 관심이 많고 몸 또한 사람들에게 지대한 영향을 미치게 된다. 신체적 결함이나 질병은 개인이 이것을 수용하고 승화하기 전까지는 사고와 행동을 하는 데 영향을 주기에 남들보다는 심리적 부담을 지니고 살아간다. 둘째는 정신(psyche)이다. 자아통합(ego synthesis)을 통해 개인이 경험을 구조화하는 정신 과정이다. 셋째는 문화적 환경(Ethos)이다.[9] 문화적 환경 요소는 개인을 이해하는 데 가장 중요한 요소다.[10] 어떠한 가족과 사회적 상황에서 태어나는가는 사람을 이해하는 데 중요한 역할을 한다. 우리나라의 예를 들어 보자. 한국전쟁을 거치면서 성장한 세대들은 전쟁을 경험하지 못한 세대와 사뭇 다르다. 전쟁세대는 전쟁이라는 참혹함과 공산주의의 잔학성을 맛보기도 했고, 전쟁과 그 이후에 배고픔에 대한 처절한 경험을 했다. 전쟁 이후의 세대가 상상하기 어려운 체험을 했기에 다른 시각과 가치를 가지고 있는 것이 분명하다. 미국의 경우를 보자. 존 에프 케네디(John F. Kennedy)가 텍사스(Texas) 주의 달라스(Dallas) 시에서 암살당한 이후 달라스 시에서는 케네디라는 명칭이 들어간 도로 이름을 사용하지 않았고, 이 사건이 발생한 도시의 성인 남녀들 중에는 타 도시에 비해서 치명적인 질병을 얻은 사람이 많았다는 것이다. 2001년 9월 11일 뉴욕의 세계무역빌딩이 테러를 당한 이후 그곳의 아동들과 성인들에 대한 심리적 증후군에 대하여 미국 사회에서 관심을 가지고 활발하게 조사를 하고 있는 중이지만, 이들 역시 다른 사람들에 비해서 심한 심리적 타격을 받았음이 자명하다.

앞에서 지적한 톱니바퀴라는 세대적 순환 이론이 개인적인 범주의 것이라면, 이러한 문화적 환경은 더 포괄적이고 무형적인 사회 분위기라고 할 수 있다. 개인을 둘러싸고 있는 가정환경과 문화적 환경은 유 · 무형으로 개인이라는 연못에 던져진 돌의 파장과 같은 영향을 준다.

이러한 세대의 순환적 환경에서 성장하는 개인에게 바람직한 것은 신뢰 가운데 삶을 시작하여 신뢰 가운데 마감하는 것이다. 외부 세계에 대한 안정성을 제공하는 사람과 주변적 환경을 만나는 것은 삶의 시작과 과정에서 중요한 요소인데, 이것은 성장하는 개인에게 외부 세계에 대한 신뢰를 개인의 내면세계에 조형할 수 있는 핵심적인 역할을 하기 때문이다. 시작이 중요한 만큼 삶의 끝을 신뢰로 끝낼 수 있다는 것 역시 중요하다. 자신의 삶의 여정에 대한 신뢰와 삶의 근원자에게 맡기는 신뢰 없이는 삶의 마지막을 신뢰 가운데 맡기고 떠난다는 것 역시 어려운 일이다. 이러한 신뢰가 형성되기 위해서는 영아기 때에는 어머니, 유년기에는 어머니와 아버지, 아동기에는 가족, 초등학교와 중 · 고등학교 시절에는 교사 및 동료, 청 · 장년기에는 배우자와의 관계성을 통한 신뢰 환경이 필요하다. 그리고 중년기부터는 자신들의 유 · 무형적인 소유를 통하여 사회에 환원하는 작업을 하며 외부적인 것들과의 신뢰성을 확인하는 단계다. 중년기에는 자신들의 생산성(generativity)을 통하여 적합한 부모 역할을 하여 자녀들과 성장하는 세대에 돌봄을 제공하며, 노년기에는 인류와 자연과의 일치성을 가지는 것이 필요하다.

인간은 앞에서 언급한 몇 가지 기본적인 관계를 통한 성장으로 건강한 심리구조를 형성할 수 있다. 그러므로 인간을 이해할 때 외적으로만 보기보다는 내부적인 상황을 잘 살펴 이해한다면 좀 더 깊이 사람을 바라볼 수 있을 것이다.

2) 연대기적 질서

태어나서 죽는다는 것은 우리의 의지와는 아무런 관계없이 진행된다. 이 진행 과정에서는 성장이라는 불가피한 변화를 평생 겪게 된다. 생명이 잉태될 때 가장 먼저 발생하는 기관은 바로 심장이다. 심장이 먼저 생긴 후에 피의 공급을 통해 연차적으로 다른 기관들이 발생한다. 사람의 기관이 순차적으로 발생하는 것과 같이, 정신적인 발달도 질서를 따르게 된다. 물론 각 개인이 가진 사회문화적 환경 요인에 의해서 성장 속도가 약간씩 다를 수는 있지만 순서의 차이는 없다.

인간의 신체적인 성장이 순서를 가지고 있다는 것을 후생성(epigenesis)이라고 표현한다. 건물을 건축하는 데 청사진이 있는 것과 같이, 후생성은 사람을 이해하는 데 불가피한 요소다.

> 정신분석에서 전성기기(前性器期)가 있는 것을 발견한 것과 같이, 태생학(embryology)은 인간이 성장에서 차례로 중요한 기관이 발달한다는 후생적인 발달을 설명하고 있다. …… 나는 독자들이 모든 성장과 발전이 아날로그적인 유형을 따르고 있다는 사실을 이해하길 바란다. 후생적인 발달의 연속에서 각 기관은 발달하는 시기가 있다. …… 만일 그 기관이 발달할 시기를 놓치게 되었다면, 그것은 그렇게 운명지어진 것일 뿐만 아니라 동시에 전체 기관이 성장하는 데 있어서의 연차적인 질서를 위험하게 한다.[11)]

신체기관이 성장 발달하는 시기가 있다는 것은 인간의 손이 미칠 수 없는 신의 영역에서 결정되어 성장하도록 청사진이 이미 만들어진 것이다. 인간의 성장은 이 질서를 따라가고 있을 뿐이다. 이렇게 신체 각 기관의 발달 청사진이 있는 것과 같이, 영아기를 시작하여 노년기에 이르는 인생의 전 과정에 심리적인 발달이 있다.

신체적인 발달은 성장하면서 대부분의 사람이 그 청사진에 의해서 발달한다. 그러나 중요한 것은 신체적 발달에 따라 심리적 발달이 되지 않는다는 점이다.[12] 예를 들어, 나이가 들어 중년이 되었다고 해서 모든 사람이 중년이 가질 수 있는 성숙한 심리인 생산성(generativity)[13]을 가질 수는 없다. 왜냐하면 신체기관이 심장의 발생으로 시작하여 연대기적 질서(chronological order)에 따라 타 기관들이 질서 있게 발생할 수 있는 것은 바로 전 단계에서 성숙하게 발전된 신체 부위가 있었기 때문이다. 처음 심장이 생기지 않았다면 이후의 타 기관의 발달을 기대할 수 없다는 것이다. 중년이 심리적 발달 전 단계에 있어, 생산성을 가질 수 있도록 하는 충족된 이전 단계들이 밑받침이 되지 않았다면 그 중년은 침체성(stagnation)[14]에 빠지게 된다. 근래 자주 언급되는 '성인아이'라는 말도 신체적으로는 성인이지만 정신적으로 그 전 단계에 있어서 심리적 발달을 이루지 못하였기 때문에, 그 전 단계에서 풀지 못한 심리적 미숙으로 인해 좌절을 경험한다는 말이다. 이런 면에서 사람의 발달 과정은 심리적으로 안정된 발달을 하게 되었을 때를 긍정적으로 보는 한 축과 그 반대로 부적절한 영향으로 인해서 부정적 단계에 머무는 또 다른 한 축이 있는데, 이것을 양극성이라 한다(bipolarity stages).[15]

연대기적 특성과 함께 에릭슨의 이론에서 생각해야 할 것은 사회심리적 요소다. 앞서 지적한 바와 같이, 그는 인간에게 내재된 발달론적인 요소가 있을지라도 인간은 자신이 처해 있는 사회적 상황과의 상호작용을 통해서 자신을 형성해 나간다고 보았다. 즉, 그는 문화와 역사를 인간의 생물학적 잠재력에 영향을 주는 기제(mechanism)로 간주하였다.[16] 에릭슨이 강조하는 사회적인 요소는 다음의 내용을 보면 쉽게 이해할 수 있다.

> 우리는 사회 질서가 유아에게 생존을 보장해 주고 특정한 방법으로

> 그들의 욕구를 조정해 줌으로써 사회의 문화적 양식을 가르친다는 점을 명확히 하고 싶다. ……우리는 사회적인 형식과 규범이 가족 형태를 결정하는 요인이라는 점을 연구하여야 한다.[17)]

사회문화적 양식이 사람들에게 어떤 대가를 보장해 주면서 동시에 사회가 요구하는 형태로 사람들을 가르치기 때문에 사람들은 그 사회적 양식을 따라간다. 즉, 사람은 선천적으로 자신에게 주어진 정체성을 어떻게 찾아가느냐 하는 질문을 갖는 동시에, 어떻게 사회가 요구하는 핵심에 도달하느냐 하는 과정을 가지게 된다. 사회는 개인의 출생 이전에 미리 조형된 것이기 때문에 한 생명이 출생한 이후에는 사회가 마련해 준 가치 기준에 의해서 끊임없이 압력을 받고 살아가는 것이다. 이에 대해 에릭슨은 이미 사회가 한 생명의 생존을 보장해 주는 차원으로 보았다. 이러한 관점에서 에릭슨의 사회심리이론의 핵심적인 요소는 심리적인 것과 사회적인 요소 양면, 즉 개인의 발달적인 것과 그 개인을 둘러싸고 있는 역사적인 상황과의 상호작용을 인식해야만 사람에 대한 바른 이해를 할 수 있다.[18)] 에릭슨은 인간 성장에 가장 많은 영향을 주는 것이 가정과 사회의 환경을 망라하는 에토스(Ethos)라고 지적한다.[19)] 에토스는 개인이 선천적으로 가지는 정체성을 찾으려는 것과 사회의 관계성에서 형성되는 과정이다.

모든 사람은 불완전하다. 모든 사람은 성장 과정에서 내적으로, 외적으로 비정상적인 특별한 시기들이 있다. 물질이 너무 없어서 문제가 되기도 하지만 너무 많기 때문에 비정상적인 성장 과정을 가질 수 있다. 그리고 이러한 비정상적인 시기들은 사람이 살아가는 동안 지속적인 영향을 준다. 이러한 점에서 인간을 이해할 때는 과거의 비정상적인 시기가 현재에 영향을 주고 있다는 사실을 숙지하고, 동시에 사회문화적 에토스가 한 개인에게 어떻게 영향을 주고 있는지 생각함으로써 사람을 이해하고 상담에 임해야 한다. 이것은 좀 더 포괄적인 인간 이해를 우리에게 제공하며, 동시에 이러한 인간 이해는 자신을 알아갈 수 있는 이해의 시작이 될 수 있으며, 비로소 전인성을 향해 출발할 수 있다.

3) 양극성과 위기

인간은 성장하면서부터 노인에 이르기까지 전체 8단계의 과정을 거치게 되는데 각 단계에는 통과해야 하는 위기들이 있다. 이 위기를 잘 겪어 내면 긍정적인 출발을 하게 되고, 그렇지 못하면 부정적인 출발을 하게 된다. 동시에 이러한 출발은 다음 단계의 순조롭거나, 난항으로 예상이 되는 출발을 가지게 되는 것이기 때문에 현재 한 사람이 가지는 문제는 과거의 단계와 연관성이 있다.

인간의 신체적 성장과 비례하여 정신적 성장이 따르는 것은 아니다. 정신적 성장과 신체적 성장은 충분히 반비례할 수 있는 것이다. 예를 들어, 성장과정에서 신뢰(trust)에 대한 것을 제대로 받지 못했고, 성인이 되어서까지 이러한 신뢰적인 여건을 만날 수 없었다면 그 사람은 신체적으로는 성숙한 성인이 되었을지라도 정신적인 영역은 여전히 신뢰하지 않는 영역에 머물러 있어 자신에게 상처와 문제를 발생하게 하는 유사한 상황에 놓이게 되면 자신이 가진 정신적 문제로 인해 어릴 때의 정신적 수준을 가지게 된다.

그러나 중요한 것은 각 단계에서 양극성의 위기를 가지고 긍정적인 면으로 발전을 했다고 해서, 한 개인이 긍정적인 것에 속하여 있다는 뜻은 아니다. 비록 긍정적인 발전을 했다고 하더라도 이 단계에서 양적으로나 질적으로 퇴보할 수 있는 가능성은 얼마든지 있으며 실제로 이 두 가지 영역을 오갈 수도 있다.[20] 동시에 각 단계의 발달에서 전 단계에서 발전하지 못한 것은 현 단계에서 회복할 수 있는 가능성을 가지고 있다. 즉, 전 단계에서 부정적인 과정을 거치게 되면 후속 단계에서 좀 더 나은 긍정적 발달에 대한 기대치는 줄어들 수 있지만, 여기에는 항상 부정적인 과정만이 기다리는 것은 아니라, 여기서도 역시 긍정적으로 갈 수 있는 가능성은 가지고 있다는 점이다.[21] 이렇게 인생의 8단계에는 각 단계마다 사람이 감당해야 할 정신적인 위기가 있다는 것이다. 딱히 언제 온다고 할 수는 없지만 단계마다 보편적으로 사람들이 담당해야 할 과제가 부여되는 것이다. 그래서 인생은 살아 있을 동안에는 해야 할 수업이 있다. 그것은 어느 특별한 개인이나 가족에게 있는 것이 아니라, 보편적인 모든 사람에게 있는 것이니, 인생을 쓴 것으로 표현한 선현들의 지혜를 볼 수도 있고, 또 한 이 쓴 것을 통해 삶과 인생을 다시 한 번 재조명하는 기회도 될 것이다.

성장 과정에서 경험하게 되는 상처나 어려움이 반드시 부정적인 것은 아니라는 의미다. 때로는 부정적인 요소일지라도 그것이 성장 과정에서 개인에게 더 많은 긍정적인 역할을 할 수 있다는 의미다. 개인이 가지는 어려움과 고난은 자신만이 가질 수 있는, 자신만이 세상을 볼 수 있는 눈을 가질 수 있다. 그리고 이것은 나 개인의 특성과 장점이 될 수 있는 가능성도 있다. 에릭슨의 부인인 한나 에릭슨(Hanna Erikson)은 이러한 경우에 대하여 색채에 대한 비유를 했다. 밝은 색과 어두운 색이 있다면, 밝은 색은 어두운 색이 있기 때문에 더 드러날 수 있다는 것이다.[22] 하나의 색만 있다면 그것은 그 색의 특성을 드러낼 수 없다. 대비되는 색이 있기에 인생의 희노애락이 있고, 그 대비란 인생을 깨닫는 것이고, 또는 풍요롭게 할 수 있는 것이다. 발달심리학자 로버트 콜스(Robert Coles)의 경우에는 음의 높낮이에 비유를 했다. 변화가 없는 음은 청중에게 감동을 주기 힘든 것과 같이, 좋은 음악이 되기 위해서 음의 높낮이가 다양한 것과 같다는 이치다. 음의 고저가 없는 음은 청중을 감동시키기가 어렵다. 너무 높은 음으로 일관되거나, 너무 낮은 음으로 가는 것 역시 적합한 음악이 될 수 없다. 우리의 인생처럼 높낮이가 있음으로 삶이 되는 것과 같이, 음도 마찬가지다. 이러한 관점에서 한 인간이 겪는 인생의 어려움이나 부정적인 과정은 반드시 부정적

인 결과로 단정할 수는 없다.[23)]

천 번이 흔들려야 어른이 된다는 말이 있다. 인생 곳곳에 부딪혀야 할 위기들이 산재해 있다는 말이다. 에릭슨의 양극성이라는 것도 이러한 의미다. 그러나 우리는 늘 환상 가운데 지낸다. 마치 한두 가지 어려운 일을 겪고 나면 인생은 장밋빛과 같은 미래가 있을 것이라는 도취된 생각을 가진다. 대학을 들어가면 인생의 문제가 다 종결되거나, 결혼을 하면 모든 것이 행복해질 것이라는 막연한 기대를 갖는다. 그러나 인생은 각 단계마다 부딪히고 이겨내야 할 문제와 위기가 도사리고 있다. 그것이 양극성의 위기다. 그러니 인생은 문제의 연속이라 할 수 있다. 그러나 인생이 문제의 연속이고 고난의 연속이라는 말이 전혀 부정적인 것을 의미하는 것은 아니다. 우리는 이 양극성의 위기를 통해서 흔들리는 중에 중심을 잡고, 뿌리를 내리고, 인생의 이치와 길을 조금씩 알아가는 것이다.

3. 발달심리 이해와 기독교 상담

각 단계	심리사회적 단계 위기	중요한 사람들	긍정 결과	부정 결과	사회 질서의 연관된 규칙	구속하는 의식화(binding ritualization)	의식주의 (ritualism)
유아기	기본 신뢰 대 기본 불신	어머니	희망 (Hope)	움츠림 (withdrawal)	우주적 규칙	신비적 (numinous)	우상주의 (idolism)
초기 아동기	자율성 대 수치, 의심	부모	의지 (Will)	충동	법과 규칙	판단적 (judicious)	율법주의
놀이기	주도성 대 죄의식	기본 가족	목 적	억제 (inhibition)	이상적 원형 (Ideal Proto-type)	드라마적 (dramatic)	도덕주의
학령기	근면성 대 열등감	이웃, 학교	자신감	무력증 (inertia)	기술적 규칙	형식적 (기술적)	형식주의

청소년기	정체성 대 정체성 혼란	동료와 외 집단: 리더십 모델들	충성심 (Fidelity)	거부	이상적 세계관	이상적 (ideological)	전체주의 (totalism)
청년기	친밀감 대 고립감	우정, 남녀, 경쟁, 협력 속의 사람들	사랑	배타성	협동과 경쟁의 양식	관계 (affiliative)	엘리트주의
중년기	관대성 대 침체성	분배된 노력과 나누는 가족	돌봄 (Care)	거부성	교육과 전통의 경향	관대적	권위주의
노년기	통합 대 절망	"인류" "내 종족"	지혜	경멸 (disdain)	지혜	철학적	독단주의 (dogmatism)

출처) Erik Erikson, *The Life Cycle Completed*(New York: Norton, 1994), pp. 32-33.

1) 유아기의 발달심리와 상담(기본 신뢰 대 기본 불신)

'사람은 무엇으로 살아가는가'라는 질문에 대해 우리는 살아가는 이유인 '의미' 때문이라고 말할 수 있다. 사람은 요람에서부터 무덤까지 어떤 한 방식이라도 의미를 가지고 있어야 하며, 또한 의미를 만드는 작업을 해야 한다. 왜냐하면 의미 없이, 목적 없이 살아간다는 것이 사람을 얼마나 황폐화시키는지 잘 알기 때문이다. 그래서 에릭슨(Erik Erikson)은 이러한 의미를 가지기 위해서 사람은 신뢰(trust) 가운데 태어나서 신뢰 가운데 성장하여 신뢰 가운데 세상을 떠나야 한다고 하였다.[24]

의미라는 것은 내가 어떤 사람을 만나면서 살아가는가에 의해서 큰 영향을 받는다. 나에게 돌봄(care)을 주는 사람이 어떤 유형의 사람인가에 의하여 이 의미는 매우 큰 변화를 가져올 수 있다.[25] 나를 인식해 주는 사람이 어떠한 사람인가라는 것은 성숙에 이른 후에 시작되는 것이 아니라 출생과 함께 시작하는 것이며, 이러한 사람의 내면과 외부 사람, 사건과의 관계로 형성되는 것을 자아(the ego) 또는 자기(the self)라 한다.[26] 프로이트 학파에 의하면 보통 영아들은 생후 6~8개월 내에 자아에 대한 확립 작업을 시작하여 2~3세에 자아 정체성을 가질 수 있다고 본다.[27)]

철학자 하이데거(M. Heidegger)는 인간은 이 세상에 던져진 존재라 했다. 신앙과 의미를 가지고 자신을 관조해 보지 않는 이상, 왜 세상에 태어나고 살아가야만 하는지에 대한 당위성을 갖기가 어렵다. 그러나 살아가는 것에 대한 의미는 '인간의 관계성', 즉 누구를 만나 어떠한 관계를 형성하는가에 의해 의미를 가질 수 있다. 특히 자아 정체성이 확립이 되지 않은 영아에게 부모나 주된 돌봄자와의 관계는 회의적인 인간 존재 양식의 질문에 대한 답을 줄 수 있다. 나에게 관심을 가져주는 사람이 있으니 나는 그 관계성을 통하여 살아간다는 것이다. 이런 면에서 영아나 성인에게 사람들과 가지는 관계성은 존재의 이유에 대한 답을 준다. 부모와의 관계는 영아가 세상에 존재하는 즐거움을 누리게 하며, 성인의 세계에서는 의미를 만드는 자로서의 역할에 중요한 축을 형성해 준다.

영아는 어떤 방식으로 의미를 가지고 살 수 있을까? 흔히 의미를 만드는 사람(meaning-maker)은 정체성이 성립이 된 성인들의 세계에서 말할 수 있는 논리인데, 과연 영아는 어떠한 방식으로 의미를 추구할 수 있을까? 영아는 태어나서 1년까지 약 3배에 이르는 성장을 한다.[28)] 약 3개월 정도가 되면 청각이나 시각을 포함한 감각기능이 중요한 발달을 하게 되며, 자신의 환경에 대하여 출생 때보다 더 많은 조정을 할 수 있다.[29)] 이러한 감각들을 서서히 사용할 수 있는 영아는 자신과 경험 사이에서 발생하는 사건을 통해 자아상을 구축해 나간다. 인지심리학에서는 이것을 경험과 생체의 상호작용을 통해서 두뇌에 영향을 주는 것으로 판단하고,[30)] 발달심리학에서는 자아가 외부와의 상호작용을 통해서 끊임없이 새로운 형태로 진화한다고 본다.[31)]

영아기의 '자기' 형성에 대한 실험이 있다. 어머니나 아버지가 영아의 코에 빨간색을 칠한 후 아이에게 거울을 보여 주면 아이는 거울을 통해서 자신을 보기는 하지만 거울을 만지려고 접근하지는 않는다. 12개월이 되어서야 아이는 거울에 접근하여 자신을 만지려 한다. 이것은 유아가 12개월이 되기 전에는 '자기'라는 개념을 가지고 있지 않다는 것을 보여 주는 실험 결과다.[32] '자기' 개념의 형성이 12개월이 되어서야 시작된다는 것은 이전의 단계에서는 어머니와 정신적으로 합쳐져 있다는 것이다. 예를 들어, 부모가 울면 함께 울고, 웃으면 같이 웃는 현상들을 유아기 때부터 심지어 유년기에 이르기까지 볼 수 있다. 아이들이 부모의 감정에 대하여 이렇게 반응을 일으키는 이유는 감정적으로, 정서적으로 어머니와 자신이 하나라고 알고 있기 때문이다. 영아와 아동 발달 단계를 심도 있게 연구한 마가렛 말러(Magaret Mahler)는 영아가 부모에게 보이는 이러한 현상을 공생(symbiosis)이라고 했으며, 이것의 최고의 목적은 어머니 안에 자신의 모든 것을 포함시킴으로써 생존하기 위한 것이라고 보았다.[33]

영아에게 생존은 두 가지 의미로 해석되어야 한다. 신체적인 본능인 생존을 위하여 부모에게 애착하는 것도 있지만, 육체적 · 정신적으로 모태에서 10개월 동안의 교감은 아이가 세상에 태어난 후에, 적어도 영아기 동안에는 심리적으로 부모와 일치하려는 경향이 있다. 그래서 부모의 웃음은 자신의 웃음이 되고, 슬픔은 자신의 가슴에 여미는 아픔이기도 하다. 영아에게는 적어도 두 가지 측면, 즉 육체적인 보호와 정신적 보호 차원의 보조들이 영아를 심리적 · 정서적으로 건강하게 할 수 있는 요소다.

해리 할로우(Harry Harlow)는 새끼 원숭이를 가지고 육체적인 현상과 심리적인 상태에 대한 실험을 하였다. 원숭이를 실험 장소에 넣고 한쪽에는 신체적 필요를 충족시키도록 우유를 먹을 수 있도록 한 장치를 설치하였고, 다른 쪽에는 어미 원숭이 모양을 한 인형을 설치하여 심리적 안식처 대용으로 해 놓았다. 새끼 원숭이는 배가 고플 때는 우유가 있는 곳으로 가서 배를 채웠고, 대부분의 시간은 어미와 같은 모양을 한 인형에 매달려서 지냈다.[34] 원숭이에게 음식과 정신적 안식처가 모두 필요한 것과 같이, 영아에게 이 두 가지 요소가 생존을 위해서 복합적으로 요구된다는 것을 간접적으로 보여 주는 실험이다. 이러한 두 가지 요소의 상호작용이 영아와 모친을 통해서 어떻게 나타나는지 살펴보자.

(1) 애착과 분리

아동의 발달심리에 관심을 가지고 연구하고 있는 발달심리학자 메리 아인스워스(Mary Ainsworth)는 "애착(attachment)이란 한 사람이 다른 특정한 한 사람에 대하여, 시간과 공간 속에서 이 양자를 애정적으로 묶는 것을 말한다."[35]고 정의한다.

영아의 애착 경향의 동기에 대한 전통적인 해석은 영아는 자신들의 신체적 필요 및 정서적인 필요성을 충족시킴으로써 위협적인 긴장을 제거하고, 자신을 안위하고, 마치 해탈의 지경과 같이 위협이 없는 상황을 유지하기 위해서라고 했다.[36]

영아와 부모 사이에 있는 애착은 가장 본질적인 것이며, 이러한 본질성을 가진 구체적 행동이 바로 부모에게 안기거나, 모유를 먹는 것, 따라가는 것, 우는 것, 그리고 웃는 것이다. 이러한 본질적인 요소를 가지고 영아가 또한 부모에게 기대하는 것은 자신을 보호하고 도와주는 대상으로 부모를 선정하는 것이고, 이러한 관계를 통해서 애착을 증진시키는 것이다.[37] 즉, 본능에 따라 먹는 것, 그리고 돌봄의 욕구를 찾고 있을 때 부모가 이들에게 긍정적인 반응을 해 주면 아이는 자신의 만족을 채우면서 동시에 자기 눈앞에 보이는 사람(부모)을 바로 자신을 보호해 주고, 먹여 주고, 돌봄을 제공하는 우호적인 사람으로 인식하여 애착을 갖게 되는 것이다. 즉, 애착을 하게 되는 중요한 원인은 부모와의 관계를 가지기 위한 것도 되지만, 동시에 영아가 자신의 생존을 위해서 주된 돌봄자와 관계성을 형성하여 자신을 외부적 위협으로부터 보호하고자 하는 생존 전략이기도 하다.[38] 영아가 자신이 필요로 하는 물질적이고 정신적인 측면에 대하여 호소하기 위하여 울거나, 보채거나, 소리를 지르거나, 투정을 부리는 것도 이러한 이유에서다.

애착은 영아의 행동에, 그리고 영아가 성장한 후에도 자신의 행위에 강한 동기를 부여해 줄 수 있다. 왜냐하면 영아가 애착의 대상에게 보호받을 수 있다는 생각을 하기 때문이다.[39] 애완견을 키워 본 사람이면 누구나 이 말이 무슨 의미인지 알 수 있을 것이다. 예민한 개들은 주인이 자기를 품고 있으면 낯선 사람들이 자기에게 접근할 때 자주 짖을 수 있다. 그러나 자신을 방어해 줄 주인이 없을 때는 낯선 이들에게 그렇게 대항하지 못한다. 영아가 행동에 자신을 가지는 것은 애착관계를 통해서 불완전한 미래에 대한 보장과 보호를 보호자로부터 자주 받아 왔기 때문에 외부 세계에 대한 강한 도전과 용기를 가질 수 있는 것이다.

소아과 의사이면서 정신분석학자였던 영국의 위니컷(D. Winnicott)은 앞에서 언급한 내용에 대하여 한층 더 진보된 언급을 했다. 즉, 영아 초기에는 외부 대상에 대한 인지 능력이 서 있지 않더라도 영아들은 자신들이 경험한 몇 가지 중요한 관계를 토대로 하여 자신이 특정한 대상(부모)에 대하여 환영(illusion)이나 환상(hallucination)을 가진다고 말한다.[40] 즉, 대상(부모)에 대한 환상적인, 전능적인 생각을 가지면서 동시에 어떠한 외부적 위협으로부터 자신을 보호해 줄 수 있는 대상으로 인식한다. 이것 또한 현대 발달심리학의 입장에서 보면 자신의 생존을 위한 전략일 수 있다. 그러므로 이러한 영아가 부모에게 가지는 관계성은 개인의 유년기, 청소년기, 그리고 심지어 장년기까지 영향을 준다.[41]

애착과 생존은 밀접한 관계에 있기 때문에, 영아들이 제일 두려워하는 요소는 분리(separation)와 포기/버림(abandonment)의 경험이다. 영아들에게 있어서 부모와의 분리와 포기를 느끼는 것은 가장 무서운 형벌이다. 세상에 태어났지만 부모와 주된 돌봄자와의 분리와 포기를 체험하는 것은 마치 죽음의 공포와 같은 경험이다. 부모가 자녀에게 거친 언어와 행동을 할 때 아이들은 부모가 자신을 버리고 포기했다는 심리적 고통을 느끼게 된다.

영아들에게 분리와 포기의 경험을 줄 때 어머니에 대한 애착에 어떠한 반응을 일으키는가에 대한 조사가 있다. 심리학자 아인스워스는 생소한 분위기(strange situation)에 영아가 보이는 여러 가지 반응, 애착에 대한 다양한 반응을 실험했다. 먼저 영아를 어머니와 함께 낯선 방에 들어가게 한 후, 낯선 사람이 방에 들어오고 어머니는 몇 분간 나가 있은 후 낯선 사람과 아이가 방에서 함께 있게 했다. 그리고 몇 분 후 어머니가 그 방에 다시 들어오고 낯선 사람은 밖으로 나간다. 잠시 후 어머니는 밖으로 나가고 아이는 방에 혼자 있게 된다. 그리고 낯선 사람이 다시 방에 들어왔다가 나가고, 마지막으로 어머니가 방에 들어와 아이와 함께 있게 된다.[42] 이러한 과정을 통해서 아인스워스가 관찰하고자 했던 것은 영아에게 어머니와의 분리라는 경험과 낯선 환경 안에서 낯선 사람과 있는 것이 어떠한 심리적인 영향을 주는지를 알아보는 것이었다.

어머니가 방을 떠날 때 아이들은 스트레스를 받을 수도 있고, 받지 않을 수도 있다. 중요한 것은 밖에서 방으로 돌아온 어머니에게 영아가 보이는 반응인데, 그 반응은 다양했다. 스트레스를 받은 영아는 어머니에 다가가고 안아 주기를 바랐다. 이들은 불안전한 애착(insecure attachment)을 가진 영아들로서 두 가지의 형태로 분류된다. 첫째는 근심-저항 애착형(anxious-resistant attachment)으로 어머니가 밖으로 나갔을 때 심하게 슬퍼했고, 어머니가 없을 때 방 안에서 아무것도 하지 않으려 했으며, 어머니가 돌아왔을 때 안아 달라고 요청한 후 어머니를 발로 차거나 밀쳐 버리는 형이다. 둘째는 근심-회피 애착형(anxious-avoidant attachment)으로 어머니에게 무관심하고, 어머니가 없어져도 걱정하는 기색이 없고, 어머니가 돌아왔을 때 쳐다보지도 않는 영아들이다. 물론 안전 애착형(secure attachment) 영아는 어머니가 돌아왔을 때 미소를 짓거나 소리를 내고 장난감을 보여 준다.

실험의 중요성은 양육 과정에서 어머니가 영아에게 얼마만한 민감성(sensitivity)을 가지고 영아에게 반응했는가 하는 점이다. 영아가 필요로 하는 것에 민감하게 반응할수록 영아와 어머니 사이에 신뢰성이 증진되며, 안전한 애착의 기초를 형성하게 된다.[43] 이러한 관찰실험의 결과는 다음과 같은 도표로 나타낼 수 있다.[44]

기질(선천적)	돌봄의 유형	애 착
고 부정 감정성 (High Negative Emotionality)	민감하고 책임감이 있을 때	안정감을 느끼는 아이 (secure)
	비민감하고 책임감이 없을 때	불안정하고 저항하는 아이 (insecure-resistant)
저 부정 감정성 (Low Negative Emotionality)	민감하고 책임감이 있을 때	안정감을 느끼는 아이
	비민감하고, 침입적이고, 과도하게 자극적일 때	불안정 회피형 아이 (insecure-avoidant)

기질(temperament)은 선천적으로 타고난 독특한 성향을 의미하며, 성격(personality)이란 후천적인 경험을 통해 조형된 행동과 반응을 의미한다.[45] 그런데 선천적인 기질도 어머니의 돌봄 유형에 따라 변화할 수 있다. 매우 부정적인 아이라도 어머니의 돌봄이 민감하고 책임감 있게 대처한다면, 영아는 안정감을 느끼게 된다. 부정 감정성(negative emotionality)의 아이에게 어머니가 그러한 돌봄을 제공한다면 아이는 안정감을 느끼게 된다. 그러나 감정성이 강한 영아에게 어머니의 돌봄이 책임감 없고 비민감적일 때, 영아는 불안정적이고 저항하게 된다. 영아가 감정성이 약한 경우 부모가 같은 유형의 돌봄을 제공할 때, 영아는 불안전을 느끼고 사람을 회피하는 경향을 나타낸다.

분리와 버림의 경험이 영아에게 정신적으로 치명적인 문제를 일으키는 이유는 성인의 세계에 비유할 때 '죽음'의 경험과 같은 느낌이기 때문이다. 그러기에 분리와 버림의 경험은 영아뿐 아니라 성인에게도 아픈 경험 중의 하나다. 아직 인지 능력이 갖추어지지 않은 영아나 유년기의 분리와 버림은 마치 어른들이 죽음을 경험하면서 절망감에 잠기게 되는 심리적 증상과도 유사하다. 인간이 죽음을 두려워하는 이유는 죽음 그 자체가 무섭기보다는 우리가 그동안 함께한 자녀, 배우자, 부모, 그리고 친구들을 더 이상 볼 수 없다는 절망감이 가져다주는 충격 때문이다. 즉, 관계로부터의 상실과 분리를 두려워하는 것이다.

성인이나 영아 모두에게 분리라는 것은 정신적인 충격을 주는 것이 사실이다. 그러나 같은 충격이라도 영아에게 미치는 영향은 성인에게보다 더 절대적인 것으로 다가온다. 이러한 분리의 아픈 경험이 되풀이되면 영아는 외부 세계에 대하여 폐쇄적 자아를 형성하게 된다. 에릭슨은 이러한 경험이 아이들에게 불신뢰(mistrust)를 낳는다고 보았다.[46]

(2) 참된 자기(true self)의 형성: 창의적 자기(Creative Self)

에릭슨은 인간발달이론에서 인간의 발달을 8단계로 구분하였다. 그 이론은 프로이트 심리학의 영향을 받은 것은 사실이지만, 그가 주장하는 특이한 사실이 있다. 그것은 후생성(epigenesis)이라는 것인데, 인간에게 육체적 기관의 발달이 적정 시기에 의하여 발달이 되는 것과 같이, 정신적 발달도 이러한 시기와 연관이 있다는 것이다.

그는 영아기에 부모가 자녀에게 공급할 수 있는 요소를 통하여 자녀는 외부 세계에 대한 신뢰와 불신뢰를 인지한다고 보았다. 갓 태어나 영아기에 이르기까지 세상의 모든 경험과 외부적인 요소들은 신비감으로 가득 찬 것이다. 무엇이든지 새로이 경험되는 것이고, 이러한 경험은 예전에 학습된 바도 없고 교육된 것도 없다. 이때 중요한 요소는 신비에 싸여 있는 외부 경험의 요소들이 대부분 부모나 주된 돌봄자(primary care-givers)를 통해서 학습된다는 것이다. 만일 영아가 이들을 통하여 외부 세계에 대한 안정감을 체험할 수 있다면, 처음 대하는 세상의 경험과 사람들을 신뢰할 수 있다. 신뢰한다는 것은 한 개인이 보이지 않는 미래에 대한 도전할 수 있는 정신을 구축한다. 그리고 미래에도 신뢰 속에서 살 수 있는 자신감을 느끼게 한다. 또한 사람과 사람 사이에 신뢰감을 바탕으로 미래에 대한 비전을 가지고 사회 생활을 할 수 있음을 의미한다.

부모로부터의 적합한 돌봄은 아이들에게 희망(hope)을 심어 준다.[47] 희망이라는 것은 어느 지점을 향해, 목표를 향해 도약하는 것, 뛰는 것을 의미한다. 부모의 돌봄은 본능적 의미에서 '아낀다' '껴안는다'는 것으로, 돌봄을 제공받는 아이는 외부의 어려움이 와도 자신을 돌봐 준 부모의 위로에 의해서 다시 회복하게 된다.[48]

모든 사람이 가진 공통점은 미래를 알 수 없다는 것이다. 그러나 미래를 가지고 자신의 희망을 성취할 수 있는 사람은 꿈을 꾸는 사람이며, 그 꿈을 향하여 노력하는 사람이다. 꿈을 꾸고 노력할 수 있는 가장 큰 요소는 자신이 경험한 주요한 사람, 특히 주된 돌봄자로부터 경험되고 확인된 미래에 대한 확신이다. 주된 보호자에 의해 형성된 신뢰감은 한 개인이 미래에 대해 기대를 거는 수치와 정비례한다고 할 수 있다.

예측할 수 있는 사람과 환경을 가지는 것은 영아로 하여금 계속적으로 건강하게 성장할 수 있는 환경을 조성해 주는 것이다. 필자는 이것을 인간에게 필요한 망(web)이라고 부르고 싶다. 이러한 정신적 · 물질적인 환경은 에릭슨에 의하면 '신비로운 체험을 하는 데 가장 핵심적 요소(ontogenetic source of the numinous experience)'다.[49] 누미너스 경험(numinous experience)이라는 것은 신비적이며, 이로 인해서 사람에게 새로운 차원의 신앙을 제공하는 결정적인 경험이다. 신약성서에 나오는 사울(Saul)이라는 인물이 다메섹(Damascus)이라는 곳에 기독교인들을 체포하기 위해 영장을 가지고 가는 중, 극적인 종교적 체험을 한 후 수행의 과정을 통해 기독교에 귀의한 것과 같은 종교적 체험을 누미너스라 할 수 있다. 이와 비슷하게, 부모나 주된 돌봄자의 정신적 · 물질적인 환경의 제공은 영아에게는 신비한 종교적 체험과 같이 극적으로 중요한 체험이라는 것이다.[50] 예를 들어, 영아가 우는 것을 살펴보면 몇 가지 중요한 이유가 있다. 배고픔, 아픔, 졸림 등이 그 대부분의 이유다. 본능적으로 이러한 욕구가 있을 때 영아는 자신의 유일한 표현 수단인 우는 것을 통해서 자기의 위급한 상황을 알린다. 이때 부모가 이들에게 적절하게 반응해 주면, 영아는 부모가 반응해 주는 관계성에 의해서 부모를 신뢰하고 더 나아가 외부 세계에 대한 신뢰감을 가지게 된다. 이러한 신뢰적인 분위기 속에서 부모와의 애착을 충분하게 경험한 아이들은 자신의 주변 환경에 대한 탐험의 열망과 호기심을 가지게 된다.

> 아이들이 부모에게 더 집착하여 달라붙는 것은 환경이 낯설고, 배가 고프거나, 피곤하거나, 놀랐을 때다. 이렇게 달라붙지 않을 때는 어머니의 음성이나 어머니가 함께 있을 것을 확인할 때, 특히 어머니와 즐겁게 놀 때다. 아이들이 부모에게 자꾸 애착하려 할 때 어머니가 안아 주면 아이들의 애착 행위가 없어진다. 이렇게 되면 아이들은 안심을 하고 어머니에게 애착하기보다는 자신의 환경에 호기심을 가지고 탐험을 한다.[51]

어머니와 유아의 양육(1~3세)에 대한 장기적인 조사에 의하면 부모가 유아에게 안전(security)과 보호 속에서 긍정적인 관계를 제공할 경우, 어머니와 유아는 서로에게 강한 긍정적인 느낌을 갖는다는 게 밝혀졌다. 이러한 관계성으로 아이들은 사회적 적응기술이 함양되고, 당면한 상황이나 문제에 대하여 두려움을 가지지 않고 이곳저곳을 탐험하며, 문제를 해결하는 능력을 가지게 된다. 이들은 5세가 되면서 부모에게 안전과 보호를 제공받

지 못한 아이들보다 더 자신감을 가지고 명석한 아이가 되어 있었다.[52)]

부모와 주된 돌봄자의 적절한 돌봄과 보호는 아이들에게 외부 세계에 대한 우호적 입장을 가지게 하고, 그러한 외부 세계에 대하여 호기심과 도전을 가꾸게 하며, 더 나아가 사람에 대한 긍정적인 시각을 가지게 한다. 우리는 이러한 자기의 형성을 '참된 자기(true self)' 또는 '창의적 자기(creative self)'라 한다.

(3) 거짓 자기(false self)의 형성: 파괴적 자기(Destructive Self)

부모나 주된 돌봄자에게 정신적 · 신체적 학대를 받으면 외부 세계와 사람에 대한 불신뢰가 형성된다. 정신적인 것은 돌봄을 의미하며, 신체적인 것은 유아가 본능적 고통을 느낄 때 자신을 돌보는 사람과 외부적 환경을 확인하고 육체적으로 외부 세계와 사람에 대한 신뢰를 가지는 것이다. 만일 이러한 것이 제공되지 못하면 유아는 배신감과 자신을 포기하였다는 감정을 느끼게 된다.[53)]

대상관계 학자들은 인간이 가진 가장 원초적인 것은 애착이며, 이 애착 본능 뒤에는 생존을 위한 무의식적인 배경이 있음을 말하고 있다.[54)] 그런데 이러한 애착이나 생존 사이를 중재할 수 있는 용어는 관계성(relationship)이다. 사람은 긍정적인 관계성으로부터 희망을 갖기도 하고, 이것의 상실에 의해 절망에 직면하기도 한다. 중요한 것은 긍정적이든 부정적 관계든 인간은 이 관계성을 형성해야 살아가는 이유를 가질 수 있다. 부모와 긍정적 관계가 형성되지 않으면 부정적인 관계를 형성하여 자신들의 생존 이유를 가진다. 그리고 이러한 부정적인 관계성은 곧 거짓된 자기(false self)를 형성하게 된다. 거짓된 자기란 생존을 위한 관계성 형성을 위해 참된 자기가 아닌 곡해된 자기를 형성하는 것을 의미한다.

카를 융(Carl Jung)은 인간의 성장 과정을 자아(ego)에서 자기(self)를 찾는 작업으로 보았으며, 이 과정을 자기실현(self-actualization) 혹은 개별화

(individuation)의 과정으로 보았다.[55] 그런데 자아가 형성되는 아주 초기 단계에 부모 혹은 주된 돌봄자로부터 신뢰를 형성하지 못한다면 이 통합 과정은 성숙되지 못하고 분열된 자아(fragmented ego)를 가지게 되며, 자연히 구심점을 잃게 되어 자아는 내 · 외부적인 사건을 극복하는 데 한계성을 가질 수밖에 없다. 이러한 관점에서 부모와의 애착관계 정도는 개인이 가지는 감정적 불안, 성격적 장애(불안, 분노, 우울)를 발생시키는 강한 동기를 일으키는 요소가 되며, 이러한 정신적인 문제의 근원을 알 수 있는 중요한 원인이 된다.[56]

부모로부터의 돌봄의 상실은 유아나 아동에게 분리와 배반의 경험을 가져다준다. 이것이 더 악화되어 마치 부모가 자신과 떨어져 있는 것과 같은 경험, 즉 부모 상실의 경험이 심해지게 되면 정신병리(psychopathology)를 발생시키는 원인이 된다.[57] 아이는 자신이 이해할 수 없는 외부적인 환경의 보호를 받아야 하는데, 외부적 환경이나 거짓 자기를 형성하게 하는 부모의 버림이나 포기의 경험은 아이로 하여금 자발성과 생명을 주는 핵심을 상실하게 한다.[58]

부모가 자녀들에게 제공할 수 있는 사랑과 즐거움(love & pleasure)은 아이들에게는 영적 자양물(spiritual nourishment)과 같은 것이다.[59] 또한 이러한 영적 자양물은 출생 후 부모의 돌봄으로 제공되는 것이 사실이지만 볼비(John Bowlby)는 수정 이후 태내에서 부모가 경험하는 외부적 환경에 의해서 이미 시작되고 있음을 지적한다. 이렇게 부모가 제공하는 돌봄이라는 것은 모태에서부터 영향을 준다.

> 사람과 동물의 출생 전 상태에 대한 근래의 조사에 의하면, 과거에는 정확하게 유전 문제로 인해 발생했다고 생각했던 것과 같이 유해한 환경이 성장 발달에 영향을 준다는 꾸준하게 축적한 실험의 결과들이 나오고 있다.[60]

이와 같은 맥락에서 볼비는 돌봄의 상실(deprivation)에 대하여 중요한 결과를 말했다. 즉, 초기 성장 과정에서 부모에게 어떠한 돌봄을 받는가는 미래의 정신건강에 매우 핵심적인 역할을 한다는 것이다. 부정적인 상실의 경험이 철저해지면(complete deprivation) 다른 사람들과 관계성을 형성할 수 없게 된다.[61] 심지어 정신질병의 기원이 분명치 않을 때 그 환자와 부모와의 관계를 분석하다 보면 그 기원이 바로 부모와의 관계에 있는 것과 같이, 부모와 아동의 정신 형성의 관계는 밀접한 연관성을 지니고 있다.[62]

앞서 언급한 아인스워스(Ainsworth)의 세 가지 형태의 유아 반응에 대한 도표는 부정적 양육의 결과가 어떤지를 말해 준다. 부모와 불안전한 관계성을 형성한 아이들은 성장하면서 어떠한 형태의 행동을 보이게 될까? 아이들은 안전성을 확보한 아이들에 비해 더 많은 근심과 불안이 있었으며, 물건을 만지는 데 능숙하지 못하며, 집단생활에 있어서 행동에 문제를 많이 보인다. 어떤 경우에는 긴장, 두려움, 당황하는 정도가 심하게 나타났다. 한 조사에 의하며 1세에 애착 문제를 가진 아이들이 6세가 되었을 때 40%가 정신병리적인 현상을 일으켰다는 조사도 있다. 그리고 1학년, 2학년, 그리고 3학년이 되었을 때 안전과 보호적인 관계를 가진 아이들에 비해 더 거친(aggressive) 아이들이 되었다.[63]

새끼 원숭이와 부모와의 관계를 연구한 실험이 있다. 원숭이가 태어난 후 6개월간 격리 수용을 시킨 후 다시 자신의 집단이나 타 동물들과 같은 우리에 살게 했다. 이러한 격리 수용으로 인해 어린 새끼들이 보인 행동 변화는 세 가지였다. 하나는 자신이 속한 집단과의 접촉을 꺼리는 경우다. 둘째는 원숭이들에게나 타 동물들에게 폭력적인 자세를 가졌으며, 마지막으로 어떤 새끼 원숭이들은 자해(자살시도)하는 경향을 나타냈다.[64] 이 세 가지의 관찰 결과에서 분리와 배반의 경험이 강하면 다른 사람과의 만남을 꺼리게 되고, 폭력까지 가하며, 심지어 자살하는 경우도 발생할 수 있음을 유추해 낼 수 있다.

먹는 것의 중요성은 정신적인 영역에만 국한되는 것이 아니다. 음식에 대한 결핍은 인지 발달과 사회성 발달에 영향을 주는데, 이러한 유아들이 성장한 후에는 집중력, 타인에 대한 배려에 어려움을 나타내었으며, 짜증을 내고, 힘든 것을 인내하는 데 문제를 보였다. 출생 후 첫 2년간 음식의 결핍에 대해 어려움을 겪은 아이가 6~8세가 되었을 때 사회성이 적었고, 활동적이지 않았으며, 어른들에게 더 의존적이고, 불안해하였다.[65] 이러한 실험관찰은 성장하는 유아들에게 음식이 어느 정도의 영향을 정서적으로 초래하고 있는가를 설득력 있게 보여 주는 것이다.

주된 돌봄자인 어머니로부터의 상실 경험은 그 시기가 언제이며, 얼마나 오랜 기간 동안 경험했으며, 어느 정도의 상실을 경험했는가에 의해서 달라진다. 존 볼비는 주된 돌봄자로부터 상실을 경험하게 될 때의 몇 가지 현상을 지적한다. 첫째는 사람들을 보고도 웃지 않으며, 식욕이 없고, 먹는 것에 관심이 없어지게 된다. 또한 좋아하는 음식임에도 불구하고 관심을 두지 않으며, 나이에 적당한 몸무게를 가져야 함에도 불구하고 살이 찌지 않고, 잠을 못 이루는 경우가 있고, 자발성이 적다. 둘째는 병에 잘 걸리고, 심지어 이러한 증상은 우울증 환자들이 가지는 것과 비슷한 전형적인 현상이다.[66]

돌봄과 민감성을 가지고 적절한 양육을 받지 못한 유아는 외부 세계에 대한 불신에 앞서 자기 비하적인 태도를 먼저 가지게 된다. 왜냐하면 아직 자신을 주된 돌봄자와 분리하여 객관적으로 볼 수 있는 자기의 정체성이 없기 때문이다. 그래서 부모가 잘 돌봐 주지 않는 것이 자신의 잘못 때문이라고 여기고 염세적인 태도를 가진다. 이러한 돌봄은 결국 유아들에게 거짓된 자기(false self), 또는 파괴적인 자기(destructive self) 상을 형성하게 된다.

(4) 촉진 환경과 좋은 부모

간호사 나이팅게일(Nightingale)이 전쟁터에서 새롭게 발견한 사실은 전쟁의 상처로 인해 죽어 가는 병사들이 하나님보다 어머니를 더 많이 찾는다는 사실이다. 칠순의 나이에 치매로 고생하는 한 노인이 자신이 자란 마을과 부모와 함께 살았던 집터에서 매일 싸리문을 열어 놓고 어릴 때 기억을 더듬으며 어머니의 귀가를 하염없이 기다리고 있는 모습을 보았다. 부모는 모든 사람에게 잊히지 않는 기억의 고향이다.

부모는 성장하는 아이들에게 감싸 주는 환경(holding environment) 중 제일 중요한 요소다. 이 감싸 안는 긍정적 환경은 유아들로 하여금 긍정적인 기분을 가지게 하고, 이러한 긍정적 환경은 자아의 통합을 유도하기 때문에 한 인간으로서의 성장을 가능케 한다.[67]

감싸 안는 환경 중에서 가장 중요한 요소는 어머니다. 어머니라는 환경은 긍정적이든 부정적이든 아이에게 영향을 미칠 수밖에 없다. 어머니가 환경을 긍정적으로 촉진시키면 유아는 성숙을 향하여 발전한다. 이 발전이란 외부 세계인 어머니가 유아의 요구에 의하여 음식이나 돌봄을 제공해 주는 것을 통하여 자신의 욕구를 충족시킬 대상이 있다는 것을 확신하게 되고, 그 대상을 향하여 마술적인 기대를 가지게 되며, 이러한 긍정적인 환경은 아이로 하여금 자신이 전능하다는 인식을 심어 주게 된다.[68] 위니컷에 의하면 어머니가 유아에게 모유를 적절하게 제공해 줌으로써 유아는 어머니의 가슴이 자신의 한 부분이라는 사실을 인식하게 된다.[69]

이 전능한 환경을 조성해 주는 부모에 대하여 위니컷은 '충분히 좋은 어머니(good enough mother)'라는 표현을 썼다. 전능성을 가지고 아이에게 충분히 좋은 여건을 제공함으로써 아이들에게 외부 세계에 대하여 긍정적인 영향을 미치는 어머니에 대한 이해를 할 때, 완전한 어머니(perfect mother)라는 표현을 쓰지 않았다. 부모도 자녀양육에서 실수하는 경우가 얼마나 많은가? 특히 첫 아이 양육 시 부모들은 아이의 반응에 익숙하지 않고 어떻게 해야 되는지 실전연습이 없어서 당황하는 사이에 아이는 성장하고, 자란 버린 후에 지난 세월에 실수했던 내용을 알게 된다.

성장 과정에서 겪은 아픈 추억이 영향을 주는 것은 사실이지만, 좋은 어머니가 실수하게 되는 것에 대해서는 어떻게 생각하여야 할까? 유아에게는 아픈 경험이나 비우호적 환경이 가져다줄 수 있는 좌절이 있느냐 없느냐가 중요한 것이 아니라, 어머니와 가지는 관계의 질(quality)이 중요하다. 이 관계의 질이란 어머니와의 만남을 통해 어머니가 믿을 수 있는 사람인가, 그리고 예측 가능한 사람인가를 의미한다.[70)]

어린 시절의 좌절이란 성인이 경험하는 세계보다도 크고 강하게 경험된다. 마치 하나의 좋은 음악이 만들어질 때 그 음역에는 낮은 영역과 높은 영역이 어우러져서 좋은 곡을 형성하는 것과 같이, 좌절이라는 것도 마찬가지다.[71)] 단조로운 음악은 청중을 감동시키는 데 한계가 있다. 단조로움은 지겨움과 따분함을 동반하기 때문이다. 그리고 역동성이 부족하기 때문에 오랜 기간 사람들의 사랑을 받지 못한다. 시간이나 공간을 달리 해도 오래도록, 마치 영원처럼 우리의 귀에 기억될 수 있는 음악은 클래식이든 대중음악이든 단조로운 음악이 아니며, 음의 고저 영역을 드나들면서 폐부 깊숙이 의미를 주는 음악이다. 단조롭게 성장하는 사람 역시 깊이와 이해의 폭이 적어 남을 이해하는 것에도 한계가 있기 마련이다.

색감이 눈에 띄기 위해서 조화된 색의 체계가 필요하다. 밝은 색이 좀 더 튀기 위해서는 그것과 대비되는 회색이나 검은색 계통의 어두운 색상이 필요하다. 이렇게 대비될 수 있는 색깔이 조화를 이룰 때 그 조화는 더욱 두드러지는 것이다.[72)] 그러므로 좌절을 통한 아픔은 인간의 성장에 반드시 부정적인 영향만을 주는 것은 아니다. 문제는 성장 과정에서의 외부적 환경을 통한 부정적 경험과 긍정적 경험의 비율이 어떻게 되어 있느냐는 것이다. 촉진시키는 환경이 거의 없다는 것은 마치 음악이 단조로운 영역에만 머무르는 것이나, 색깔이 조화를 이루지 못하고 있다는 것과 같다. 다른 면에서 촉진환경이 지나쳐 너무 풍족한 환경을 가지고 훈련과 절제됨이 없이 성장한다면 사람을 피폐화시킬 수 있는 요소가 될 수도 있다. 예를 들면, 전 세계에서 행복지수가 가장 높은 나라는 우리의 예상과는 전혀 반대로 방글라데시다. 외부인에 비치는 그 나라는 가난과 홍수가 대표적으로 떠오르지만 국민은 행복을 누리고 있다. 반면 오늘날 선진국이라고 불리는 나라들은 지금껏 일궈 놓은 좋은 환경과 국가적 부가 젊은이들의 건강한 꿈을 키우기보다는 퇴폐적인 양상으로 흐르는 것에 대하여 우려하고 있다.

'촉진환경'이나 '충분히 좋은 어머니'는 완벽한 것을 의미하지 않는다. 자녀나 부모는 성장과 양육 과정에서 부지불식간에 실수를 할 수 있다. 중요한 것은 환경이 나쁘다고 반드시 부정적이지 않고, 환경이 좋다고 해서 반드시 성장에 긍정적인 영향을 준다고만 할 수는 없다. 사람이 신이 아닌 이상 양육 과정에서 실수가 있을 수 있는 것이다. 다만, 충분히 좋은 어머니가 되려는 의도와 노력, 그리고 촉진적 환경이 되고자 하는 부모의 역할과 그 밖의 사회적 환경 조성에 대하여 관심을 갖고 노력한다면 아직 부족하지만 동시에 충분히 좋은 어머니로서의 가능성을 가지게 된다.

(5) 기독교 상담: 희망 상실로부터의 회복

인간 성장에 제1단계가 있듯이 신앙의 성장에서도 첫 번째 단계가 있을 것이며, 인간 성장의 1단계에서 느끼는 심리적인 요소가 신앙 성장과 상담에 중요한 기틀이 된다. 1단계에서 인간 성장에 부정적 요소가 발생하는 가장 근본적인 이유는 불신(mistrust)에서 발생하는 희망의 상실이다. 거짓 자아를 형성하는 이유는 바로 외부 세계에서 가장 믿을 수 있고 예측할 만한 대상에 의한 버림과 절망을 경험하여 희망을 상실한 상태를 의미한다. 여기서 발생하는 문제들을 짚어 보고 어떻게 상담할 것인가를 살펴보자.

탐식(gluttony)에 대하여 인간이 기본적으로 정신적 · 육체적 돌봄을 체험하지 못하였을 때 나타나는 증상은 폭식이다.[73] 음식에 대한 지칠 줄 모르는 열망은 필요 이상의 것을 섭취하고 지금 당장이라는 즉각적 만족

(immediate gratification)을 추구하게 한다. 도날드 캡스(D. Capps)는 이러한 행위도 문제가 되는 것은 사실이지만 이 배후에 숨겨져 있는 태도와 성격에 대해 우려를 표하고 있다. 즉, 폭식은 삶과 미에 대한 무관심의 표현이라는 것이다.[74] 삶과 미에 대한 무관심은 심리적 · 육체적인 심한 불안에서 기인하는 것이며, 심화되면 죽음으로까지 확장될 수 있다. 또한 폭식 성향은 삶의 미에 대한 것을 파괴하고 한 사람으로 하여금 질보다는 양을 생각하게 하고, 수단과 방법을 가리지 않고 목적을 성취하려는 성향을 가지게 한다. 그러기에 주위 사람들과 동료의식을 가지기보다는 자신의 목적을 방해하는 사람으로 생각하게 되므로, 인간성을 파괴하려는 생각을 가지게 된다.[75]

> 폭식은 어떤 것에 대해서도 특별한 가치를 부여하지 않는다. 다만 먹고 소화시켜 버리는 것이다. 맛을 보지 않고 다만 삼켜 버린다.[76]

정신적이고 육체적인 돌봄의 상실은 한 사람의 삶의 미와 의미를 상실하게 한다. 성인이 되어서 수단과 방법을 가리지 않고 목적을 이루어야 하는 폭식적 성공관에 몰입하게 되면 개인과 가정과 사회는 불안 속에 빠지게 된다.

왜 이렇게 음식을 탐식하게 될까? 가장 중요한 이유는 박탈에 대한 두려움이다. 그것은 부모와의 관계에서 형성된 자신에게 미래가 안전하게 보장될 수 없다는 생각 때문이다. 부모와의 경험 기간 동안 불행한 돌봄의 관계를 형성하였고, 이것은 유아의 심리적 구조에 미래의 불안정을 초래하였다. 돌봄은 부모가 제공해야 유아가 체험을 할 수 있는 것이지만, 음식은 부모가 먹여 주거나 자신이 먹을 때 자율적으로 어느 정도 확보할 수 있는 것이다. 그래서 음식을 먹을 때 폭식을 하여 자신의 생명에 대한 유지를 오랫동안 지속할 수 있는 근거를 마련해 두는 것이다. 본능적으로 배가 고픈 자신을 위로할 수 있는 것은 부모의 관심이 아니라 먹는 것이라는 생각을 절대적으로 하게 된다.

탐식은 개인이 먹고 가질 수 있는 그 이상의 것을 가지려는 심리적 욕구다. 그리고 그것을 당장에 먹어야 하고 가져야 하기에 극도로 집착한다. 왜냐하면 미래에 대한 희망과 확실한 현실이란 음식에만 있기 때문이다.

습관적인 남성 성폭행자들이 가지는 공통점 중의 하나는 어려서부터 부모나 친척, 주위의 아는 사람으로부터 습관적으로 성폭행을 당했다는 것이다. 이들은 성인이 된 후에도 건전한 성관계를 가지지 못한다. 그 이유는 자신들은 미래에 대한 것을 생각하지 않고 당장 만족을 줄 수 있는 즉각적인/일시적인 만족(immediate gratification)을 추구하기 때문이다. 그들은 심리적으로 미래가 없는 것이다.[77] 기다림의 불안을 느끼는 습관적 남성 성폭행자들이 가지는 미래에 대한 불안심리나 불신뢰에서 안정성을 가지지 못하는 아이의 탐식적 행위에는 미래에 대한 불안이라는 공통점이 있다.

사람이 볼 수 없는 미래를 바랄 수 있는 이유는 신뢰와 사랑 가운데 거할 때다. 그리고 이러한 미래는 일시적이고 즉각적인 만족을 구하지 않는다. 그러나 신뢰와 사랑을 제공해야 할 주된 돌봄자로부터, 그리고 사회적인 환경으로부터 이러한 요소를 제공받을 수 없는 사람은 절망하게 되며, 인간성을 부인하게 되고, 인간성을 상징하는 모든 상징(symbols)에 대한 파괴를 시작한다.[78] 이러한 사람들에게는 윤리, 문화, 인간애는 폭식의 노예일 뿐이다.

탐식은 보이지 않는 미래, 불안한 미래를 거부하고 현실적으로 눈에 보이고 배를 만족케 할 수 있는 음식을 확보하려는 생존적 심리다. 그리고 음식만이 자신에게 미래를 막연하게나마 가지게 할 수 있는 최고의 피난처라는 절대적 신뢰는 그 대상에 대한 중독(addiction)을 낳는다. 그리고 이 중독이란 그 대상에 대한 분별 없이 무차별적 절대적인 신뢰를 하는 것이다.[79]

중독은 인간에게 근본적으로 필요한 관계성이 긍정적인 방향으로 나타내지 않고 부정적인 영향으로 나타나는 것이다. 사람은 부모와 이웃, 그리고 친구와 관계성을 형성하는데, 그 이유는 자신의 생존을 위한 관계성이 무의식적으로 내재되어 있기 때문이다. 그러나 부정적인 유아기의 인간관계는 성장해 가면서 반사회적인 형태로 나타나기 쉽다. 유아의 탐식이나 청소년기 폭력이나 과도한 미움의 감정, 성인이 된 후 알코올중독, 노름, 성중독 등과 같은 것이 그 예가 될 수 있다. 사람은 성장 과정에서는 주된 돌봄자에 의해 형성된 관계성을 기반으로 하여 관계를 가지게 된다. 이러한 관계를 지니면 긍정적인 관계성을 가지게 될 것이다. 그러나 이러한 관계성이 형성되지 않는다면 부정적인 관계성을 형성할 수밖에 없다. 긍정적이든 부정적이든 사람은 관계성을 형성하여야 자신의 존립 이유를 가질 수 있기 때문이다. 부정적인 관계성을 가진 사람이 성장하면서 치료가 되지 않으면 결국 부정적인 사람들과 관계성을 형성하게 된다. 악순환적 관계성이라도 관계성이 없는 것보다는 안전하다고 느끼기 때문이다.

구약성서의 예를 들어 보자. 이스라엘 백성이 이집트를 탈출하여 약속의 땅 가나안으로 이동하는 과정에서는 음식이 궁핍하여 지도자인 모세에게 불만을 터뜨렸다. 모세는 이를 위해 기도를 했고 하나님은 이들에게 '만나(manna)'라는 음식을 제공해 주었다. 단 이것을 거두어서 먹을 때는 자신들이 먹을 수 있는 양만큼만 가져야 한다는 조건이었다. 그러나 백성들 중의 어떤 이들은 음식을 과다하게 거두어 축적했다. 음식을 확보하기 위한 생존이었을 것이다. 그러나 남은 음식은 그다음 날에는 부패해서 먹을 수가 없었다. 미래를 신뢰하지 않는 백성들, 그리고 하나님의 의도를 신뢰할 수 없었던 백성들이 보여 준 모습이다. 신앙에서도 미래에 대한 신뢰가 없는 사람은 현실적인 집착에 빠질 수밖에 없다. 마치 유아가 폭식에 빠져서 불안정한 현실 속에서 자신을 보호하려는 심리와 같이 먹는 것, 물질 등에 집착하게 된다.

신약성서에는 농사가 잘 되어 자신의 곳간을 헐어 확장시키려는 부자가 증식되는 재산과 곡식의 풍요로움을 생각하면서 "내 영혼아, 평안하여라." 라는 말을 한다. 미래에 대한 신앙의 확신이 없으면 사람은 집착하게 된다. 절대적 신뢰를 할 수 있는 것을 물질이라 생각하며 그 물질이 절대적 우상의 자리를 차지하게 되고, 그것을 마치 인간이 살아가는 최고의 가치라고 생각하고, 심지어 이것으로 인해 영혼의 안녕을 생각하기도 한다. 그리고 그 소유가 바로 개인의 존재 이유가 된다.

우리 이웃 중에는 젊은 날에 많은 사업을 일구어 내었다가 나이가 들어 그 재산을 사회에 환원하는 사람들이 있다. 그들의 한결같은 고백은 사회에 빚을 졌기에 사회에 환원한다는 것이다. 물질에 대한 절대적 신뢰에서 떠나고, 탐식을 벗어나 사회에 빚을 환원하는 것은 더 밝은 미래에 대한 확신이 있기 때문이다. 현실을 벗어나 하나님 나라에 대한 소망과 확신이 있기에 이러한 결단이 있는 것이다.

이러한 관점에서 신앙의 1단계에서 빠지기 쉬운 오류는 탐식적 신앙이다. 이 탐식적인 신앙은 인간관계와 신앙에서 현실만의 만족을 추구하려는 형태로 변질되기 쉽고, 탐식을 최고로 여기는 것과 같이 신앙을 물질의 축적으로, 그리고 그것을 인간이 누리는 최고의 안전으로 여기는 유형을 가질 수 있다.

우상주의 신앙은 하나님이 내 편에, 내 기도에 응답하는 것이 아니라 우리가 하나님의 의도에 따라가는 것이다. 그러나 초기신앙을 가지면서 대부분의 사람이 유아기적 마술적 신앙의 시기를 거치게 되는데, 이때 주의를 해야 할 것이 바로 우상주의(Idolism)다.[80]

우상이란 나의 욕구를 우상에게 투여하여 그 우상으로부터 자신의 욕구와 기도의 내용을 강요하는 심리적 욕구다. 그리고 자신의 행위에 대한 합리화를 위해서 우상을 필요로 한다. 하나님의 부르심을 받아 시내산에 올라간 모세가 내려오지 않자, 초조해하던 백성들은 자신들이 생각하고 있는 하나님에 대한 상을 만들기를 요청하여 금송아지를 만들었고, 그 형상이 자신들을 이집트에서 탈출시킨 하나님이라고 생각했다.

구강기에 있는 유아들은 모든 것을 입을 통해서 경험한다. 자신이 외부 세계를 경험할 수 있는 도구로 거의 유일한 것이 구강이다. 이 말은 아이가 외부 세계를 경험할 수 있는 것이 그만큼 제한되어 있다는 의미이기도 하다. 그리고 구강이 유일한 외부 세계에 대한 경험 도구이기 때문에 외부 세계를 파악하거나 탐험하는 데 있어서 매우 제한적인 상황을 가질 수밖에 없다. 그러나 모든 경험을 구강을 통해서 하려는 유아적인 의도는 지극히 자기중심적이고 제한적일 수밖에 없다. 자신에 대한 제한적인 요소가 자기중심적으로 만들고 외부 세계의 체험을 자기중심적으로 해석하기 때문이다.

자기중심적인 경험은 다음과 같은 경우에도 발생한다. 유아는 부모가 자신의 눈앞에 있어야 실존하는 것으로 생각한다. 그러기에 부모가 눈앞에서 사라지면 그 자리에서 울음을 터뜨린다. 유아들은 자신들의 시야에서 보이는 물건이 가려져 있으면 이것을 마치 없는 것으로 여긴다. 부모가 자신의 눈에서 보이지 않으면 심하게 우는 이유도 바로 여기에 있다. 그들에겐 현재라는 개념만이 있을 뿐이고 과거나 미래라는 관념이 형성되어 있지 않다. 그래서 유아를 달래는 것은 지극히 현재적인 것이어야 하며, 동시에 눈에 보이는 것이어야 한다.[81)]

이러한 현상은 신앙의 단계에서 두 가지 면을 고려하게 한다. 눈에 보여야 한다는 유아기적 신앙은 하나님의 초월적인 상황에 대한 확신을 하기 어려운 상태를 의미한다.[82)] 즉, 자신의 눈앞에 있어야 한다는 유아기적 심리적 욕구는 신앙에 있어서도 자신의 뜻과 같이 현실적으로 무엇인가 눈앞에 현현되어야 하며, 자신이 원하는 대로 실현되어야 한다는 것이다. 기도하고 소원하는 대로 다 되어야 하고, 그것이 실현되지 않을 때는 좌절하며 유아가 마치 어머니를 상실하여 분리와 포기(separation & abandonment)

를 경험하는 것처럼 된다. 기도의 내용이 현실화되지 않으면 신앙이 필요 없고, 하나님이 없다고 생각한다.

기도의 응답이 늘 눈앞에 나타나야 한다는 것은 하나님의 의도함이 우리의 방식대로 나타나지 않을 수 있다는 생각을 헤아리지 못하는 것과 같다. 자신의 요구와 기도대로 응답되어야 한다는 것은 위니컷(D. Winnicott)이 지적한 전능성의 환영(hallucination of omnipotence)에서 오는 심리적 구조다.[83] 전능성의 환영은 유아가 배고픔을 어머니의 가슴을 통해서 해결하는 과정에서 어머니의 가슴이 자신의 일부분이라고 인식하면서, 커다란 어머니라는 대상이 자신의 요구대로 움직일 수 있다는 환상을 의미한다. 그리고 자신의 요구대로 어머니가 먹는 것과 필요한 것을 제공하기 때문에 마치 자신이 전능성을 가진 것으로 생각한다. 어머니와의 이러한 과정에서 유아는 자신을 충족시키며 먹여 주는 대상이 있다는 사실에 대하여 확신을 하는데, 이러한 관점에서 위니컷은 이 시기를 마술적(magical) 시기라고 한다.[84]

한 청년이 자신이 경험한 청소년기의 신앙 내용을 이야기했다. 그 청년은 초기에 기도를 할 때마다 하나님이 도사와 같은 복장을 하고 흰 수염을 기르고 지팡이를 옆에 차고 나타날 것이라는 기대를 가지고 있었지만, 기도는 늘 허망한 기대 속에서 끝나고 말았다고 했다. 그러나 신앙은 자신의 의도를 투사하는 것이 아니라 하나님의 뜻을 이해하고 아는 것, 그리고 그것을 행하는 것을 목적으로 하는 것이다. 성숙한 신앙은 우리의 기도와 소원이 우리의 원함과 같이 나타나지 않을지라도 하나님께서 우리를 인도하심을 신뢰하는 것이다. 어머니가 잠시 유아의 눈에 보이지 않을지라도 그것은 어머니가 사라진 것이 아니라 같은 방 안에 있다는 사실에 안심과 신뢰를 하는 것과 같다. 이 신뢰를 벗어나 어머니에 대한 무리한 환상은 우상주의에 빠지게 하기 때문이다.

2) 초기 아동기 발달심리와 상담(자율성 대 수치심/의심)

(1) 자율성(autonomy)의 확보

유아기에서 가장 눈에 띄는 것은 이전까지는 영아들이 주로 입을 통해서 외부 세계를 경험하였다면, 이제는 자신의 손과 발로 움직이면서 외부 세계를 경험한다는 것이다. 특히 손과 팔다리, 괄약근을 움직이면서 새로운 세계를 경험하게 된다.[85] 괄약근을 이용한 아동의 자율적 활동은 이 시기에 대소변을 가리는 것에서 시작된다. 한동안 미국에서는 자녀들이 대소변을 가리는 것이 정신건강에 중요하다고 생각했다. 이것이 유아가 자율성을 가질 수 있느냐 없느냐를 결정하는 요소라고 생각하였다. 왜냐하면 대소변을 자신의 몸 안에 가지고 있느냐, 아니면 이것을 방출하느냐는 것을 통하여 자신이 할 수 있다는 자율성을 확보한다고 여겼기 때문이다. 이러한 관점에서 에릭슨은 이 시기 아동의 심리사회적 양식을 '붙잡는 것(holding)'과 '놓아 주는 것(letting go)'으로 보았으며, 이러한 생리적 작용과 이 작용에 반응하는 부모와의 관계성에서 자율성을 확보하느냐 실패하느냐로 보았다.[86]

초기 아동들은 대소변을 자신의 몸을 통해 탄생한 하나의 창작품으로 생각할 수 있다. 오묘한 신체적 변화와 기관의 협력 작용을 통해 외부로 방출되는 대소변은 성인들의 눈에는 더러운 것일 수 있지만, 초기 아동의 눈에는 전혀 그렇지 않다. 왜냐하면 자신의 몸을 통해 나온 최초의 신기한 작품이기 때문이다. 그래서 심지어 어린아이들은 자신의 대변을 만지는 경우도 있다. 이것을 성인들이 더럽게 여기면 아동은 자신의 작품에 대한 비난을 받는 것으로 여길 수도 있다. 오히려 이렇게 대소변을 가지고 놀이를 하는 것은 정신적으로 건강하게 만드는 것이라 보고, 대변을 대신할 수 있는 유사한 장난감으로 대체하여 어린아이들의 정신건강을 돕는 것이 좋다.[87]

심리적으로 자율성을 확보할 수 있는 이러한 중요한 시기에 부모가 대소변에 대한 엄한 강요나 이것으로 인해서 책망을 하게 된다면, 아동의 마음 속에는 인식 차원을 떠나서 자신이 부모의 허락을 받느냐 허락을 받지 못 하느냐(approval vs. disapproval)의 심리적 변화가 발생한다.[88] 만일 부모가 대소변에 대해 인내를 교육하면 아이는 서서히 자신이 하는 일에 대한 자율성(autonomy)을 확보해 갈 것이다. 자율성의 확보는 아이로 하여금 자신의 활동 영역에 대한 긍정적인 생각을 하게 하며, 또한 이 시기 부모의 인내는 자녀들에게 의지를 배우게 한다. 이 의지란 자신을 조절할 수 있는 통제적인 수단을 가지게 되는 것이며, 동시에 어려움을 겪을 때 결심을 꺾지 않게 하여 심리적으로 건강하게 해 준다. 또한 의지가 있는 사람은 분노를 경험할 때도 자신에 대한 통제방식을 가지고 분노를 표현할 수 있는 사람이 된다.[89] 이러한 의지는 초기 아동기에서 긍정적으로 나타나는 결과다.[90]

(2) 수치심과 의심: 분노의 표출

만일 아이가 하는 일들에 부모가 일일이 간섭한다면 어떠한 결과가 발생할까? 부모의 허락이냐 불허냐의 기로에 선 아이들에게는 불안이 조성되며, 자신의 자율성에 대한 부모의 과도한 통제로 수치심(shame)을 가지게 된다. 왜 이러한 수치를 불러일으키는가? 수치라는 것은 우선 비교 대상이 있다는 것이다. 어떠한 기준을 가지고 자신을 평가한다는 것이다. 이러한 평가와 수치심에 대하여 성인들은 대수롭지 않게 간과하기 쉽다. 그러나 부모로부터, 혹은 성인들로부터 아이들이 느끼는 거절의 경험은 민감하게 작용하게 되고 쉽게 죄책감으로 이어진다.[91] 아동이 부모로부터 받는 수치는 뿌리가 흔들리는 경험을 하는 것과 같은데, 왜냐하면 아동이 부모에게 의존하는 폭이 매우 크기 때문이다.

> ……의심(doubt)할 것 없이 (이 단계에 있는 아동들은 부모들이) 허락하거나 불허하는 목소리의 음색과 말에 이미 나타난 것과 같이, 이러한

> 것에 의해 잘못된 것인지, 잘한 것인지 혹은 깨끗한 것인지, 더러운 것인지를 이미 파악하고 이러한 반응을 자신의 내부의 양심과 외부적 규칙에 연관시키려고 준비한다.[92]

에릭슨이 지적한 바와 같이, 아이들은 이미 부모가 자신의 행위에 대하여 반응하는 목소리의 음색과 말투를 통해 이미 부모가 어떠한 반응을 일으키는지에 대하여 민감한 반응을 보이고 있으며, 이러한 부모의 반응을 어떻게 현실에 적용할지에 대하여 민감하게 준비하고 있다.

자신이 하는 일이 남들에 의해서 무시되었을 때 어린아이들은 수치심을 느끼게 된다. 자신이 하는 일에 대하여 습관적으로 무시당하게 되면 내적 분노와 화를 불러일으키고, 심지어 폭력으로도 연장될 수도 있다. 그리고 수치심은 서서히 외부 세계에 대하여 자신을 통제하고 갇혀서 살도록 만든다. 왜냐하면 수치심은 자신에 대한 의심과 동시에 외부 세계에 대한 의심을 품게 하여 스스로를 외부로부터 통제하고 단절하기 때문이다.[93] 그리고 아동기에서는 자신에게 수치심을 주는 부모에게 비밀스러운 분노를 느끼기 시작한다.[94]

동물을 양육하는 데 관심을 가지고 있는 사람들이 하는 이야기가 있다. 동물을 화나게 하지 않는다는 것이다. 즉, 동물의 존엄성(dignity)을 인정해주고 대할 때 친분을 나눌 수 있는 관계가 된다는 것이다. 언어도 통하지 않고 표현도 부적절하지만 곰이 인간과 함께 놀 수 있는 것은 존엄성에 대한 인정 때문이다. 사람과 사람 사이가 끊임없이 깨지고, 파괴되고, 상처를 받는 근본적인 이유는 바로 서로에 대한 존엄성을 인정하지 않기 때문이다.

동물과 인간이 하나가 될 수 있는 것은 고유의 격(格)을 인정하기 때문이다. 이러한 격을 인정할 수 있는 것, 그것이 어떠한 외부 조건에 의해서가 아니라 그 사람이 있다는 자체만으로 그 사람의 격을 인정할 수 있는 것은 상대에 대한 존중감에서 비롯된다. 존엄성은 사람을 외부 여건으로 대하는 것이 아니라 그 생명 자체로 대하는 것이다. 인간에게 가장 필요한 것은 존엄성을 인정하는 것이며, 만일 존엄성을 느끼지 못하게 되면 더 많은 분노와 화로 자신을 방어하게 된다. 마찬가지로 초기 아동의 자율성을 보장하고 그 자율성이 발휘되기 위해서는 그들의 존엄성을 인정하면서 참고 인내하는 마음의 자세가 필요하다.

(3) 기독교 상담: 율법을 넘어 사랑으로

법과 사랑의 딜레마(dilemma) 에릭슨은 초기 아동기에서 아이들이 의식(ritualization)으로 생활화되는 것이 사려 판단(judicious)을 하는 것이라고 지적했다. 사려 판단이란 부모가 아동에게 하는 말의 억양이나 음색(tone)을 통해서 아이들은 말(the word)과 법(the law)이라는 것을 판단하는 것이다.[95] 부모에 의해 경험되는 허락과 불허의 과정은 성장한 후에도 종교 법, 사회정의를 판단하고 행동하는 데 영향을 준다.[96] 이러한 요소를 신앙상담의 과정에 연관시켜 보자.

부모가 아동에게 하는 모든 말은 자녀에게 허락하는지, 아니면 불허하는지에 관계가 있으므로 이것은 자녀들에게 판단을 불러일으키고, 법이라는 것과 연관된다. 즉, 자녀가 부모의 허락이나 불허에 의해서 자율성이나 수치심이 생기는 것과 같이, 허락 또는 불허에 익숙한 사람들은 의미보다는 문자에 관심을 두는 율법주의적 신앙을 가지게 됨으로써 인간이 가진 본질적인 것에서는 멀어질 수 있음을 말한다. "뜻을 알면 문자를 버린다."라는 의미를 아직 알지 못하는 것이다. 이런 점에서 목회상담학자 도널드 캡스(Donald Capps)는 기독교 교회사에서 배교자 추방, 이단논쟁을 하는 데 있어서 이 두 번째 단계의 신앙이 중추적인 역할을 한다고 보고 있다. 그리고 율법주의는 상대방을 율법에 의거하여 판단함으로써 고통을 주고 그것을 통해 쾌감을 느끼는 도덕적 사디즘(morailistic sadism)으로 보았다.[97]

법 혹은 율법주의에 빠지기 쉬운 것이 이 단계에 있는 신앙의 위협이라면 구체적으로 율법주의 신앙의 제한성이란 어떤 것인가? 우선 법과 사람을 볼 때 법이라는 것, 즉 교회법이라는 것은 사람을 살리기 위해 있다는 사실을 명심해야 한다. 모든 법의 취지는 사람을 죽이는 것이 최종 목적이 아니라 다수의 사람에게 선을 도모하고 평화를 정착시키기 위한 것이다. 하나님도 어떻게 하든지 사람을 살리시는 하나님이지, 죽이시는 하나님이 아니다. 그러나 이런 법에 익숙해지다 보면 법으로 사람을 재고 평가하는, 주종이 바뀌는 역할을 하게 된다.

율법의 중심을 이해하였을 때 사람들은 그 율법의 문자를 버리고 사랑으로 사람을 살린다. 그러나 기독교 역사에서 보듯이 이러한 지경에 이르지 못하면 교회 법과 신앙의 이름으로 타 민족을 학살하고 유린하는 사태가 발발한다. 기독교가 타 종교에 대하여 이러한 율법적인 위치에서 대면한다면 이것은 이념적인 싸움이 된다. 이제까지 종교인이면서 묵시적인 증오와 미움, 그리고 싸움과 전쟁이 반목되는 이유는 바로 문자를 최상으로 생각했고, 뜻에 대한 의미를 사려 깊게 생각하지 않았기 때문이다. 또 한편에서는 전승적으로 되풀이되는 율법적인 것, 즉 문자적인 것이 오랜 세월을 지내면서 사람들을 타성에 묻혀 살도록 만들어 버린 것이다. 이러한 관점에서 캡스는 법에 관심을 가지고 뜻을 버리는 종교적 성향에 대하여 '헛된 공의를 나타내거나 내용 없는 통회(vain display of righteousness or empty contrition)'라고 하였다.[98] 즉, 이러한 형태의 신앙은 중심 없는 신앙이며, 형식적인 회개의 종교라는 의미다.

율법적인 신앙이란 어떤 것인지 예를 들어 보자. 자살한 청년을 위해 이웃 교회 청년들이 성직자를 찾아와서 장례식을 부탁했다. 죽은 청년이 다니던 교회의 성직자를 두고서 자신이 해야 되는 이유를 묻자, 청년들은 본 교회의 성직자는 자살한 사람은 교회 법을 어겼기 때문에 장례를 집전할 수 없다는 것이다. 설명을 들은 이웃 교회 성직자는 슬픔에 놓여 있는 가족들과 친구들을 위해서 장례를 집전했다. 죽은 사람의 영혼은 하나님의 손에 있는 것이기에 영혼은 하나님이 책임을 지는 것이고, 중요한 것은 아들과 친구를 잃어 슬픔에 빠져 있는 가족과 동료들의 마음을 위로해 주어야 했던 것이다. 이 실화는 앞서 캡스가 지적한 것과 같이 율법적인 신앙에 익숙한 사람은 '헛된 공의를 나타내는' 것을 수호하면서 그것을 마치 진리인 양 생각하는 시대적 착오를 가지는 것을 보여 주고 있다.

이와 유사한 사건은 사도 바울이 당시 이방인 개종자들에게 할례를 하여야 하는가, 아니면 안 해도 되는가에 대해 논쟁한 것에서도 나타난다. 사도 바울은 정확히 핵심을 지적했다. 할례나 무할례가 중요한 것이 아니라, 할례는 마음에 해야 한다고 역설했다. 할례를 마음에 해야 한다는 의미는 더 이상 율법이 사람을 지배하는 것이 아니라 율법이 사람을 살려야 하는 면을 강조하고 있는 것이다. 또한 마음의 자세, 마음의 세계가 그 어떤 율법적인 요소보다 우선되어야 함을 강조하는 것이다. 예수는 사역 중에 많은 병자들을 안식일에 치유하였다. 당시 종교지도자들은 안식일에 병을 고치는 예수에게 '어떻게 안식일에 금지되어 있는 병을 고치는가?'라는 질문을 하면서 흠집을 냈다. 예수의 대답은 단순했다. 안식일에 자신들의 가축이 실족했을 때 구해 주는 것과 같이, 가축보다 더 중요한 사람의 생명을 살리는 것은 정당하다는 것이었다.

앞서 이야기한 종교 간의 문제에 대하여 다시 이야기해 보자. 각 종교는 나름대로의 율법이 있다. 그런데 이 율법의 내용만을 가지고 사람들을 대한다면 어떻게 세계 각국에서 일어나는 종교 간의 분쟁 문제를 해결할 수 있을 것인가? 대표적으로 성스러운 도시 예루살렘은 아직도 이러한 문제로 인해 전쟁과 죽음이 끝나지 않고, 해가 지날수록 복수심의 칼날을 세우고 있다. 성스러운 도시라기보다는 피의 도시다. 하나님의 이름으로 성전(the holy war)을 행하고 있고, 각국이 가진 종교의 율법에 의해서 순교를 빙자한 자폭사건이 연일 발생하고, 가장 성스러운 마음을 가져야 할 대표적 종교국가 국민의 마음속에는 증오의 탑만 높아지고 있다. 지구상의 종교 근원에 가장 대표가 되는 민족이 세계 불안의 핵심적인 악한 역할을 담당하고 있으니, 종교를 보는 세인들의 눈이 고울 리가 없다.

한국에서의 남북의 문제를 이 관점에서 보자. 남과 북이 서로 대화하기 어려운 것은 서로 다른 법(이념)을 가지고 대화를 하기 때문이다. 사람보다 법이 먼저 보이고 이것으로 해석된다면 문제는 장기화된다. 법을 다루는 것이 아니라 서로가 가지고 있는 국민의 이슈, 공통적인 관심사를 중심으로 모이게 될 때 이념적인 벽을 넘어 서서히 물꼬가 트이고 그 벽은 낮아질 것이다.

이러한 관점에서 2단계의 기독교 상담에 있어서 중요한 점은 문자적 의미를 확대 해석하고 율법적인 면만을 강조하는 상담이나 교육은 너무나 위험한 요소임을 알아야 할 것이며, 문자적인 차원을 넘어서 그 문자는 사람을 판단하고 구별하고 차별화하기 위한 것이 아니라 바로 사람을 이해하고 사랑하기 위한 것이라는 것을 알아야 한다. 사도 바울도 같은 맥락에서 문자(Letter)는 사람을 죽이는 것이요, 영(spirit)은 살리는 것임을 지적했다(고후 3:6).

존엄성과 신앙 존엄성은 사람을 사람되게 할 수 있는 가장 중요한 요소다. 초기 아동들이 부모의 허락과 불허에 의해서, 그리고 일관성 없는 부모의 불허를 통해서 느끼게 되는 것은, 에릭슨이 지적한 바와 같이 분노이며 자율성의 상실이다. 상담자나 부모는 내담자나 자녀에 대하여 어떻게 하면 존엄성을 가질 수 있을까?

외적인 조건에 의해서 사람을 판단하지 않고, 남녀노소 구별하지 않고 사람들의 존엄성을 존중할 수 있는 것은 하나님이 그 모든 사람을 만들고 그 주인이 하나님이 된다는 신앙 안에서 가능하다. 동물에 대한 존엄성을 가질 수 있는 것은 그 생명의 존엄성이 바로 하나님에게 있고, 하나님이 그 격을 수여했다는 신앙적인 차원에서 이루어질 수 있는 것이다. 모든 사람이 하나님이 마련해 준 존엄성을 가지고 있다는 신앙은 상담의 모든 요소를 포용하는 핵심적인 부분이다.

부모의 이러한 반응을 통해 자녀들이 자율성을 확보할 수 있다면, 존엄성은 어떻게 2단계의 신앙을 가진 사람들에게 적용할 수 있을까?

인지심리학자 피아제(Jean Piaget)는 초기 아동들의 정신세계의 경향을 '자기중심(egocentralism)'이라고 표현했다. 가령, 그는 이러한 정신적인 상태를 가진 아이들을 설명하기 위해서 3, 4세에 이르는 아동들에게 개의 가면을 쓴 고양이를 보여 주었다. 이때 아동들의 반응은 정말로 고양이가 개가 되었다는 반응이었다.[99] 이것은 아이가 이기적이라기보다는 '아이들은 자신의 입장에서 타인을 바라본다.'는 의미다. 타인의 입장에서 자신을 보지 않고 일방적으로 자신의 관점에서 타인을 본다는 의미다. 즉, 이 시기의 아이들이 타인을 헤아릴 수 있는 능력이 아직 형성되지 않았다는 것이다. 다시 말해 한쪽 방향으로 가는 것만을 알고 오는 것은 알지 못하는 것이다.[100]

자신의 입장에서만 타인을 볼 수 있는 한계성은 살아가면서 어느 누구도 벗어날 수 없는 것이다. 다만, 노력과 수련을 통해서 점차적으로 벗어날 수 있을 것이다. 신앙과 앞에서 언급한 사실을 연관시켜 보자. 2단계의 신앙은 이렇게 자신의 입장에서 타인을 바라보고, 타인의 입장에서 자신을 바라보는 것에는 제한이 있다는 것이다. 이것은 이러한 신앙이 잘못되었다는 것이 아니라 볼 수 있는 통찰력에 그만큼 한계가 있다는 것이다.

신학자 폴 틸리히(Paul Tillich)는 "하나님은 무신론자의 하나님이기도 하다."는 표현을 하였다. 무신론자의 하나님이란 자신을 부인하는 인간들조차도 그 안에 품으신다는 의미다. 그래서 종교를 초월하여 모든 사람이 하나님의 자녀이기에 새로운 피조물(new being)이 되기를 요구받고 있다고 하였다.[101] 하나님을 부인하는 인간을 하나님께서 품으시는 이유는 바로 모든 사람이 종교 이전에 하나님의 피조물이라는 사실을 하나님이 인정하기에 그들을 수용한다는 의미다. 이것은 하나님이 종교 이전에 각 개인의 존엄성을 인정한다는 의미와도 같다. 이러한 포용적인 하나님에 대해 다양한 종교를 가진 우리의 이웃과 하나님을 부인하는 무신론자들은 어떠한 생각을 가지게 될까?

자신의 한계를 알고 상대의 존재를 인정하는 것은 곧 존엄성을 인정하는 것이며, 이 존엄성을 통해서 사람들은 자신이 가진 한계성을 뛰어넘어서 한 사람 한 사람이 하나님의 피조물이라는 원초적인 사실에 접근하고, 각 개인과 민족에게 존엄성에 대하여 공감하게 된다. 그러므로 이 시기 신앙에 대한 상담의 기준이 법과 율례에 대한 교육이 아니라 그 본래의 취지인 인간 사랑, 그리고 이 인간 사랑이야 말로 사람에 대한 존엄성을 가지게 될 때 가능하다는 생각이다.

3) 놀이기 발달심리와 상담(주도성 대 죄의식)

(1) 주도성과 죄의식(initiative & guilt)

아동들이 놀이기가 되면 활동 반경이 넓어지기 시작한다. 이제는 자유자재로 움직이는 것을 배웠고, 자신의 눈에 보이는 온갖 신비한 요소에 대하여 탐험을 하기 시작한다. 구강기의 제약적인 체험 수단을 넘어서 손과 발, 그리고 두뇌라는 다양한 요소를 통하여 외부의 세계를 체험하게 된다. 마치 사람이 차를 구입하게 되면 걸어 다니는 영역보다 훨씬 넓은 영역을 다니는 것과 같다.

이 시기에 아이들은 이전 단계보다 능동적이고 적극적인 사람이 된다. 이러한 활동은 아동으로 하여금 타인의 신체나 공간에 간섭하고 침입하는(intrusive) 특성을 보인다. 침입한다는 것은 신체적으로 다른 아이들을 밀거나, 물거나, 때로는 때리는 것이며, 다른 사람들에게, 자기의 동료들에게 좋지 않은 언행을 함으로써 타인의 마음에 상처를 남기고, 자신만이 많은 공간을 확보하려는 의도성을 보인다는 것을 의미한다.[102] 이러한 마음의 구조에 대하여 에릭슨은 다음과 같이 언급한다.

> 이 시기의 아이들은 대개 자신이 혼자 하려고 한다. 이 기간에 아이들은 자신의 내부에 실패를 빨리 잊고, 자신이 바라고 있는 것에 대하여 끊임없이 노력하며(그것이 위험해 보일지라도), 그 목표에 접근하도록 하는 확고하게 넘치는 자유 소유(free possession)의 힘 가운데 있다.[103]

이러한 중심에 있는 에너지는 바로 놀이(play)다. 아이는 놀이를 통해서 자신만이 가지는 소우주 속에서 자신을 표현하고 있는 것이며, 이러한 표현을 위하여 장난감(toy)을 사용하는 것이다. 장난감 놀이를 통하여 아동은 자신의 과거 경험에서 안도(relieve)하게 되고, 과거 경험에서 잘못된 것을 바르게 하고, 과거 경험을 다시 한 번 재창조(recreate)하여 미래에 어떠한 역할을 할 수 있을 것인가 하는 기대를 할 수 있도록 하며, 앞으로 다가올 여러 가지 일에 자발성과 수용성을 가질 수 있다.[104]

심신이 건강한 어린아이가 장난감을 가지고 노는 것, 그리고 아주 적극적으로 노는 것은 바로 아이가 자신의 소우주 속에서 마치 어른들이 사회에서 자신의 역할을 하는 것과 같은 역할을 이미 하고 있다는 것이다. 이러한 점에서 놀 수 없다는 것은 이미 심신이 지쳐 있다는 것을 의미하며, 과거의 경험과 미래의 기대치에 대한 매력을 상실하고 있다는 것을 의미한다.

놀이가 아이들에게 가져다주는 심리사회적인 양식은 무엇을 얻으려는(on the make) 것이다. 즉, 놀이를 함으로써 놀이 속에서 아동은 온갖 상상을 동원하여 이상적인 구상(ideal plot)을 가지고, 자신들이 이러한 이상적 구상에 적합한 이상적인 배우라고 생각하며, 그러한 이상적인 역할을 통해서 자신을 만들어 나가는 주도성을 가지게 된다.[105]

주도성을 가진다는 것은 아동이 자신의 목적(purpose)을 가질 수 있다는 것이다. 즉, 일을 주도하고 자신의 뜻을 놀이를 통해서 실현하는 소우주적인 행위는 아이들에게 목적 지향을 분명히 할 수 있는 근거가 된다. 반면에 놀이를 통해 늘 승리하는 자신의 모습을 가지지만, 약하고 악한 대상을 죽이고 처벌하는 과정을 통해서 죄책감을 가지게 된다.[106] 에릭슨은 이 시기에 아이들이 자신의 제한성을 알지 못하고 무엇이든지 시도를 하는 것은 이점도 될 수 있으나, 무모한 시도는 타인에게 매우 침입적인 양식(intrusive mode)을 만들 수도 있는 시기임을 지적했다.[107] 이러한 침입적인 양식으로 인해 자신이 타인을 마음대로 조작할 수 있다는 사실을 알게 되고, 개인을 비인간화한다는 생각에 내적 죄책감을 가진다.[108] 그러므로 이 시기에 중요한 것은 어떻게 목적의식을 가지고 주도성을 가질 수 있도록 도와줄 수 있으며, 동시에 침입적인 양식을 가지지 않고 타인을 배려할 수 있는가하는 것이다.

(2) 어른 세계의 모방심리

학령기 이전의 아동들에게 부모는 정신적으로 절대적 위치에 있다. 왜냐하면 이 시기는 부모를 닮아 가는 본격적인 시기이기 때문이다. 부모의 신발이 큼에도 불구하고 구태여 그것을 신고 걸어 보고자 하는 아이들이 있고, 여자아이들 중에는 엄마가 쓰는 화장품을 자신의 얼굴에 칠해 보는 아이들도 있다. 때로는 자신의 신체보다 훨씬 큰 부모의 옷을 몸에 걸치고 행복해하는 모습을 볼 수 있다. 이러한 행위들은 이 시기가 부모와의 동질화를 시도해 보는 시기이기 때문이며, 동시에 아버지와 어머니가 된다는 기대감을 가지고 있기 때문이다.[109]

이 시기에는 부모에 대한 무의식적인 성적인 움직임이 발생한다. 오이디푸스적(Oedipus) 환상 안에서 최초로 생식기에 대한 자애적 사랑을 나타내는 기간으로, 성인들의 성적인 놀이를 흉내 내기도 하나 이내 잠재기

(latency)로 잠입하게 된다.[110] 에릭슨은 최초의 성적인 에너지의 흐름이 나타나는 이 시기는 남자아이의 경우에 무엇인가 적극적으로 침입하는 형태를 가르쳐서 가지도록 하고, 여자아이들에게는 아름답고 매력적으로 보이게 하는 것을 가르치는데 이는 바로 최초의 리비도적 생산과 연관이 있다고 보았다.[111]

아동은 부모를 어떻게 닮아 가는가? 정신분석학의 입장에서는 남자아이는 모친에 대한 애정을 가지게 되나, 아버지로부터의 유·무형의 위협에 대한 공포 때문에 어머니에 대한 애정을 포기하고 아버지의 유형을 본받음으로써 생존하는 법을 익히게 된다. 이러한 과정을 통해서 남자아이는 아버지를 닮아 가게 된다. 이것을 오이디푸스 콤플렉스(Oedipus Complex)라고 한다. 여자아이는 아버지에 대한 애정을 느끼게 되나 소유할 수 없다는 것을 알게 되고, 오히려 어머니와 같은 여성이 되어서 아버지의 사랑을 받고자 하는 심리를 가지게 되는데, 이것을 엘렉트라 콤플렉스(Electra Complex)라고 하였다.[112] 물론 이러한 이론은 아이들의 그러한 콤플렉스에 대한 것보다는 이 시기에 관심과 성취에 대한 지대한 욕구를 가지고 있다고 생각하는 발달심리학적 입장에서 비판받기도 한다.[113] 그럼에도 불구하고 이러한 정신분석학 입장에서의 초기 아동기에 대한 해석은 어떠한 심리적인 구조에 의해서 아동들이 부모를 닮아 가고 있는가에 대한 중요한 단서를 제공한다.

(3) 기독교 상담: 아동 놀이기

신앙과 놀이 세 번째 단계에 이른 신앙에서는 어떠한 것이 필요할까? 그것은 바로 정서적인 생활의 밑받침이다. 놀이라는 것은 아동에게 소우주의 형식을 빌려 주지만 성인에게는 정서를 수반해 주는 중요한 요소다.

놀이라는 것은 정신적인 쉼을 의미한다. 정신적인 쉼을 위한 놀이를 일년에 한두 차례 가지고 난 후 일에 복귀할 때는 일에 대한 열정을 다시 생기게 하여 활력을 준다. 놀이는 생활의 재충전을 위한 매우 중요한 요소다. 신앙생활에 있어서 놀이를 어떻게 병행해 나가야 할 것인가는 21세기를 맞이한 한국 교회의 과제다. 한국 교회는 그동안 신앙과 놀이를 별개로 취급했으며, 때로는 신앙에 있어서 놀이(쉼)라는 것을 범죄시하기까지 하였다. 성직자나 교인들이 놀이를 하는 것을 경건성이 없는 것으로 간주하거나 기독교인의 도리가 아닌 것으로 여기는 때가 있었고, 지금도 그러한 시각을 가지고 있는 사람들이 있다. 그래서 이러한 대립적인 생각으로 인해 개인적인 갈등과 피해를 입고 있는 사람들이 있다.

에릭슨은 이 단계에 있는 아이들이 놀이를 통해서 자신의 정체성을 구축해 나간다고 보았다.[114] 이 말은 초기 아동기적 신앙을 가지는 사람들에게 있어서 두 가지 중요한 의미를 가진다. 첫째는 놀이(쉼)는 건전한 신앙을 위하여 불가분의 관계라는 것이다. 인간은 놀이의 동물이며, 놀이를 통해 자신의 문제를 해결하기도 하고, 심리적 불안을 해소하기도 한다. 그러나 앞서 지적한 바와 같이 우리는 그동안 놀이와 신앙을 대치되는 요소로 교육받아 왔다. 예를 들어, 성직자들이 충분한 휴가를 가지면 그것은 경건함이 없는 것으로 여긴다든지, 기도와 말씀 전하는 것에만 전념해야 하고 휴가 같은 것을 생각하면 영성이 떨어진 사람으로 생각하거나, 성직자가 교회 외에 다른 곳에 있으면 바르지 못한 태도라는 식으로 쉼의 여유를 단절시켜 왔다. 모든 평신도에게도 마찬가지다.

주일을 낀 휴가를 가질 수 없는 것이 한국 교회 성직자들의 대부분의 현실이다. 필자는 짧은 기간 목회를 하면서도 한국 교회의 목회자가 가지는 설교의 부담이 무엇인지를 잠시나마 체험했다. 일주일에 많으면 열 편 정도의 설교를 준비해야 하는 부담은 목회자를 초긴장 상태로 만들어 놓고, 정서적인 여유가 없도록 만든다. 공중예배를 준비하기 위해서 변하지 않은 성경 본문을 수년에서 수십 년간 설교를 한다는 것은 고된 작업이다. 필자가 정말 안식일이라고 느낄 때는 주일날 외부에서 초빙한 설교자가 올 때다.

나는 이때 가족들과 너무나 행복하게 담소하며 시간을 보낸 기억이 있다.

주일을 포함한 정기휴가를 가지게 하여 성직자에게 온전한 휴식과 더불어 타 교회를 방문할 수 있는 기회를 주어야 한다. 동시에 교인들에게 주일을 꼭 본 교회에서만 성수하라는 요구는 폐쇄적인 신앙의 자세다. 교인들도 타 교회에 예배를 드림으로써 새로운 환경에 접하도록 하는 것이 필요하다. 이러한 쉼의 놀이는 아동들이 온갖 상상력을 동원하여 자신의 역할을 수행하고 창의적인 역할을 하는 것과 같이, 이 단계의 신앙에 있는 사람들에게 앞으로의 목적을 다시 바르게 가지도록 하는 새로운 힘을 제공할 수 있다.[115]

에릭슨이 언급하는 놀이의 정의를 다시 살펴보도록 하자.

> 놀이기에 아동은 자신의 미세한 현실(micro-reality) 안에서 과거 경험을 안도(relieve)시키고, 정정하고, 재창조하고, 모든 창의적인 의식(ritualization)을 성격지우는 자발성과 수용성을 가지고 미래의 사건과 역할을 기대하도록 하기 위하여 장난감을 사용한다.[116]

에릭슨이 언급한 놀이(쉼)에 대한 정의는 놀이를 통하여 사람은 자신들이 가진 과거의 경험에서부터 안도감을 가질 수 있다는 것이다. 등산의 묘미는 정상에 등극하는 것도 중요하지만 등산을 하면서 주변 환경을 보고 즐길 수 있다는 것이다. 반복되는 직장일과 업무 스트레스로부터 놀이라는 것은 안도감 및 여유를 허락한다는 것이다. 동시에 이것은 과거 자신의 경험을 정정할 수 있는 근거가 된다. 놀이라는 삶의 짧은 여유는 개인이 가진 과거의 사건에서 시시비비를 정정할 수 있는 기회를 가지게 하며, 과거의 아픈 기억을 다른 각도에서 조명할 수 있는 기회를 갖게 한다는 것이다. 이러한 점에서 에릭슨은 놀이는 '과거의 경험을 재창조(re-create past experiences)' 한다고 하였다.[117] 또한 이에 그치지 않고 또 다른 일을 만드는데, 그것은 미래에 대한 자신의 역할을 기대케 한다는 것이다. 즉, 놀이는 과거를 다시 한 번 재점검하고 미래에 대한 꿈을 키우게 함으로써 현실적인 자신감을 심어 준다는 것이다. 이러한 관점에서 놀이는 힘과 물질의 낭비가 아니라 과거를 정리하고 미래를 구상할 수 있는 원동력이 된다. 종교사회 심리학자인 피터 버거(Peter Berger)는 놀이라는 것을 다음과 같이 정의한다.

> (놀이라는 것은) 신성한 초월성의 신호다. 왜냐하면 놀이를 통해서 사람들은 일상생활에서 다른 곳으로 옮겨지는 것 같이 느낄 수 있을 뿐만 아니라, 평범한 시간에서 영원 속으로 가는 것처럼 느끼게 된다.[118]

피터 버거가 정의하는 놀이의 의미는 에릭슨이 정의한 것보다 더 종교적인 함축성을 가지고 있다. 즉, 놀이와 쉼이라는 것은 인간의 영역을 떠나서 신성한 하나님의 영역에 있는 초월적인 지경을 맛볼 수 있다는 것이다. 이러한 관점에서 안식일이라는 것도 평범한 날 중에서 특정한 날을 기억하고 지킴으로써 일상생활 중에서 하나님과의 초월적인 시간을 통해서 하나님과 만날 수 있는 것이다. 안식일을 소홀히 여긴다면 우리에게는 그만큼의 초월적인 시간을 통한 만남이 적을 수밖에 없다. 이러한 쉼을 통해서 인간은 영원성을 바라보게 되는 것이다. 이러한 관점에서 한국 교회는 성직자와 교인들에게 쉼의 여유를 허락해 주는 풍토가 중요하고 우리는 이러한 쉼의 여유를 통해서 정서적인 영역의 여유를 주는 것이다.

에릭슨은 진정한 놀이는 개인 생활에 대한 침해가 없어야 함을 지적한다. 놀이기에서 가장 위험한 것은 말과 행동으로 타인을 정신적으로나 행동으로 침해할 수 있는 위험성이다.[119] 진정한 놀이가 되기 위해서는 정신적으로나 행동으로 타인에 대한 무례한 간섭이 없어야 한다. 직장인을 포함하여 성직자들이 40~50대에 병을 가장 많이 얻게 되는데, 그 이유 중 정신적인 스트레스가 가장 커다란 이유다. 성직자들이 건강하려면 지나치게 사생활에 대한 침해를 받지 않아야 한다. 교회가 개인 생활의 정서적인 면을 고려하지 않을 때 교인과 교회는 병들어 간다. 사생활이 침해받으면서 건강한 심신을 지닐 사람은 세상에 없다. 이러한 구조는 한순간의 외형적인 발전을 기대할 수는 있을지 모르지만 장기적인 신앙에는 유해하다.

서구사회에서는 이미 '개인의 영역(private zone)'이라는 것을 가지고 있다. 그래서 길을 걸어갈 때 남의 앞을 함부로 가지 않고, 상대방의 영역을 배려하는 행동과 말을 한다. 이러한 삶의 규칙은 '개인주의'를 의미하는 것이 아니라 상대를 배려하고, 이 배려는 개인이 최소한 누려야 하는 정서적인 것을 고려해 주는 문화다. 이에 반해서 우리의 문화는 아직 '개인의 영역'을 고려하지 않는 풍토가 강하고, 이로 인해 개인은 집단이 표방한 풍조에 상처를 입고 있다. 경건에 '개인적인 영역'을 사려 깊게 배려하는 풍토는 더 풍부한 신앙생활을 조성할 수 있다.

신앙 안에서 승화적인 삶을 사는 것도 필요하고, 동시에 놀이를 통한 정서적인 환경을 조성하는 것도 중요하다. 신앙은 생활 안에서 일어나야 하는 것이기에 생활을 생동감 있게 할 수 있는 놀이는 필수적인 요소다. 신학자 칼 바르트(Karl Barth)의 "천국에도 모차르트의 음악이 있을 것이다."라는 말은 이러한 입장에서 해석할 수 있다. 예수께서 종종 산으로 가신 것과 갈릴리 호숫가를 자주 찾으신 것은 그 시대에 신앙과 정서 생활을 즐길 수 있는 방법 중 하나였을 것이다. 되풀이되는 일상생활을 벗어나 산에는 웅장함이 있고 호수에는 평안함이 있기에, 세상 밖에서 휴식을 취한 것이다. 그리고 이 호수와 산에서 내려와 다시 사역을 시작하였다. 사람이 하나님이 아닌 이상 정서적인 공급이 반드시 필요하다. 특히 오늘날과 같이 정서적 욕구를 가지고 있는 상황에서는 정서를 도모할 수 있는 교회의 비전이 필요하다.

한 지인은 가을이 되면 서울 근교의 산을 찾아서 성경 공부를 하고 그룹 지도자들을 데리고 그 산기슭에 있는 라이브 카페를 찾는다. 단풍이 든 산에서 성경 공부를 한다는 것 자체가 경이와 정서적 만족이 되기도 하지만, 카페에 들러서 한 잔의 차를 마시며 음미하는 인생과 가을을 노래하는 생음악은 사람의 마음을 촉촉이 적셔 주었다고 한다.

두 번째 놀이의 중요성은 교회 안에서의 교인들의 역할이다. 건강한 아이가 자신의 역할을 가지고 놀이를 즐기는 것과 같이, 건강한 신앙을 지니기 위해서는 교인으로서 교회와 사회에 봉사할 수 있는 역할을 하는 것이 중요하다. 아동이 놀이를 통해서 자신의 세계를 구축해 나가고 미래에 대한 설계 및 목적을 준비하는 것과 같이, 신앙생활을 예배 출석만이 아닌 사회와 교회에서 스스로 찾아 할 수 있어야 한다. 이러한 역할을 통하여 개인의 정체성을 확고하게 할 수 있으며, 동시에 교회는 모든 남녀노소 구성원이 역동적으로 일할 수 있는 구조가 된다.

사회가 건강하기 위해서 중요한 것은 어린아이로부터 노인에 이르기까지 구성원 모두가 자신이 가정 및 사회에서 무엇인가 할 수 있는 역할을 가지고 소속 단체에 기여하고 있다는 생각을 가지는 것이다. 특정한 계층이나 특별한 사람만이 교회에서 책임을 맡아서 일을 하거나, 사회 속에서 특수층만이 대접을 받고 일할 수가 있다면 이것은 개인과 사회를 병들게 하는 요소다. 아동이 놀이 참여를 통해서 자신의 정체성을 구축해 가는 것과 같이, 3단계 신앙은 역할을 담당함으로써 건강한 신앙으로 초대된다.

탐욕(greed)을 넘어서 탐욕은 아동기에서 부정적으로 나타날 수 있는 악덕이다.[120] 이 악덕이 가진 문제는 아동이 주도성을 가지고 역할을 담당하려는 과정에서 발생할 수 있다는 것이다. 놀이를 하면서 자신이 주도적인 역할을 담당하되, 그것이 지나쳐서 발생하는 것이다. 이러한 탐욕은 행동적인 입장에서 한계성을 모른다는 것과 타인에 대한 평안, 고유성, 그리고 감정에 대하여 고려하지 않고 자신의 목적을 이루려는 것에서 발생한다.[121]

아동의 생활 반경이 이 시기에 넓어지는 것과 같이, 이 시기의 신앙계도 반경 확대에 대한 즐거움과 호기심으로 주도성을 가지는데, 이것이 과도하다 보면 한계를 모르는 주도성을 가지게 된다. 즉, 남에 대한 배려가 없고 자신의 목적을 달성하기 위하여 인내하면서 차분하게 기다리는 것을 상실한 상태를 의미한다. 이러한 오류의 시정 방향을 캡스는 두 가지로 보고 있다. 첫째는 아동이 자신의 주도성으로 남에게 피해를 입혔을 때 남에게 피해를 끼쳤다는 사실, 혹은 법을 어겼다는 사실을 가르쳐 줘야 한다는 것이다. 이를 통해서 아이는 자신들의 주도성을 타인과의 관계에서 배울 수 있다. 남을 배려하지 않는 힘과 주도성은 반사회적인 경향을 낳을 수 있다.

둘째는 목적에 대한 분명한 교육이다. 이 시기에 아동 교육에서 부모들이 명심해야 할 점은 아동들에게 주도적인 역할을 하도록 배려하는 것과 동시에 분명한 목적에 대한 것을 교육하고, 아이 자신의 주도성이 남에게 피해를 입혔을 때 교육과 훈련을 통한 시정이 있어야 한다. 아이를 하나나 둘만 키우다보니, 자녀의 기를 살린다고 자녀의 행동을 방관하는 경우가 있다. 아무리 주도성이 중요하다지만 남에게 피해를 주어서는 안 된다는 사실을 어린 시절부터 적절히 훈련하는 것을 잊지 말아야 한다.

자신의 이익이나 주도성을 알되 남을 배려하지 않는 것은 사회나 교회에서 늘 문제가 되기 쉽다. 남을 배려하지 않는 교육은 어려서는 개인이기주의를 낳고, 성인이 되어서는 집단이기주의에 빠지게 한다. 남을 배려하지 않는 신앙은 많은 교우에게 상처를 남길 수 있다. 이웃으로 인해 살아갈 수 있다는 상생의 원리를 모르면 그 교육과 신앙의 끝은 자기 기만과 폭력과 퇴폐로 이어질 것이다.

> 목적은 타인을 무례하게 대하지 않게 한다. 그리고 그들이 가진 고유성을 인정하게 하며, 반대로 공동의 목표를 향해 일하는 사람들에게 협력하는 정신을 갖도록 촉진한다. 목적이 제시될 때 탐욕에 대한 추구는

> 탐구의 정신으로 바뀐다. 탐욕은 "나는 이것을 반드시 가져야 해. 나에게 줘."라고 말하는 반면 목적은 "재미있는데. 이것은 어디에 쓰이지? 어떻게 작동되는 거지?"라고 한다.[122)]

탐욕은 소유와 쟁취에 대한 관심을 갖게 하나, 목적에 대한 분명한 교육은 호기심, 역할, 원리, 그리고 더 나아가 어떻게 효과적으로 사용할 수 있을 것인가에 대한 질문을 유도하고 생각할 수 있게 한다. 캡스는 이러한 주도적 역할을 하는 과정에서 발생할 수 있는 남에 대한 침해에 대하여, 자신의 과오에 대하여 고백(confession)하는 것이 필요하다고 본다. 하나님은 우리가 저지른 자 · 타의적 실수에 대하여 늘 침묵으로 일관하기에, 이러한 사실에 대하여 고백이 이루어지지 않으면 우리가 하는 주도적 역할은 올무가 되기 쉽다. 왜냐하면 성 어거스틴(St. Augustine)의 고백과 같이 우리가 우리의 허물과 죄를 생활 속에서 고백하지 않으면 하나님이 우리에게서 멀어지지 않고, 우리가 하나님으로부터 정신적으로 심리적으로 멀어지기 때문이다. 사람이 하나님에게서 멀어진다는 사실을 성경은 죽음으로 표현하였다. 하나님과 멀어진다는 것은 동시에 자신의 근본과 멀어지는 것이기에 적절한 인간으로 서는 것에서 이탈하는 행위다. 그러나 자신이 가지고 있는 허물과 죄에 대한 고백을 통하여 더 창의적인 사람이 될 수 있다.[123)] 이러한 관점에서 마틴 부버(Martin Buber)도 인간은 일상생활을 하면서 하나님에게서 자주 일탈하게 되는데, 이것을 극복하기 위해서 매일 그 중심으로의 통일(unification)을 위해 그곳으로 돌아가는 연습을 해야 한다고 지적한다.

분명한 목적을 가지게 되면 과도하게 서두르지 않는다. 그리고 서로를 존중하고 고유한 감정을 인정하게 된다. 그러나 분명한 목적이 서지 않으면 과도한 요구를 하고, 목적의 성취를 위해서 남에 대한 배려 없이 상처를 입힌다. 신앙 교육과 상담에 있어서 이 단계가 중요한 것은 탐욕이라는 것으로 얻은 결과가 일시적인 만족이라는 것이며, 타인을 배려하지 않는 목적은 탐욕을 낳고 이 사회에 아픔을 낳는다는 것을 알게 하는 것이다.

4) 학령기의 발달심리와 상담(근면성 대 열등감)

(1) 근면과 열등: 칭찬과 격려의 시기

유아기에는 어떻게 정신적으로, 신체적으로 부모로부터 혹은 다른 주된 돌봄자로부터 돌봄을 받느냐가 중요하다(I am what I am given). 초기 아동기는 자신이 원하는 자율성을 확보함으로써 자신이 되어 가는 과정이며(I am what I will), 아동은 자신이 원하고 상상하는 과정의 놀이를 통해서 자신을 형성해 간다(I am what I can imagine I will be). 그리고 학령기에서는 배우는 것에 의해서 자신을 결정하는 시기가 된다(I am what I learn).[124]

학령기가 되면 아이들은 비로소 공식적인 학교기관에 입학하게 된다. 이제는 구체적으로 학교생활을 통해 지식, 방법, 그리고 기술을 익히게 된다. 선행된 경험들이 학습을 통하여 더 구체화되어 몸과 마음에 익히는 것이다. 그리고 이러한 학습을 통하여 자신이 목적으로 하고 있는 것들을 도구와 기술을 사용하여 구체적으로 실행에 옮기게 된다.[125]

아이의 행동반경이 가정에서 학교생활로 옮겨가는 이 시점에서 아이들에게 가장 영향을 많이 주는 요소는 심리적인 내부적 요소보다는 외부적인 사회적 요인이다. 그러한 이유로 인해 프로이트는 이 학령기를 잠재기(latency)로 보기도 하였다.[126]

학령기 아동들의 심리사회적 양식은 무엇인가를 만들며(making things), 그것을 통해서 자신을 보인다.[127] 학습을 통한 도구와 기술이라는 방법을 익히지 않고 이전 단계와 같이 질서 없이 놀기만 하는 것, 뚜렷한 결과와 목적 달성 없이 진행되는 것들에 대하여 불만을 가지게 되는 시기가 바로 이때다. 왜냐하면 아이들은 이제는 무엇인가를 만들어 보이고 그것을 통하여 자신을 나타내려는 미세한 시도들을 시작하기 때문이다. 무엇을 하든지 그것이 소용되어야 하고, 심지어 완전하게 되어야 한다. 이것이 바로 근면감각(the sense of industry)이다. 이러한 근면을 통하여 아이들은 자신이 하는 것으로부터 어떠한 실적을 만들어서 인정받는 것을 알게 된다.[128] 어려서 걸음마를 잘하려고 했던 시절처럼, 공을 멀리 잘 던져 보고자 하는 심정을 가진 것처럼, 학령기에 아이들은 학교에서 하는 모든 활동에서 동료, 부모, 그리고 선생님의 인정을 받는 구체적인 결과를 만들어 내려고 한다.

이러한 바람이 이루어지지 않으면 자신에 대한 열등감이나 부적합(inadequacy)하다는 생각을 가지게 된다.[129] 물론 이 시기의 열등감은 이전 단계 발전의 갈등이 해결되지 못한 것이 학교생활에서 적응되지 않으면서 발생하는 것이다. 학교에서도 학습을 방법과 기술을 익혀 따라가지 못하게 될 때 아이들은 자신에 대한 좌절, 곧 무능력(incompetence)을 느끼게 된다.[130] 열등감에 빠진 아이들은 학교생활보다는 여전히 집 안에서의 생활을 더 좋아하기도 한다.

모든 사람에게 열등감이라는 것은 소속집단으로부터의 소외를 느끼게 한다. 소극적 의미에서는 그 소속집단에 대한 무관심이고, 적극적으로는 소속집단으로부터 이탈을 원하는 것이다. 동시에 자신의 아버지와의 비교 등을 통하여 발생하는 열등감도 있다. 자녀가 부모로부터 열등감을 받는다면 아동기 때는 아직 어린 나이지만 서서히 심리적으로 이탈을 체험한다.

에릭슨은 정신적으로 건강하고, 자녀들에게 늘 편안한 분위기를 제공해 주는 좋은 부모에게서 성장한 아이들은 학교에서 교사를 부모처럼 느끼게 되므로 교사에 대한 신뢰를 가지게 된다고 지적한다. 그러나 이러한 좋은 조건을 가진 사람들이 하여야 할 사회적인 과제들은 자신의 조건에 안주하는 것이 아니라, 자기의 건강한 내 · 외적인 조건을 사회를 위해서 참여하고 환원하는 것이며, 이러한 과정을 통해서 건강한 사회의 숨결이 트이게

되는 것이다.[131]

부모라는 성장 환경은 아동들이 학교생활을 하며 그곳에서도 적극적이게 하는 중요한 요소임에는 틀림이 없으나, 부모 외에 교사가 아동들에게 조성해 주는 정신적인 친근감과 관심은 아동들의 숨은 재능을 발휘할 수 있도록 하기 때문에 교사의 역할은 매우 중요하다.[132] 그러므로 아동에 대한 교사의 관심과 격려는 아동들이 학습 무능력에서 탈피할 수 있도록 용기를 준다. 반대로 학교 구조나 가정 구조가 아이를 학교생활에 적응하지 못하도록 작용하면 열등감이 발생할 수도 있다.[133]

필자가 초등학교 시절을 지내면서 잊을 수 없는 미술시간이 있다. 초등학교 5학년 미술시간에 우리는 데칼코마니[134]라는 기법을 사용하여 작품을 만들고 있었다. 우연의 일치로 큰 호랑나비 모양의 그림이 색종이 위에 펼쳐졌다. 담임선생님은 그 작품을 보신 후 칭찬을 해 주셨고, 작품을 교실 뒤 게시판에 전시하였다. 나의 작품이 선생님에 의해서 게시판에 전시가 되었다는 그때의 황홀한 기분은 아직까지 기억에 남는다. 그리고 한동안 미술을 잘해 보고 싶은 열망을 가지고 집중을 한 경험이 있다.

학부모로서 학교에 참석한 후 아버지들과 교사가 만났을 때 한 학부모가 자신의 3학년 시절 선생님과의 경험을 말하였다. 이 학부모는 당시 눈에 띄지 않는 평범한 학생이었다. 그런데 선생님은 이 아이에게 다가가 관심과 칭찬과 격려를 아끼지 않았다. 이런 과정을 거치면서 공부를 해야겠다는 생각을 하였는데, 그 이유는 선생님을 기쁘게 해 드리기 위해서였다. 칭찬과 격려는 바로 아이들에게 학교생활에 대하여 취미와 근면할 수 있는 근거를 제공한다. 부모나 학교, 그리고 교사들의 격려와 용기가 없다면 아동에게는 그 어떤 배움도 생명 없는 교육이 되고 말 것이다.

열등이 아닌 근면성을 자극하여 학령기 아동의 잠재력을 발휘할 수 있는 학부모와 교사의 교육은 어떠한 방향이 가장 바람직할까? 아이들이 공식적인 교육을 받게 되는 이 시기에는 부모들의 관심이 더없이 높은데, 어떠한 양육적 태도가 바람직할까? 우선은 부모가 자녀들에게 갖는 네 가지의 성향인 행동, 말, 사랑, 규칙의 관계를 그림을 통해서 보도록 하자.[135)]

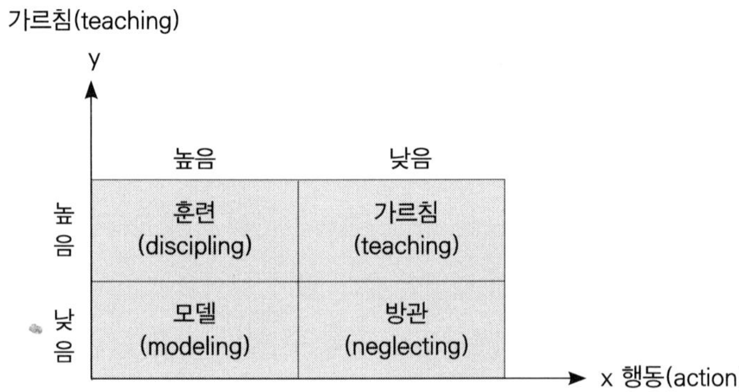

이 그림에서 x축은 행동이고 y축은 가르침이다. 이 그림이 말해 주는 것은 자녀를 교육할 때 부모의 행동과 말이 어떻게 영향을 주는가 하는 것이다. 우측 하단부에 있는 방관형 교육은 부모가 행동과 말에 있어서 모두가 낮았기 때문이다. 가르침형은 부모가 행동으로 보여 주는 것은 없지만, 말을 하는 내용이 많을 때 발생하는 유형이다. 모델형은 부모가 비록 말하는 것이 적지만 행동이 바르게 나타나면 자녀가 모델을 삼을 수 있다는 것이다. 부모의 행동과 말의 내용이 다 높게 나타나면 이것은 부모 스스로 훈련자가 되는 것이며, 동시에 자녀들도 이상적 교육을 받게 되고, 자신들도 이러한 훈련자가 되는 것이다.

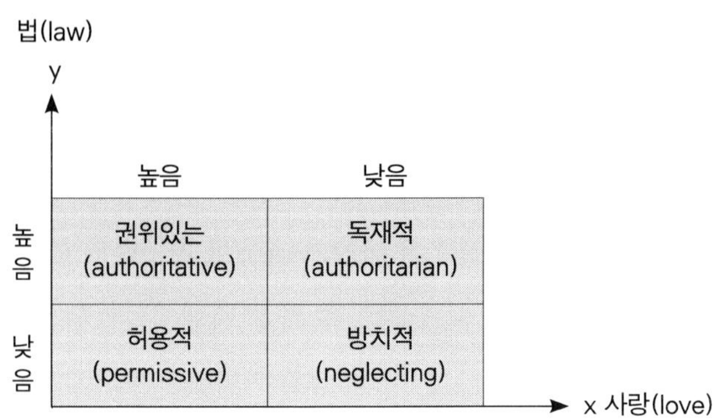

이 그림은 부모의 사랑(x축)과 규율(y축, 법)이 어떻게 자녀에게 영향을 주는가를 말해 준다. 우측 하단부의 방관적 유형은 부모가 자녀들에 대한 사랑이 낮고, 가정에서의 규칙적인 면에서도 낮게 되어 자녀가 방관적인 아이로 성장할 가능성이 있다는 것이다. 그 위의 독재적 유형은 부모의 사랑이 적고 규칙(법)에 대한 것이 강할 때 독재성 스타일이 되는 것이고, 좌측 하단부는 사랑은 높으나 규칙이 약한 경우를 말한다. 좌측 상단부는 사랑도 높고, 규칙도 높을 때를 말한다.

그런데 이러한 부모들이 가지는 교육적 유형이 어떻게 자녀에게 영향을 미치는가에 대한 흥미로운 조사가 있다. 이 조사 결과 부모의 양육(교육) 스타일이 결국은 아이들을 같은 유형으로 만든다. 부모의 양육에 대하여 괄목할 만한 업적을 남기고 있는 바움린드(D. Baumrind)는 부모의 유형을 크게 권위적 부모, 독재적 부모, 방관형 부모로 분류하고 있다.[136]

먼저 권위적(authoritative) 부모는 우리가 일반적으로 생각하는 독재형의 부모를 의미하지 않는다. 권위적 부모는 세 가지의 요소를 가지고 있다. 첫째, 자녀들이 할 수 있는 자유와 동시에 집안의 규율에 대한 엄격성을 가지고 있다. 자율성을 인정하고 부모가 가진 규율을 교육함으로써 양자가 조화를 잘 이룬 경우다. 둘째, 상호 유기적 관계가 잘 형성되어 있다. 정서적으로 부모와 자녀가 서로 주고받는 특징이 있다. 자녀를 대화의 주체로서, 가족의 구성원으로서 서로에게 인정과 반응을 보이는 것이다. 셋째, 자녀들에게 따뜻한 온정(warmth)을 제공한다. 이러한 부모 밑에서 성장한 자녀들은 사람들이 가장 선호하는 스타일로 성장하였다. 즉, 자녀들이 독립심이 강해지고, 창의성, 자신감, 미지에 대한 도전정신, 재능 있는 아이로 성장하였다. 권위적인 부모가 가진 이러한 특징들은 자녀에게 자신감과 동시에 미래에 대한 확신을 주었다.[137]

그다음 독재형(authoritarian)의 부모는 자녀가 반드시 부모의 말에 복종해야 하는 유형이다. 그러나 이러한 유형은 자녀들을 독립심의 결여, 수동적, 사회성의 결여, 지적인 결여의 증상을 보였다.

마지막으로 무관심(indifference)형 부모는 자녀들에게 법과 사랑에 대한 아무런 반응이 없는 부모다. 이 유형에는 앞의 그림에서 지적한 방관형의 부모도 속한다. 이러한 자녀들은 성장 후 미성숙하고, 무책임한 행동, 대인관계에서 무례하고, 과도한 행위를 하고, 자신의 이기성에 기초하기 때문에 때로는 비윤리적이고, 독단적인 행동으로 인해 남에게 피해를 주게 된다. 이런 경우에는 자녀들이 성장한 후 독재적인 부모보다 더 많이 반항하게 된다.

이러한 조사 결과는 학령기 아동들에게 근면성의 불을 당기기 위해서 어떠한 부모 유형이 필요한가를 잘 지적하고 있으며, 동시에 부모가 하지 못했을 때 교사가 학교에서 아동들에게 제공하는 관심과 격려가 아동들을 학습의 무능력에서 탈피하도록 용기를 준다는 사실을 더 확고히 한다.

(2) 기술백치

기술백치(craftidiocy)란 아동기 때 학교교육에서 배우게 되는 기술과 방법이 가장 주된 목적이 되어 인간성이 이탈되고 소외되는 현상을 일컫는다. 학교에서 배우는 학습이 인간성을 중시하지 않고 단순히 학습만을 강조하다 보면 그것은 빈 껍데기를 중히 여기는 형식주의적 인간교육에 빠지게 되거나, 또 다른 부류의 사람들은 자신의 기술과 방법이야말로 가장 인간되게 하는 것으로 여기고 너무 완벽하게 의지하는 완벽주의에 묻히게 된다.[138)]

기술과 방법을 익히는 것이 과도하게 강조되어 교육될 때 사람들은 기술과 방법을 마치 진리로 여기고, 곡해한다. 이러한 경향은 사람들을 공허한 허례허식에 빠지게 하는데, 그것은 진리가 아닌 것을 마치 진정한 진리인 것처럼 여기고 그것에 집중하여 학습시키고, 그것에 뛰어난 사람을 가장 진리에 가까운 사람인 양 여길 수 있다는 것이다.[139)]

기술과 방법을 중요시하는 부모교육이나 학교교육이 문제가 되는 것은 이러한 교육은 효율성만을 지나치게 강조하고 이것에 인간의 성패를 과도하게 의존한다는 것이다. 유교적 전통하에서 배움을 중시하고 전 국민이 문맹에서 벗어났고, 학부모들의 교육열이라면 어떠한 나라에도 뒤지지 않는 우리의 열정적인 교육 현실에도 학교에서 최소한의 교권이 무너지고, 교육적인 문제가 끊이지 않는 이유는 무엇일까? 답은 명확하다. 우리의 교육이 기술과 방법만을 가르치고 인간의 근본됨을 가르쳐 더 멀리 볼 수 있도록 하지 못한 결과다. 그래서 그 보응을 우리의 청소년들을 통해서 사회가 받고 있는 것이다. 자녀들에게 성적만 강조했고, 교육적인 평가도 이러한 방식으로 되어 가는 교육과 사회 구조가 단세포적 인간관과 성공관을 가지게 했기 때문에 발생하는 병리적인 사회현상이다.

부모 품에서 사랑과 정을 나누어야 할 2~3세 아이들에게 영어교육을 한다고 학원에 보내는 우리의 현실은 교육 구조가 얼마나 방법과 기술에만 빠져 있는지를 실감케 한다. 모국어에 대한 제대로 된 학습도 없이 국제화 시대에 국제어를 배워야 글로벌(global) 시장에서 활약할 수 있다고 하는 논리 역시 기술과 방법을 중시하는 기술백치의 근시안적 성공관이다.

기술과 방법만 강조하였을 때 성인이 되면 어떤 모습으로 나타나게 될까? 기술과 방법만의 인간은 돈에 대한 애착과 어떠한 방법을 써서라도 물질을 축적하고, 축적된 부를 즐기려는 심리를 갖게 된다. 그래서 참다운 기술 개발을 위해 투자하는 것을 어리석게 생각하고, 땅에 투기를 하고, 아파트 당첨권을 따내려고 아파트 청약 때마다 인산인해를 이룬다. 여기에 기업도 거들어 거의 모든 기업이 아파트 건설업에 뛰어들어서 도대체 기업의 대표적인 이미지가 무엇인지 알 수 없고, 나라 곳곳에 돈 될 만한 곳이 있으면 주위 환경에 아랑곳하지 않고 땅을 사들여 공룡처럼 아파트 건물을 신축하고, 대표적인 일간지는 연일 최대 이익을 낳을 수 있는 황금어장이라고 광고하고 있다.

효율성만 강조하게 되면 효율성이 있을 때는 그것을 선호하지만 효율성이 떨어지면 버린다. 사람은 효율성을 가질 수도 있고, 또 잃어버릴 수도 있다. 젊은 때가 있는가 하면 늙을 때도 있다. 효율성만 가지고 살아간다면 얼마나 각박한 세상에서 살아가게 될 것인가? 기술과 방법이 중심이 되면 정작 인간이 살아가는 데 가장 근본이 되어야 하는 '인간애'에 대한 관심은 소멸되고, 구성원이 효율성이 없어지면 가차 없이 버린다는 것이다. 기술백치는 곧 '화석 교육(fossiled education)'을 낳는다.

신학자 폴 틸리히(Paul Tillich) 기술과 인간에 대해 유사한 주장을 하였다. 그는 자연(nature)과 기술(technology)을 비교하면서 자연에 대한 신비와 비밀을 알기 위해서 기술이라는 것은 필수적인 것임을 주장했다. 기술적인 도움으로 인해 자연의 풍부함을 알 수 있기 때문이다. 그런데 이러한 기술은 인간을 포함한 모든 생명력 있는 것을 상호 연관성 있게 하고, 소비하게 하고, 생산토록 만든다. 즉, 경제조직에서 인간은 소비를 담당하는 원형질로 변화하게 된다는 것이다.[140] 그러나 이러한 기술이 지배하는 구조가 가지는 문제는 영혼적인 것과는 다른 성격을 지닌다. 기술 중심의 사회는 살아 있는 것을 분리하고 수단을 간구하고 목적을 결정한다. 그리고 목적이 달성이 되었을 때 가차 없이 수단은 의미가 상실되는 것이다. 그리고 사람과 세상에 대한 본질적인 목적을 제외시키고 다른 의미를 만들어 낸다. 즉, 방법과 기술이 최고의 목적이 되는 것이다.

폴 틸리히의 이 말은 에릭슨이 지적한 기술과 방법을 중요시하는 사회적 비판과 같은 의미다. 에릭슨의 지적과 같이 틸리히도 인간이 목적 중심이 되어 가고, 이것을 위해 수단인 여러 방법을 간구하는데, 목적이 달성되면 인간에 대한 존엄성은 그리 중요한 것이 아니라는 의미다. 그리고 이러한 풍토는 인간성을 악화시키는 기술적 형태(technical gestalt)의 구조를 형성한다.[141] 경제학자 아담 스미스(Adam Smith)의 '돈이라는 것은 필요하지만 사람이 돈에만 집착하면 모든 균형이 깨진다.'는 표현과 같다.

방법과 기술이라는 것이 사람을 통찰하고 세계를 이해하고 살아가는 데 필요한 요소임은 분명하다. 모든 부모가 이러한 입장에서 자녀교육에 대한 관심을 가지고 있다. 그러나 문제는 기술적인 도구로서의 학문과 방법은 목적을 이루는 것만이 최후의 수단이 되었다. 그래서 학령기에 방법과 기술을 익혀야 하는 본래 의도를 잃어버리고 마는 것이다.

에릭슨은 앞에서 이러한 현대 풍토에 기술백치라는 표현을 사용하였는데, 이에 대한 문제 해결의 방법은 무엇일까? 그는 기술백치를 벗어나기 위해서는 사람이 살아가는 현실에 대한(human contexts) 훈련을 받는 것이 필요하다고 강조한다. 방법과 기술은 교육을 위해서 필요하지만 현실을 느끼고 체험치 못하게 하는 교육은 인간을 황폐하게 할 뿐이다. 생각하지 못하게 하는 교육은 의미 없는 껍데기만을 수호하려는 형식주의에 빠진 세상을 만들 뿐이다. 오늘날 우리는 기술과 방법만 중요시하는 사회의 부조리 현상을 교육, 사회, 정치 및 그 밖의 여러 분야에서 경험하고 있다. 기술과 방법은 철저하게 배웠기에 자신의 목적을 위해서 철저하게 상대를 유린하는 기계적인 마음이 우리 사회에 팽배해 있다.

이러한 반인륜적인 교육 현실을 정정할 수 있는 것은 인간이 살아가는 현장에 대하여 생각하고, 고민하고, 반응하도록 하는 교육이다. 이것은 훈련을 통해서 실현될 수 있는데, 훈련은 바로 현재 우리가 살고 있는 상황에서 더 가까운 진실에 대하여 말하고, 행동하는 것을 배우는 것이다. 이러한 교육이야말로 인간으로 하여금 더 가까운 진실에 접근하도록 한다.[142]

(3) 기독교 상담: 기술백치 신앙을 넘어서

삶의 현장에 대한 사랑 에릭슨은 이 단계에서 학습을 통한 방법과 기술에만 치중하는 형식주의의 위험을 지적했다. 4단계에 이르러 학습을 시작하는 아동들과 동시에 신앙의 4단계 정도에 이르는 사람들에게 어떠한 교육이 바람직할까?

에릭슨의 지적과 같이 인간이 살아가는 장(contexts)에 대한 관심을 갖고, 진실에 대하여 말하고 행동하는 것을 배우고 훈련하는 것이 바로 진리에 가장 가깝게 접근하는 것이다. 신앙은 학교교육과 같이, 때로는 방법과 기술을 통한 암기 및 교육이 필요하다. 그러나 기독교 교리를 외우고 시험을 치르는 식의 교육은 의미를 상실한 것이다.

인간이 살아가는 장에 대하여, 그리고 더 가깝다고 생각되는 진리에 대하여 말하고 행동하는 것을 훈련하는 것만이 오늘날과 같이 종교적으로 혼탁한 세상에서 진리에 근접하는 것이다. '무엇이 하나님의 뜻인가'라는 질문을 던질 때마다 우리가 생각해야 하는 것은 사람을 사랑하고, 사람을 살릴 수 있는 현실적인 문제에 대하여 기독교가 좀 더 가깝게 접근하는 방법들이 훈련되는 것이다. 교리를 알아 교리로만 사람을 설득한다면 이것은 백치주의에 빠져 있어 기술백치의 기독교를 양산하는 것과 같다.

성경 내용을 좀 더 안다는 것, 기독교의 역사나 교리에 대하여 해박하다는 사실만 강조하는 교육은 지극히 형식주의에 빠져 있음을 인정하는 것이다. 사람이 살아가는 현실적인 상황에 대하여 기독교인들이 눈을 뜨고, 이것에 대하여 지도자들이 교육할 때 기독교는 과도한 형식주의나 물량적 성공관이라는 틀에 박힌 고정관념에서 탈피할 수 있다.[143)]

기독교의 영성생활을 배우는 것이 방법과 기술을 통해서 획득된다고 생각하고 행사가 있을 때마다, 유명강사가 출현할 때마다 사람들이 몰리는 이유는 두 가지에서다. 첫째는 진리라는 것을 기술과 방법을 통해서 획득해 보려는 마음의 자세가 이미 가득 차 있다는 증거이고, 둘째는 한국 기독교는 이미 방법과 기술을 중시하고, 효율성(proficiency)에 지나치게 의존하는 형식적인 구조로 심화되었다는 것이다. 이러한 의미에서 에릭슨은 종교개혁가 마틴 루터(Martin Luther)의 말을 인용하면서 사람은 말에 있어서 고상하지(elegant) 못하지만 이것보다는 더 진실된 것이 더 중요하고 바른 것이라는 시각을 가지는 것이 필요함을 강조한다.[144)]

자녀에 대한 진정한 교육이 방법과 기술에 있는 것이 아니듯 교회의 진정한 부흥도 방법과 기술에 있지 않다. 기술과 방법만을 통해서 교회를 발전시키려는 것은 이미 기술적인 풍토에 익숙해져 있고 세속적 방법의 성장을 주도하고 있다는 것이다. 사람이 사람을 얻을 수 있는 것은 사랑을 통해서다. 이 원리는 모든 분야에 적용된다. 이 근본적인 마음이 서 있다면 뜻을 이룰 수 있다. 교회의 진정한 부흥은 사람에 대한 사랑에서 오는 것이며, 이것을 푯대로 하여 노력할 때 열매를 얻을 수 있다. 그러므로 기술과 방법은 사람을 사랑하기 위한 수단이 되어야 하며, 동시에 사람을 사랑하기 위해 노력하고 구하는 자세가 될 때 바른 성장을 기대할 수 있다.

기독교 상담이나 일반 상담에서 잊지 말아야 할 것은 앞에서 마틴 루터가 언급한 사항이다. 칼 로저스(Carl Rogers)도 상담에 있어서 내담자에 대한 공감적인 자세를 중요시하였으며, 기술과 방법적인 것은 부수적인 것이라 지적하였다. 상담자는 우선 사람에 대한 관심과 공감적인 자세가 필요하다. 이것을 제외하고 정신분석과 분석심리학, 그리고 그 밖의 여러 상담 이론가들이 말하는 이론에 집착하면서 상담한다는 것은 마치 기술백치주의와 흡사한 것이다.

오늘날 교회가 아픈 것은 현실과 가상의 세계를 혼동하기 때문이다. 살아가는 것도 한편에서 보면 컴퓨터 안에서 움직이는 가상의 세계와 흡사할 수 있지만, 현실과 가상은 엄연히 다르다. 즉, 교회는 사람이 살아가는 현장에 더 가깝게 접근하여 생각하지 않고 기독교의 수단과 방법을 교육과 학습을 통해 교육하려 하기 때문이다.

기술과 방법만을 중요시하면 현실 세계를 보지 못하고 가상의 세계에서 살게 한다. 가상의 세계에서 꾸민 오락과 사랑과 폭력을 현상에 실현하려는 것이 늘 부작용을 낳는 것과 같이, 인간 사랑을 중심으로 하지 않는 상담과 교육은 현실을 피폐화시킬 뿐이다. 그리고 이것이 작용하지 않으면 끊임없이 효율성을 증가하기 위해서 다시 형식주의에 치우치게 되는 악순환을 가져오게 된다.

한 방송사에서 방영하는 '느낌표'라는 프로에 많은 청소년과 부모가 호감을 가지고 시청하는 것은, 아직 우리 마음속에 잠재하고 있는 '인간애'의 중요성을 만져 주고 끌어내기 때문이다. 그리고 거기에 놀이와 인간애(humanity)가 있기 때문이다. 우리 마음속에 살아 있으나 아직 밖으로 나오지 못한 인간애를 건드려 주고 공감할 수 있도록 만드는 것은 바로 오늘날의 교회 교육과 상담의 목표이기도 하다.

자신감 회복 학령기에 들어간 아이들은 이제 막 초기 아동기의 시절을 벗어나 부모로부터, 그리고 학교 및 교회 교사로부터 자신이 한 일을 인정받는 법을 배우게 된다.[145] 그러나 아이들이 자신이 생산하는 결과를 통해 부모와 교사의 인정을 받지 못하게 될 때 마치 벼랑 끝에 와 있다는 느낌을 갖게 된다. 문제는 앞서 지적한 바와 같이 이러한 실망의 과정을 통해서 아이들이 '나는 부적절한 아이'라는 열등감에 빠질 수 있다는 것이다.

어린 시절 가정과 학교에서 자신이 부적절하다는 암시를 받게 되면, 아이는 결국 시대가 조성해 준 기술적 기풍(technical ethos)에 의해서 그 평가를 수동적으로 수용한다. 이에 피해를 받은 어린아이들은 외부적 여건(피부색, 부모의 배경, 옷 입는 것 등)에 의해 자신의 가치를 결정하고, 왜곡된 자아감으로 자신의 과거, 현재, 미래를 결정하는 위험을 가져온다. 즉, 열등감에 사로잡혀 자신의 제한성을 극대화시킨다는 것이다.[146]

열등감을 가지는 아이들이 가질 수 있는 악덕은 질투(envy)다. 질투는 학교생활에서 자신과 다른 아이들을 비교하면서 발생하게 된다. 열등감을 전혀 느끼지 않는 아이는 없다. 그러나 지나치면 질투의 골이 깊어지고, 이러한 질투의 이면에는 세상이 공평하지 않다는 부정적인 강한 감정이 있으며, 질투가 깊어지다 보면 사람과 세상에 대한 복수심의 욕망을 품게 된다.[147]

질투가 악덕이 되는 이유는 근본적으로 질투하는 사람에게 무능력과 파괴를 가져다주기 때문이다. 즉, 질투하고 있음으로써 다른 곳에 사용해야 할 에너지를 다 소비하는 결과를 낳기 때문에 부정적인 결과를 초래하게 된다. 이러한 문제에 대하여 에릭슨은 다음과 같이 지적한다.

> 아동은 도구 세계에서, 그리고 해부학적 특성에 있어서 자신의 준비 상태에 절망하고 자신을 '어설프고 서투른 사람'이며 '부적절한 사람'으로 운명짓는다. 이 시점에서 아동이 기술과 경제성에 있어서 해야 할 의미 있는 역할을 이해시키는 방법으로 가정보다 넓은 사회가 더욱 중요하게 된다.[148)]

앞에서 지적한 '가정보다 넓은 사회가 더욱 중요'하다는 것은 어떤 의미를 가지고 있을까? 이것은 자신의 내적 가치를 확인하고, 자신이 그러한 사람일 수 있다는 가능성을 가지고 있고 능력 및 실력이 있다는 것을 넘어서, 이것들보다 더 깊은 존엄성을 간직하고 있다는 것을 확인시켜 줄 수 있는 더 큰 외부적인 환경을 의미하는 것이다. 자신이 지니는 내적 가치라는 것은 기술적 기풍의 단계인 근시안적 단계를 뛰어넘어 한 인간이 하나님에게 받은 고유성과 특성을 이해하도록 돕는 작업을 의미한다.

기독교 상담에서 내적인 가치를 확인할 수 있다는 것은 신앙공동체의 구성원들과 상담자들과의 유기적이고 우호적인 관계성을 통하여 내적 가치의 존엄성을 발굴해 주는 것이며, 동시에 이러한 내적 가치의 존엄성을 회복하면서 자신이 하는 일에 대한 실력을 함양하도록 하는 것이다. 또한 더 커다란 내적 가치의 굴레는 외부적 기술 환경에 의해서 사람을 평가하는 것이 아니라 공평하게 사람을 우호적으로 여기는 하나님과의 내적 가치를 가지도록 돕는 것이다.

5) 청소년기의 발달심리와 상담(정체성 대 정체성 혼란)

10대의 자녀가 있는 가정은 많은 갈등을 겪게 된다. 그 이유는 10대를 둔 부모는 대부분 중년의 나이에 있고, 이들이 겪게 되는 신체적, 현실적인 상황으로 인해서 모든 결정에 있어서 신중을 기하고 현실적으로 되어 가기 때문이다. 이에 비하여 10대들은 내면의 세계보다는 외부 세계에 관심을 가지기 시작하고 현실적이기보다는 꿈을 꿈꾸며 살아간다. 이 시기는 남성 호르몬과 여성 호르몬이 가장 왕성한 분비를 맞이하면서 생물학적으로는 생존과 번식의 첫 단계다. 이로 인해서 내재적인 생각보다는 무언가 나타내려고 하는 외적인 것에 관심을 많이 갖는다.[149] 생물학적으로 생존과 번식의 첫 단계에 들어간다는 것은 현실보다는 이상, 내적인 것보다는 가시적인 것을 선호한다는 의미이며, 이러한 관점과 생각의 차이로 인해 부모와 자녀는 갈등하게 된다.[150]

(1) 사춘기의 심리와 사회적인 요인

청소년기는 초기 청소년기(12~14세), 중간 청소년기(15~18세), 후기 청소년기(19~21세)로 나뉘며 각각 중학교, 고등학교, 대학교 초년기와 연관된다.[151] 청소년기는 성인이 되기 위한 마지막 성장 발달을 하게 되며, 생식 능력을 포함하여 성숙한 성인이 되기 위한 모든 신체적[152] 특성이 발달한다. 이러한 신체적 변화를 포괄적으로 사춘기라 한다.[153]

사춘기에는 생명 수정 후 발달하면서 그동안 나타나지 않던 호르몬이 발생하기 시작한다. 여자의 경우에는 여성 호르몬인 에스트로겐(estrogen)이, 남자의 경우는 테스토스테로네(testosterone)가 나타나게 된다.[154] 여기에 사춘기 전반에 걸쳐 유아가 성장을 하는 속도와 비슷하게 커다란 성장을 하는데, 평균적으로 남자는 사춘기 때 10.5cm 정도, 여자는 9cm 정도 성장하게 된다. 이러한 갑작스러운 성장을 '청소년 성장 충동(adolescent growth spurt)'이라고도 한다. 그리고 이러한 성장 발달은 특히 남자 청소년들의 경우에 두드러지는데, 심장과 폐가 더 크게 발달하고 이러한 심폐 기능의 발달로 스포츠를 선호하게 된다.[155]

신체적으로는 성인의 뒤를 이어가고 있으나 사회심리적으로는 성인 세계에 들어갈 수가 없고, 정신이나 신체적으로는 이미 아동기를 지난 이들이 맞게 되는 심리적 부담은 오히려 당연한 현상일 수 있다. 에릭슨은 이러한 과정 속에서 자신의 정체성을 갖느냐, 아니면 정체성 혼란에 빠지느냐를 청소년기의 과제로 본다. 여자 청소년의 경우에 청소년기에 나타나는 신체적 변화와 함께 중학교에 입학하게 되면 심리적으로 자부심(self-esteem)을 약화시키게 되는 요인이 된다.[156] 보편적으로 청소년들은 낮은 자존감을 가지게 되기 쉬운 단계에 있는데, 그것은 청소년들이 학교생활에서 성적으로 좀 더 나은 위치에 있기를 바라는 것과 급우 간에 인기를 끌려고 하는 심리와 더불어 그 현실을 좇아가지 못하기 때문이다.[157]

과연 이러한 청소년기가 언제부터 우리 사회에서 기억되기 시작하고 인생 발달의 특정한 한 구역으로 자리매김을 하게 되었을까? 산업혁명 이전에는 청소년을 '젊은 어른(young adults)'으로 분류하였다. 즉, 신분사회의 구조에서 거의 변화 없이 성장하였다. 어부의 아들로 태어나면 평생 어부 일을, 농부의 자녀로 태어나면 농부의 일생을 살아야 하고, 귀족의 자녀로 태어나면 또 귀족으로 살아야 했다. 이러한 사회적 풍토로 인해 개인의 정체성 변화에 그리 큰 문제가 없었고, 청소년은 젊은 어른에 속하게 된 것이다.[158]

인류학자 마가렛 미드(Margaret Mead)의 1928년과 1935년도 사우스 시아일랜드(South Sea Island) 부족에 대한 조사에 의하면, 이곳의 부족에게는 오늘날 우리가 경험하는 청소년기라는 것이 없었고 단지 아이들과 어른이라는 두 가지 부류로 나뉘었다고 보고한다.[159] 이 말은 청소년기는 산업이 발달하고 도시화되면서 나타나게 된 것이고, 청소년의 정체성을 규명하는 일이 가속화되었다는 의미다.

현대 사회에서 청소년기의 정체성에 영향을 주는 요소에는 어떠한 것이 있을까? 첫째, 현 산업구조는 기술과 지식과 정보를 필요로 하는 구조이기에 청소년에 대한 교육이 필요하게 되고, 그 기간이 단기간이 아니라 장기적이 됨으로써 성인 세계에 들어가는 것을 연장하고 이것이 청소년기를 만들어 냈다.

둘째, 경쟁적인 산업구조에서 양쪽 부모가 일을 하기 때문에 자녀들이 부모의 모델을 보고 자신의 정체성을 형성할 기회가 적어졌다. 앞서 지적한 바와 같이, 성장 과정에서 부모는 자녀의 나이에 상관없이 부모로서 존재하고 자녀로서 그 위치에 있다. 그런데 특히 스스로를 통제하기 어려운 심리적인 구조에 있는 청소년들이 부모의 부재로 인해 자신의 시간을 많이 가지게 되었다.

셋째는 핵가족화다.[160] 핵가족은 편리함, 이동성이 있지만, 반면에 쉽게 깨어질 수 있는 구조다. 대가족제도는 전체적인 가족 구성원과 연관되어 있기 때문에 통제력과 구심점이 있다. 그러나 핵가족은 청소년의 안정성과 소속감이 부족하기도 하고, 대가족제도보다 부모의 이혼이나 별거가 쉬운 것도 청소년기에 있는 자녀들에게 깊은 상처를 가져다준다. 그리고 이러한 부모가 자녀들에게 보이는 갈등과 상처의 구조는 청소년들에게는 이혼보다 더 큰 상처가 될 수 있다. 부모가 보이는 갈등은 청소년들의 사회적 부적응을 낳게 한다. 그래서 남자 청소년의 경우에는 이 갈등이 폭력이나 탈선이라는 행동으로 비화되기 쉽고, 여자 청소년의 경우에는 걱정이나 우울증이라는 내적인 문제로 나타난다. 이혼보다 장기적으로 부모가 가지는 갈등의 문제가 청소년에게는 치명적이다.[161]

마지막으로, 청소년들이 물질적인 소유를 하게 된다는 것이다. 오늘날 청소년들은 스스로 일을 하거나 부모에게 용돈을 받아 그 어느 시대에도 볼 수 없었던 물질적 여유를 가지고 있다. 이러한 물질적 여유는 부모의 간섭에서 그리고 사회적 간섭에서 멀어지게 만들 수 있고 청소년 자신이 원하는 것을 할 수 있도록 만든다.[162]

이러한 네 가지 요인들과 청소년의 신체적 변화는 그들만의 특성을 지니게 되는데, 이것이 소위 성인 세계에 들어가기 위한 전초기지로 생각하는 청소년들의 속문화(subculture)다.

(2) 속문화(subculture)의 특성: 공감(empathy)과 지원

사람은 관계성의 동물이다. 관계성을 통해서 살아가는 의미를 가지게 되고, 꿈과 미래를 품고 도전한다. 청소년기 이전까지 관계성을 제공하는 중요 요인은 부모가 되지만, 청소년이 되면서 관계성에 영향을 주는 사람들이 다양해진다. 그중의 하나가 바로 친구들이다. 성 호르몬으로 인한 신체적 변화와 성장은 청소년들을 이미 아동기에서 떠나게 했으나, 성인의 세계에는 들어가지 못한 결과를 낳게 했다. 이러한 변화에 의해서 청소년들은 자신의 가치관과 생각에 대하여 누군가 공감해 주고 지원받기를 강렬히 원한다. 만일 성인들이 자신의 생각과 뜻에 대하여 공감을 하지 못한다면 청소년은 자신을 공감하고 보조해 줄 수 있는 대상을 구하게 된다. 인간이 관계성을 형성하려는 것은 본능적인 것이기 때문이다. 그래서 자신을 인정해 주는 그룹이 있다면 그곳에 소속감을 갖게 된다.

청소년의 심리적 특성을 가지고 탄생한 것이 청소년 자신들만을 구성하는 '파(cliques)'다. 이것은 2명에서 12명까지 형성된 가까운 친구들의 모임이며, 평균은 5~6명 선이다. 유사한 취미와 배경을 가진 같은 또래 모임이며, 하루에 몇 시간씩 같이 지낸다. 이 그룹을 통해서 청소년들은 자신의 경험을 평가하기도 하고, 자신들의 관점을 좀 더 넓힐 수 있는 기회를 갖기도 한다. 또한 그룹의 구성원들을 통해서 자신의 정체성과 타 구성원을 평가하고, 개인의 정체성을 갖도록 돕기도 한다.[163] 그리고 친구 간에 가장 우선시되는 것은 소위 의리다. 이러한 관계성을 통하여 일종의 개인적인

희생을 바라고 있는 것이다.[164)]

자신들만의 그룹을 형성하는 것은 관계성을 위한 본능적인 것이고, 친구 간의 관계성을 통해서 자신의 정체성과 타인의 것을 비교하면서 성장해 나가지만, 권위 있는 인물의 인정을 받는 것이 정체성 형성에 많은 도움을 준다. 권위 있는 인물이란 청소년이 인정할 수 있는 사람이다. 그것은 부모, 학교 교사, 사회에서 인정받는 인사 등이 될 수 있다. 이러한 사람들의 인정을 받으면 자신의 가치(self-worth)를 더 강하게 느끼게 된다. 사춘기에 자신의 가치란 스스로에 의한 것보다는 타인이 인정해 주는 것에 의해서 영향을 많이 받기 때문이다. 만일 권위 있는 성인의 인정을 받지 못한다면, 사회와 주변으로부터 참다운 자기를 함양케 하는 돌봄과 성장의 체험을 하지 못한다면, 청소년은 인정과 관심을 위해서 반사회적인 일에 무의식적으로 이끌릴 수도 있다.

1995년도에 TV를 통해 방영된 〈모래시계〉라는 프로가 있었다. 이 프로는 당시 한국 사회의 정치적 · 경제적인 상황에서 폭력 세계가 어떻게 연관이 되어 있는가를 보여 주었으며, 동시에 이 가운데서 묻어나는 남녀의 사랑 이야기를 다룬 드라마다. 그런데 이 드라마가 방영된 후 한국의 청소년들 사이에 '모래시계 신드롬'이라는 현상이 발생했다. 이 증후군은 청소년들이 학교와 가정에서 인정받지 못할 바에야 모래시계에 나오는 폭력 세계의 인물처럼 멋있게, '굵고 짧게 살다 죽는다.'는 생각이었다. 과거 몇 년 동안 스크린을 누비고 흥행을 거듭한 것은 폭력 세계를 주제로 한 영화였고, 이 영화들이 소위 대박을 터뜨렸다.

청소년들 사이에서는 왜 이러한 현상이 발생하는 것일까? 그리고 왜 이러한 폭력을 미화한 드라마나 영화가 대박을 터뜨리는 것일까? 그것은 우리 사회의 구조가 폭력을 탈출구로 삼고 싶을 정도로 획일적이고 강압적인 구조라는 것을 의미한다. 청소년들에게는 학교, 가정, 그리고 사회에서 생각하는 획일적인 요구, 예를 들어 성적이 좋은 학생만 가정과 사회의 인정을 받는 구조에 대한 반항적 심리가 내재되어 있는 것이다. 그리고 이러한 사회에 대한 무의식적 분노가 폭력물을 통하여 카타르시스를 경험하는 것이다. 학교와 부모의 부적절한 강요에 대한 반발로 나타나는 파생적인 현상이다. 가뜩이나 신체적 변화로 인해 불안정한 심리를 지닌 청소년들에게 이러한 강요는 자신들을 소외시키는 결과를 낳게 되고, 심하면 자기비하에 시달리게 되기 때문에 자살을 선택하거나, 자신의 생각에 공감해 줄 수 있는 대상이면 선악에 미련을 두지 않고 소속되기 쉽다.

이러한 현상에 대하여 에릭슨은 청소년들이 자기소외(self-alienation)에 빠지고, 이것은 성장 후 친근감(intimacy)을 회피하는 문제를 낳게 됨을 지적한다.[165] 즉, 자기정체성을 긍정적으로 느끼지 못하는 청소년들은 후기 청소년기 혹은 성인이 되어서 소외(isolation) 의식을 깊게 느끼게 되며, 자신의 인격에 대한 고충이 배로 증가하게 되는데, 그 이유는 다른 사람이 자신을 평가해 주지만 자기가 누군지 느낄 수 없기 때문이다.[166]

청소년기에 정체성의 혼란이 심화되면 자기고립이 발생한다. 일차적으로 주어진 일들에 대한 태만과 무시가 시작되고, 자신에게만 국한되는 것이 아니라 타인을 고립시키게 되며, 자신이 가정과 학교와 사회에 속할 수 없고, 어떠한 역할을 수행할 수 없다고 생각하여 공공연한 반란을 하기 시작한다.[167] 그러므로 청소년들을 대하는 상담자는 이러한 반란 자체를 보는 것이 아니라 그 청소년을 둘러싸고 있는 구조적인 면을 통찰하여야 하며, 그의 내부에 얼마나 많은 친근감과 관계성의 요구가 있는지를 보아야 한다.

청소년들에 대해서 비판적인 태도를 취하면서 청소년의 정체성(identity) 형성이 세대 간의 문제(generational issues)인 것을 쉽게 잊는 것 같다. 성인들은 다음 세대의 정체성 형성에 도움을 줄 수 있는 바른 가치를 전수해야 하는 기성세대의 책임을 잊어서는 안 된다. 그렇지 않으

> 면 청소년들은 기성세대가 정착시킨 가치관에 대하여 반란을 일으킬 수 있다.[168]

에릭슨의 글은 청소년의 정체성 형성에 있어서 기존 사회 조직, 특별히 기성세대가 가진 가치관이 얼마나 중요한 역할을 하는가를 말해 주고 있고, 상호 교류가 되지 않았을 때 기성세대 문화에 대한 반항을 예견하였다. 이와 유사한 관찰은 인류학자 마이클 엘더스(Michael Elders)에 의해서 보고되었다. 그의 원시부족에 대한 조사 결과에 의하면 두 부류의 부족이 있는데, 한 부족은 계속적으로 문화가 발전하였고, 한 부족은 문화가 쇠퇴되고 파괴되었다. 조사 결과 문명의 발전을 거듭한 부족은 기성세대가 사랑과 기술에 대한 전수를 지속적으로 하였고, 쇠퇴한 부족은 이러한 전수가 없었다는 것이다. 그리고 부족이 쇠퇴한 이유는 자라나는 세대가 성장하면서 기성세대가 일구어 놓은 문화를 서서히 파괴하였기 때문이다.

한국의 청소년 문화에 대한 한탄의 소리가 많다. 극히 일부겠지만 음란 사이트를 운영하는 운영자를 검거한 결과 운영자의 20%가 중 · 고등학생이라는 사실이 밝혀졌다.[169] 또 한편으로는 우리나라 청소년 중 10만 명이 음란 사이트 소개로 용돈을 번다는 통계가 있다.[170] 이는 충격적인 사실이며 이들이 검거 당시에 말한 내용을 분석하면 두 가지 사실이 나온다. 첫째는 자신이 개설한 사이트에 얼마나 많은 사람이 방문하였는가를 경쟁하듯이 자랑한다는 것이다. 이것은 인간관계에서 모든 사람이 가지는 관심에 대한 욕구이기도 하지만, 특히 청소년들이 자신만의 속문화를 형성하여 관심의 대상이 되고자 하는 욕망에 연관되는 것이다. 둘째는 개설 사이트를 통하여 나오는 수익에 대한 관심이다.[171] 이러한 현상을 마이클 엘더스 이론에 적용한다면 잘못 뿌려진 기성세대의 왜곡된 정신문화가 성장 세대들에게 전수되고, 그들이 서서히 부정적 문화를 만드는 창구 역할을 하는 세대로 성장할 수 있다는 것이다.

청소년에 대한 공감과 지원은 단순히 친밀감을 더해 주고 정체성을 형성하는 데 도움을 줄 뿐만 아니라, 장래에 대한 목적의식을 분명하게 할 수 있도록 도와주는 역할을 한다. 어른들의 청소년에 대한 관심은 청소년들에게 하나의 모델이 될 수 있고, 미래에 대한 목적의식을 설정하는 데 도움이 될 수 있다. 이러한 관점에서 에릭슨은 청소년들이 자신의 정체성을 형성하는 데 있어서 타인들이 자신에게 어떻게 반응해 주느냐는 아주 중요한 관건이라는 지적했으며, 타인의 긍정적인 평가와 반응을 가지게 되었을 때 청소년은 자신의 정체성을 규명하는 데 훨씬 쉬울 것이라고 하였다.[172] 그리고 이러한 정체성의 규명 작업은 한순간에 도달하거나 완성되는 것이 아니라 끊임없이 상실되고 회복된다고 보았다.[173]

마틴 부버(Martin Buber)는 사람은 바른 목적이 서 있지 않으면 탈선해 버릴 수밖에 없다고 하였다. 어느 누구나 예외 없이 선한 목표가 있지 않으면 선을 떠나 악하게 된다는 말이다. 10대의 반란이나 탈선이 발생하는 이유는 바로 기성세대의 공감과 지원을 느낄 수 없었기 때문이다. 실존주의 심리학의 빅토르 프랑클(Victor Frankle)은 감옥에 갇혀 있는 사람들이 보통 사람보다 질병이나 사망 확률이 높은 이유는, 바로 목적을 상실하였기 때문이라고 지적하였다. 기성세대가 눈높이를 조절하여 청소년 세대의 과도기적 가치와 흥미에 약간의 관심과 공감을 줄 수 있다면 그들은 좀 더 건전한 미래를 꿈꾸게 될 것이다.

성인도 아이도 아닌 청소년들의 교육 및 상담적 모델은 용기와 용서를 동시에 허락하는 양육 스타일이 가장 좋다. 청소년기에 지니는 반항심은 부모가 행복하지 않는 가정에서 많이 발생했으며, 특히 행복하지 않는 가정은 10대의 탈선과 많은 연관이 있었다.[174] 이러한 탈선의 심리적 기저에는 바로 반항적인 요소도 있지만 다른 면에는 이러한 요인들을 회복하고자 하는 마음도 있다.[175] 이 시기 청소년들은 자신의 정체성을 타인과의 상호작용을 통해서 형성하기 때문에 어떤 면에서는 자신이 가치 있는 존재라는 것을 인정해 줄 수 있는 대상을 찾는다. 그리고 이러한 인정을 통해서 자신감을 회복하며, 고도의 이상적인 것과 가치를 쏟아 낸다. 중 · 고등학교 시절 선생님들의 따뜻한 말 한마디가 얼마나 우리를 따뜻하게 했던가를 생각해 보자. 선생님이 한번 교무실에 부르면 교무실에 들어가는 것 자체가 무척이나 영광스럽게 느껴지던 때가 있었다. 부모를 대신한 상담자로서 우리는 그들에게 긍정적 관심과 반응을 통해서 정체성 형성에 도움을 주어야 한다.

(3) 전체주의(Totalism)

분석심리학자 카를 융(Carl Jung)은 청소년기를 '참을 수 없는 세대(unbearable age)'라고 하였다. 이제 아동기를 마감하고 청소년 시기에 들어서면서 어려움에 대한 과소평가, 비합리적 낙관주의, 과도한 기대 혹은 부정적 삶의 태도에 빠질 우려가 있기 때문이다.[176] 에릭슨은 이들이 가지는 생각을 견고한 이념의 체제를 가진 것으로 이상적으로 보이는 것에 대한 광적이고 배타적인 몰입이라고 표현하였다.[177] 그래서 청소년은 자신들이 생각하는 것에 과도하게 집착하는 경향이 있다. 즉, 전체주의 혹은 흑백주의(all or nothing)에 빠지기 쉽다는 것이다.

이념과 사상에 대한 광적이고 배타적인 몰입은 자신에 대한 과신과 애착에서 비롯된 자기중심성을 의미한다.[178] 학령기에는 지식과 기술이 필요하지만 이것이 인간 사랑에 대한 목적이 아닌 수단이 되면 인간의 정신 균형이 깨져 혼란을 겪게 되고, 청소년기에 자신에 대한 집착만을 고집하면 남에 대해 배타적인 자세를 취하게 된다. 즉, 경험과 사유의 세계가 제한되어 있다는 의미다.

청소년기에 가지는 열정은 배타주의의 벽을 넘어야 한다. 열정을 가지고 있으되 세상을 헤아리는 경륜과 지혜의 부족은 늘 이념적 갈등을 낳게 된다. 우리나라는 광복 이후 현재까지 이념적 논쟁에 휩싸여 있다. 목소리가 크면 이긴다는 식의 생활방식에 익숙해져 있고, 남의 이야기를 경청해 주기보다는 자신의 의견을 관철하는 것을 더 당연하게 생각하기 때문에 타인이 나와 다른 목소리를 내면 그 사람들을 적대 관계로 생각하기 쉽다. 우리가 아직 이념문제로, 남의 의견을 제대로 경청해 주지 못하면 신체는 성숙한 성인이 되었을지 몰라도 마음은 아직 청소년기 열정 단계에서 부딪히는 전체주의에 있다는 것을 말한다.

사람은 저마다 다른 환경에서 성장했기 때문에 하나의 사건이나 사물에 대한 평가가 다양할 수밖에 없다. 그러나 열정이라는 것은 이 다양성을 획일화하려는 무모함을 가지고 있기 때문에 많은 사람을 적으로 생각하기 쉽다. 다양성 속에서 통일화가 부족한 것이다.

다음은 한 유전공학자가 부족을 조사를 하다가 발견한 사실이다. 이웃에 있는 두 부족은 혈통이 같은 가계를 가지고 있었는데, 한 부족은 유전병이 끊이지 않았고, 다른 한 부족은 유전병이 점점 소멸하였다. 역학조사를 한 결과 이 두 부족이 같은 부족이었는데 부족이 둘로 나눠지면서 한 부족은 씨족 외 혼인을 권장하였고, 한 부족은 씨족 내 혼인만을 인정하는 법규를 세워 전승하였다. 그 결과 씨족 외 혼인을 장려한 부족은 우성인자들이 열성인자를 없애면서 결국 유전병이 점점 소멸하였고, 그 반대의 부족은 병이 계속적으로 유전되었다는 것이다. 이것은 사람이 타인을 향해 자신을 개방하였을 때 얼마나 좋은 결과를 가질 수 있으며, 폐쇄적인 것이 얼마나 내부를 썩게 하는가를 말해 준다. 개방적인 사람은 자신의 한계를 개방을 통해서 경험하게 된다. 그래서 타인의 경험을 통해 자신의 세계를 들여다 볼 수 있는 기회가 있고, 자신을 발전시킬 기회를 가질 수 있다. 개방은 자신의 의견과 자신의 문화가 협소하다는 사실을 깨닫게 하지만, 개방을 하지 않는 사람은 늘 자신의 의견과 문화가 최고라는 착각을 하기 쉽다.

(4) 기독교 상담: 전체주의에서 지체신앙으로 전환

열정과 수직적 차원(vertical dimension) 신앙의 5단계인 청소년적인 신앙이 가지는 특징 중의 하나는 열정이다. 인간의 발달 단계를 8단계로 보고, 이 8단계를 신앙의 완성 단계로 본다면 청소년기의 신앙은 5단계로 절반을 넘은 단계다. 이 단계에 있는 신앙인들은 열정이 있다. 뜨거운 신앙적 체험과 꿈을 가지고 있다. 그래서 이 단계에 있는 사람들은 교회의 많은 일을 감당하고 있다. 어떤 면에서는 이러한 5단계의 신앙인이 있기 때문에 교회의 모든 기관이 열정을 가지고 움직일 수 있는 것이다. 그러나 이러한 열정주의가 극복해야 할 과제가 하나 있다. 그것은 청소년기의 특징에서 언급한 바와 같이 전체주의(totalism)다. 왜냐하면 전체주의는 우상숭배(idolism)로의 부분적 퇴행이기 때문이다.[179]

우상주의로의 부분적 퇴행이란 무엇을 의미하는가? 이것은 5단계의 신앙은 앞서 청소년기에는 흑과 백의 구조로 보기 쉽다고 지적한 것과 같이, 자신이 가진 신앙만이 가장 바른 것이라고 생각하기 쉽다는 것이다. 그래서 이 시기의 사람들은 열정을 좋아하고 때론 종말론에 관심을 가지고 강조하기도 하고, 신비적인 신앙의 세계를 선호하기도 한다. 왜냐하면 침착하고 이성적이고 논리성과 호소력이 있는 것보다는, 열정적이고 눈에 보이는 현상을 체험해야 무엇인가 진실이 있는 것으로 착각하기 쉽기 때문이다. 그래서 자신의 신앙과 교회 지도자와의 신앙이 맞지 않으면 교회를 쉽사리 떠나, 자신의 열정과 부합하는 지도자를 찾아나서는 것도 이 시기에 발생하게 된다.

우상주의란 자신이 이미 설정하고 있는 신앙의 기호가 있고 그 신앙 노선을 최선으로 생각하고, 심지어 하나님을 자신의 신앙노선에 있도록 하여 하나님이 따라주기를 바라는 것이다. 5단계의 열정주의가 실수하기 쉬운 것은 자기가 모든 것의 중심에 선다는 것이다. 그러나 신앙이 사람의 생명의 살리는 것이 아니면, 사람이 살아가는 이 현장의 고민을 신앙 안에서 해결해 주지 못하면, 신앙은 더 이상 신앙이 아니라 이념(ideology)이 되는 것이다.

우리는 간혹 TV를 통해 아들딸이 입원하여 수혈을 필요로 하지만 신앙의 노선으로 인해 수혈을 거부하는 소식을 듣곤 한다. 엄청난 열정과 열의를 가지고 있는 것 같지만 그것은 이미 신앙이 아니라 이념이다. 이러한 현상은 두 가지를 생각하게 한다. 첫째, 이념이라는 것이 얼마나 무서운 것이고, 이념으로 포장한 신앙은 하나님의 이름으로 침략과 살생도 할 수 있다는 것이며, 둘째로 사람은 이러한 이념에 대하여 객관성을 가지고 판단하는 것조차 그리 쉽지 않다는 것이다.

신앙은 사람을 죽이는 것이 아니고 사람을 살리는 것이며, 허물을 들추어 내는 것이 아니고 허물을 감싸 주는 것이다. 이라크와 미국이 전쟁을 치를 때 양국의 지도자들은 성전(holy war)에 대한 호소를 했다. 신이 각국의 군사를 보호해 줄 것을 이야기했고, 성전에 참여하기를 후세인은 독려하였고, 부시는 하나님이 미국을 축복해 줄 것이라고 말했다. 이것은 신앙을 위장한 이념들이다. 하나님의 이름으로 전쟁을 일으키고 국민에게 전쟁에 대한 참여와 참전을 호소하는 것은 바로 신앙을 위장한 이념이고 우상주의다.

개인의 신앙생활에서는 이러한 형태가 많다. 하나님의 뜻과는 무관하게 일방적으로 정해 놓고 그것을 마치 하나님의 뜻으로 생각하는 경향이 있다. 이것을 우상주의라고 한다. 이러한 신앙의 유형은 사람을 살리기보다는 정서와 영혼을 메마르게 하고 개인, 가정, 교회를 분열시킨다.

이러한 현상은 개인뿐만 아니라 인간의 역사에서 수없이 저질러지고 있다. 프로이트는 역사상 기독교가 저지른 뼈아픈 우상주의에 대해 지적하고 있다. 하나는 노예제도이고, 둘째는 십자군전쟁이다.[180] 노예제도와 십자군 전쟁은 기독교가 대표적으로 역사상에 남긴 오점이다. 하나님의 이름으로 성전을 치르고 그 아픈 상처의 잔재들이 오늘날까지 지속되고 있으며, 기독교 국가들은 노예제도를 용인하고 그것을 바탕으로 부를 일구어 냈다.

또 한 예를 살펴보자. 근대 역사에서 가장 아픈 사건은 제1, 2차 세계대전이다. 이 세계대전을 일으킨 대표적 국가들이 바로 가톨릭의 종주국이라 할 수 있는 이탈리아(Italy)와 개신교의 종주국인 독일이다. 왜 그토록 기독교의 뿌리가 강한 나라에서 전대미문의 비극적인 사건이 발생하였을까? 왜 무신론자 국가나 타 종교를 가진 국가가 아닌 기독교 국가에서 이러한 비참한 사건이 발생한 것일까? 왜 사랑이 중심인 기독교 종주국들이 인류 역사에 있어서 가장 비극적인 역사를 일으킨 주범국이 되었을까? 이것은 바로 신앙을 위장한 우상주의의 결과다. 신앙을 자신의 편의에 맞게 지니고, 하나님이 또 그렇게 해 줄 것으로 기대하는 것은 신앙이 아니라 자신의 이념이다. 신앙은 무리수를 쓰지 않지만 이념은 충족을 위해 온갖 무리수를 쓸 수 있다.

신학자 폴 틸리히는 신앙과 이념을 구별할 수 있는 사건을 우리에게 보여 준다. 그는 1950년대 말에 발간한 저서를 통해서 구소련의 붕괴를 예언했다. 그 이유는 구소련은 수직적 차원(vertical dimension)을 인정하지 않는 나라이기 때문이다.[181] 즉, 공산주의 국가들은 자신이 설립한 국가 체제를 지탱하고 있는 이념을 어떠한 것도 넘볼 수 없고, 비판할 수 없다는 생각을 가지고 있었다. 그래서 자신들이 가진 이념이 항상 어떠한 것보다도 정확하고, 무오하고, 절대적이라는 생각을 하기에, 여기에 어떠한 비판도 허용하지 않았다.

수직적 차원의 인정이란 자신이 가진 이념과 생각이 하나님 앞에서 불완전한 것임을 인정하는 것이다. 바른 신앙을 가진 사람은, 자신이 죄인으로서 하나님 앞에 살고 있다는 사실을 인정하는 사람은, 건강한 신앙과 정신을 가진 사람이다. 자신 안에 선이 있으며, 또한 악한 기질이 있다는 사실을 인정하는 사람이 정신적으로 건강한 사람이다.

5단계인 청소년기 신앙의 단점은 바로 수직적 차원을 인정하지 않으려는 성향이다. 즉, 남을 향해 문을 열지 못하고 자신이 가진 신앙이나 의견이 최선이라 여기는 것이다. 신학자 토마스 아퀴나스(Thomas Aquinas)가 『신학대전』이라는 거작을 쓸 무렵 어느 날 바닷가를 거닐다 어린아이가 바닷가 모래에 구멍을 판 후 그곳에 바닷물을 퍼다가 붓는 광경을 보았다. 아이에게 다가가 무엇을 하고 있는가를 물어보자, 아이는 바닷물을 퍼다가 구멍에 다 넣으려 한다고 하였다. 아이는 불가능한 일을 하고 있었던 것이다. 그러나 이 대화를 한 후 그는 자신이 집필하고 있는 『신학대전』이라는 책이 마치 그 아이가 바닷물을 퍼서 자신의 웅덩이에 쏟아 넣는 일과 같다는 사실을 깨달았다. 나를 남을 향해 열어 놓는 것은 겸손이며, 하나님을 향해 수직적 차원을 개방하는 것은 우리가 의인이며 동시에 죄인이라는 사실을 인정하는 것이다.[182)]

성숙하지 않은 열정은 사람을 사랑의 대상이기보다는 이용할 대상으로 본다. 그래서 신앙적인 열정도 바른 분별력과 통찰력을 지니지 않으면 역사적인 예에서 볼 수 있는 것과 같은 내용들이 우리 개인과 교회의 조직에서 빈번하게 발생할 수 있다. 성숙하지 않은 열정은 자신의 이념을 신앙으로 합리화하는 단계를 거치게 되고, 그 합리화를 통하여 개인은 세뇌되는 것이다. 그래서 칼 마르크스는 이념을 하나의 무기로 보았다.[183)] 이러한 관점에서 폴 틸리히는 교회가 이런 이념을 신앙으로 포장하여 무언가 권력을 가지려는(will-to-power) 모순에 빠지지 않기 위해서는 교회 스스로에 대하여 의구심을 가진 비판적인 작업이 필요함을 지적한다.[184)]

지체신앙과 연대성 5단계에 있는 사람들과 상담을 할 때나 교육을 할 때 중요한 것은 바로 자신이 가진 신앙이 이념이 되어서는 안 되고, 이념과 신앙을 혼돈하지 않도록 하는 것이다.[185)] 이 시기에 있는 사람들이 빠지기 쉬운 충동은 자신의 신앙을 남들과 이야기하고 개방하며 서로의 의견에 대하여 귀를 기울인다는 것에 대하여 비판하고, 중용이라는 것은 없으며, 타협이 곧 신앙의 배반을 의미한다고 생각하기 쉽다는 점이다.[186)]

열정이 가지기 쉬운 함정은 교만이다. 교만은 오직 자기 자신의 일과 의견에만 집착하는 것이다. 이 교만은 청소년들에게 신체적 외모에 대한 허영심, 그리고 종교적 우월성에 대해 특히 민감하다. 교만이 문제가 되는 것은 교만을 가지고 있는 사람에게는 진정한 자신(true self)이 있기보다는 거짓된 자신(false self)이 있기 때문에 진정한 믿음을 형성할 수가 없기 때문이다.[187]

열정을 가지되, 나와 타인이 서로의 지체가 된다는 신앙을 가져야 원숙한 신앙으로 발달할 수 있다. 나의 열정만, 내가 소속된 집단만의 열정이 맞다고 생각하면, 그때부터 이러한 열정은 잘못하면 마성(the demonic power)을 갖기 시작하고, 그 열정으로 많은 사람이 상처를 받는다.

교만은 인간이 가진 원천적인 3대 악 중의 하나로 꼽힌다. 교만이란 인간이 다른 피조물과 비교할 수 없는 독특한 창의성과 그것이 가져다주는 가능성으로 인해 발생하는 것이다. 그리고 이러한 가능성은 인간의 중심에 하나님이 허락한 고유의 힘이 있기 때문이다.[188] 이 가능성으로 인해 인간만이 유일하게 다른 피조물과 다르게 변신하고 기술문명을 통한 변화를 도모하고 있다.

도날드 캡스는 이 시기의 단점을 신체적 허영심과 종교적 우월성으로 보았다. 신체적 허영심이나 외적인 것에 대한 민감함이 바로 이 시기에 발생한다는 것은 신앙 상담과 어떠한 연관이 있을까? 이것은 이 시기에 신앙이 바로 외적인 성장에만 익숙해질 수 있다는 것이며, 내면으로 인한 평가보다는 겉으로 드러난 것에 의한 판단이 앞설 수 있다는 것이다. 사도 바울의 말처럼 할례는 마음의 할례가 그 중심에 있는 것임에도 불구하고 외적인 할례의 중요성을 더 생각한다.[189] 신앙은 내면의 성숙이 그 중심이 되어야 함에도 불구하고 외적인 것으로 평가한다. 그래서 개인이나 교회의 성장을 볼 때도 외적인 것을 바탕으로 평가하기 쉽다. 내가 이러한 신앙의 열정을 가지고 생활한다면 적어도 당신은 이 정도의 신앙을 표시하거나 보여야 한다는 식의 신앙을 가지기 쉽다. 경건의 연습을 하되 경건의 연습이 마치 경건의 정도를 측정할 수 있는 계급적인 것으로 판단하기 쉽다는 것이다. 그래서 이 시기를 극복하지 못하면 자신의 열심으로 남을 판단하는 오류에 놓이게 된다.

필자는 짧게나마 미국 교회에서 1년간 목회를 해 본 적이 있다. 수업을 하면서 일주일에 예배와 심방을 병행해야 하는 기간이었기에 마음에 부담이 컸다. 그 1년 동안 미국인 회중들은 나에게 '당신의 발음이 왜 이리 나쁘냐?' '설교가 왜 그러냐?' '은혜가 없다!' 이런 말을 한 번도 한 적이 없다. 어떤 이는 참 고맙다는 인사 표시도 했다. 그래서 당시 필자는 설교를 너무나 잘 준비해서 교인들이 만족하고 있다고 생각하기도 했다. 몇 년이 지난 후 미국 교회에서 사용한 설교의 원고를 살펴볼 기회가 있었는데, 나는 그것을 보면서 몹시 당황한 적이 있다. 설교 내용이 너무나 빈약했고, 때로는 말이 되지 않는 문장도 있었다. 앞뒤 내용이 잘 이어지지 않는 부분도 있었다. 도대체 설교의 핵심이 무엇인지 알 수 없는 것도 있었다. 한때는 영어를 잘 준비하여 교인들이 감명을 받았다고 생각했으나 그것 역시 잘못된 생각이었다. 부끄러움이 앞서 왔다. 이런 나의 부족함을 알게 되었을 때 떠오른 것은 1년 동안 불평 없이 품어 준 교우들이었다. 이 사실을 안 후에 그 교인들에게 감사하고, 또 한편으로는 내면으로 간직하고 있는 그들의 신앙에 대하여 경의를 표했다. 어떤 것이 깊은 신앙이며, 어떤 것이 더 성숙된 신앙인가를 생각하게 하는 경험이었다. 우리나라의 한 교회에서 목회자가 부족하여 제3국에서 한국으로 와서 신학수업을 다 마치고 교회에 파송되었는데, 한국말과 모든 것이 서툴다고 하면 얼마나 많은 사람이 그 목회자를 품어 줄 수 있을까 하는 생각을 해 본다.

어떤 교회는 수십 년간 목회를 한 담임목회자가 병들어 눕자, 몇 개월 만에 담임목사를 초빙하였다. 교회가 성장하기 위해서 건강한 목회자를 빠르게 초빙하는 것도 필요할 수 있으나, 건강한 교회라면 수십 년간 목회를 한 목회자와 가정에게 시간적인 여유를 주어 정리할 수 있는 기간을 허락한 후 조금 늦더라도 그 후에 담임목회자를 청빙하는 것이 진정한 신앙의 자세를 보여 주는 것이다. 너무 외적인 성장만 따지는 것은 진정한 신앙이 무엇인가에 대한 혼란과 실망을 초래할 뿐이다.

오늘날 우리는 교회를 포함한 사회의 모든 분야에서 숫자나 외형적인 것으로 사람을 판단하고 성공을 이야기하기에 쉬운 구조에 싸여 있기 때문에 이 5단계의 신앙에서는 획일적인 신앙관이나 성공관이 아니고, 또한 신앙에 대한 만장일치가 아니고, 흑백논리 속에 묻히는 것이 아니라, 모든 사람의 의견이 존중되고 또 그러한 의견을 통해서 연대성을 가지고 서로를 보완해 줄 수 있다는 사실을 확인해야 한다.[190] 즉, 나와 다른 의견은, 다른 신앙은 나를 배반하는 것이 아니라 서로에게 연대성을 통하여 좀 더 나은 곳으로 가기 위한 것임을 수용하는 자세다.

모든 사람은 다 다른 사회적 환경에서 성장했으며, 그러기에 유사한 관점도 있지만 다른 관점을 가질 수 있다. 성급한 열정을 가진 사람들은 이 다른 의견을 정죄할 수도 있겠지만, 이러한 자세는 기독교가 역사상 아픈 전철을 다시 밟게 하는 결과를 초래할 수 있다. 그리고 우리 개인도 자신의 신앙 열정이 바로 남과 비교해서 순위를 매기게 되는 숫자적 신앙으로 바뀔 수 있다. 중요한 것은 자신과 의견이 다르지만 품을 수 있고, 다른 의견을 통해서 자신의 신앙을 재점검하는 기회로 삼는 것이 바로 이 단계에서 승화해야 할 기독교 상담의 목표이기도 하다.

한 대학교수가 자신을 뒷바라지하며 시인으로 만들고, 그 후 대학교수가 되게 한 아내가 백혈병으로 병원에 입원하는 과정을 겪으면서 한 고백이 있다. 자신이 수십 년간 쓴 시는 당장 피를 수혈해야 하는 급한 상황에서 사람들이 수혈해 준 피 한 방울의 가치만도 못하다는 고백이었다. 시를 쓰면서 사람들의 심금을 울리고 감동을 준 것은 사실이지만, 이러한 급박한 상황에서 더 필요한 것은 실천 없는 글보다는 피 한 방울의 실천이라는 것이다.[191] 우리에게 주는 의미가 크다. 거창한 이론과 이념에 익숙한 신앙인이나 교조주의에 빠져 있으면서 껍질을 벗어나지 못하는 불행이 없어야 한다.

결국 모든 것을 버려야 한다. 남는 것은 사도 바울이 언급한 것과 같이 '사랑'이다. 우리는 사랑을 위해서 부수적으로 필요한 것을 취하고 있다. 그러나 언젠가 모든 것을 버리고 홀로 서야 하듯이, 이러한 부수적인 것을 다 떨쳐버리고 본질적인 것에 가까워져야 한다.

사랑을 가지고 품는 연대성의 입장에서 본 하나님의 나라는 고통이 없는 곳이 아니라 고통을 함께 나누는 이들이 있는 곳이다. 고통이 없는 곳이라고 인간이 사는 세상에서 이야기하면 그것 역시 하나의 이념으로 전락할 수 있다. "하나님은 가난한 자, 억압받는 자의 하나님이다."라는 것 역시 이념적인 신앙이 될 수밖에 없다. 이러한 이념적 신앙은 부유한 자들에게 배척되고 만다. 하나님은 억압받는 자, 가난한 자의 하나님이기보다는 자신의 것을 나눠 주는 사람들의 하나님이다. 그러기에 거기에는 빈핍 중에서, 부유 가운데서 자신의 소유를 이웃에게 베푸는 사람들이 모두 포함된다. 그리고 이러한 신앙이야말로 편 가르기가 아니라 현실을 직시하고 진실에 가깝게 살려고 노력하고 포용하는 신앙이다.

6) 청년기 발달심리와 상담(친밀감 대 고립감)

(1) 친근감과 고립(intimacy & isolation)

청년기에 발생하는 심리사회적인 양식은 다른 사람과 교제하면서 자신을 타인에게 내어놓은 것, 자신을 나누는 것이다. 지나면서 자신에 대한 어느 정도의 정체성을 가지게 된 청년들은 이 시기에 와서 '남과 나눌 수 있는가, 그렇지 못한가'라는 두 가지의 대조적인 상황을 맞이할 수 있는데, 그것이 바로 친근감과 고립이다.[192] 유아부터 청소년까지, 어리면 어릴수록 주된 돌봄자로부터 '돌봄'을 받아 성장했지만, 청년기부터는 '돌봄'을 남과의 관계성을 위해서 제공해야 하는 시기다. 그리고 이 돌봄의 본격적인 시작이 청년기다. 돌봄을 제공한다는 것은 '헌신'을 의미하는 것이다.

긍정적인 면에서 느낄 수 있는 친근감이란 자신을 남에게 나누어 주는 심리사회적 양식이고, 이러한 양식으로 자신이 가진 가치를 포기하거나 잃을 수 있는 위험을 감수하면서 남들과 나눔으로써 자신의 영역이 확대되어 가는 것이다.[193] 자신에게 가치 있는 것을 남에게 양보함으로써 다른 정체성에 도전하는 것은 이미 건강한 정체성이 형성되어 기초가 되어 있기 때문이다. 그리고 이러한 정체성을 기반으로 하여 자신을 내어놓고 타인과 함께 공동의 정체성을 형성하는 것이 바로 친근감이다. 중년기가 되어 자신을 가족과 공동체를 위해 내어놓은 생산성(generativity)의 정체성을 가지기 전, 청년기에 비로소 타인과의 공동체 형성을 위해서 자신을 내어놓는 준비를 하게 된다.

이 시기에 친근감을 가지는 분야는 일, 우정, 그리고 사랑이다.[194] 그리고 이 세 가지는 모든 성인이 세상을 살아가는 데 매우 중요한 역할을 하는 요소다. 자신이 하는 일이 학업, 직장, 그리고 그 밖의 여러 가지 일이 될 수 있지만 보통 이 세 가지에 대해 집중한다. 자신이 하는 일에 대하여 최고의 위치에 있고 싶어 하고, 친구 간의 우정과 연인과의 사랑에서도 이러한 감정을 가지게 된다. 친근감은 이 세 가지를 통해서 더 높은 차원의 정체성으로 나가게 되는 것이다. 이 요소들을 통하여 청년들은 사람들과 경험을 나누기도 하고, 타인과의 보완적인 관계를 형성하려고 한다. 그런데 이러한 상호 보완적 관계를 형성하면서 비로소 '나-너'라는 관계의 중요성을 경험하게 되는데, 이것이 친밀감이다. 그리고 이러한 친밀감이 낳는 것은 '사랑'이다.[195]

에릭슨이 청년기에 대하여 언급한 부정적인 사회심리적 양식은 고립이다. 고립이란 앞에서 언급한 일, 우정, 그리고 사랑으로부터 거리를 두는 경우다. 고립하게 되는 가장 중요한 이유는 전 단계인 청소년기에 자신에 대한 정체성(identity) 형성에서 확신을 가질 수 없었기 때문에 대인관계, 일, 사랑으로부터 피하게 되는 것이다.[196] 그리고 이러한 경향은 진정한 우정을 위한 교제 의지, 우호적인 것, 그리고 자발적인 마음(spontaneity) 등이 결핍되어 있기에 사람들과 관계를 하여도 매우 편파적으로 하거나 형식적인 관계만을 유지할 뿐이다. 혹은 사람들과의 관계가 계속적으로 그러한 관계 속으로 들어가도 계속적으로 실패를 한다.[197]

에릭슨은 이 '고립' 상황을 사람들로부터 '인정(unrecognized)'받지 못하는 것, 사람들과 분리되어 있는 상태로 남아 있는 것에 대한 두려움으로 표현하고 있다. 그리고 청년기에 일, 사랑, 우정에 대한 두려움을 사람들에게서 느끼기 시작하면 이러한 증상은 성인의 병리(pathology)에 있어서 아주 핵심적인 역할을 하는 것으로 보았다.[198] 이 고립에 있어서 가장 무서운 위험성은 가장 상처 깊은 주된 돌봄자와의 갈등 차원으로 퇴행하는 것이며, 이것은 '경계선 장애(borderline pathology)'로 나타날 수 있다. 즉, 이러한 '고립'은 한순간의 결과가 아니라 성장 과정에서 가장 중요한 부모와의 관계에서 심화된 갈등에 깊은 뿌리를 두고 있고, 이 갈등적 관계가 청년기에 친근감을 형성하는 데 문제를 일으킨다는 것이다. 이러한 고립의 결과는 성인기에 나타나는 거부(rejectivity)와 밀접하게 연관되는 '배타성'의 근거가 된다.[199]

(2) 사랑과 직업

청년기에 사랑이라는 것은 피하기 어려운 인생의 숙제다. 신체적으로 가장 성숙한 이 시기에 인간은 유전적으로 조형된 창조의 법칙에 의해서 이성을 그리워하고 찾게 된다. 이러한 이성적 파트너를 구하는 작업은 청소년기에 어느 정도 정체성에 대하여 합리적인 기간을 가진 사람에게 가능하다.[200] 그러나 에릭슨은 청년기에 친근감에 대한 확립 없이, 그리고 남녀가 책임감 없이 성적인 파트너를 가지는 것은 긍정적인 심리적 경향인 친근감을 가지는 데 아무런 도움이 되지 않음을 지적한다.[201)]

청년기에 자신에 대한 정체성 규명과 친근감에 대한 개인적인 정의가 서 있지 않은 상태에서 결혼을 하여 무엇인가 찾아보려는 시도는 위험한 발상이다. 결혼으로 두 사람이 하나됨을 발견하기 위해서는 진정한 자기를 발견하는 작업이 선행되어야 한다. 왜냐하면 진정한 자아의 정체감이 확립되어 있지 않은 상태에서 사랑은 정욕이 될 수 있기 때문이다. 정체감이 형성되지 않은 상황에서 사랑이라는 것은 단지 물건을 사는 것과 같이 사랑을 탐닉하는 정욕이기 때문이다.

청년기에 사랑에 대하여 생각하여야 할 것은, 사랑이라는 것은 '사랑에 빠지는 것'이 아니라는 점이다. 즉, 사랑에는 헌신과 희생이 있어야 한다는 것이다. 진정한 사랑은 친근감을 상대에게 '주는 것(희생)'으로 사랑의 기준을 정하는 것이다. 그러나 사랑이란 빠지는 것이라는 통속적인 개념은 사랑을 하는 데 혼란을 초래한다. 진정한 사랑이란 자신을 남에게 진정으로 개방하고 희생하여 '주려는' 사랑이지, 소유하려는 것이 아니다. 단지 '빠지려'는 사랑은 껍데기 안에 자신의 감정을 두고 그것이 자기가 경험하는 사랑의 굶주림을 먹이고, 더 이상 남들에게 주거나 관심을 베풀지 않는 것이다.[202)] 자신을 희생하지 않으려는 사랑은 결국 자신의 이익을 챙기려 하기에 대인관계에 늘 문제를 동반한다.

자신을 개방하지 않는 사랑, 주지 않고 빠지려는 사랑은 진정한 사랑이 아니라 정욕(lust)이다. 정욕은 친근감과 같이 자신을 상대방 안에서 잃고자 하는 희생적인 태도가 부재한 상태이기 때문에, 심지어 사랑한다고 말을 할지라도 이것은 상대에게 적대적인 상태를 암시하는 것이다.[203)] 즉, 자신을 상대에게 헌신한다는 의도성이 없는 사랑은 이미 그 안에 묵시적으로 들어 있는 적대적인 사랑의 함수가 있다는 것이다. 이러한 사랑은 공유함으로써 또 다른 차원으로 승화되는 것이 아니라 가지는 것이며, 정복하는 사랑이다. 그리고 이러한 사랑의 관계 뒤에는 패배감이 있기 마련이다.

성적 관계에 빠지고자 하는 사랑의 의도는 자신을 타인 안에서 잃어버리고자 하는 희생적인 의도가 아니기 때문에 이러한 관계는 오히려 남녀관계를 소외시키는 결과를 낳는다. 정욕은 외형적으로 사랑이나 친밀감처럼 포장하고 있지만, 이것에 빠지면 사람들을 심각하게 소외시킨다.[204] 왜냐하면 자신의 만족을 찾으려 하고 자신을 희생하려는 의도가 없는 상태였기 때문이다. 친밀감을 포장하여 사랑으로 표면적으로 나타날 수 있는 정욕은 이미 그 자체로 피해를 본다. 무엇을 희생한다는 의미가 있지 않기 때문에 이러한 관계는 소외만 증폭시킬 뿐이다. 정욕은 사랑의 어두운 면인 사디즘(sadism)[205]적인 것에 불을 붙이기 때문에 결국 폭력적 정욕으로 인한 심한 소외만이 있을 뿐이다.[206] 사랑이라는 것이 상호 헌신과 책임감에 기초한다는 것과는 대조적으로, 정욕은 결과에 대한 책임감인 헌신이 없다.[207]

한 여성에게 구애한 남성이 있었다. 이 여성은 구애하는 남성에게 관심이 없었다. 그러나 너무나 적극적으로 구애를 하는 바람에 마음이 동하게 되어 결혼을 했다. 이 여성 없이는 세상을 못살 것 같고, 죽을 것만 같다는 고백의 말에 감동을 한 것이다. 결혼을 한 후 6년간 이 여성은 습관적인 폭행을 당했다. 더 이상 인내를 할 수 없어 결국은 이혼을 선택하게 되었다. 그리고 한동안은 세상 모든 남자에게 불신을 가지게 되었다. 왜냐하면 자신 없이는 세상을 살 수 없다고 고백한 남성이 자신을 이렇게 구타하여 비참하게 만들어 놓았으니, 이 세상에 다른 남자들은 더할 것이란 불신에서다.

사랑은 묘한 감정이다. 하나님이 만들어 주신 사랑의 감정에 따라 우리는 사랑을 하고 결혼을 하지만, 이 사랑에는 항상 자기도취적인 것이 있다. 앞의 상담 사례에서 그 여성 없이는 세상이 허무하고, 네가 없으면 나는 죽을 것이라는 식의 고백에는 항상 자기도 모르는 기만적 사랑이 있다. 사랑은 상대방의 필요에 자신이 헌신해 줌으로써 관계가 시작되지만, 이러한 기만적 사랑은 내 결핍을 채우기 위해 상대방의 사랑을 가져오는 것이다.

언제나 내 필요에 의해 사랑을 생각하면, 상대방이 잘못했을 때는 그 분노와 실망에 복수 감정을 가지게 된다.

사랑하다가 잘 안 될 수도 있고, 실연할 수도 있다. 그러나 이러한 것 때문에 죽겠다고 목숨을 담보로 하는 것은 사랑에 용감함을 말하는 것이 아니라, 그 사람의 내적 결핍 때문에 그런 자조적 고백을 하는 것이다. 흔히 이러한 사랑을 하게 되다가, 상대가 절교를 선언을 하면, 당사자(주로 남성)의 분노는 극에 달해서, 여성에게 보복했다는 기사를 많이 보게 된다. 결국 이러한 사건은 사랑의 중심이 상대방을 배려한 헌신이 아니라, 내 필요를 채우기 위하여 이용한 것인데, 내 필요를 상대방이 거부한 것에 대한 분노로 발생하는 것이다.

이렇게 사랑에 빠져 있는 상태로 상담에 임하는 내담자에 대한 부담은 대부분의 상담자가 체험하는 내용이다. 힘이 든 이유는 이미 사랑에 빠져 있는 사람은 자신의 에너지가 사랑이라는 환각적인 상태에 사로잡혀 진정한 상담에 임할 수 없기 때문이다. 이러한 사랑의 상태는 배타적인 힘에 의하여 상대의 사랑에 빠지려는 의도이기 때문에 상담에 어려움을 겪게 되는 것이다.[208] 이와 같이 정욕적인 사랑은 소외를 낳을 수밖에 없다.

자신의 한계와 정체성에 대한 규명 없이 행하는 사랑은 자신을 일, 사랑, 그리고 우정으로부터의 고립을 낳고 사회로부터도 그러한 결과를 가지게 한다. 청년기에 사랑을 하되, 허튼 사랑에 빠지지 않도록 자신을 지키는 일은 사랑을 하는 일만큼이나 중요하다. 이곳저곳 사냥하듯이 하는 사랑은 허튼 사랑을 하는 것이며, 중년으로 이어지는 과정에서 침체성(stagnation)을 낳게 한다. 사랑하는 자체를 중시여기고 바른 사랑을 하는 것은 중년 이후의 자신과 가정의 정신건강을 위해서도 필요하다. 헤픈 사랑에 심취하여 빠지는 사랑을 하고, 사냥하는 식으로 사랑을 하는 청년들의 문제는 중년이 되어서도 가정에 대한 도의적인 책임을 지지 못하고 또다시 방랑적인 청년기 기질을 그대로 답습하는 결과가 되기 쉽다.[209]

일과 직업을 가질 수 있다는 것도 큰 복 중의 하나다. 어떠한 직업을 가지느냐는 것도 매우 중요하다. 그러나 '어떠한 직업을 가져야 하는가?'라는 질문 이전에 일과 직업에 대한 장인정신을 갖는 것이 더욱 중요하다. 이 시기에는 가상현실인 대학 세계에서 현실인 일터로 나와 일을 하고 사랑을 하고, 개인에 따라서는 가정에 대한 책임을 지면서 갈등적인 상황을 겪을 수 있다.[210] 그러므로 어떠한 직업을 가질 것이며, 어떠한 직업에 종사할 것인가는 청년 이후의 생활에 영향을 미치는 가장 중요한 요소다. 사람이 직업에 영향을 줄 수도 있으나, 대다수는 직업을 선택함으로써 그 직업의 구조에 들어가게 되고 그 속에서 변화하게 된다.

평생 자신이 즐기면서 일할 수 있고 그 직업을 통해서 자신의 정체성과 친밀감의 경험을 확대할 수 있으며, 이웃에게 기여할 수 있어야 한다. 신중하지 못한 청년시절의 정욕적 사랑이 중년이 되어서도 특별한 계기 없이는 책임 없는 중년을 양산해 내는 것과 같이, 청년시절에 바르지 못한 직업 선택은 성인이 되어서도 그 틀을 벗어나지 못해 가정과 사회에서 문제를 일으킨다. 1년 전 한 매체 보도에 의하면 우리나라 20대 여성의 10%가 유흥업에 종사한다고 한다. 젊은 여성의 10%라는 말에서 두 가지가 우려된다. 첫째는 젊은이들 사이에 직업의 윤리성에 관계없이 돈을 쉽게 벌려는 풍조가 만연하고 있다는 점과, 둘째는 이 여성들이 앞으로 가정을 꾸리게 되었을 때 어떻게 부모로서의 책임을 다할 수 있을까 하는 생각이 들었다. 왜냐하면 직업은 사람에게 영향을 주고 그 직업이 가진 기풍(ethos)은 개인의 판단과 행동, 가치관에 영향을 주기 때문에 어떻게 책임질 수 있는 성인이 될 수 있을까 하는 생각이 들었다. 즉, 아무 일이나 해서 돈을 벌려는 생각이 중년이 되어서도 충분히 발생할 수 있다는 것이다. 건전한 노동의 가치를 모르고 방법에 개의치 않고 쉽사리 돈을 접하려는 청년에게는 희망이 없다. 참다운 노동을 통해서 직업에 종사하는 청년을 통해서 그 미래의 가능성을 볼 수 있다.

(3) 기독교 상담: 엘리트와 힘(power)

엘리트주의(elitism) 일, 우정, 그리고 사랑에서 최고가 되려는 것은 쉽게 엘리트주의에 빠지게 한다. 엘리트주의란 자신이 하고 있는 분야에서 최고의 경지에 이르는 것의 통속적인 의미다. 인터넷 사업이 번창하는 근래와 같은 시대에 젊은 나이에 부귀와 명예를 거머쥔 청년들도 있지만, 과도한 엘리트주의로 인해 경제적인 문제를 지니는 세대가 바로 이 청년기에 속하는 사람들이다. 또한 이 시기의 청년들은 통렬한 비판에 익숙하고 열광적인 주장과 편애적인 생각으로 자신을 나타내기도 한다.[211] 기성세대와 수구세력에 대한 비판을 제기함으로써 열광적인 인기를 모아 올 수도 있지만, 이 역시 잘못하면 대중인기영합주의(popularism)에 빠진다는 사실을 인식해야 한다. 즉, 잘못된 엘리트주의는 책임 없는 대중인기주의를 양산할 수 있다는 것이다.

학령기 때부터 방법과 기술만을 강조하고 인간애를 상실한 교육의 결과는 청소년기를 거쳐 청년기에 이른 사람들에게 권력과 성취 위주의 엘리트주의를 지니는 데 익숙하도록 만든다. 좋은 학교와 직장에서 일을 할 수 있지만 최고의 정점에서 어떠한 방향으로 자신의 능력을 사용해야 하는지 알지 못하기에 그 힘이 자신과 자신을 둘러싸고 있는 지지집단만을 위해서 사용할 뿐이다. 가정과 사회가 최고의 엘리트를 양산해 놓았지만 고작 그들이 할 수 있는 것은 자신이 속한 집단과 연관되어 있을 뿐이다. 그리고 그 이익집단의 이슈가 법을 초월케 한다. 예를 들어, 정치세계를 보고 국민이 식상해하는 것은 바로 이러한 이유 때문이다. 확연한 범죄임에도 불구하고 법의 잣대를 재는 기준이 너무나 다르게 적용하는 것은 이익집단의 잘못된 엘리트주의로 인한 것이다.

앞의 글에서 지적한 바와 같이, 한국은 유교의 발상지가 아님에도 불구하고 종주국인 중국보다 유교의 영향이 강하다. 그런데 유교국가의 실현과 유교의 참된 인간상인 군자사상을 실현하는 것보다 혈연주의 및 지연주의가 할거하는 이유는 무엇일까? 그것은 외부 세계를 향한 열린 마음이 결여되어 자신들이 추구하는 엘리트주의가 이웃을 위하여, 이웃과 함께 사용하지 못하기 때문이다. 힘은 이웃을 위하여(for others), 이웃과 함께(with others) 사용할 때 진정한 의미가 있다는 사실을 알지 못하는 것이다. 결국 엘리트적인 이기집단만 양상되었을 뿐이고, 법과 규범을 교묘하게 피해 가는 엘리트가 되었을 뿐이다.

"머리가 될지언정 꼬리가 되지 말게 하옵시고."라는 기도 내용은 우리 자신과 자녀들을 위해 하는 기도다. 누구나 자신들이 종사하는 분야에서 괄목할 만한 업적을 남기기를 원한다. 그리고 자신들의 뜻과 사상이 같은 사람들과 함께 그룹을 형성하고자 하는 움직임들이 이 시기에 본격적으로 시작된다. 그러나 주의하여야 할 것은 자신들의 그룹 구성으로 인해 교회 내에서도 다른 사람들을 소홀하게 여길 수 있으며, 또한 타인을 소외시킬 우려가 있다는 사실이다. 이러한 면에서 엘리트적 집단은 교회 구성원의 연대성을 약화시킬 우려도 있다.[212)]

진정한 엘리트주의는 연대성을 약화시키는 것이 아니다. 고대의 성군과 성왕의 개념을 보자. 성군과 성왕을 현대의 엘리트에 비교한다면 당시 그들은 세 가지 의미로 생각할 수 있다. 첫째는 구조자(structurer)다. 엘리트는 힘이라는 유 · 무형의 능력을 가지고 있기 때문에 사회 구조를 바꿀 수 있는 좋은 위치에 있다. 평민들이 할 수 없는 구조를 변화시킬 수 있는 힘을 가지고 있다. 둘째는 변형자(transformer)다. 힘을 가진 엘리트는 제도와 문화를 통해 악을 선으로 변형시킬 수 있으며, 가치 없는 것을 가치 있도록 바뀌게 할 수 있고, 구조를 변형시킬 수 있다. 마지막으로 엘리트는 구원자(saver)다. 자신의 힘을 통해 도움이 필요한 곳에 도움을 줄 수 있는 위치에 있다.[213)]

앞의 세 가지의 의미를 가지고 있을 때 진정한 엘리트가 될 수 있는 것이지, 단순히 '내가 누구보다 낫다, 혹은 위에 있다.'라는 식의 발상은 진정한 엘리트주의가 아니다. 이것은 힘과 지배의 논리에서 오는 것이다. 사회화와 세속화된 가치관이 팽배한 교회 내에서도 엘리트의 위치가 사회적인 수준을 벗어나지 못한다면, 그리고 우리 자녀들이 진정한 엘리트의 개념 없이 통속적인 엘리트주의에 빠진다면 더 큰 사회문제가 되는 것이다.

이러한 엘리트에 대한 의식은 인류학자 데이빗 길모어(David Gilmore)가 다양한 부족을 방문하고 나서 각 사회에서 생각하는 진정한 힘을 가진 남성은 어떤 것인가에 대해 밝힌 개념과도 일치한다. 그의 결론은 세 가지다. 진정한 힘을 가진 남성, 다른 말로 진정한 엘리트란 보호자(protector), 제공자(provider), 생산자(procreator)다. 즉, 약한 자에 대한 보호를 제공하는 사람, 가족을 비롯하여 유 · 무형의 도움을 필요로 하는 곳에 도움을 제공할 수 있는 사람, 그리고 자손을 생산하고 사회 여러 요소에서 필요로 하는 것을 바르게 생산하는 사람을 의미한다.[214)]

이 세 가지 엘리트적 요소를 청년들이 갖춰야 하며, 이것은 또한 기독교인들이 지향하여야 할 진정한 엘리트에 대한 신앙이요 사상이 되어야 한다. 자신들이 종사하는 분야에서 사회, 정치, 경제, 그리고 연예 및 사회의 각 분야에서 구조, 변화, 그리고 구원을 제공할 수 있는 묵직한 인물들이 되도록 노력하여야 한다.

사회적인 입장에서 엘리트주의를 기독교인들이 어떻게 이해하여야 하는가에 대하여 말하였다면, 신앙공동체 내에서는 어떠한 상담 작업이 필요할까? 우선 엘리트주의는 집단을 파하는 것이 아니라, 공동체에 대한 선한 변형을 추구하는 사람들이기에 '신앙공동체 전체가 함께'라는 의식을 가지도록 하며, 연대성을 조정해야 한다. 이러한 면에서 청년들이 가진 신앙공동체 속에서 다양한 이유로 인해 독신으로 살아가는 구성원들, 사별로 인한 상황, 그리고 노인층 등 소외되기 쉬운 구성원에 대한 창조적인 유대성을 갖는 것이 필요하다.[215)] 이러한 참여의식 속에서 연대성의 연속이 되는 친근감을 실현하는 것이다.

사랑: 기다림의 미(美) 사랑은 서서히 진행되며 그 결실이 오래 걸린다는 사실을 명심할 필요가 있다. 오늘날은 '나만 아는 세대(me-generation)'와 '순간적인 만족(immediate gratification)'을 추구하는 세대가 주를 이루는 시대다. 특히 방송과 매스컴 등 영상매체에 강한 애착을 가지는 20~30대의 한국 젊은이들은 컴퓨터 산업과 과학기술의 접목으로 빠르고 즉각적이며, 시각에 아주 민감한 세대가 되어 가고 있다. 더구나 한국은 그 어느 나라보다 컴퓨터로 인하여 변화의 핵심에 서 있고, 여기에 따른 긍정적이고 부정적이 요소들이 자라고 있다.

한국의 영화산업을 흥행케 하는 층은 20대들이라는 말이 있다. 영상에 관심이 많고 그러다 보니 자신들의 표현 방법들도 예전과는 다르게 적극적이고 튀는 형태가 많다. 자신을 표현하려는 심정이야 이해하지만, 이러다 보니 20대에 나누어야 할 사랑이라는 것도 흥미(fun) 위주로 전락하거나, 즉각적인 사랑의 기대치가 커질 수 있다. 그래서 전통이라는 것이 구습처럼 고리타분한 것으로 여겨지기 쉽고, 신세대들이 추구하는 새로운 것이 훨씬 좋다는 상을 가지기 쉽다. 그래서 신앙공동체인 교회도 어느 나라보다 빨리 영상을 이용하는 기술을 예배에 접목시키고 있다. 그러나 전통 없는 현실은 있을 수 없다. 아무리 신세대라 하지만 전통을 고려하는 것이 바람직하고, 전통과 새것에서 장단점을 잘 가려내어 무엇을 선택하고 버려야 할지를 신중하게 생각하여야 한다.

신앙공동체의 구성원들이 생각해야 하는 것은 사랑이라는 것이 결코 순간적으로 나타나거나, 즉각적인 반응에 의해서 만족할 수 있는 것은 아니라는 것이다. 그러기에 순간적이고 즉각적인 표현과 효과에 익숙한 세대가 이러한 사랑을 요구하다 보면 사랑에 대한 오해에 빠지기가 쉽다. 빠른 사랑에 대한 묘미도 있지만 남녀의 사랑은, 그리고 결혼한 후의 사랑은 오랜 시간을 두고 서로에 대한 배려와 이해와 헌신을 통해서 깨닫게 된다. 그러므로 나만을 위한 것이라는 근시안적인 사랑의 시각에서 탈피하여 타인에 대한 배려와 이해를 통해 성장해 나간다는 것을 알아야 하며, 급속한 이 세대에 '느림'이라는 것이 얼마나 필요하고 때로는 자연스러우며 진리에 가까운지를 알 필요가 있다. 사람은 피조물 중 부모의 돌봄을 받아야 하는 기간이 가장 길다. 또한 사랑도 긴 시간 속에서 얻을 수 있다.

믿음이나 소망은 나중에는 다 없어지지만 사랑은 영원할 것이라는 성서의 고백은 사랑은 오래 지속되는 것, 그리고 이러한 과정을 통해서 알 수 있다는 의미다. 반면 순간적이고 즉각적인 응답을 촉구하는 사랑은 정욕적인 것이고 스스로를 태우는 것이며, 지속적인 사랑을 거부하고 상실하는 것이다.[216)]

7) 중년기의 발달심리와 상담[217)](관대성 대 침체성)

(1) 관대성과 침체성(generativity & stagnation)

발달심리학 입장에서 본 인생의 중년은 생애주기에서 가장 많은 기간을 포함하는 시기이며, 여러 가지로 영향을 가장 많이 줄 수 있는 시기다. 인생의 여행을 분주하게 하면서 지내다 보니, 어느새 자신이 선택한 여행의 마지막 길이 가까이 오고 있다는 사실을 인지하는 시점이 중년이다. 인생의 중턱에서 이제는 내리막길을 알고 인간이 가진 한계성을 인식할 수 있는 이 기간에 가지는 심리사회적인 양식은 돌보는 것이다(taking care of).[218)]

가족과 이웃을 책임으로 돌본다는 것은 바로 중년기에 덕목인 돌봄(care)이 나오는 것이며, 그 반대의 경우는 무관심(indifference)이 된다. 에릭슨은 이러한 돌봄을 하는 긍정적인 중년기의 성장을 생산성(generativity)으로 표현한다.[219)]

중년기에 생산성을 가지는 것은 전 단계들의 긍정적인 과정의 결과라 할 수 있다. 부정적인 침체성(stagnation)은 한순간의 침체적인 결과로 인해 나타나는 것이 아니라, 전 단계들의 부정적인 결과로 인해서 발생하는 것이다.

생산성은 세 가지 성격으로 규정된다. 생식성(procreativity), 생산성(productivity), 그리고 창의성(creativity)이다.[220] 생식성은 자손에 대한 관심이다. 즉, 후손과 다음 세대에 대한 유 · 무형의 관심을 가지고 그들이 이 땅에서 바르게 살 수 있도록 관심을 가지는 것이다. 에릭슨은 생산성의 세 가지 성격을 규정하였지만, 생산성의 성격 중에서 가장 강한 것은 역시 다음 세대에 대한 관심을 가지는 생식성이라 하였다.[221] 이는 '생식성', 즉 자손에 대한 관심은 인간의 관심사 중에 가장 큰 의미를 내포하고 있다는 것이다.

사회심리적으로 건강한 중년이라면 본능적으로 다음 세대에 대한 유 · 무형의 배려를 하게 된다. 그리고 생산성에 관심을 가진다. 생산성은 자신이 종사하고 있는 분야에 대하여 관심을 가지는 것이다. 가령, 도자기를 굽는 업을 가진 사람이라면 자신이 생산하는 생산품이 그것을 사용하는 사람들에게 어떠한 삶의 즐거움을 가져다줄 수 있을 것인가를 생각하며 조형하는 것이다. 그것을 이용하는 사람들에게 정말 필요한 물품이 될 수 있도록 하는 것이다. 일종의 장인정신이라고 볼 수 있다. 자신이 하는 일을 통하여 무엇인가 이웃과 사회에 베풀 수 있는 것이다. 그리고 이러한 결과가 중년에게 참다운 보람을 가져다준다.

창의성이란 가치관에 대한 전수다. 생산성이 물적인 것이라면 창의성은 바로 정신적인 가치관을 물려주는 것을 의미한다. 이러한 면에서 에릭슨이 지적하는 생산성은 생식성이라는 생명에 대한 관심, 생산성이라는 장인적인 생산품에 대한 관심, 그리고 창의성이라는 가치관 등에 대한 관심을 내포하고 있는 삼각 구조의 형태를 가지고 있다. 그리고 이 세 가지의 온전한 통합이 바로 생산성의 진정한 의미다.

중년이 가지는 의미는 바로 톱니바퀴(cogwheel)의 원리에 숨어 있다.[222]

중년은 어떠한 형태로든 한 사회에서 가장 많이 영향을 미칠 수 있는 사람들이다. 사회는 그 사회의 핵심적이고 중추적인 역할을 하는 층에 의해서 그 정신과 기풍이 움직여 나가기 때문이다. 가정에서는 중년이 되는 부모의 역할, 사회에서는 중년이 가지는 가치관, 삶의 철학 등이 자라나는 청소년들에게 영향을 주게 되고, 청소년들은 중년들이 뿌린 흔적을 따라가면서 자신들의 정체성을 규명하게 된다.

생산성을 가진 중년들은 구체적으로 어떠한 역할을 함으로써 톱니바퀴의 역할을 잘 감당할 수 있을까? 첫째는 누미너스(a numinous model)[223] 모델이 되는 것이다. 누미너스는 종교적인 회심을 하는 순간과 같은 신비한 현상의 체험을 의미한다. 앞서 지적한 바와 같이, 중년은 긍정적 혹은 부정적으로 가정과 사회에 영향을 가장 많이 주는 층이다. 그러므로 중년은 생산성을 가지고 자라나는 세대와 이웃에게 누미너스와 같은 모델로 존재해야 한다. 둘째는 선과 악의 구별자가 되는 것이다. 가치관이 혼란해지고 도덕과 규범이 상실되어 가는 사회에서 중년은 선과 악을 구별해 주는 가치 체제의 모델이 되어야 한다. 셋째는 가치관의 전수다. 중년이 익히고 살아오면서 지니고 있는 삶의 무형적인 가치관을 후손들에게 전달해 주는 것이다. 넷째는 기술 전수다. 소위 세상에서 어떠한 기술과 직업을 가지고 살아가는 방법을 전수해 주는 것이다. 후손들에게 사랑과 더불어 어떻게 고기를 직접 잡을 수 있는지를 전수해 줌으로써 좀 더 효과적으로 자신의 꿈을 실현할 수 있는 기회를 앞당겨 줄 수가 있다. 다섯째로 중년은 청소년과 초기 성인기(청년기)의 가교 역할을 하는 것이다.[224]

앞의 다섯 가지와 반대되는 현상이 중년기의 부정적인 현상인 침체성(stagnation)이다. 침체성이라는 것도 생산성(관대성)과 마찬가지로 중년기의 어느 순간 갑작스럽게 발생하는 것이 아니다. 이것은 오랜 기간의 부정적 발달로 인한 결과라고 볼 수 있다.[225]

침체성은 자기도취(self-absorption)라고도 할 수 있다. 나르시시즘(narcissism)처럼 자기에 대한 도취적인 생각과 생활 속에 거하는 것이다.[226] 이러한 심리적인 구조에 싸여 있는 대표적인 심리적인 상태가 냉담(apathy)이다.[227] 생산성이 다음 세대에 대한 관심을 가지는 반면, 침체성 속에서의 냉담은 이러한 것들에 대한 무관심을 나타내는 것이다.

냉담은 신체적으로, 영적으로 자신에 대하여 돌보지 못하는 사람을 의미한다. 이러한 사람은 이미 자신의 도취상태에 있기 때문이다. 냉담은 수동적인 의미에서 자신이 가진 희망과 의미를 상실한 것이다. 실존주의 심리학자인 빅토르 프랑클에 의하면, 희망과 의미는 절망 가운데서 빛을 보게 하며 생존할 수 있는 근거인데 비해, 침체성에 빠진 사람들은 이러한 희망과 의미가 상실된 채로 살아가는 것이다. 이것이 확대되면 가치의 왜곡에 빠져 버리게 된다. 희망과 의미를 단순히 상실하는 것이 아니라 자신이 가지고 있는 가치를 왜곡하고, 자신이 하는 일과 지향하는 방향이 타인이 보기에는 확연하게 잘못된 것임에도 불구하고 자신에게는 만족을 가져다주는 진리인 것처럼 여긴다는 것이다.[228]

50대 초반인 여성과 전화상담을 할 기회가 있었다. 신앙을 가진 여성이었는데, 그녀의 문제는 남편의 외도였다. 결혼 후 지금까지 30년 동안 남편은 외도를 밥 먹듯이 했다. 남편은 직장생활을 하면서 지난 30년 동안 가족에 대한 경제적인 책임을 전혀 하지 않았으며, 자기가 번 모든 수입은 유흥비, 교제비 등으로 탕진하였다. 30년 동안 대상을 바꾸며 외도해 왔으며, 가족에 대해 책임지지 않고, 자신이 하는 일이 정당한 것처럼 여기는 남편은 왜곡된 진리를 가지고 가족과 사회에 냉담한 사람이었다.

(2) 불사성(immortality)과 필요한 존재(need to be needed)

중년기에 심리적으로 건강한 사람들이 왜 생산성에 접근하게 되는가? 이러한 생산성에 대한 질문은 서양 세계에서만 있던 것은 아니었다. 이미 오래 전 동양에서도 고민해 왔던 주제들이다. 유교에서는 생산성(관대성)과 같은 자기실현에 대한 고민과 과제들은 하늘의 뜻(命)과 연관시킨다. 공자는 50의 나이에 지천명(知天命, Mandate of Heaven)이라는 표현을 했다. 여기에 나타난 '명'이라는 것은 사람이 할 수 없는 불가항력적인 힘이며, 인간에게 운명지워진 것이다.[229] 이러한 불가항력에 의하여 중년이 이룰 수 있는 단계를 공자는 군자(君子, profound person)라 표현했다. 그리고 군자가 가진 성격을 성실(sincerity)로 보았으며, 군자는 양심(conscientiousness)과 이타성(altruism)을 가지고 이 두 가지 영역에서 끊임없이 자신을 탐구한다고 보았다.[230]

군자는 하나의 인간일 뿐만 아니라 동시에 거룩한 그릇(holy vessel)이다. 즉, 이 거룩한 그릇은 이기적인 생각과 아집, 개인적 이익을 포기하고 하늘의 도를 따르는 사람이며, 이러한 사람은 쉽게 드러나지 않으나 개인, 가정, 그리고 공동체에 좋은 영향을 줄 수 있다.[231]

에릭슨이 지적한 중년기의 생산성을 가진 사람과 공자가 말하는 군자의 개념에는 상호 연관된 내용이 많다. 그리고 중년에 바라보는 삶의 의미와 관심 분야에도 유사한 것이 다수 있다. 이러한 공통적인 내용을 중년에 추구하는 것은 어떠한 이유에서일까? 에릭슨은 심리적으로 건강한 중년들이 생산성을 가지는 이유를 두 가지 점에서 지적한다.

첫째는 불사성(immortality)에 대한 욕구다.[232] 사람은 누구나 죽지 않고 살기를 원한다. 더구나 중년에 생산성을 가지는 사람이라면, 심신의 여유를 가지고 의미를 추구할 수 있는 중년이라면 이러한 것을 추구할 수 있을 것이다. 그러나 중년기는 인생의 오전을 끝내고 오후에 이르면서 한계성에 부딪치게 된다. 여러 한계성 중에서 신체적 노화, 질병, 그리고 죽음이 가지고 오는 제한성을 느끼게 된다.[233] 불사성을 내면적으로 요구하고 있지만 이러한 한계에서 중년들은 불사성을 대체할 수 있는 방법을 간구하게 되는데, 그것이 바로 자신이 가진 가치, 기술, 사상 등을 후손에게 전수하는 것이다. 그리고 그 전수를 통해서 끊임없이 실존하려는 불사성의 욕구가 표현되는 것이다. 즉, 자손들의 생활 속에 그 가치와 사상이 전수되어 자손들의 마음에 영원하게 살아가고 싶은 욕구다.

둘째, 필요한 사람이 되는 것이다(need to be needed).[234] 인생의 한계성을 실감하는 중년들은 이왕이면 자신이 가족과 이웃, 사회에 필요한 인물이 되기를 바란다. 자신이 살아가는 삶의 이야기가 긍정적으로 비치고 긍정적인 상을 남겨 이웃에게 영원하게 기억될 만한 사람이 되고자 하는 생각이다.

불사성과 필요한 사람이 되고자 하는 두 가지 요소는 중년의 생산성을 움직이는 두 축이 된다. 추상적이고 관념적일 수 있는 이 두 가지의 개념은 형이상학의 세계를 넘어 실존적인 세계로 들어와 그 의미를 표현하는 성육화된 삶의 모습이다. 그리고 이 두 가지는 중년기에 자손과 이웃에게 영원히 기억되기를 원하는 긍정적인 결과다. 이와 반대되는 것은 침체성에서 나타나는 두 가지 현상인데, 하나는 자기이익중심(ego-interest)과 본능적인 것에 집착하는 상태다.[235] 이 두 가지 현상은 현대인들의 문제인 '비생산적인 정신(nongenerative mentality)'이다.[236]

이 비생산적인 정신은 자신에 대한 파괴적인 결과를 낳게 된다.[237] 사람이란 관계 속에, 그것도 이타적인 관계 속에 있을 때 자신이 존재하는 이유에 희열과 보람을 느낄 수 있다. 그래서 건강한 사람은 나, 너, 그리고 하나님과의 삼각관계에서 자신을 형성해 나가는 사람이다. 그러나 관대하지 못한 정신을 지닌 중년은 결국 이기적이고 자기중심적인 생각과 행동으로 인해 자신이 파괴되고 만다.

미국 인디애나(Indiana) 주에 기네스북에 기록된 한 노인이 있다. 그는 평생 22번의 결혼을 했다. 1~2년에 한 번 꼴로 결혼하고 다시 이혼을 한 것이다. 많은 여성을 자신의 부인으로 삼았으며, 자녀도 많이 낳았다. 그런데 그가 죽은 후 장례식장에는 그와 연관을 맺었던 부인이나 자녀 어느 한 사람 나타나지 않았다. 바른 관계를 제외한 다른 관계, 즉 이기주의적 관계는 결국 이러한 아픔을 낳게 된다. 관대하지 못한 마음으로 일생을 보내는 결과가 이렇게 자기 파괴적이고 무의미를 가져온다는 것은 심리학적 조사 결과만이 아니라 인류가 경험하는 공통적인 결과다.

비관대적인 정신은 여기서 끝나지 않고 타인에게 독소가 된다. 생산적인 중년 모델을 보고 성장해야 할 다음 세대들이 잘못된 모델로 인하여 침체성에 빠진 이들의 삶이 다음 세대로 전수될 수도 있다.[238]

(3) 기독교 상담: 새로운 피조물(new being)

중년의 위기와 영성 심리학자 융은 자신을 찾아온 중년의 약 1/3이 우울증과 침울증과 같은 고통을 겪고 있다고 했다. 그리고 이러한 사실을 바탕으로 중년기에 대한 관심을 가지게 되었다. 그는 인생을 크게 180도의 반원형으로 보았고, 전반부를 인생의 오전이라 칭하였고, 후반부를 인생의 오후라 하였다. 그는 인생은 고정된 것이 아니고 연속적인 과정을 통해서 자기를 실현하는 과정으로 보았으며, 이것을 개성화(individuation), 자기실현(self-actualization)이라고 표현하였다. 그런데 개성화의 본격적인 과정은 바로 중년기에 시작한다고 보았다.[239]

인생의 전반부인 오전에는 사람들이 성취와 성공을 지향하며 살아간다. 물론 사회적인 여건이 사람들로 하여금 이러한 성공과 성취를 맛보도록 한다. 예를 들면, 학교 성적에 대한 관심, 경쟁 상대, 일을 해야 한다는 생각을 지니고 있는 사회에서 성장한 아이들은 이러한 성공과 성취를 최고의 가치로 생각한다.

인생의 중반을 살면서 중년들은 자신이 더 이상 이 세상의 주인이 아니라는 사실을 절감하게 된다. 융은 인생의 후반에는 성공과 성취가 아니라 이타성과 공동체에 대한 관심이 있어야 의미와 보람을 가지고 살 수 있다고 하였다. 사람이 나이가 들어갈수록 자신에 대한 의미, 사는 것에 대한 바른 의미, 자신의 존재 이유에 대한 대답이 명확치 않으면 삶은 침체에 빠지거나 절망에 놓일 가능성이 많다. 즉, 중년기는 인생의 전반보다 좀 더 높고 넓고 포괄적인 정체성 가운데 살아야 한다.[240] 물론 성공과 성취를 포기하라는 의미는 아니다. 다만, 무엇을 위한 성공과 성취인가를 생각해 보자는 것이다. 그러므로 중년에 있어 성공과 성취는 공동체와 이타성의 성격을 가진 것이 되어야 한다.

인생 후반의 원칙을 따르지 못하고 인생 전반의 원칙이 인생의 후반까지 지배하여 포괄적인 자신의 정체성을 가지고 살아가지 못한다면 신경증적인 문제를 겪게 된다.[241] 그리고 이러한 신경증적인 문제의 중심에는 영적 중심의 상실이 있다.[242] 인간 내부에 있는 영성은 하나님이 인간에게 허락한 원형적인 하나님의 형상(the archetypal image of God)이다. 이 형상에 대한 이해와 회복 없이는 진정한 영성과 하나님과의 만남이 있을 수 없다.[243] 즉, 의미의 부재가 현실 문제로부터의 도피를 낳게 하듯, 의미를 제공할 수 있는 하나님과의 만남이 중년의 핵심적인 이슈다.

소위 중년의 위기라는 것은 심리적인 원인과 함께 외부적인 요인들(노화, 질병, 죽음, 경제, 현실문제, 빈둥지 현상)로 인하여 모든 사람이 감정적인 동요를 느끼는 상황이다.[244] 물론 개인에 따라 정도가 다를 수 있고, 이 과정을 헤쳐 나가는 방법도 다양할 수 있다. 그러나 융의 지적과 같이 중년들이 이 시기를 헤쳐 나갈 수 있는 가장 중요한 사실은 자신의 영성 회복이다. 니고데모(Nicodemos)가 저녁에 예수를 찾아와 어떻게 하면 영생을 얻을 수 있는가 하고 질문을 던진 것은 중년에 반드시 거치고 찾아야 할 숙제다. 그리고 이러한 질문을 가지고 실제적으로 사회 안에서 봉사하는 삶을 사는 것은 바로 중년기에 영성이라고 말하는 이타성과 공동체에 대한 관심을 회복시키는 일이다. 결국 이러한 일을 통해 중년의 개인적 정체성을 확고히 할 수 있다.

새로운 피조물과 종교적인 인간 니고데모의 질문과 중년이 생각하며 넘어가야 할 영성적인 문제들은 신학에 있어서도 가장 큰 문제 중의 하나다. 20세기의 걸출한 신학자인 폴 틸리히는 새로운 피조물이 되고자 하는 사람들의 욕구, 즉 과거 자신의 부족하고, 나약하고, 실수하고, 죄지은 모습에서 이제는 정신을 차리고 참다운 진리와 의미를 추구하고자 하는 인간의 경향은 바로 새로운 피조물에 대한 욕구라고 보았으며, 이러한 갈망을 모든 인류가 추구하는 우주적인 질문으로 규정하였다.[245)]

모든 인류가 공통적인 질문을 가지고 같은 내용의 것을 구하는 것은 인간은 모두 유사한 애매성(ambiguity)을 가지고 있기 때문이다. 그리고 이러한 애매성으로 인해 사람들은 자신의 구태의연한 내면의 모습에서 탈출하고자 한다. 속으로는 하나님의 법을 생각하나 밖으로는 악의 모습을 추구하는 이분법적이고 야누스(Janus)적인 얼굴을 가진 인간의 모습에 바울은 "나는 곤고한 사람, 나야말로 비참한 사람이다."라는 고백을 하게 된다. 그리고 이러한 사막의 골짜기에서 누가 나를 구해 줄 것인가라는 질문을 하게 된다.

이 우주적이고 궁극적인 질문에 대하여 상담 차원에서 할 수 있는 것은 바로 궁극적 관심으로의 초대다. 중년에 가지게 되는 궁극적 질문에 대한 답은 궁극적인 실체로의 초대를 통해서 얻을 수 있다.[246)] 이 질문은 에릭슨이 언급하는 생산성의 개념과도 비슷하다. 그러나 방법과 변화에 있어서 폴 틸리히는 새로운 피조물의 절대적이고 궁극적 관심(ultimate concern)인 하나님과의 만남을 통해서 변화가 있을 수 있다고 하였다.[247)]

에릭슨은 중년기의 생산성에 대한 관심과 이를 실행할 수 있는 중년에 대하여 지적하면서 이것은 어느 특수한 사람만이 지니는 것이 아니라고 지적한다. 오히려 생산성은 우주적 욕구, 즉 모든 사람이 가지는 희망이며 인간이 본능적으로 관심(caring)을 가지는 본능적인 힘(the instinctual power)이라 했다.[248)] 이것은 직업이나 남녀노소에 관계없이 모든 인류가 추구할 수 있고 관심을 가질 수 있는 것이다. 그러나 이러한 생산성을 실현하는 사람은 남과 다른 점을 가진 것이 분명하다. 그래서 에릭슨은 이 본능의 보편성을 가지는 사람, 생산성을 실현하는 사람을 종교적인 인간(homo religious), 종교적인 개혁가라고 칭하였다.[249] 이 말의 의미는 중년에 생산성을 가진 인간이 된다는 것은 종교적인 것과 불가분의 관계라는 것이다.

종교는 인간에게 가장 밑바탕이 되는 배움, 즉 가장 높은 곳에 있는 것을 의미한다.[250] 중년기에 생산성을 가진 사람이 종교적인 인간과 연관 있다는 말은 중년기의 그러한 특성이 인간에게 있어 가장 핵심적인 내용이고, 인간이 그렇게 살아가야 한다는 것을 말하는 것이다. 이 생산성의 교훈은 모든 종교와 교리와 배움을 초월하여 그 자리에 있게 하는, 인간을 인간되게 하는 진실이기 때문이다.

권위주의 중년기에 생산성을 지닌 사람은 하나님의 나라에 가까운 사람이고, 바로 하나님의 형상을 가진 사람이며, 하나님의 품성을 가진 사람이다. 그래서 목회상담학자 도널드 캡스(Donald Capps)는 중년기에 하나님의 형상을 가진 사람은 책임을 지는 중년(responsible self), 믿을 수 있는 중년(believable self), 그리고 모든 사람이 가까이 할 수 있는 중년(accessible self)으로 분류하였다.[251]

가정과 사회에 대하여 책임질 수 있는 중년은 그 어떤 모습보다도 아름답고 보람된다. 사람이 가족과 사회에 대하여 책임을 다하는 모습은 마치 가시고기가 성장하는 새끼를 위해 자신의 몸을 먹이로 남기는 모습과도 같다. 믿을 수 있는 사람이란 어떠한 곳에 있든지, 어떠한 일을 맡든지 신뢰할 수 있는 사람이 되는 것을 의미하고, 모든 사람이 가까이 할 수 있는 중년이란 모든 층의 사람이 상담의 대상과 인생길의 안내자로서 자리하는 것을 의미한다. 이러한 중년의 모습을 하나님의 형상이라고 규정한 것은 중년기가 얼마나 신앙과 밀접한 관계를 가지고 있는가를 말해 주며, 동시에 하나님의 형상이라는 것이 추상적인 것이 아니라 실생활에서 구체성을 가지고 표현되는 것임을 보여 주고 있다.

중년기 사람들이 이제껏 경험했던 사실을 다음 세대와 이웃에게 실현시킴으로써 참답고 진실한 고백들이 생명력을 이어나가고 영향을 미치게 된다. 그러나 중년기에 하나님의 형상을 잃어버린 중년들이 신앙과 생활에서 나타내는 것은 권위에 사로잡힌 모습이다.[252] 침체성을 가지는 중년들이 가지는 것은 삶의 역동적인 참다운 모습을 보이기보다는 권위를 유지키 위해서 중년의 위치를 이용하여 권위에 사로잡힌 모습이다.[253]

권위에 사로잡히는 것이 무서운 이유는 자라나는 세대들이 이러한 모습을 답습한다는 데 있다. 개인도, 교회도 교육과 지역사회 공동체의 문제에 관심을 가지지 않으면 권위에 사로잡힌다. 자신만이 이해하는 제왕적 분위기를 교회와 지도자들이 즐길 수 있다는 것이다. 이러한 제왕적 분위기의 권위성은 교회만이 아니라 온갖 사회 구조 속에 뿌리내리고 있는 뼈아픈 현실이다. 그래서 이를 다음 세대가 답습하고, 독재를 일삼던 정치가들이 한국적인 민주주의를 주장하면서 정권을 유지하였던 시절처럼, 한국적인 기독교 신앙이라는 틀에 안주하려 한다. 중년이 변화하지 않는 이상 다음 세대와 사회의 변화를 기대하기 어렵듯이, 중년층의 교회들이 생산성의 교회, 지역을 돌보는 '돌보는 공동체(caring community)'로 거듭나지 않는 이상 사회는 더 이상 변화를 거부할 것이다.[254]

제왕적인 개인이나 교회의 모습은 우리가 중년의 시점에서 또 한 번 위기를 맞이하는 내용이고, 극복해야 하는 과제다. 독재자가 나타나는 것은 국민의 정신이 공허할 때이고, 이 독재자를 중심으로 사람들이 대중심리에 휩싸여 전쟁이 발발하는 것이다. 목회 실업이 돌출되고, 그 수가 날로 가중되는 이때 일부 개 교회는 자신들의 성장만을 부채질하고, 지 교회를 세워 문어발식 기업 형태로 제왕적 모습이 되는 것은 성직자 중심의 권위적인 생각 때문이다. 권위란 이웃이 인정하여 부여해 줄 때 그 의미가 있다. 스스로 부여하는 권위는 맹주적인 분위기를 형성할 뿐이다. 그 사람이 아니면 될 수 없다는 생각을 하거나, 심지어 당사자도 내가 아니면 이 일을 할 수 없다는 생각을 하기 때문이다. 사역은 인간이 담당하는 것이 아니라 하나님이 하신다는 것을 잊고 있기 때문이고, 이것을 수용할 대중의 마음이 아직 성숙하지 않았기 때문이다.

중년의 모습이 아름다울 수 있는 것은 나를 다음 세대를 위해 내놓을 때다. 그 과정을 통해 다음 세대가 감화를 받고, 또 그다음 세대에게 행할 것이다. 사회가 교회를 향해 갈채를 보낼 때는 바로 지역공동체를 위해서 교회가 존재할 때다.

8) 노년기의 발달심리와 상담(통합성 대 절망)

> 시간은 분명 죽음을 향하여 흐르고 있다. 영원성을 향하여 흐르고 있다. 그러나 인간의 운명이라는 것은 죽음을 의미하지 않는다. 운명이라는 것은 불행이라는 것보다 더 깊은 곳에 놓여 있는 어떤 것을 의미하기 때문에, 운명은 우리 인간의 곤경을 깨닫게 하는 모든 것을 포함한다.
>
> – 안드레 말라우크(Andre Malraux) –

(1) 통합과 절망(integrity & despair)

유아기부터 시작하여 인생의 마지막 단계로 진입한 노년기는 더 이상의 성장이나 발전보다는 이제껏 살아온 인생을 뒤돌아보며 이것을 통합하여 볼 수 있는 회상의 시간을 가지면서 또 다른 세계의 진입을 준비하는 시기다. 한마디로 요람(cradle)에서 시작하여 이제는 캐딜락(cadillac)이라는 장례식 차를 기다려야 하는 생의 마지막 기점에 서 있는 것이다.

평균수명이 80세를 넘는 한국의 현실에서 노년층의 비율은 서구의 어느 선진국과도 비교할 수 없을 정도로 빠르게 성장하고 있다. 보통 고령화 사회라 함은 65세 이상의 인구가 7%에 해당되는 것을 의미하는데, 한국은 1995년에 전체 인구의 5.7%가 노년층이었으며, 2020년에는 12.5% 정도가 될 것으로 전망된다.[255)]

노년층의 증가에 대하여 에릭슨은 사회적인 문제를 제기하고 있다. 수명의 연장이 사회의 문제를 만드는 것이 아니라, 의미 없는 삶으로 인해 절망감에 싸여 있는 노년층이 증가하는 것에 대한 우려다.[256)] 노년층에 절망감을 가져다줄 수 있는 환경적인 요소에는 어떤 것이 있을까? 크게 네 가지로 분류할 수 있다. 첫째는 사회 및 경제적인 문제, 둘째로는 나이 듦에 대한 심리적 여파, 셋째는 나이와 질병으로 인한 병리적인 현상, 넷째는 일반적으로 느끼는 늙음이다.[257)]

노년기는 인간이 신체적인 발달을 멈추고 축소되어 가고, 없어져 가는 생물학적으로 퇴화기에 해당하는 시기다. 이러한 신체적 변화만이 아니라 심리적 · 정신적 기능이 쇠퇴하고 있으며, 동시에 사회적인 면에서는 과거의 발달 단계에서 누렸던 사회적인 지위와 역할이 상실되기 때문에 이와 같은 현상이 나타나는 것이다.

구체적으로 신체적인 퇴화의 경우, 시각과 청각 능력이 상실되고, 민첩성이 떨어지고, 자극에 대한 반응이 둔해지며, 면역성의 약화가 나타나게 된다. 심리적으로는 사회에서 누렸던 지위와 역할의 상실과 동시에 가족, 친지, 동료들의 죽음 등이 노년들로 하여금 기존 사회로부터 소외를 느끼게끔 한다. 더구나 고령화되어 가고 먹고 살아가는 것이 바쁘고 여유가 없는 사회가 되면, 노인들은 각 가정마다 경제적으로 부양의 짐이 된다는 점을 생각하기에 자신들의 가치에 대하여 회의를 가지고 우울증에 빠질 우려가 있다.[258)]

이러한 심리, 사회, 생체적인 복합적 요인으로 인하여 노년들은 다음과 같은 생각을 할 수 있다.

> 노년 다음에 따르는 시기는 없다. ……말하자면 죽음의 경험만이 있을 뿐이기에 생이 마지막이 되어 간다는 사실을 깨닫게 된다. 그러기에 마지막이라는 사실에 대하여 적응하는 것은 노년기에 있어서 가장 중요한 것으로 고려될 것이다.[259)]

에릭슨은 노년시기의 심리사회적 양식은 살아온 삶의 과정을 통해서 성숙해질 수 있는 것으로 보았고, 긍정적인 결과를 통합으로 보았으며, 부정적인 관계를 절망으로 보았다.[260)]

통합은 유아부터 지금까지의 세월을 되돌아보면서 통합적인 관점에서 인생을 관조하고 회상해 보는 것이다. 예를 들어, 인생의 출발이 남들과 비교하여 어렵게 시작되었고, 여러 가지 고통스러운 사건들로 얽혀 있다 할지라도 통합적인 관점에서 그 모든 과거의 이야기를 수용하고 통합하는 것이다. 열악한 조건임에는 틀림없으나 그러한 환경으로 인해 오늘의 내가 있다고 고백할 수 있다는 것이다. 다른 말로 인생은 결국 자신의 책임이라는 사실을 수용하는 것이다.[261)]

모든 조건에 대한 선택과 그 결과는 자신으로 인한 것이라는 사실을 수용하는 것은 심리적으로 건강한 사람만이 할 수 있다. 통상적으로 사람들은 사소한 사건에서부터 큰 사건에 이르기까지 문제가 발생하면 우선 주위 사람이나 환경을 탓하는 습관이 있다. 그리고 이러한 책임전가는 대인관계나 가족관계에 있어서 문제를 야기한다.

통합적인 관점에서 자신의 과거를 뒤돌아보는 노년은 두 가지 중요한 의미를 함축하고 있다. 첫째는 이제껏 살아온 생에 대하여 만족함을 보이는 것이다. 물론 완전한 만족은 아니지만 미소 지을 수 있는 만족을 자신과 타인에게 보여 줄 수 있다는 것이다. 둘째는 이웃들과 타인들이 자신을 평가하는 결과에 대한 관심이다. 즉, 자신이 얼마나 공동체 관계에서 책임감과 사회적인 역할을 수행하였는가라는 결과에 대한 관심이다. 노년들이 이러한 관점에서 자신들의 생애를 돌아보게 된다. 고령화되어 가는 사회에서 소위 이러한 인정을 받고 통합적인 관점을 가질 수 있는 성공적인 삶이란 노년기에 더 중요한 이슈가 된다.[262]

통합적인 면에서 자신의 인생을 받아들이는 노년에게 생길 수 있는 미덕은 지혜(wisdom)다. 통합적인 관점에서 지혜란 생이 마지막이 된다는 사실, 이제 생의 결론을 맺는다는 사실을 수용하는 것이다. 그리고 이러한 지혜에 의하여 자신의 삶을 이해할 수 있는 것이다. 이러한 관점에서 에릭슨은 인생은 신뢰 가운데 태어나서 신뢰 가운데 떠나야 한다고 했다. 신뢰 가운데 태어난 것, 즉 신뢰적인 환경 속에서 성장하여 사람과 환경에 대한 신뢰를 가지는 것이 유아기에서 시작하여 사람에게 얼마나 중요한 영향을 미치는가를 우리는 보았다. 이와 같이 노년기에서도 신뢰를 가지는 것은 정신건강에 매우 중요한 요소다. 즉, 신뢰를 가지고 이 세상에서의 마지막을 정리하고 다가오는 세상에 대한 신뢰를 가지면서 살아가는 것이다. 이러한 관점에서 에릭슨은 지혜라는 것은 죽음의 면전에서도 두려워하지 않고 초연한 관심을 보이는 것이라 했다.[263] 삶에 대한 초연한 관심이란 젊은 날에 집착했던 모든 것으로부터 관심의 줄을 놓고 초연하게 바라볼 수 있는 것이며, 동시에 세상과 격리되지는 않았지만 세상에 대한 집착과 투자를 포기하는 것을 의미한다.[264] 또한 이제껏 살았던 개인적인 삶을 개체화하여 자신의 삶에 녹아 있는 지혜를 가지고 후세에 남기는 작업을 하는 것이다.

통합의 반대는 절망이다. 오늘날의 세대는 과거 어느 시대에 비해 노년의 기간이 길기 때문에 노년에 더 많은 회상의 시간을 가지게 된다. 회상이 통합적인 관점에서는 의미를 더해 줄 수 있지만 절망에 있는 노년들에게는 좌절과 아픔을 더해 줄 수 있다. 즉, 지나온 세월을 돌이켜 볼 때 자신의 삶에 대한 자신이 없고, 그리 많이 남지 않는 세월 속에서 무엇을 할 수 있을까 하는 회의감에 잠기는 것이다. 이 제한적인 시간의 끝에는 무엇이 나를 기다리고 있을 것인가 하는 두려운 마음이 든다. 이미 살아 버린 인생이고 돌이키기엔 너무나 짧은 세월만이 남아 있다. 이러한 절망 가운데 있는 노년들은 비생산적으로 시간을 보내고, 현실과의 접촉을 회피하도록 만들 수 있다.[265] 그리고 이러한 자신에 대한 평가와 미래에 대한 불확실성은 위기, 불안, 심지어 자살을 결심하게 한다.[266] 이러한 관점에서 복합적으로 절망에 빠져 있는 노년들이 겪게 되는 심리적인 증상은 우울증이다.[267]

> (노년기에) 가벼운 회상을 통하여 생을 뒤돌아보면서 회상에 묻혀서 가벼운 향수에 빠지거나 약한 후회를 하기도 한다. 심한 경우에는 불안, 죄의식, 절망, 그리고 우울증에 놓이게 된다.[268]

발달심리학자 헬렌 비(Helen Bee)는 절망감에 빠진 노인과 긍정적인 인생관을 가진 노인을 비교하면서 통합적 관점에서 긍정적인 면을 가진 노년은 과거의 경험을 재조직(reorganization)하여 보고 이해와 인격 면에서 성장하지만, 절망에 빠져 있는 노년은 불신뢰, 죄의식, 고립 혹은 이전의 발달단계에 빠져 버린다고 지적하였다.[269]

노년에 겪는 우울증이란 고독감과 거부감으로 인하여 다가오는 세상을 싫어하는 것이다. 즉, 노년 이전의 단계에서 삶에 대한 주관적인 투자와 애착을 했지만 그러한 대상이 이제는 아무런 대가 없이 상실된 것과 같이 자신에게 돌아올 때 느끼는 감정이다. 생의 마지막 단계인 노년기에서는 그동안 인간발달 과정에서 자신이 심리적 · 정신적으로 투자했던 습관과 행동의 결과들이 자신들에게 되돌아온다. 그러나 노년기를 부정적으로 맞이하는 노년들에게는 돌아오는 것이 없다는 것이다. 마치 대상이 없는 곳에, 허무한 곳에 잘못 투자했다는 심정을 가지게 됨으로 이제껏 관심과 애착의 대상이었던 것들을 증오, 혐오, 슬픔, 불신하게 된다.[270]

(2) 나이 듦과 죽음

1993년 필자는 시골 조그마한 마을에 자리하고 있는 교회의 목사로(local pastor) 파송받았다. 20여 명의 출석교인들 중 대부분이 60세를 넘은 노년층들이었으며, 그중에는 거동이 불편한 분들이 있었고, 이러한 신체적 결함으로 인해 한겨울에 매서운 추위와 바람, 그리고 눈이 내리는 날에는 교회에 출석을 못하는 교인들이 많이 있었다.

루시(Lucy)라는 당시 78세의 교인을 알게 된 것은 한겨울이 약간 지나 날씨가 조금씩 풀리기 시작했을 때였다. 거동이 불편하고 기력이 쇠약해진 루시 할머니와 이야기를 하면서 사별한 남편이 바로 지금 교회에 몇 해 전 있었던 성직자였다는 사실을 알게 되었다. 남편에 대한 그리움으로 불편한 몸을 이끌고 교회에 출석하면서 지나간 추억에 대한 회상에 잠기는 듯한 인상을 받았다. 한두 번 교회에 출석한 이 교인은 다시 날씨로 인해 몇 차례 나오지 못해서 집을 방문하게 되었다. 아직도 그 집의 분위기가 눈에 선하다. 단층으로 된 집은 작은 전등으로 벽의 조명을 장식하고 있었고, 부엌에는 몇 개의 도구와 그릇이 놓여 있었고, 책상 위에는 성장해서 다른 주에 살고 있는 자녀들, 그리고 몇 해 전 작고한 남편의 사진이 가득 차 있었다.

벽에 걸려 있는 자녀들과 손자 손녀들의 사진, 그리고 남편과 함께 찍은 빛바랜 사진들을 설명하면서 회상에 잠기는 듯했다. 사진 속의 루시와 현재 루시 할머니의 차이는 세월을 속일 수 없을 정도로 대조적이었다. 남편의 사진을 바라보면서 "나는 지금 78세이고, 80세까지만 살았으면 좋겠다."는 말을 했다. 이런 그녀에게 인간이 죽어 있는 영원한 세계에 대한 말을 했을 때 아무런 관심이 없는 듯이 씁쓸한 미소만을 보일 뿐이었다. 내 눈에 비친 루시 할머니는 생과 죽음의 기로에서 다가오는 죽음을 기다리고 있었다. 그리고 한 인간이 생의 마지막 기로에 서 있다는 사실, 사랑하는 이를 먼저 보내고 이제는 자신의 차례를 기다린다는 것이 얼마나 힘겨운가를 보는 순간이었다.

살아 있어 호흡하고 건강하며, 자녀들의 성공적인 삶을 보는 것은 노년에 있어서 가장 큰 소망이기도 하지만, 불가항력적인 기력의 쇠퇴와 나이 듦은 속일 수 없는 현실이라 씁쓸하다. 더구나 현대와 같이 의식주의 개선과 과학 발달로 인한 수명 연장은 노년으로 하여금 죽음에 대한 생각을 더 길게 한다.

죽음이라는 절대적인 현실은 노년들에게 인간이 가진 제한적인 시간을 인정할 수밖에 없게 한다. 그러나 이러한 제한성을 가지면서 절망감에 놓여 있는 노인들은 죽음을 두려워한다. 왜냐하면 자신들이 살아온 세월 속에서 자신, 가족, 그리고 이웃에 대한 개인의 책임감과 의무에 대하여 자신이 없기 때문이다.[271] 심리적으로 안정과 건강함을 가진 아이가 자신이 살아가는 것에 대하여 두려움을 가지지 않은 것과 같이, 통합적인 관점을 가진 노년은 죽음에 대한 두려움을 가지지 않는다. 그러나 심리적으로 어려운 환경에서 고통을 받는 아이는 사람을 두려워하거나 싫어하고, 살아가고 모험하는 데 있어서 불안을 느끼는 것과 같이, 통합을 가지지 못한 노년은 죽음에 대하여 불안을 느낄 수밖에 없다.[272]

젊은이들보다 더 심하게 죽음에 대한 위협을 노년기에 느끼는 이유는 무엇일까? 첫째는 시간의 개념이다. 젊은 시절에 느낀 무한적인 시간 개념이 이제는 제한적인 시간 개념으로 바뀌게 된다. 그래서 시간이라는 것이 더 이상 추상적인 개념의 것이 아닌 유한적인 실체라는 사실이다. 둘째는 남아 있는 생의 기간이 별로 없는 노인들은 자신들을 가치가 없는 존재라고 느끼고 있다. 셋째는 사회적인 역할이 감소되고, 마지막으로 남겨진 시간을 어떻게 활용해야 하는지에 대하여 당황하고 있다. 이미 가치 있는 젊은 날의 시간을 다 사용했다고 느끼기 때문이다. 그리고 자신들이 알고 있는 친구, 친척 등의 부음은 쇠퇴해 가는 노년의 육체와 함께 외로움과 슬픔을 가져다주기 때문이다.[273]

상실은 인간에게 가장 커다란 두려움이고 상처다. 아동기에 부모의 포기와 버림에 대한 상처는 아동기 정신건강에 커다란 영향을 준다. 청소년기의 상실은 소외로 번지게 되고 심하면 사람과 사회에 대한 복수적인 태도를 갖게 된다. 노년기에는 모든 경험에서 멀어지게 되고, 자신의 몸이 쇠퇴하여 상실되어 가고, 자신에게 의존하여 살아왔던 자녀, 부인, 남편, 친구들이 더 이상의 관계를 가지지 못한다는 상실감이 있으며, 젊은 날에 이상으로 삼고 추진했던 모든 노력을 이제는 꿈꿀 수 없다는 사실을 알고 상실감에 놓이게 된다.[274] 부모가 내 눈에 보인다는 것은 유아들에게 희망과 꿈과 현실의 안도감을 가져다주고 건강한 인간관계를 형성할 수 있게 하는 것과 같이, 노년에 자신의 미래를 받아 줄 생명의 근원자인 하나님에 대한 확신은 노년의 삶에 용기와 활력을 불어넣는다.

(3) 기독교 상담: 현실을 넘어 영원으로

절망과 수치의 표현 에릭슨에 의하면 노년의 문제는 사회적으로 할 일이 없어지는 것이며, 이것이 앞으로의 큰 사회문제가 될 것이라는 점이다. 급진적인 기술의 발달은 젊고 시간 투자를 할 수 있는 젊은이들을 필요로 하기 때문에 노년들이 사회에서 느끼는 소외감, 분리감, 그리고 병약함은 더욱 커져 갈 것이다.[275]

분석심리학자 카를 융은 에릭슨과 유사한 입장에서 노년의 문제를 의미 없는 장수(meaningless longevity)로 보았다. 현대를 살아가는 많은 사람은 자아중심적인 에고이즘(egoism)이라는 병에 빠져 있고, 이러한 이기주의는 삶의 무목적이나 무의미를 핵심으로 하고 있다. 그리고 노년이 되어서는 우울증, 자신의 과거에 대한 합리적인 예찬, 영원한 청년으로 살고자 하는 심리적 불안 속에 있게 된다. 그는 이러한 무의미 속에서 지속되는 장수와 노년에 가질 수 있는 이기적 성향을 한탄할 만한 비극으로 여긴다.[276]

노년기에 나타나는 부정적 결과인 절망적인 상황은 한순간의 결과라기보다는 전 단계인 중년기의 침체성(stagnation)의 결과다. 반면 통합(integrity)을 통한 대생산성(grand-generativity)의 결과도 역시 전단계인 중년기의 긍정적 결과다. 절망이라 함은 무효화되어 버린 시간이나 사라진 공간에 대한 한탄만이 아니라 약화된 자율성, 생산성의 무시, 친근감의 상실 등을 포함하고 있다.[277] 그리고 이러한 것으로 인해 심리적인 문제를 가지고 상담을 요청하는 노년층이 점차로 늘어 가고 있는 실정이다.[278]

돌이킬 수 없는 세월과 이제는 분명하게 제한된 시간 속에 있는 노년이라는 상황은 노년을 절망에 빠지게 한다. 어떠한 차원에서 이러한 절망으로부터 구원을 얻을 수 있을 것인가? 돌이킬 수 없다는 것은 이미 지나가 버린 세월에 대한 후회와 한탄에 놓인 것이기에 과거에 대한 집착은 노년으로 하여금 마지막 남은 시간에 대하여서도 불안할 수밖에 없도록 만든다. 어떻게 상담적 차원에서 이 문제를 해결하는 방향으로 나갈 것인가?

도날드 캡스는 이러한 질문에 대한 명쾌한 목회상담적인 제안을 제시하고 있다. 바로 수치(shame)를 목회상담학적 차원에서 다루는 것이다.[279] 수치라는 것은 개인이 성장 과정에서부터 신뢰(trust)의 기반을 얻지 못했기 때문에 성장하는 과정에서 발생하게 된다. 그리고 심한 수치의 경우에는 인간이 가진 기본적인 기초마저 흔들어 버린다. 즉, 인간 발달의 8단계에서 부정적인 결과의 핵심에는 수치라는 것이 자리 잡고 있다.

인간 발달 과정의 마지막에서 겪게 되는 수치라는 것은 이전 단계에서 부정적으로 체험하는 것에서 발생하여 내면화된 것으로 사람의 '자기' 정체성과 밀접한 관련이 있다. 죄의식(guilt)은 행동이나 변명으로 외형화할 수 있으나 수치는 사람의 마음속에 내재화되고, 이것은 개인의 부정적인 정체성과 연관된다.[280]

수치가 강해지면 자신을 중요하지 않는 인물로 생각하고 스스로를 멸시하고 무시하며, 긍정적인 자기상을 심어 주지 않기 때문에 자신을 비난한다. 이러한 수치는 가족과 개인 간의 비극을 불러오기도 하고, 극히 작은 것에서도 생길 수 있기 때문에 대인 간 대화를 어렵게 만들고, 사람과 사람

사이를 고립시킨다.[281)]

절망감을 지닌 노년들은 바로 이러한 수치로 인해 고립과 인간관계와 자기 자신에 대한 심한 경멸이나 비난을 하고, 자신에 대한 불신으로 인해서 인간이 가진 가장 근본적인 신뢰를 불신하고 있다. 자신에 대한 불신으로 인해 수치를 느끼는 가장 근본적인 이유는 지금까지의 행동과 사고와 감정을 돌이켜 보았을 때 잘못했다는 결론에 이를 때 발생한다.[282)]

소아과 교수이자 정신분석학자인 마이클 루이스(Michael Lewis)는 그의 저서를 통해서 수치라는 것은 프로이트가 말하는 본능(instinct)과 현실(reality) 사이의 갈등보다 더 근원적인 문제라고 지적하고 있다.[283)] 이러한 수치는 성장 과정을 통해서 각 단계별로 체험하기 때문에 사람은 결국 이를 피하기 위해 과도하게 나르시시즘(narcissism)에 몰입하게 되고, 이 나르시시즘으로 인해 노년기에 절망감을 느끼게 되는 것이다.

수치라는 것은 개인이 가진 존엄성(dignity)이 손상과 피해를 입고 타격을 받았기 때문에 긍정적인 자기를 느끼는 데 한계를 가지게 되고, 이로 인해 발생하는 고통을 피하기 위하여 더욱 나르시시즘에 깊게 빠지게 된다. 즉, 자기 자신의 사고와 행동에 대한 주관적인 합리화에 빠지게 된다. 그리고 이 나르시시즘은 더 많은 고통을 수반하게 되며, 다시 이 고통을 피하기 위하여 나르시시즘에 몰입한다. 그러기에 자신의 모습을 드러내는 것에 대하여 어려움을 겪게 된다.[284)] 마치 아담과 하와가 율례를 어긴 후 자신의 수치를 가리기 위해 도피한 것처럼 수치감은 사람들로 하여금 자신을 은폐하게 한다.

캡스는 이러한 관점에서 노년의 절망 속에 있는 사람들이 할 수 있는 일은 자신을 하나님 앞에 노출시키는 것이라고 했다. 자신의 수치를 드러내지 않으면 하나님이 그러한 사람으로부터 멀어지는 것이 아니라, 그 사람이 하나님으로부터 멀어질 수밖에 없다. 예수 그리스도의 십자가는 수치스러운 십자가였지만 하나님 앞에 노출되어 드러난 십자가였기에 이것은 하나님 앞에 가장 가까이 있는 사건이었다. 이와 같은 맥락에서, 노년에 가지는 수치 속에서 오는 절망이라는 것은 하나님 앞에 노출되고 드러날 때 더 이상 수치가 아닌 것이다. 이로부터 도피는 또 다른 나르시시즘 속에서 고통받게 하기 때문이다. 이 수치의 고백은 기도이며, 기도는 하나님 앞에 자신의 수치를 노출시키는 것이며, 이것을 통해서 비로소 회복이 가능하다.[285)]

(2) 죽음과 궁극적 관심

죽음이 우리를 기다리고 있다는 사실을 알고, 동시에 지나간 세월에 회한과 후회와 과오만이 겹쳐 있을 때, 사람들은 절망을 한다. 죽음은 무섭고 두려운 것임에 틀림없다. 왜냐하면 우리가 죽음과 그 이후를 모르기 때문이다. 그러나 죽음은 인간에게, 특히 발달 과정의 마지막에 있는 노년들에게는 불가피한 사실이며, 문제는 이러한 사실에 대하여 수용적인 자세를 가지는 것이다.[286)]

죽음을 무엇에 비유할 수 있을까? 어떻게 하면 죽음이라는 사실을 좀 더 사람들이 수용할 수 있는 내용으로 받아들일 수 있을까? 아마 태아와 출산의 관계가 적절한 비유가 될 것이다. 아기가 태어날 때 우는 이유는 세상에 대한 두려움과 공포 때문이라고 지적하는 심리학자도 있다. 모태 속에서 9개월을 지나면서 서서히 자력이 아닌 타의적이고 자연적인 섭리의 수축과 이완작용을 통하여 태아는 자신이 10개월 동안 지낸 터에서 빠져나와 새로운 세상을 경험하게 된다. 태 안에 더 있고 싶지만 무언가 보이지 않는 힘이 자신의 의지와는 관계없이 또 다른 세상으로 보내는 것이다. 이러한 과정에서 이별의 당혹스러움으로 울기도 하고 충격도 받을 수 있지만, 태어난 후 시간이 흐르면서 신생아는 자신의 몸 냄새와 유사한 어머니의 품에서 모유를 공급받고, 막연하게 태속에서 들은 음성의 주인공들을 바깥 세상에서 접하게 된다. 마치 사도 바울의 고백과 같이 우리가 지금 보는 것이 희미하되 그때는 얼굴과 얼굴을 맞대어서 볼 수 있다는 고백처럼 아이는 비로소 꿈처럼 희미했던 어머니와 바깥 세상의 실체를 확인할 수 있다.

죽음의 과정이란 생명의 법칙에 의해 생의 마지막을 마감하고 또 다른 세계로의 진입을 의미한다. 그리고 출산 후에 신생아가 가장 우선되는 타자인 어머니를 만나는 것과 같이, 죽음이란 인간의 근원이 되는 하나님에 대한 최초의 만남을 가지는 것이다.[287] 죽음과 절망의 과정에서 노년의 과정을 승화시킬 수 있는 것은 어떤 것이 있을까? 노년기의 절망과 죽음에 대한 두려움은 모든 것이 끝나고 있으며, 혼란스럽고 이제는 더 이상 어찌할 수 없다는 처지에 있음을 말한다.[288]

에릭슨은 이러한 관점에서 사람은 생의 끝에 궁극적인 관심(ultimate concern)에 대하여 애착을 불러일으킨다고 하였다.[289] 그리고 이러한 궁극적 관심은 인간의 정체성을 규명하는 데 매우 결정적인 역할을 한다. 그는 중년기의 생산성을 가진 사람이 곧 '종교적인 인간(Homo Religiosus)'이라고 했다. 궁극적 관점은 인간에게 있어서 가장 큰 관심의 대상이다. 신학적인 맥락에서 궁극적 관심이란 곧 우주의 근원자요 원인자인 하나님과의 만남을 말한다. 이러한 만남에 의하여 사람이 가진 질문의 답을 얻을 수 있다. 그래서 폴 틸리히는 목회상담의 주된 목적은 곧 궁극적 관심으로의 토대라고 했다.[290]

절망에 빠져 있는 노년들은 또 다른 폐단을 가지고 있는데, 그것은 독단주의(dogmatism)다. 이것은 자신이 후손에게 지혜로운 모델로서 서지 않을 때 발생하는 것이다. 독단주의에 빠지는 것은 자신이 살아온 삶에 대한 지겨움, 제도나 사람에 대한 불유쾌한 감정 등에 의한 것으로 결국은 자신에 대한 미움과 경멸을 확대하는 것이다.[291] 그래서 노년임에도 불구하고 나타나는 것은 독단이다.

노년의 중요한 역할은 바로 아이들과 같은 믿음(faith)을 가지고 이 세대에 성장하는 아이들을 만나고, 그러한 만남이 아이들이 성장하는 데 좋은 모델과 경험이 될 수 있도록 하는 것이다. 그러지 못하는 것은 에릭슨의 지적대로 자신감이 없기 때문이다. 이것은 마지막 신앙의 단계에서도 역력히 드러난다. 관용과 모델로서의 노년이기보다는 수구세력, 엄격함, 권력탐욕, 애착의 정도가 강해지고, 이러한 행동을 합리화하기 위하여 독단주의에 빠지게 된다. 그러나 그것 역시 자신에 대한 불신뢰, 자기개방에 대한 불확신, 심지어 자신의 신앙에 대한 불확실성에서 발로된 것이다. 자신을 개방하고 비움으로써 후대에 올바른 모델로 서는 것보다는, 자신에 대한 애착을 보임으로써 '희망'의 상실이 되어 있는 인생의 과정을 보여 준다.

성장 발달 단계의 첫 단계가 신뢰 대 불신이었으며, 이 과정에서 미덕이 '희망(hope)'이었다. 희망은 진정한 자기(trust self)를 만들어 내는 발판이 되며, 에릭슨이 이 희망을 가장 근본적인 '나'의 질적인 것이 형성되는 것으로 보았다. 그리고 이러한 희망에 대한 바탕 없이는 삶은 시작될 수 없고 의미 있는 마지막을 맞이할 수도 없다. 역으로 '희망'을 가진다면 '희망'이 가지는 마지막 형태는 노년기의 '믿음(faith)'이다.[292] "의미 있는 마지막을 맞이할 수 없다."는 에릭슨의 지적은 인간 발달에 대한 과정에서 가장 필요한 '희망'이 상실되었기에 의미가 불가능하다는 것이다.

신뢰가 형성되지 않은 노년들이 '믿음' 가운데서 희망의 노년과 사후에 대한 기대를 가지는 것은 쉽지 않지만 중요한 것은, 신앙을 통하여 새로운 형태의 신뢰 기반을 다시 구조화하는 것이다. 통계적으로, 노년에 신앙을 가진 사람들은 신앙을 가지지 않는 사람보다 훨씬 더 죽음과 삶의 의미에 대하여 긍정적인 입장을 가지고 있었다.[293] 동시에 신앙의 회복을 통하여 독단주의의 근원이 된 '희망'의 상실을 '믿음'의 끈으로 회복하여 통합적인 노년기로 향하는 것이다. 결국 신앙적인 삶을 통하여, 궁극적 관심의 초대를 통하여 신뢰를 가지고 관계를 회복하는 것이다. 이러한 근거는 노년 자신이 사회와 가정에서 필요한 존재가 되고자 하는 욕구 외에 자신이 가진 노년 문제에 대하여 누군가 혹은 사람이나 단체의 안내를 받고자 하는 마

음을 가지고 있기 때문이다.[294)]

신앙을 통해 수치심을 노출시키고 개방함으로써 절망감이나 교리주의적인 도그마티즘에서 탈피하여 다음 세대를 바른 가치관과 철학 가운데로 이끌고 그들에게 모델로서 존재하고, 다음 세대의 삶과 가치관 속에 남고자 하는 인간의 본능적인 정신의 회복을 시도할 수 있다.[295)] 이러한 신앙의 고백과 동시에, '필요한 사람(need to be needed)'이 되기 위하여 누군가에게 관심과 봉사를 하고 자신의 존재 의미를 가지는 것이 절대적으로 필요하다.[296)] 그리고 봉사적인 삶과 신앙을 통해서 자신의 의미를 다시 새롭게 하며, 무너진 희망 속에서 다시 세상과 사람과 자신에 대한 '믿음'을 구축할 수 있으며, 다가오는 죽음에 대해서도 긍정적인 수용을 시작할 수 있을 것이다.

제6장

심리학과 기독교 상담

제6장

심리학과 기독교 상담

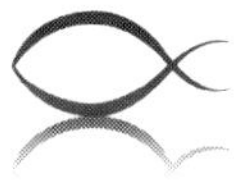

기독교 신앙은 통찰력(insights)과 신비(mysteries)가 어우러져야 한다.[1] 통찰력은 신앙과 세상에서 발생하는 문제들에 대한 분석과 이해, 그리고 방향 제시를 의미한다. 이러한 관점에서 기독교 상담은 단순히 인간 내면에 대한 심리학적 이론을 탐독하고 이해하는 것만이 아니라, 신앙적인 관점에서 개인을 둘러싸고 있는 사회적 환경을 분석하고, 동시에 기독교 신앙 안에서 살아가야 할 길에 대한 안내와 방향 제시를 포함하여야 한다.

인간에 대한 이해와 상담에 대한 관심이 고조되고, 여러 가지 심리상담 이론이 소개되는 이 시기에 기독교 상담은 두 가지 특성을 가지고 있어야 한다. 첫째는 심리적 및 신학적 통찰력에 대한 것이다. 신학이 주관적인 학문이라면, 심리학은 인간 내면과 행동에 대한 객관적인 학문이다. 특별한 것이 하나님의 은총이지만, 객관성을 가진 학문 역시 하나님이 인간에게 주신 지혜를 따라 수백 년 또는 수천 년의 기간을 통해서 경험된 사실이다. 그래서 객관성을 가지는 과학적 사실과 조사 역사 하나님이 인간에게 부여한 지혜의 선물이다. 그래서 우리는 앞서 언급한 학자들과 그들의 이론을 절대적으로 맹신할 필요는 없지만, 객관적으로 나온 학문적 사실들을 바탕으로 사람의 행동과 내면의 세계에 대하여 숙고할 충분한 자료가 되는 것은 명백하다. 보편성을 무시한 특수성은 일방적 환상에 빠져 버릴 수가 있고, 특수성을 무시한 보편성은 자기기만으로 추락할 염려가 있다.

심리학이나 상담학이 가지는 한계성은 인간이 가진 문제를 분석하는 데 있어서 내면적인 요소에만 집중하여 해석 및 치료를 하려는 것이다. 그러나 상담을 할 때 심리적인 문제만 살펴보는 것은 인간 이해의 한계에 부딪치게 된다. 이러한 점에서 사람이 환경과의 상호 관계성 속에서 자신의 정체성을 형성해 나간다는 에릭슨의 이론은 사회와 인간을 동시에 볼 수 있는 통찰력을 제공할 수 있다고 본다. 상담에 있어서 통찰력이란 바로 인간의 각 발달 과정에 대한 특성과 이해를 가지고, 이러한 특성이 왜곡되었을 때, 그리고 촉진적 환경을 통해서 발생할 수 있는 상황에 대한 통찰적인 지식이다. 완벽하게 인간을 이해하는 이론은 있을 수 없지만, 에릭슨의 이론은 사람을 이해하고 상담하는 데 있어서 개인과 사회라는 두 개의 축을 형성하여 관찰할 수 있는 균형을 유지하고 있는 이론이라 할 수 있다.

기독교 상담이 두 번째로 가져야 할 요소는 상담에 임하는 하나님 현존에 대한 신뢰감이다. 마틴 부버(Martin Buber)가 지적대로 하나님은 대화를 위해 인간을 창조하셨다. 상담이 일어나는 모든 곳에 하나님이 임재하신다. 곧 '신비'에 대한 인정이다. 이러한 신비감의 영역인 영성적인 입장을 기독교 상담에 적용하는 데 대하여 일반 상담자들은 이상하게 여기거나 소홀히 하는 경향이 있다.[2] 그러나 인간의 심리 구조와 사회에 대한 통찰력을 가지면서 동시에 사람이 미치지 못하는 영역의 그 신비함에 공감하고 인정하는 것이 바른 기독교 신앙의 균형을 가지게 하는 것과 같이, 기독교 상담에도 이러한 자세가 상담자에게 필요하다.[3]

> 영성의 초월적인 영역을 취급하는 것은 목회상담자에게 일종의 위협이다. 때때로 목회상담에서는 전인성과 자기실현을 하기 위해 궁극적인 하나님과의 관계에서 영성을 생각하는 것보다 성격 성장을 다루는 것이 훨씬 더 쉽다. ……내가 진정 말하고 싶은 것은 오늘날 사람에 대한 과학적인 개념이 인간의 영성 차원을 소홀히 하고 있다는 것이다.[4)]

그러면 왜 기독교 상담자에게 '신비'라는 것이 필요할까? 하나님에 대한 신비감에 대한 수용과 인정은 기독교 상담자에게 두 가지 영역에서 큰 도움을 줄 것이다. 첫째는 효과적인 상담이 되기 위해서는 심리학에 대한 기반만이 아니라 영적인 성향에 대한 열린 마음이 필요하다.[5)] 이러한 종교적 성향에 대한 열린 마음이 있어야 하는 이유는 인간을 형성하는 네 가지 요소 중의 하나인 영적 성향(spiritual nature)을 사람들이 가지고 있기 때문이다.[6)] 그리고 이 영적인 성향은 인간 실체에 대한 가장 근원이 될 수 있는 답, 즉 살아가는 것에 대한 의미, 그리고 우주의 근원과 밀접하게 연관되어 있기 때문이다. 둘째로 사람은 일반적인 심리상담에서 지적하는 것과 달리 불안, 콤플렉스, 그리고 신경증에 빠져 버리는 존재가 아니라는 것이다. 오히려 이러한 증상의 근본적인 이유는 바로 종교적 · 영적인 문제와 관심이라는 것이다. 상담에서 내담자를 볼 때 틀에 짜여 있는 과학적이고 기술적인 이론을 이용한 분석은 오히려 상담하는 데 장애를 초래할 수 있다. 상담에서 사람에 대하여 넓은 관점을 가지고 임하는 것이야말로 기독교의 유산(heritage)이다.[7)]

기독교 상담에서 영성 차원의 상담은 독특성과 필요성을 가지고 있지만, 영성에 대한 정의에 있어서는 쉬운 과제가 아니다. 영성은 늘 주관적인 것이기 때문에 애매모호한 정의를 내리기 쉽다. 영성이 필요한 것은 사실이지만 이것을 수용하기 위해서는 주관적인 것과 객관성이 조화가 되어야 한다. 영성은 내적 변화나 감정에 대한 것만이 아니라, 우리 자신의 경험과 행동으로써의 조화가 있어야 한다.[8] 프로이트가 기독교를 환상이라고 지적하며, 기독교가 하나님의 이름으로 저지른 뼈아픈 역사적 사실을 우리는 생각해 볼 필요가 있다. 우리가 가진 환상 속에서 행하는 일들이 객관적 입장에서 보면 범죄가 될 수도 있는 것이다. 이 환상을 우리가 만일 기독교의 영성이라고 생각하고 주장한다면 그것이 외부 사람들에게 얼마나 설득력을 가지게 될까? 오늘날 기독교의 문제는 주관성은 강하나 객관성이 약하다는 점이다. 진정한 영성은 주관성과 객관성에서 균형을 잃지 않는 상태다.

통찰력과 신비를 간직하고 경험하는 영성이 기독교 상담에서 빼놓을 수 없는 요소라는 점에서, 이러한 요소를 가지고 있는 사람들은 누미너스 모델(the numinous model)의 상담자들이다.[9] 평탄하지 않은 성장 과정을 겪으면서 인격 형성에 장애를 가지고, 사람과 환경에 대한 불신뢰를 가진 사람들이 누미너스 상담자를 통해서 전혀 다른 가치관을 갖고 세상을 살아가게 된다. 상담자는 세상이 신뢰할 만한 곳이며 도전과 성취를 할 수 있는 곳이라는 것을 재형성해 주기 위해서 필요한 것이다. 내담자는 상담자와의 신뢰를 통해서 허물어진 관계성을 다시 구축하는 것이다. 즉, 세상에는 이제껏 자신이 경험한 사람들 외에 다른 가치관과 삶을 가진 바른 사람들이 있다는 사실을 통해 새로운 관계성을 형성해 간다. 그러므로 상담자는 내담자에게 부모의 역할을 하며, 하나님의 살아 계심에 대한 중재자로써 부모를 대신한 누미너스 모델이 되는 것이다.[10] 그렇게 함으로써 인생에 주어진 시간과 공간, 그리고 이 세계가 우리의 놀이터요 탐구와 호기심의 대상이라는 것을 알게 하는 것이다.

불안전하게 성장하여 애착에 문제가 있는 아이들에게 용기와 안전을 제공해 주는 참된 관계가 형성되면 아이들은 자신감을 가지고 적응할 수 있다. 반대로 안전성을 가진 아이의 경우라도 학교에서 불안전한 환경에 놓이게 되면 이 아이는 행동의 문제를 일으키게 된다.[11] 그러므로 이러한 관계는 아이와 환경이 어떻게 밀접하게 상호 연관을 가지고 있는지를 잘 설명한다. 누미너스 모델의 상담자가 내담자에게 가지는 태도도 이러한 변화를 가져올 수 있다.

부모 양자가 다 있어 아이에게 돌봄을 제공하는 것과, 한쪽 부모만 있어 제공하는 것에 대한 비교 관찰을 통해 부모 양쪽의 돌봄을 받은 아이가 안전성 발달에 긍정적인 면을 보였다. 그러나 어머니와 아버지 중에서 어머니에게만 애착을 가진 아이는 아버지와만 관계를 가진 아동보다 더 안전성이 많은 것으로 밝혀졌다.[12] 이 관찰 결과는 용기와 위로와 격려가 많은 아이가 바로 안전성을 확보한다는 것으로 상담에 주는 의의가 크다. 상담자 한 사람으로부터만 받은 관심과 돌봄의 대상이 되는 것보다는 상담자를 포함하여 공동체의 관심을 받는 것, 사회가 가지는 무언의 돌봄적인 문화적인 요소가 더 큰 인격 성장에 긍정적인 영향을 미칠 수 있다는 것이다.

존 볼비(John Bowlby)는 아동들과 어머니의 돌봄의 관계를 연구하면서 다음과 같은 결과를 가지게 되었다. 즉, 비록 성장 과정에서 돌봄을 제대로 공급받지 못하였을지라도 이것을 대체할 수 있는 부가적 돌봄(extra mothering)이 있다면 나쁜 현상을 막을 수 있다고 하였다.

> 병원생활로 인해 괴로움을 당한 아이들이 좋은 환경에 놓이게 되면 나쁜 증상들이 빠르게 사라진다는 것은 놀라운 일이다. 아이들은 빠르게 활력을 가지게 되고, 책임감을 가지게 된다. 아이가 열이 있어 병원에 오게 되었을 때 좋은 환경이 조성이 되면 열은 24시간에서 72시간 이내에 사라지게 되고, 몸무게도 더 나가게 되며 혈색도 개선된다.[13]

상담자를 통하여 내담자가 가지게 되는 내 · 외부적 신뢰는 마치 아이들에게 좋은 환경을 통해서 병원 신세를 지게 한 요인들을 제거할 수 있는 것과 같은 역할을 하게 한다. 물론 여기에는 사람과 환경이라는 요소가 적합하게 조화되어 있어야 한다. 이렇게 되면 내담자는 상담자가 보여 준 관계성과 신뢰의 모델을 발판으로 사람들과의 관계를 재형성해 가는 것이다. 세상에 자신을 돌보아 주는 사람이 있고, 자신에 대한 관심을 가지고 있는 사람들이 있다는 사실을 확인하면서 개인의 미래에 대한 신뢰를 형성하며, 앞날에 대한 희망을 꿈꾸게 되기도 하고, 좌절을 겪을 때는 또다시 상담자가 형성해 준 관계성으로 되돌아가 힘을 얻어서 어려움을 극복하려는 의지를 가질 것이다. 그러기에 상담자의 역할은 누미너스 모델이 되는 것이다. 상담자는 인간의 정신세계, 환경에 대한 통찰력을 가지고 있으면서 동시에 인간의 이성을 넘어 영성을 가지고 인간의 상황에 현존하는 신비에 대한 마음을 열고 수용하는 사람이다.

인간이 요람에서부터 시작하여 무덤에 이르는 과정은 결국 각 발달 과정에서 바람직한 정체성을 형성하며 살아가는 것이다. 그런데 이러한 정체성의 문제를 규명하는 것은 존재에 대한 문제이지 어떤 지식이나 기술을 의미하지 않는다.[14] 개인의 존재, 살아가는 이유, 존재하는 이유에 대한 규명은 어떤 지식이나 기술에 의해서 확인이 되는 것이 아니라, 인간 존재의 이유를 규명할 수 있는 하나님과의 관계가 정립되어야 한다는 것이다. 즉, 상담이 기독교 신앙과 밀접한 관계를 가져야 하는 이유는, 사람은 자신의 근원, 존재의 이유, 삶의 목표에 대한 해답을 궁극적으로 줄 수 있는 것이 신앙이기 때문이다. 이러한 신앙의 뿌리와 상담의 기술과 지식을 가짐으로써 좀 더 균형 있는 인간 이해를 할 수가 있다.

미 주

제1장 인간 기본심리의 이해

1) Jess Feist, *Theories of Personality* (New York: Holt, Rinehart and Winston, 1985), 68.
2) Sigmund Freud, *Civilization and Its Discontents,* trans. James Strachey (New York: W.W. Norton and Company. Inc., 1961), 28-29.
3) Carl Rogers, *A Way of Being* (Boston: Houghton Mifflin Company, 1980), 23.
4) Dictionary of Pastoral Care and Counseling, s.v. 'Identity.'
5) 여기에 대한 참고 책자로 에모토 마사루가 쓴 『물은 답을 알고 있다』를 참조.
6) 또 다른 관심을 끄는 실험 결과는 다음과 같다.
각각 세 개의 용기 안에 물을 담고 그 안에 밥을 넣고 하나에는 '사랑'과 '고맙다'라는 말을 자주 해 주고, 두 번째 용기에는 욕과 기분 상하는 소리들을 해 주고, 나머지 한 곳에는 전혀 무관심하게 대하였다는 것이다. 그 결과, 사랑과 고맙다는 말을 들은 용기 속의 밥은 오랜 기간 동안 상하지 않고 보존된 반면, 욕과 기분 상하는 말을 들은 용기 속의 밥은 쉽게 상하였다. 그리고 더욱 심하게 상한 것은 무관심하게 여긴 밥이었다. 이러한 실험의 결과는 돌봄의 위력과 그 반대가 되는 무관심이 어떻게 대상을 피폐케 하는가를 보여 주는 것이다.
7) Carl Rogers, op. cit., 8.
8) Alfred Adler, "Individual Psychology" *in Psychologies of 1930* (MA: Clark University, 1930), 398.
9) Carl Jung은 개성화(individuation), 자아실현(self-actualization) 등의 표현을

쳤다.

10) Jess Feist, op. cit., 68.

11) Ibid., 60-77.

12) Jess Feist, op. cit., 60-77.

13) Robert Kegan, *The Evolving Self: Problems and Process in Human Development* (MA: Harvard University Press, 1982), 5.

14) Howard Clinebell, *Contemporary Growth Counseling* (Nashiville: Abingdon Press, 1982), 50-54.

15) Edwin Friedman, *Generation to Generation: Family Process in Church and Synagogue* (New York & London: Guilford Press, 1985), 11-39.

16) Peter Homans, *Jung in Contexts: Modernity and the Making of a Psychology* (Chicago: The University of Chicago Press, 1995), 150.

17) Dan P. McAdams, *The Person: An Introduction to Personality Psychology* (New York: Harcourt Brace College Publishers, 1994), 766.

18) Irvin Yalom, *Love's Executor & Other Tales of Psychotherapy* (New York: HarperCollins, 1989), 11.

19) 조선일보 2003년 7월 16일판 참조. 포브스가 발표한 내용이 있고, 10만 명의 직업에 대한 내용은 조선일보가 보도한 내용임을 밝혀 둔다.

20) Donald Capps, *Life Cycle Theory and Pastoral Care* (Philadelphia: Fortress Press, 1983). 21-22.

21) Kenneth Leech, *Spirituality and Pastoral Care* (London: Sheldon Press, 1986) 참조.

22) Carl Rogers, op. cit., 119.

23) Szent-Gyoergyi, "Drive in Living Matter to Perfect Itself," *Synthesis, Spring,* 1974, 12-24.

24) Carl Rogers, op. cit., 117.

25) Ibid., 118.

26) 2003. 1. 6. 동아일보 참조.

27) Ferguson, M. Special Issue: Prigogine's Science of Becoming, *Brain/Mind Bulletin*, May 21, 1979, 4(13).

28) Carl Rogers, op. cit., 118.

29) Howard Clinebell, *Contemporary Growth Therapies* (Nashville: Abingdon, 1981) 참조.

30) Paul Tillich, *Systematic Theology,* 2 (Chicago: The University of Chicago

Press, 1957), 52.

31) Howard Clinebell, op. cit., 50-54.

32) Ibid.

33) Carl Rogers, op. cit., 119.

34) James Newton Poling, *The Abuse of Power: A Theological Problem* (Nashville: Abingdon Press, 1991), 24.

35) Bernard Loomer, "The Free and Relational Self," in *Belief and Ethics*, ed. W.W Schroeder and Gibson Winter (Chicago: Center of the Scientific Study of Religion, 1978), 71.

36) Daniel Williams, *The Spirit and the Forms of Love* (New York: Harper and Row, 1968), 153.

37) James N. Poling, op. cit., 98.

38) Ibid., 24.

39) Donald Capps, op. cit., 1.

40) Ibid., 4.

41) *Pamela Vermes, Buber* (London: Peter Halban, 1988), 48.

42) Ibid.

43) Jess Feist, *Theories of Personality* 참조.

2장 인간발달의 기본 원리

1) Erik Erikson, *The Life Cycle Completed*(New York: Norton, 1994), 27-28.

2) Erik Erikson, *Identity: Youth and Crisis*(New York: Norton, 1980), 47.

3) Lewis & Brooks, 'Self-knowledge and Emotional Development' in *The Origin of Fear*(New York: Plenum, 1978).

4) Margaret Mahler, *The Psychological Birth of the Human Infant*(1975).

5) Carl Rogers, *On Becoming a Person*(Mariner Books, 1980), 8.

6) Carl Rogers, *A Way of Being*(Boston: Houghton Mifflin Company), 118.

7) Laurence Steinberg & Jay Belsky, *Infancy Childhood & Adolescence*(New York: McGraw-Hill, 1991), 201.

8) Carl Rogers, *On Becoming a Person*(Mariner Books, 1980), 35.

제3장 심리학과 기독교 상담

1) Carl Rogers, *A Way of Being* (Boston: Houghton Mifflin Company, 1980), 118.
2) Ibid., 118.
3) Chris Schilauch, "Empathy as the Essence of Pastoral Psychotherapy", *The Journal of Pastoral Care* XLIV (Spring 1990), 3.
4) Edward Wimberly, *Pastoral Counseling and Spiritual Values: A Black Point of View* (Nashville: Abingdon, 1982), 20.
5) Howard Clinebell, *Contemporary Growth Therapy* (Nashiville: Abingdon, 1981), 111.
6) Carl Rogers, *On Becoming a Person* (Boston: Houghton Mifflin, 1961), 181.
7) Gerald Corey, *Theory and Practice of Counseling and Psychotherapy* (Boston: Internal Thomson Publishing Company, 1998), 293.
8) Carl Rogers, *A Way of Being,* 7.
9) Ibid., 10.
10) Heinz Kohut, *The Search for the Self* (Ed.), Paul Ornstern (New York: International Universities Press, 1978), 705.
11) Chris Schilauch, op. cit.
12) Margaret Guenther, *Holy Listening: The Art of Spiritual Direction* (Boston: Cowley Publications, 1992), ix.
13) Donald Capps, *Deadly Sins and Saving Virtues* (Philadelphia: Fortress Press, 1987) 참조.
14) Carl Rogers, *A Way of Being*, 8.
15) Ibid., 10.
16) Ibid.
17) Ibid., 14.
18) Pamela Vermes, *Buber* (London: Peter Halban, 1988), 41.
19) Martin Buber, *I and Thou* (New York: Charles Scribner's Sons, 1979), 53-85.
20) Ibid.
21) Byong-ik Koh, *Confucianism in Contemporary Korea in Confucian Traditions in East Asian Modernity: Moral Education and Economic Culture*

in Japan and the Four Mini-Dragons (Ed.), Tu Wei-ming (Cambridge: Harvard University Press, 1996), 192.

22) Herbert Mead가 저술한 *Social Psychology*를 참조.

23) Davis McElory, *Existentialism and Modern Literature* (New York: Citadel Press, 1963), 4.

24) Ibid.

25) Ibid., 9.

26) Kenneth Leech, Soul Friend: *An Invitation to Spiritual Direction* (SanFrancisco: HarperSanFrancisco, 1993), 10.

27) Ibid., 10.

28) Donald Capps, *Life Cycle Theory and Pastoral Care* (Minneapolis: Fortress Press 2001), 43.

29) Reinhold Niebuhr, *The Nature and Destiny of Man* (New York: Scribner's, 1953), 1, 178-179.

30) David MdElory, op. cit., 2.

31) Ibid., 7.

32) Perry LeFevre, *Understandings of Man* (Philadelphia: The Westminster Press, 1977), 108.

33) Ibid., 111.

34) Ibid., 111.

35) Margaret Guenther, *Holy Listening: The Art of Spiritual Direction* (Boston: Cowley, 1992), 19.

36) Perry LeFevre, op. cit., 107-120.

37) Martin Buber, op. cit., 69.

38) Perry LeFevre, op. cit., 112.

39) Perry LeFevre, 112.

40) Paul Tillich, *Systematic Theology* (Chicago: University of Chicago, 1957), 2, 47.

41) Ibid., 50.

42) Ibid., 47.

43) Ibid., 51-52.

44) Ibid., 52.

45) Perry LeFevre, 112.

46) Howard Clinebell, *Contemporary Growth Therapy,* 108; Viktor Frankl (New

York: Simon & Schuster, 1984), 105.

47) Howard Clinebell, *Contemporary Growth Therapy,* 103-113.

48) Ibid.

49) Viktor Frankl, op. cit., 114.

50) Perry LeFevre, op. cit., 107-120.

51) Ibid.

52) Perry LeFevre, op. cit., 107-120.

53) Ibid.

54) Edward Wimberly, *Pastoral Counseling & Spirituality* (Nashiville: Abingdon, 1982), 20.

55) Nelson Thayer, *Spirituality and Pastoral Care* (Philadelphia: Fortress Press, 1985), 17.

56) Edward P. Wimberly, op. cit., 45.

57) Perry LeFevre, op. cit., 112.

제4장 프로이트 심리성적이론과 기독교 상담

1) 프로이트에 대한 내용은 필자의 저서 『심리학과 신학에서 본 인간이해』의 내용을 부분적으로 사용한 것이다.

2) Richar Wilheim, *Sigmaund Freud*, 프로이트(서울: 시공사, 2002), 11.

3) Max Schur, 프로이트: *Living and Dying*(New York: International Universities Press, Inc, 1972), 20.

4) Peter Gay, *Freud: A Life for Our Time*(New York: Norton & Company, 1988), 9.

5) Richrad Wilhelm, 60.

6) Calvin Hall, *A Primer in Freudian Psychology* (Meridian Book, 1954)

7) Richard Wilheim, 59.

8) Ibid., 62.

9) Peter Gay, *Freud: A Life for Our Time* (New York: Norton & Company, 1988), 65-66.

10) http://en. wikipedia.org/wiki/Sigmund_Freud

11) http://en.wikipedia.org/wiki/Sigmund_Freud

12) Lois Hoffman, et., al. *Developmental Psychology Today* (New York: Random House, 1988), 29.

13) Ibid.
14) Ibid.
15) Sigmund Freud, *Civilization and Its Discontents*, 48.
16) 오이디푸스 콤플렉스: 오이디푸스는 라이어스(Laius) 왕과 옛 이집트의 수도인 테베(Thebes)에 있는 이오카스테(Jocasta) 왕비 사이에 태어났다. 그러나 예언자는 태어날 아이가 왕을 살해하고 왕비와 결혼한다는 예언을 하자, 이들은 아이가 출생하자 산에 두어 죽게 하지만 나그네에 의해 구조를 받고 성장한다. 성장 후 오이디푸스가 테베로 향하는 길에 우연히 라이어스 왕을 만나 살해를 한 후 테베로 향한다. 이곳에서 스핑크스(Sphinx)의 수수께끼를 풀고 그 보답으로 왕이 되고, 그곳의 왕비이며 어머니인 이오카스테를 알지 못하고 결혼을 하게 된다. 이 후 이 사실을 알게 된 그는 자신의 눈을 뽑고 유랑 생활을 한다.
17) http://en.wikipedia.org/wiki/Sigmund_Freud; 프로이트는 다음과 같이 기술한다. "내 자신이 지속적으로 어머니를 사랑하고, 아버지에 대하여 질투를 느낀다. 나는 이러한 현상이 아동기에 나타나는 보편적인 사건으로 생각한다." 프로이트의 전기 작가이며 예일대학교 교수였던 피터 게이(Peter Gay)는 프로이트의 일대기를 파악하면서 이러한 근친상간적인 성적 이론은 프로이트가 가진 독특한 가정환경에서 발생한 것으로 파악한다. 카를 융의 경우는 근친상간과 연관된 성적 욕망을 단순히 성의 입장에서 보려는 것을 넘어서 인간의 근원을 찾으려는 행위로 보고 있다.
18) Kapland Harold & Benjamin Sadock, *Synopsis of Psychiatry*(New York: Williams & Wilkins, 1998), 1998.
19) Sigmund Freud, *Beyond the Pleasure Principle*, 54.
20) Ruth Snowden, *Freud*(Blacklick: McGraw-Hill, 2007), 33
21) Ibid., 33.
22) Ibid., 106-107.
23) Ibid., 107.
24) Richard Wollheim, 이종인 역, *Sigmund Freud*(서울: 시공사, 2002), 14.
25) Ibid., 65.
26) Ibid., 68.
27) Joseph Breuer and Sigmund Freud, *Studies in Hysteria* (Beacon Press, 1958), 23.
28) Richard Wilheim, 69.
29) Joseph Breuer and Sigmund Freud, 23.
30) Richard Wilheim, 69.

31) Sigmund Freud, *Beyond the Pleasure Principle*(New York: Bantam Books, 1959), 38.
32) Richard Wilheim, 72.
33) Ibid., 79.
34) Gerald Corey, 147.
35) Sigmund Freud, *Civilization and Its Discontent,* 61.
36) Sigmund Freud, *Beyond the Pleasure Principle,* 38.
37) Ibid., 43.
38) Ibid., 54.
39) Ibid., 38.
40) Perry LeFevre, *Understandings of Man* (Philadelphia: The Westminster Press, 1977), 81.
41) Sigmund Freud, *Civilization and Its Discontents*, 21-22; 이 책에서 프로이트는 쾌락원칙이나 행복원칙이 일반적으로 같은 원칙하에서 움직이고 있기에, 행복의 원칙도 현실원칙(reality principle)에 충실하게 따른다고 보고 있다.
42) Sigmund Freud, *Civilization and Its Discontent, trans.* James Strachey (W.W. Norton and Company: New York, 1961), 28.
43) Sigmund Freud, *Civilization and Its Discontent*, Ibid.
44) Sigmund Freud, *Beyond the Pleasure Principle,* 69-69.
45) Charles Brenner, 이근후 · 박영숙역(서울: 하나의학사, 1987), 48 *An Elementary Textbook of Psychoanalysis*
46) Sigmund Freud, *General Psychological Theory*(New York: Collier Books, 1963), 24-25.
47) Sigmund Freud, *Beyond the Pleasure Principle*(New York: Bantam Books, 1959), 21.
48) Sigmund Freud, *General Psychological Theory,* 8-10.
49) Sigmund Freud, *Civilization and Its Discontents,* 33.
50) Ibid., 33.
51) Sigmund Freud, *Beyond the Pleasure Principle*, 26.
52) Sigmund Freud, *General Psychology,* 25-26.
53) Sigmund Freud, *Civilization and Its Discontents,* 21
54) Ibid., 18.
55) Ibid., 21.
56) Ibid., 34.

57) Charles Brenner, *An Elementary Textbook of Psychoanalysis*, 79-80
58) Perry LeFevre, 83.
59) Sigmund Freud, *Civilization and Its Discontent,* 65.
60) Charles Brenner, 81-83.
61) Charles Brenner, 85.
62) Gerald Corey, 156.
63) Sigmund Freud, *Civilization and Its Discontent,* 60-61.
64) Sigmund Freud, *Beyond the Pleasure Principle,* 48.
65) Sigmund Freud, *Beyond the Pleasure Principle*, 78-79.
66) Ibid., 82.
67) Ibid., 69.
68) Ibid., 70-71.
69) Ibid., 66.
70) Ibid., 58-59.
71) Ibid., 59.
72) Sigmund Freud, 'Thoughts on War and Death' in *Collected Papers* Vol. 4, trans. Joan Riviere (New York: Basic Books, 1959), 304-307.
73) Sigmund Freud, 'Thought on War and Death,' 309.
74) Ibid., 307.
75) Perry LeFevre, *Understandings of Man* (Philadelphia:Westminster, 1977), 20-21.
76) Sigmund Freud, *Introductory Lectures on Psycho-Analysis, SE 16*(London: Hogarth Press, 1973), 284-.
77) Irvin Yalom, Exitential Psychotherapy(New York: Basic Book, 1980).
78) Sigmund Freud, *Civilization and Its Discontents,* 105.
79) Joan Berzoff, *Inside Out and Outside In: Psychodynamic Clinical Theory and Practice in Contemporary Multicultural Contexts*(Northvale, London: Jason Aronson Inc., 1966).
80) Mary ann Matton, *Jungian Psychology in Perspective*(New York: The Free Press, 1981), 170.
81) Hans Küng, 『프로이트와 신의 문제』, 손진욱 역 (서울: 하나의학사, 2003), 164.
82) Ibid., 120.
83) Ibid., 130.
84) Ibid., 133 재인용.

85) Ibid., 134 재인용.

86) Richard Wilhelm, *Sigmund Freud*, 『프로이트』, 이종인 역(서울: 시공사, 2002), 60.

87) 여기에 서술된 엘리아데에 관한 내용은 필자의 논문 'A Pastoral Psychological Research on the Correlation between the Sacred and Mid-life Identity'(Korea Journal of Christian Studies, Vol.33, 2004)에서 부분적으로 사용한 것임을 밝혀 둔다.

88) Mircea Eliade, *The Sacred and the Profane*(New York & London: Harcourt Brace, 1987), 47.

89) Carl Jung, *Collected Works Vol. 7.* (New Jersey: Princeton University Press, 1977), 173.

90) Byran S. Rennie, *Reconstructing Eliade: Making Sense of Religion*(New York: State University of New York Press, 1996), 113.

91) Mircea Eliade, *The Sacred and the Profane*, 38.

92) Ibid., 65.

93) Mircea Eliade, 'The Sacred in the Secular World' in *Cultural Hermeneutics Vol. 1*. ed. David E, Rasmussen(Dordrecht-Holland/Boston - U.S: Reidel Publishing Company, 1973), 101.

94) Mircea Eliade "A New Humanism" in *Waiting for the Dawn: Mircea Eliade in Perspective,* ed. David Carrasco & Jane Marie Swanberg (Boulder & London: Westview Press, 1987), 41.

95) Mircea Eliade, 'The Sacred in the Secular World', 101.

96) Carl Jung, *Word and Image,* Bollingen Series XCVII:2, ed. Aniela Jaffe(New Jersey: Princeton University Press, 1979), 123.

97) Robert Moore & Daniel Meckel, *Jung and Christianity*(New York: Paulist Press, 1990), 6.

98) Carl Jung, *Collected Works Vol. 11*(New Jersey: Princeton University Press,1981), 83.

99) Ibid., 335.

100) Ibid.

101) Carl Jung, *Collected Works,* Vol. 7, 134.

102) Ibid., Vol. 11, 344.

103) Hans Küng, 프로이트와 신의 문제.

제5장 에릭슨의 심리사회적 발달 이론과 기독교 상담

1) Robert Coles, *Erik Erikson: The Growth of His Work*(Boston: An Atlantic Monthly Press Book, 1970).
2) Lois Hoffman, et.,al. *Developmental Psychology Today* (New York: Random House, 1988), 31.
3) Perry LeFevre, *Understandings of Man* (Philadelphia: The Westminster Press, 1977), 77.
4) Charles Brenner, 정신분석학 *An Elementary Textbook of Psychoanalysis* (서울: 하나의학사, 1985), 14.
5) Joan Berzoff, et al., *Inside out and Outside In: Psychodynamic Clinical Theory and Practice in Contemporary Muticultural Contexts* (New Jersey: Jason Aronson, Inc., 1996), 106-107.
6) Ibid., 107.
7) Erik Erikson, *Childhood and Society* (New York & London: W. W. Norton & Company, 1985), 269.
8) Erik Erikson, *The Life Cycle Completed* (New York & London: W. W. Norton & Company, 1994), 25-26.
9) Ibid., 25-26.
10) Erik Erikson, *Childhood and Society,* 46.
11) Erik Erikson, *The Life Cycle Completed,* 27-28.
12) Donald Capps, *Life Cycle Theory and Pastoral Care*, 17-24.
13) 생산성이란 대표적으로 자녀, 이웃, 그리고 공동체에 대한 관심과 참여를 의미하는 이타성을 의미한다.
14) 침체성은 이타성을 가지지 못하고 개인 위주의 이기적 성향에 빠져 있는 상태를 의미한다.
15) Donald Capps, *Life Cycle Theory and Pastoral Care,* 17-24.
16) Stephen Mitchell & Margaret Black, **프로이트 이후**, 이재훈 · 이해리 역(서울: 한국심리치료연구소, 1995), 251.
17) Erik Erikson, *Identity: Youth and Crisis* (New York: Norton, 1968), 47.
18) Ibid., 22-23.
19) Erik Erikson, *The life Cycle Completed,* 25-26.
20) Erik Erikson, A Conversation with Erik Erikson, 27.
21) Ibid., 27-28.

22) Erik Erikson, "On the Generation Cycle: An Address" *International Journal of Psycho-Analysis 61*, 1980, 1980: 213-223.

23) Robert Coles, *Erik Erikson: The Growth of His Work*(Boston: Little, Brown & Co, 1979), 137.

24) Donald Capps, *Life Cycle Theory and Pastoral Care,* 15.

25) Robert Kegan, *The Evolving Self: Problem and Process in Human Development* (MA: Harvard University Press, 1981), 19.

26) Ibid., 8

27) Charles Brenner, 정신분석학 (서울: 하나의학사, 1985), 46.

28) Laurence Steinberg & Jay Belsky, *Infancy, Childhood & Adolescence: Development in Context* (New York: McGraw-Hill, Inc.,1991), 134.

29) Ibid., 144.

30) Ibid.

31) Robert Kegan, op. cit., 1.

32) Lewis & Brooks, 'Self-knowledge and Emotional Development' in *The Origins of Fear* (New York: Plenum, 1978).

33) Margaret Mahler, *The Psychological Birth of the Human Infant* (New York: Basic Book, 1975).

34) Laurence Steinberg & Jay Belsky, op. cit., 199.

35) Ibid., 198.

36) Howard Bacal & Kenneth Newman, *Theories of Object Relations: Bridges to Self Psychology* (New York: Columbia University Press, 1990), 208.

37) Ibid., 209.

38) Ibid., 199.

39) Ibid., 209.

40) Michael St. Clair, *Object Relations and Self Psychology* (Pacific Grove: Brooks/Cole Publishing Company, 1996), 73.

41) Sigmund Freud, *An Outline of Psychoanalysis* (London: Hogarth Press, 1938), 66.

42) Mary Ainsworth, "Attachment and Exploratory Behavior of One-year olds' in a Strange Situation" in *Determinants of Infant Behavior* (Vol. 4), (New York: Wiley, 1969).

43) Laurence Steinberg & Jay Belsky, op. cit., 201.

44) Ibid., 203.

45) Ibid., 186.
46) Erik Erikson, *The Life Cycle Completed*, 56.
47) Ibid., 33-34.
48) Ibid., 60.
49) Donald Capps, *Life Cycle Theory and Pastoral Care,* 58.
50) Ibid., 51.
51) John Bowlby, "The Making and Breaking of Affectional Bonds: Aetiology and Psychopathology in the Light of Attachment Theory," in *British Journal of Psychiatry.*
52) Laurence Steinberg & Jay Belsky, op. cit., 204.
53) Donald Capps, *Life Cycle Theory and Pastoral Care,* 25.
54) 위니콧(D. Winnicott)과 볼비(J. Bowlby).
55) Carl Jung, *Collect Work*, 7 (Princeton: Princeton University, 1981), 182.
56) Howard Bacal & Kenneth Newman, op. cit., 209.
57) Ibid., 209.
58) Michael St,. Clair, *Object Relations and Self Psychology,* 74.
59) John Bowlby, *Child Care and the Growth of Love* (London: Pelican Books, 1961), 16.
60) Ibid., 14.
61) Ibid., 12.
62) Ibid., 12.
63) Laurence Steinberg & Jay Belsky, op. cit., 205.
64) Fuo, *Men to Fish* 참조.
65) Laurence Steinberg & Jay Belsky, op. cit., 150.
66) John Bowlby, op. cit., 24.
67) Michael St. Clair, *Object Relations and Self Psychology*, 77.
68) Ibid., 73.
69) Donald Winnicott, *Playing and Reality* (London and New York: Routedge, 1991), 11.
70) Donald Capps, op. cit., 24.
71) Robert Coles, *Erik Erikson: The Growth of His Work* (Boston: Little, Brown & Co., 1979), 137.
72) Erik Erikson, "On the Generation Cycle: An Address," *International Journal of Psycho-Analysis* 61 ,1980: 213-223.

73) Donald Capps, op. cit., 44-45.
74) Ibid., 25.
75) Ibid., 27.
76) Ibid., 25.
77) James Poling, *The Power of Abuse* (Nashiville: Abingdon, 1991), 27.
78) Ibid., 27.
79) Donald Capps, op. cit., 45-46.
80) Ibid., 58-60.
81) Laurence Steinberg & Jay Blesky, op.cit., 157.
82) Donald Capps, op. cit., 60.
83) Michael St. Clair, op. cit., 75.
84) Ibid.
85) Donald Capps, op. cit., 20.
86) Ibid., 41.
87) Charles Brenner, op. cit., 56.
88) Donald Capps, op. cit., 62.
89) Ibid., 62.
90) Erik Erikson, *Toys and Reasons* (New York: W.W. Norton & Company, Inc., 1977), 92.
91) Donald Capps, op. cit., 22.
92) Erik Erikson, *Toys and Reasons,* 92.
93) Donald Capps, op. cit., 22.
94) Ibid., 45.
95) Erik Erikson, *Toys and Reasons: Stages in the Ritualization of Experience,* 92.
96) Ibid., 98.
97) Donald Capps, op. cit., 77-80.
98) Ibid., 77-80.
99) Laurence Steinberg & Jay Belsky, op. cit., 253.
100) Ibid., 255.
101) Paul Tillich, *The New Being* (New York: Charles Scriber's Sons, 1955), 17.
102) Erik Erikson, *Identity and the Life Cycle,* (New York: Norton, 1980), 80.
103) Ibid., 78.
104) Erik Erikson, *Toys and Reasons: Stages in the Ritualization of Experience,*

99.

105) Donald Capps, op. cit., 63.

106) Erik Erikson, *Toys and Reasons,* 100.

107) Erik Erikson, *Identity and the Life Cycle,* 79-80.

108) Donald Capps. op.cit., 63.

109) Erik Erikson, *Identity and the Life Cycle,* 78-82.

110) Erik Erikson, *The Life Cycle Completed* (New York: Norton, 1985), 37.

111) Ibid., 37.

112) Erik Erikson, *Identity and the Life Cycle*, 82.

113) Laurence Steinberg & Jay Belsky, op. cit., 283.

114) Donald Capps, op. cit., 63.

115) Ibid., 41.

116) Erik Erikson, *Toys and Reasons,* 99-100.

117) Ibid.

118) Peter Berger, *A Rumor of Angel* (Garden City, N. Y.: Doubleday Anchor Books, 1970), 189.

119) Erik Erikson, *Toys and Reason*, 98-103.

120) Donald Capps, op. cit., 41.

121) Ibid., 41.

122) Ibid., 42.

123) Donald Capps, op. cit., 63.

124) Erik Erikson, *Identity and the Life Cycle,* 87.

125) Donald Capps, op. cit., 67.

126) Erik Erikson, *Identity and the Life Cycle*, 93.

127) Donald Capps, *Life Cycle Theory and Pastoral Care*, 38.

128) Erik Erikson, *Identity and the Life Cycle,* 91.

129) Ibid.

130) Erik Erikson, *Toys and Reasons,* 103.

131) Erik Erikson, *Identity and the Life Cycle,* 93.

132) Ibid., 93.

133) Ibid., 91.

134) '데칼코마니(decalcomanie)'는 그림물감을 색종이에 짠 후 색종이를 반으로 접어서 작품을 만드는 기법을 말한다.

135) Jack O. Balswick & Judith K. *Balswick. The Family: A Christian Perspec-*

tive on the Contemporary Home (Michigan: Baker Book House, 1991), 97-99.

136) Laurence Steinberg & Jay Belsky, op. cit., 310-313.

137) Ibid., 499-507.

138) Donald Capps, op. cit., 67.

139) Ibid., 67.

140) Paul Tillich, *The Spiritual Situation in Our Technical Society* (Ed.). *Mark Thomas* (Macon, Georgia: Mercer University Press, 1988), 52.

141) Ibid., 52.

142) Donald Capps, op. cit., 68.

143) Ibid.

144) Erik Erikson, *Young Man Luther: A Study in Psychoanalysis and History* (New York: Norton, 1958), 220.

145) Erik Erikson, 아동기와 사회 *Childhood and Society* (서울: 중앙적성출판사, 1988), 300.

146) Ibid., 302.

147) Donald Capps, op. cit., 42.

148) Erik Erikson, *Childhood and Society,* 301.

149) Laurence Steinberg & Jay Belsky, op. cit., 435.

150) Jack Balswick & Judith K. Balswick, op. cit., 133.

151) J. Kagan & R. Coles, *Twelve to Sixteen: Early Adolescent* (New York: Norton).

152) Erik Erikson, *Identity & the Life Cycle,* 94-100.

153) Laurence Steinberg & Jay Belsky, op. cit., 434.

154) Ibid., 435.

155) A. Petersen & B. Taylor, *Handbook of Adolescent Psychology* (New York: Wiley, 1980).

156) Laurence Steinberg & Jay Belsky, op. cit., 440.

157) Ibid., 468.

158) Dan P. McAdams, *The Person: An Introduction to Personality Psychology* (New York: Harcourt Brace College Publishers, 1994), 767.

159) 여기에 대한 자료는 그녀의 저술인 *Coming of age in Samoa* (New York: Mentor, 1928)와 *Growing up in New Guinea* (New York: New American Library, 1935)을 참조.

160) Jack Balswick, *The Family,* 135. 이 책에서 청소년기에 발생에 대한 자세한 설명을 참조.
161) Laurence Steinberg & Jay Belsky, op. cit., 503.
162) Jack Balswick, op. cit., 135.
163) Laurence Steinberg & Jay Belsky, op. cit., 505.
164) Donald Capps, *Life Cycle Theory and Pastoral Care,* 96.
165) Erik Erikson, *Identity: Youth and,* 136.
166) Ibid., 136-137.
167) Donald Capps, *Deadly Sins and Saving Virtues*, 51.
168) Erik H. Erikson, *Identity and the Life Cycle,* 80.
169) 2003년 6월 4일 조선일보 참조.
170) 2003년 7월 16일 조선일보 참조.
171) 2003년 6월 4일 조선일보 참조.
172) Laurence Steinberg & Jay Belsky, op. cit., 470.
173) Erik H. Erikson, *Identity and the Life Cycle,* 14.
174) Jack Balswick, op. cit., 140.
175) Ibid., 141.
176) Carl Jung, *Collected Works,* 8 (Princeton: Princeton University, 1981), 390-391.
177) Erik Erikson, *Toys and Reasons,* 110.
178) Donald Capps, op. cit., 52.
179) Donald Capps, op. cit., 90.
180) Sigmund Freud, *Civilization and Its Discontents, trans James Strachey* (New York: W.W. Norton and Company, 1961), 34.
181) Paul Tillich, *A History of Christian Thought: From Its Judaic and Hellenistic Origins to Existentialism,* (Ed.). Carl E. (New York: Simon and Schuster, 1968)
182) 인간이 신앙과 이념의 혼돈 속에 살고 있다는 사실을 고발한 소설책 『순교자(김은국 저)』는 이러한 맥락을 이해하는 데 많은 도움을 줄 것이다.
183) Paul Tillich, *A History of Christian Thought,* 482.
184) Ibid., 482.
185) Donald Capps, op. cit., 90.
186) Ibid., 89.
187) Ibid, 51.

188) Paul *Tillich, Systematic Theology* Vol. 2, (Chicago: University of Chicago, 1975), 45-49.
189) 신약성서 로마서 9:25-29 참조.
190) Donald Capps, op. cit., 91.
191) 2003년 10월 30일 동아일보 참조.
192) Erik Erikson, *Identity and the Life Cycle,* 100-103.
193) Donald Capps, op. cit., 27-28.
194) Erik Erikson, *Toys and Reasons,* 110.
195) Erik Erikson, *The Life Cycle Completed,* 70-71.
196) Erik Erikson, *Identity and the Life Cycle,* 101.
197) Ibid., 101.
198) Erik Erikson, *The Life Cycle Completed,* 70-71.
199) Ibid., 71.
200) Erik Erikson, *Identity and the Life Cycle,* 101.
201) Ibid., 101.
202) Irvin Yalom, *Love's Executioner & Other Tales of Psychotherapy* (New York: Harper Perennial, 1989), 11.
203) Donald Capps, op. cit., 44-45.
204) Ibid.
205) 사디즘이란 폭력적인 성관계를 가짐으로써 만족하는 가학성적 성욕을 의미한다.
206) Donald Capps, *Deadly Sins and Saving Virtues*, 103.
207) Erik Erikson, *Insight and Responsibility* (New York: W. W. Norton & Co., 1964), 127-28.
208) Irvin Yalom, *Love's Executioner,* 11.
209) 양유성, 사랑은 바람을 타고 (서울: 학지사, 2002), 50.
210) Erik Erikson, *Toys and Reasons,* 106.
211) Donald Capps, *Life Cycle Theory and Pastoral Care,* 70.
212) Ibid., 70-71.
213) 임경수, 중년리모델링 (서울: 기독교대학출판사, 2002), 122-135.
214) Robert Moore & Douglas Gillette, *The King Within: Accessing the King in the Male Psyche* (New York: William Morrow and Company Inc., 1992), 209.
215) Donald Capps, *Life Cycle Theory and Pastoral Care,* 44-45.
216) Donald Capps, *Deadly Sins and Saving Virtues,* 105.

217) 중년기에 대한 관심을 가진 융의 경우 남성은 40세부터 여성은 남성보다 빠른 35세에 중년기가 시작된다고 보았다.
218) Donald Capps, *Life Cycle Theory and Pastoral Care,* 38.
219) Erik Erikson, *Identity and the Life Cycle,* 103.
220) Erik Erikson, *Life Cycle Completed,* 59.
221) Erik Erikson, *Childhood and Society,* 267.
222) Donald Capps, *Life Cycle Theory and Pastoral Care,* 28.
223) 누미너스란 종교적인 신비한 체험을 통한 삶의 변화를 일으키는 현상적 체험을 말한다.
224) Donald Capps, *Life Cycle Theory and Pastoral Care,* 72.
225) Justin Lim, Male *Mid-life Crisis: Psychodynamic Interpretations, Theological Issues and Pastoral Interventions* (New York & Oxford: University Press of America, 2000), 49.
226) Erik Erikson, *Life Cycle Completed,* 55.
227) Donald Capps, *Life Cycle Theory and Pastoral Care,* 67.
228) Ibid., 61.
229) Tu Wei-ming, *Centrality and Commonality: An Essay on Confucian Religiousness* (New York: State University of New York, 1989), 30.
230) Tu Wei-ming, *Centrality and Commonality,* 109.
231) Analects, XXXIII:5.
232) Erik Erikson et. al., *Vital Involvement in Old Age: The Experience of Old Age in Our Time* (New York & London: W. W. Norton & Company, 1986), 74-75.
233) *Dictionary of Pastoral Care and Counseling,* s.v. "Mid-life Persons"
234) Erik Erikson, *Life Cycle Completed,* 70.
235) Erik Erikson, *Childhood and Society,* 267.
236) Don Browning, *Generative Man: Psychoanalytic Perspectives* (New York: Delta Press, 1975), 163.
237) Donald Capps, *Life Cycle Theory and Pastoral Care,* 59.
238) Justin Lim, *Male Mid-life Crisis: Psychodynamic Interpretations, Theological Issues and Pastoral Interventions,* 52.
239) Carl Jung, *Collected Works* 7 (Princeton: Princeton University, 1977), 173.
240) Justin Lim, Male *Mid-life Crisis,* 15.
241) Carl Jung, *Modern Man in Search of a Soul, tran. W.S. Dell and Cary F.*

Baynes (San Diego, New York, London: A Harvest/HBJ Book, 1933), 114.

242) Robert Moore and Daniel J. Meckel, *Jung and Christianity* (New York: Paulist Press, 1990), 6.

243) Justin Lim, *Male Mid-life Crisis,* 25.

244) Dictionary of Pastoral Care and Counseling, s.v. "Mid-life Persons"

245) Paul Tillich, *Systematic Theology* 2 (Chicago: The University of Chicago Press, 1957), 86.

246) Paul Tillich, *The Meaning of Health: Essays in Existentialism* (Ed.). *Perry LeFevre* (Chicago: Exploration Press at the Chicago Theological Seminary, 1984), 117.

247) Justin Lim, *Male Mid-life Crisis*, 95.

248) Don Browning, *Generative Man,* 146.

249) Erik Erikson, *Gandhi's Truth: On the Origins of Militant Non-violence* (New York: W.W. Norton & Company, 1969), 399.

250) 이종성, 거리의 신학 (서울: 대한기독교서회, 1973), 9.

251) Donald Capps, "Pastoral Counseling for Middle Adults" in *Clinical Handbook of Pastoral Counseling,* 1. (Eds.). Roberts J. Wicks, et al., (New York: Paulist Press, 1993), 241.

252) Donald Capps, *Life Cycle Theory and Pastoral Care,* 72.

253) Ibid., 72.

254) Ibid., 73.

255) 장대숙, 노인학의 이론과 적용 (서울: 한국장로교 출판사, 1998), 114-122.

256) Donald Capps, *Life Cycle Theory and Pastoral Care,* 29-30.

257) Harold Geist, *The Psychological Aspects of the Aging Process* (New York: Robert E. Kriefer Publishing Company, 1981), 4.

258) 홍기영 외 2인, 평생교육의 이해 (서울: 교육과학사, 2003), 75-78.

259) Morton A. Lieberman & Sheldon S. Tobin, T*he Experience of Old Age* (New York: Basic Boks, 1983), 203.

260) Donald Capps, *Life Cycle Theory and Pastoral Care,* 38.

261) Ibid., 29.

262) Harod Geist, *The Psychological Aspects of the Aging Process* (New York: Robert E. Kriefer Publishing Company, 1981), 40.

263) Erik Erikson, *Insight and Responsibility,* 133.

264) Donald Capps, *Life Cycle Theory and Pastoral Care*, 47.

265) David F. Hltsch & Fransin Dutisch, *Adulthood and Aging* (New York: Mc-GrawHill Book Company, 1981), 317.
266) Bert Hayslip Jr. & Paul E. Paneck, *Adult Development and Aging* (SanFrancisco: Harper Collins College Publishers), 506.
267) Donald Capps, *Life Cycle Theory and Pastoral Care,* 38.
268) David F. Hltsch & Fransin Dutisch, *Adulthood and Aging,* 317.
269) Helen L. Bee, *The Journey of Adulthood* (New York: Mcmillan Publishing Company, 1992), 66.
270) Donald Capps, *Life Cycle Theory and Pastoral Care,* 47-48.
271) Bert Hayslip Jr.,& Paul E. Paneck, *Adult Development and Aging,* 297.
272) Ibid., 506.
273) Ibid., 504.
274) Ibid., 490.
275) Erik Erikson et al., *Vital Involvement in Old Age* (New York & London: W. W. Norton Company, 1986), 62.
276) Edward F. Edinger, *Ego and Archetype* (New York & Boston: Shambala, 1992), 107.
277) Erik Erikson, *The Life Cycle Completed,* 63.
278) Ibid., 63.
279) Donald Capps, *Life Cycle Theory and Pastoral Care*에서 4장 참조.
280) Ibid., 82.
281) Ibid., 82-86.
282) Michael Lewis, *Shame: The Exposed Self* (New York: The Free Press, 1995), 2.
283) Ibid.
284) Donald Capps, *Life Cycle Theory and Pastoral Care,* 89.
285) Ibid., 90-92.
286) Erik Erikson, *Vital Involvement in Old Age* (New York & London: W. W. Norton, 1986), 63.
287) Donald Capps, *Life Cycle Theory and Pastoral Care,* 29-30.
288) Erik Erikson, *The Life Cycle Completed*, 61.
289) Erik Erikson, *Identity: Youth and Crisis,* 140.
290) Paul Tillich, *The Meaning of Health* (Chicago: Exploration Press at the Chicago Theological Seminary, 1984), 117.
291) Erik Erikson, *Identity and he Life Cycle*, 105.

292) Erik Erikson, *The Life Cycle Completed*, 62.
293) Bert Hayship Jr., & Paul E. Panek, *Adult Development and Aging*, 504.
294) Erik Erikson, et al., *Vital Involvement in Old Age: The Experience of Old Age in Our Time,* 56.
295) Ibid., 56.
296) Ibid.

제6장 심리학과 기독교 상담

1) Kenneth Leech, *Spirituality and Pastoral Care* (London: Sheldon Press, 1986), 5-16.
2) Edward Wimberly, *Pastoral Counseling and Spiritual Values: A Black Point of View* (Nashville: Abingdon, 1982), 45.
3) Justin Lim, *Male Mid-life Crisis: Psychodynamic Interpretations, Theological Issues and Pastoral Interventions* (New York & Oxford: University Press of America, 2000), 137-147.
4) Edward Wimberly, *Pastoral Counseling and Spiritual Values, 45.*
5) Ibid., 30.
6) Ibid., 33: 윔벌리는 인간을 구성하는 4가지 요소에 대하여 지적을 한다. 첫째는 신체적인 것, 둘째는 심리적인 것, 셋째는 인간관계성, 그리고 마지막으로는 영적인 성향이다. 이 네 가지가 균형을 가지는 것이 필요하다.
7) Ibid., 41.
8) Neslon Thayer, *Spirituality and Pastoral Care* (Philadelphia: Fortress Press, 1985), 15.
9) 누미너스에 대한 것은 3장 유아 발달기에 부모의 역할이 종교적 회심의 역할보다 더 중요하다는 의미에서 언급했다. 자세한 것은 3장 참조.
10) Donald Capps, *Life Cycle Theory and Pastoral Care, 61.*
11) Laurence Steinberg & Jay Belsky, *Infancy, Childhood and Adolescence, 206.*
12) Ibid., 207.
13) John Bowlby, *Child Care and the Growth of Love* (London: Penguin Books, 1961), 23.
14) Carroll Wise, *Pastoral Psychotherapy* (New Jersey & London: Aronson, 1987), x.

참고문헌

임경수(2005). 인생의 봄과 가을. 서울: 학지사.

______(2009). 심리학과 신학에서 본 인간이해. 서울:학지사

어빈 얄롬(2009). 실존주의 심리치료. 서울: 학지사

장대숙(1998). 노인학의 이론과 적용. 서울: 한국장로교 출판사.

홍기영 외 2인(2003). 평생교육의 이해. 서울: 교육과학사.

Ainsworth, M. (1969). "Attachment and exploratory behavior of one-year olds' in a strange situation." in *Determinants of infant behavior,* 4. New York: Wiley.

Balswick, J., & Balswick, J. (1991). *The family: A christian perspective on the contemporary home.* Michigan: Baker Book House.

Bacal, H. (1990). *Theories of object relations: Bridges to self psychology.* New York: Columbia University.

Bee, H. (1992). *The journey of adulthood.* New York: McMillan Publishing Company.

Berger, P. (1970). *A rumor of angel.* New York: Doubleday Anchor Books.

Berezoff, J.(1966). *Inside out and outside in: psychodynamic clinical theory and practice in contemporary multicultural contexts.* London: Jason Aronson Inc.

Brenner, C. *An elementary textbook of psychoanalysis.* 정신분석학. 서울: 하나의학사.

Browning, D. (1975). *Generative man: Psychoanalytic perspectives.* New York:

Delta Press.

Buber, M. (1979). *I and thou*. New York: Charles Scribner's sons.

Capps, D. (1983). *Life cycle theory and pastoral care*. Philadelphia: Fortress Press.

________.(1985). *Deadly sins and saving virtues*. Philadelphia: Fortress press.

Clair, M. (1996). *Object relations and self psychology*. Pacific Grove: Brooks/Cole Publishing.

Clinebell, H. (1982). *Contemporary growth counseling*. Nashiville: Abingdon Press.

Coles, R.(1970). *Erik Erikson: The growth of his Work*. Boston: An Atlantic Monthly Press House.

Corey, G. (1998). *Theory and practice of counseling and psychotherapy*. Boston: Internal Thomas Publishing Company.

Edinger, E. (1992). *Ego and archetype*. New York & Boston: Shambala.

Eliade, M.(1987). *The Sacred and the Profane*. New York & London: Harcourt Brace.

________.(1987). *Cultural hermeneutics* Vol. 1. U.S: Reidel Publishing Company.

Erikson, E. (1977). T*oys and reasons: stages in the ritualization of experience*. New York: Norton.

Erikson, E. (1985). *Childhood and society*. New York & London: Norton.

________.(1980). *Identity and the life cycle*. New York: Norton.

________.(1994). *The life cycle completed*. New York & London: Norton.

________.(1986). *Vital involvement in old age*. New York & London: Norton.

Feist, J. (1985). *Theories of personality*. New York: Holt, Rinehart & Winston.

Friedman, E.(1985). *Generation to generation: family process in church and synagogue*. New York & London: The Guilford Press.

Freud, S. (1938). *An outline of psychoanalysis*. London: Hogarth Press.

________. (1959). *Beyond the Pleasure Principle*. New York: Bantam Books.

________.(1959). 'Thought on War and Death' in *Collected Papers* Vol.4. New York: Basic Books.

________ (1961). *Civilization and its discontents*. New York: Norton and Company.

Gay, P.(1988). *Freud: a Life for our Time*. New York: Norton & Company.

Geist, H. (1981). *The psychological aspects of the aging process*. New York: Robert E. Kriefer Publishing Company.

Guenther, M. (1992). *Holy listening: The art of spiritual direction*. Boston: Cowley publication.

Hall, C.(1954). *A prime in freudian psychology*. Merdian Book.

Hltsch, D., & Dutisch, F. (1980). *Adulthood and aging*. SanFrancisco: Harper Collins College Publishers.

Homans, P.(1995). *Jung in context: modernity and the making of a psychology*. Chicago: University of Chicago.

Howard Clinebell, *Contemporary Growth Therapy*, 108; Viktor Frankl (New York: Simon & Schuster, 1984).

Jung, C. (1933). *Modern man in search of a soul*. New York: A Harvest/HBJ Book.

________.(1977). *Collected works* 7. New Jersey: Princeton University Press.

________.(1981). *Collected works* 8. New Jersey: Princeton University Press.

________.(1981). *Collected works* 11. Princeton: Princeton University Press.

________.(1979). *Word and image*. New Jersey: Princeton University Press.

Kagan, J., & Coles, R. (1972). *Twelve to sixteen: early adolescent*. New York: Norton.

Kegan, R. (1982). *The evolving self: problems and process in human development*. MA: Harvard University.

Koh, B. (1996). Confucianism in contemporary Korea. In W. Tu. (Ed), *Confucian traditions in east asian modernity: moral education and economic culture in japan and the four mini-dragons*. Cambridge: Harvard University.

Kohut, H. (1978). *The search of the self*. New York: International university press.

Küng, H. (2003). 프로이트와 신의 문제 서울: 하나의학사.

LeFevre, P.(1977). *Understandings of man*. Philadelphia: The Westminster Press.

Lewis, M. (1995). *Shame: The exposed self*. New York: The Free Press.

Lieberman, M., & Tobin, S.(1983). *The experience of old age*. New York: Basic Books.

Lim, J. (2000). *Male mid-life crisis: Psychodynamic interpretations theological issues and pastoral interventions*. New York & Oxford: University Press of America.

Leech, K. (1985). *Spirituality and pastoral care.* London: Shelton Press.

________ (1993). *Soul friend: An invitation to spiritual direction.* San Francisco: Harper San Francisco.

Loomer, B. (1978). *The free and relational self.* In W. Schroeder & G. Winter, Belief and ethics. Chicago: Center of the Scientific Study of Religion.

Mahler, M. (1975). *The psychological birth of the human infant.* New York: Basic Book.

McAdams, D. (1994). *The person: An introduction to personality psychology.* New York: Harcourt Brace College Publishers.

McElory, D. (1963). *Existentialism and modern literature.* New York: Citadel Press.

Mead, H. (1975). *Social psychology.* Chicago: University of Chicago.

Matton, M.(1981). *Jungian psychology in perspective.* New York: The Free Press.

Moore, R., & Gillette, D. (1975). *The king within: accessing the king in the male psyche.* New York: William Morrow and Company Inc.

______________________.(1990). *Jung and christianity.* New York: Paulist Press.

Niebuhr, D. (1953). *The nature and destiny of man.* New York: Scribner's.

Petersen, A., & Taylor, B. (1980). *Handbook of adolescent psychology.* New York: Wiley.

Rogers, C. (1980). *A way of being. Boston*: Houghton Mifflin Company.

Poling, J. (1991). *The abuse of power: A theological problem.* Nashiville: Abingdon Press.

Schilauch, C. (1990). "Empathy as the essence of pastoral psychotherapy." The journal of pastoral care XLIV (3).

Schur, M.(1972), *Freud: Living and Dying.* New York: International Universities Press.

Snowden, R.(2007). *Freud.* Blacklick: McGraw-Hill.

Steinberg, L., & Beslky, J. (1991). *Infancy childhood & adolescence: Development in context.* New York: McGraw-Hill.

Szent-Gyoergyi (1974). *Drive in living matter to perfect itself.* Synthesis. 12-24.

Thayer, N. (1985). *Spirituality and pastoral care.* Philadelphia: Fortress Press.

Tillich, P. (1957). *Systematic theology*, 2. Chicago: University of Chicago.

________ (1955). *The new being.* New York: Charles Scriber's Sons.

________ (1968). *A history of christian thought: From its judaic and hellenistic origins to existentialism*. New York: Simon and Schuster.

________ (1988). *The spiritual situation in our technical situation*. Georgia: Mercer University Press.

________ (1984). *The meaning of health: essays in existentialism*. Chicago: Chicago Theological Seminary.

Vermes, P. (1988). *Buber*. London: Peter Halban.

Wilheim, R.(2002), *Sigmund Freud*, 서울: 시공사

Williams, D. (1968). *The spirit and the forms of love*. New York: Harper and Row.

Wimberly, E. (1982). *Pastoral counseling and spiritual values: A black point of view*. Nashiville: Abingdon.

Wise, C. (1987). *Pastoral psychotherapy*. New Jersey & London: Aronson.

Yalom, I. (1989). *Love's executor & other tales of psychotherapy*. New York: HarperCollins.

________ (1980). *Existential Psychotherapy*. New York: Basic Books.

찾아보기

| 인 명 |

Adler, A. 14, 32, 58, 166
Ainsworth, M. 204
Aquinas, T. 269

Barth, K. 239
Baumrind, D. 247
Becker, E. 168
Bee, H. 299
Berger, P. 238
Bowlby, J. 168, 212, 315
Buber, M. 47, 70, 91, 103, 242, 263, 312

Capps, D. 218, 227, 270, 293
Charcot, J. M. 113
Coles, R. 54, 199

Elders, M. 262
Eliade, M. 147, 177
Erikson, E. 45
Erikson, H. 199
Erikson, J. 55

Frankle, V. 103, 263
Freud, S. 103, 110
Fromm, E. 95

Gilmore, D. 282

Heidegger, M. 202

Jung, C. 70, 166, 211, 264

Kierkegaard 85
Kohut, H. 83, 173

LeFevre, P. 149
Lewis, M. 304
Luther, M. 252

Mahler, M. 60, 203
Marx, K. 110, 159
Maslow, A. 19, 165
Mead, M. 257

Niebuhr, R. 96
Nietzsche 103

Pannenberg, W. 162
Piaget, J. 231

Rogers, C. 19, 34, 63, 62, 78, 83, 253
Rolland, R. 137

St. Augustine 101, 242
St. Paul 84

Szent-Gyoergyi 29

Tillich, P. 102, 152, 179, 182, 231, 250
Tourier, P. 154

Winnicott, D. 168, 205, 223

Yalom, I. 151

| 내 용 |

가상주의 33, 34
가치관 56, 64
가학성 성욕 95
갈등 25, 131, 192, 236
감성 99
감시 121
감싸 주는 환경 215
개성화 173, 290
개성화 과정 170
개신교 181
거룩한 들음 86
거부 140
거세불안 119
거짓된 자기 211
격려 98, 243
결정론 191
경계선 장애 275
고립 94, 97, 273, 275
고백 242, 277
고착 143
공감 13, 19, 64, 66, 78, 82, 259
공격 145
공격성 117
공생 60, 203
관계성 16, 35, 63, 82, 86, 189, 211, 220
관계성의 망 34, 35
관대성 45, 284
관심 16
관용 37, 49, 98
교리 181
교만 102, 270
교조주의 181
구강기 117
구원자 281
구조자 281
군자 93
궁극적 관심 292, 305
권력의 의지 103
권위적 부모 247
권위주의 95, 293
근면 감각 244
근면성 243
근심저항 애착형 206
근심회피 애착형 206
긍정적인 인간관계 82
기계론 112
기독교 73, 90
기독교 상담 73, 109, 147, 150, 163, 217, 251, 255, 272, 302, 311
기독교 신앙 78, 150, 311

기술백치 248, 251
기질 63, 207
꿈의 해석 117

나르시시즘 137, 286, 304
나만 아는 세대 24, 283
남근기 118, 119
내담자 중심의 상담 19, 78
내사 142
내적인 분열 102
내적인 악 102
내적인 일치 89, 101
냉담 287
노년기 190, 295, 302, 307
노예제도 172, 267
놀이 170, 232, 233, 235, 240
놀이기 238
누미너스 286, 314
누미너스 경험 209
느림의 미학 27

단독성 151
대상 보존 욕구 131
대중의 자동일치 95, 97
대중인기영합주의 280
도덕적 사디즘 227
독단주의 306
독재적 유형 247
독재형의 부모 247
돌보는 공동체 294
돌봄 13, 15, 45, 59, 109, 173, 201, 211, 214, 284, 315
돌봄의 상실 212, 213, 218
동일시 142

리비도 103, 117, 191

마녀사냥 172
마성 270
마성적 힘 175
마조히즘 144
망상 116, 159
모방심리 234
목회상담자 313
무관심 93, 206, 284
무관심형 부모 248
무능력 244, 255
무력감 94
무의식 121
무조건적인 수용 65
무효화 143
문화적 환경 73, 97, 193
물리학 117
민감성 37, 207, 214
믿음 270, 284, 307, 308

반동형성 140
발생생물학적 법칙 112
방관적 유형 247
방관형 교육 246
방어기제 139
배타주의 264
버림 96, 207, 302
변형자 281
보상 142
보편적 강박신경증 177
보호자 282
본능 이해 163
본능적으로 관심 292
본능적인 힘 292
부가적 돌봄 315
부정 감정성 207
분노 89, 93, 225, 278
분리 97, 170, 204, 205, 207, 214, 222

분열된 자아 212
불사성 287, 288
불신 201, 217, 307
불신뢰 59, 208, 211
불신앙 32, 102
불안 59, 93, 97, 138, 174, 218, 236
불안전한 애착 206
비판적 합리성 172

사디즘 144
사랑 16, 146, 176, 182, 212, 227, 251, 274, 275, 277, 283
사춘기 55, 256
사회 망 34
사회문화적 양식 197
사회문화적 요인 56
삶의 무목적 181
삶의 무의미 94
삶의 본능 144
삼중부기 193
상담 78, 86, 105
상실 97
상처받은 자존감 94
상호 관계성 99
상호 연관성 55
상흔 64
새로운 피조물 231, 290, 292
생기론 112
생리학 113
생산물 98
생산성 196, 274, 284, 285, 292, 306
생산자 282
생식기 118
생식기 질투 120
생식기적 사랑 144
생식기적 에로티즘 144
생식성 285
생태학 117
성 117, 150
성격 21, 207
성격구조유형론 122
성공 18, 28
성스러움 177
성실 288
성육신 66
성인아이 67, 196
성장 환경 167
성적 전이 125
성취 13, 18
세대 간의 문제 261
세대의 순환 56, 192
소외 244, 261, 277, 302
속문화 259
수직적 관계 39, 90, 95, 98
수직적 차원 266, 268
수치 302
수치심 224, 225, 308
순간적인 만족 283
승화 141
신경증 113
신뢰 39, 201, 307
신비 311
신성한 것 147
신앙 235, 308
신율성 152
실존적인 신경증 104
실존주의 심리학 92, 103, 169
실증주의 116
실패 94
실현하려는 경향 31
실현화 경향 79
심리사회적 발달 이론 187
심리사회적 이론 189
심리성적이론 109

심리적 애착 84
심리학 73
십자군전쟁 172, 267

아니마 173
아니무스 173
아편 159
안나 오 125
안전 59
안전 애착형 206
애착 15, 81, 168, 170, 203, 204, 205, 283
양극성 196, 198
양심 93, 123, 288
억압 115, 140
에로스 135
에스트로겐 256
엘렉트라 콤플렉스 120, 235
엘리트주의 280
연대기적 질서 195
연대성 269, 272
열등감 32, 243, 244, 254
열정 173, 266
영아 60
영아기 191
영원성 137
영원한 너 91, 101
영원한 에로스 157
영적 성향 313
영적 중심 181
영지주의 156
오이디푸스 콤플렉스 120, 235
완전한 어머니 215
외상적 상황 138
용기 38
우상 160
우상숭배 160, 266
우상주의 221, 266
우월성 18, 28, 270
우정 274
원시적 양심 123
원초아 122, 130
원초적인 죄인 교만 32
원형적인 하나님의 형상 291
위험상황 138
위협 97
유아기 191
율법 227
율성 20
음욕 32, 102
의식 121
의심 224, 225
이념 264, 267
이분법 174
이상적인 구상 233
이중적 구조 171
이타성 19, 180, 288
이타주의 93
인간관계성 90
인간애 250, 254
인간의 관계성 202
인류애 163
인생 의미 181
일 240
일관성 20, 21
일반적 감정 21
일반적 태도 21

자기 201, 211
자기 보존의 욕구 131
자기고립 261
자기도취 102, 277, 286
자기방어 141
자기방어기제 138
자기소외 261

자기실현 18, 19, 28, 63, 158, 211, 290
자기심리학 83
자기중심 91, 231
자기흡입 95, 102
자만 36
자만심의 죄 96
자부심 257
자신감 254
자신의 가치 260
자아 122, 201, 211
자아이상 123
자유 소유 233
자유연상 116
자율성 152, 224
잠복기 120
잠재기 118, 234
재창조 233, 237
전의식 121
전이 141
전체주의 264, 266
절망 94, 295, 298, 302
정신병리 212
정신분석 163
정신분석학 110
정욕 276
정체성 16, 95, 105, 178, 190, 256, 275
정체성 혼란 256
제공자 282
존엄성 79, 97, 226, 230
존재 179, 287
종교 136
종교 재판 172
종교성 183
종교적 매트릭스 179
종교적 정직성 172
종교적 향수 178
종교적인 인간 292, 293, 306
종교전쟁 172
좋은 부모 214
죄의식 123, 163, 232, 303
죄책감 225
주도성 232, 234
주된 돌봄자 16
죽음 146, 208, 300, 305
죽음의 본능 144
중년기 26, 190, 284
중독 219, 220
중심된 자기 32
즉각적 만족 217
즉각적인 만족 25, 26, 219
즐거움 212
지구의 중심 147
지동설 151
지원 259
지적 정직성 172
지적인 작업 175
지체신앙 266, 269
지혜 298
직업 275
진실성 64
진정한 자기 307
진화론 151
질투 117, 254
집단상담 169
집단적 의식 152

참된 자기 208, 211
참을 수 없는 세대 264
창의성 37, 175, 285
창의적 자기 208, 211
책임감 20, 24
천주교 181
청년기 190, 273
청소년 성장 충동 256

청소년기 223, 256
초월성 175
초자아 122, 163
촉진적 환경 214, 312
충분히 좋은 어머니 215
친근감 261, 273
침입적인 양식 234
침체성 26, 95, 196, 278, 284, 286, 302
칭찬 243

카타르시스 115
쾌락원칙 112, 122, 130, 132

타율성 20, 152
탐식 217, 219
탐욕 240
태생학 44
테스토스테로네 256
토테미즘 120
통찰력 311
통합 295, 298
통합성 174, 295
통합적 관점 33
퇴행 141
투사 140, 177, 182
특수성 151

파괴성 95
파괴적 자기 211, 214
팝콘 브레인 47
폐쇄적 자아 208
포기 96, 222
포기/버림 205
피학대 음란증 95, 96
필요한 사람 308

하나님의 형상 82
학령기 243
합리주의 116
합리화 141
항문기 117, 119
해리 할로우 203
핵가족화 258
현실원칙 130, 132, 136
화석 교육 250
환상 153, 312
환영 136, 159, 161
회전 192
후생성 44, 195, 208
흑백논리 174
흑백주의 264
희망 209, 307

저자 소개

임경수

게렛 신학대학(Garrett Evangelical-Theological Seminary)에서 목회학 석사(M.Div.)와 목회상담학(Th.M.)을 하였고, 시카고 신학대학에서 목회상담심리학으로 박사학위(Ph.D.)를 수여받았다. 목회상담심리학 수학과정 중 노스웨스턴 대학(Northwestern University)과 시카고 대학(University of Chicago)에서 교육발달심리학, 대상관계심리학, 시카고 카를 융 연구소(Carl Jung Institute in Chicago)에서 융에 대한 수학을 하였으며, 노스웨스턴 대학병원(Northwestern Memorial Hospital)에서 임상실습을 하였다. 현재 계명대학교 인문대학 교수(기독교상담주임교수), 한국기독교상담심리학회 감독회원, 아동 · 놀이치료수련감독회원, 한국목회상담학회 감독회원, 한국임상목회교육협회 감독회원이다. 가르치는 일과 병행하여 개인상담, 교육분석, 가족상담 및 집단상담을 하고 있다.

주요 저서

Male Mid-life Crisis: Psychological Dynamics, Theological Issues, and Pastoral Interventions(University Press of America, 2000)
인생의 봄과 가을: 중년심리 이해와 분석(학지사, 2005)
심리학과 신학에서 본 인간 이해(학지사, 2009)
인간관계심리(시그마프레스, 2013)
심리학이 모르는 기독교(학지사, 2013)
애착이론과 역기능 발달 상담(학지사, 2014)

주요 역서

실존주의 심리치료(학지사, 2009)
하나님의 방법으로 훈육하라(CUP, 2011)

2판
인간발달이해와 기독교 상담

2004년 2월 28일 1판 1쇄 발행
2010년 10월 5일 1판 5쇄 발행
2013년 3월 25일 2판 1쇄 발행
2025년 8월 25일 2판 8쇄 발행

지은이 • 임 경 수
펴낸이 • 김 진 환
펴낸곳 • (주) 학지사
04031 서울특별시 마포구 양화로 15길 20 마인드월드빌딩 5층
대표전화 • 02) 330-5114 팩스 • 02) 324-2345
등록번호 • 제313-2006-000265호
홈페이지 • http://www.hakjisa.co.kr
인스타그램 • https://www.instagram.com/hakjisabook

ISBN 978-89-997-0083-5 93180

정가 20,000원